21 世纪高职高专财经类能力本位型规划教材

纳税申报与筹划

主　编　李英艳　黄体允
副主编　王艳梅　刁英峰　由晓霞

北京大学出版社
PEKING UNIVERSITY PRESS

内容简介

本书根据最新的企业会计准则和税收法规,结合高职高专院校培养能力本位型人才的目标,全面、系统地阐述了税务会计的基本理论,以及我国现行税制下的主要税种应纳税额的计算、纳税申报、会计处理方法与税务筹划方法。本书按项目化教学的体例设置了 4 个模块共计 14 个项目,内容编排合理,清晰明了、循序渐进。为方便学生的学习,项目采用案例导入教学,指出知识要点,并附有"自我测试"题目,注重培养学生的实操能力,提高其学习的积极性和主动性。同时,本书设置了"驿站小憩"模块,以扩大学生的知识面,提高其学习兴趣。

本书适合高职高专院校会计专业、会计与审计专业学生学习使用,也可作为注册税务师考试参考用书,但不适合做税务理论研究使用。

图书在版编目(CIP)数据

纳税申报与筹划/李英艳,黄体允主编. —北京:北京大学出版社,2012.7
(21 世纪高职高专财经类能力本位型规划教材)
ISBN 978-7-301-20921-9

Ⅰ. ①纳… Ⅱ. ①李…②黄… Ⅲ. ①纳税—税收管理—高等职业教育—教材②税收筹划—高等职业教育—教材 Ⅳ. ①F810.423

中国版本图书馆 CIP 数据核字(2012)第 147759 号

书　　　名:	纳税申报与筹划
著作责任者:	李英艳　黄体允　主编
策划编辑:	赖　青　李　辉
责任编辑:	姜晓楠
标准书号:	ISBN 978-7-301-20921-9/F·3244
出　版　者:	北京大学出版社
地　　　址:	北京市海淀区成府路 205 号　100871
网　　　址:	http://www.pup.cn　http://www.pup6.cn
电　　　话:	邮购部 62752015　发行部 62750672　编辑部 62750667　出版部 62754962
电子邮箱:	pup_6@163.com
印　刷　者:	北京鑫海金澳胶印有限公司
发　行　者:	北京大学出版社
经　销　者:	新华书店
	787mm×1092mm　16 开本　20 印张　463 千字
	2012 年 7 月第 1 版　2015 年 4 月第 3 次印刷
定　　　价:	38.00 元

未经许可,不得以任何方式复制或抄袭本书之部分或全部内容。
版权所有,侵权必究　　举报电话: 010-62752024
　　　　　　　　　　　　电子邮箱: fd@pup.pku.edu.cn

前　言

本书依据最新税法规范及会计准则，为高职高专会计专业及会计与审计专业学生学习税收法规，以及企业涉税业务核算而编写。本书具有如下特色。

1. 结构体系方面

本书分项目设计内容，并在每个项目下设计工作任务。在阐述理论前，先设计需完成的实践任务，以任务驱动理论知识的学习，以理论知识指导实践任务的完成，使学生有动力学习理论知识。每一个项目完成后，该项目所涉及的内容在实际中就能应用，不留缺欠。表格、示意图配备齐全，操作步骤详细。

2. 内容范围方面

编者通过与企事业单位的沟通，与行业专家及实践工作人员研讨，确定了本书内容：包含流转税、所得税、资源税、行为税及财产税等 5 个项目，由浅入深，完整全面。根据企业岗位需求，每个项目分别设计税款核算、纳税申报及税务筹划等 3 方面的内容，以满足税务会计人员、办税人员及税务筹划师等各岗位的需求。

3. 编写设计方面

本书在编写设计上以仿真模拟企业为背景，使学生学习时有置身于企业"实境"的感觉。配合理论阐述，书中选取的实例以实际案例加工而成，通俗易懂。对设计的工作任务进行由浅入深的分析，实践操作性强。学完本书后，学生能够较快适应工作，提升工作能力。

4. 定位方面

本书的工作任务应岗位需求而定，因此本书定位于高等院校专科生、企事业单位的税务会计人员、办税员及税务筹划师学习使用，不作税务理论研究使用。

本书由南京交通职业技术学院李英艳副教授、黄体允副教授任主编，由南京交通职业技术学院王艳梅教授、深圳皇嘉会计师事务所注册会计师刁英峰和吉林农业科技学院副教授由晓霞担任副主编。具体分工如下：李英艳负责总纂定稿，并编写项目1～项目4和项目9，黄体允编写项目7、项目8、项目10～项目14，王艳梅编写项目5，刁英峰与由晓霞共同编写项目6。

在编写本书的过程中，编者参考了大量的相关资料，借鉴了国内外众多学者的研究成果，在此对他们付出的劳动深表谢意。由于时间仓促，加之编者水平有限，书中难免有不妥之处，希望广大读者批评指正。

编　者
2012 年 4 月

目 录

模块一　纳税基础认知

项目1　税收基本理论 3

项目2　税务登记管理 6

模块二　流转税申报与筹划

项目3　增值税申报与筹划 15

　　任务3.1　增值税业务核算 15

　　任务3.2　增值税税款申报 34

　　任务3.3　增值税税务筹划 53

　　项目小结 56

　　自我测试 57

项目4　消费税申报与筹划 61

　　任务4.1　消费税业务核算 61

　　任务4.2　消费税税款申报 76

　　任务4.3　消费税税务筹划 90

　　项目小结 92

　　自我测试 92

项目5　营业税申报与筹划 96

　　任务5.1　营业税业务核算 96

　　任务5.2　营业税税款申报 113

　　任务5.3　营业税税务筹划 117

　　项目小结 120

　　自我测试 121

模块三　所得税申报与筹划

项目6　企业所得税申报与筹划 127

　　任务6.1　企业所得税业务核算 127

　　任务6.2　企业所得税税款申报 146

　　任务6.3　企业所得税税务筹划 178

　　项目小结 180

　　自我测试 180

项目7　个人所得税申报与筹划 184

　　任务7.1　个人所得税业务核算 184

　　任务7.2　个人所得税税款申报 202

　　任务7.3　个人所得税税务筹划 212

　　项目小结 214

　　自我测试 214

模块四　小税种申报与筹划

项目8　资源税申报与筹划 221

　　任务8.1　资源税业务核算 221

　　任务8.2　资源税税款申报 225

　　任务8.3　资源税税务筹划 228

　　项目小结 229

　　自我测试 230

项目9　城镇土地使用税申报与筹划 233

　　任务9.1　城镇土地使用税业务核算 233

　　任务9.2　城镇土地使用税税款申报 237

　　任务9.3　城镇土地使用税税务筹划 240

　　项目小结 241

　　自我测试 241

项目10　印花税申报与筹划 243

　　任务10.1　印花税业务核算 243

　　任务10.2　印花税税款申报 251

　　任务10.3　印花税税务筹划 254

　　项目小结 256

　　自我测试 256

项目11　车船税申报与筹划 258

　　任务11.1　车船税业务核算 258

　　任务11.2　车船税税款申报 262

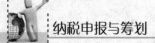

　　任务 11.3　车船税税务筹划……………265
　　项目小结……………………………………266
　　自我测试……………………………………266

项目 12　土地增值税申报与筹划……………269
　　任务 12.1　土地增值税业务核算…………269
　　任务 12.2　土地增值税税款申报…………275
　　任务 12.3　土地增值税税务筹划…………282
　　项目小结……………………………………284
　　自我测试……………………………………284

项目 13　房产税申报与筹划……………………286
　　任务 13.1　房产税业务核算………………286

　　任务 13.2　房产税税款申报………………290
　　任务 13.3　房产税税务筹划………………292
　　项目小结……………………………………294
　　自我测试……………………………………295

项目 14　契税申报与筹划………………………297
　　任务 14.1　契税业务核算…………………297
　　任务 14.2　契税税款申报…………………300
　　任务 14.3　契税税务筹划…………………303
　　项目小结……………………………………304
　　自我测试……………………………………304

参考文献……………………………………………307

本书教学背景

本书以仿真模拟企业江苏南京沪南机械有限责任公司为背景加以阐述。

企业名称：江苏南京沪南机械有限责任公司

注册资本：300万元

法人代表：江×

经营地址：南京市××区科学园××大道××号

企业性质：有限责任公司

纳税人识别号：江国税 3201 2166 0000 ×××

公司主营业务：五金、建材、钢材生产销售

电话号码：025-85399×××

开户银行：南京市××区××信用社

账　　号：3201 2121 0120 0001 ×

财务负责人：苏×

模块一

纳税基础认知

西方有俗语说"世界上只有两件事是不可避免的,那就是纳税和死亡"。事实也正是如此,纳税是每个企业或组织甚至是每个自然人都不可避免的义务。因此,本模块通过税收基本理论和税务登记管理方面的内容对纳税进行初步阐述。

项目 1 税收基本理论

财经学院毕业生王萍到江苏南京沪南机械有限责任公司(以下简称沪南公司)实习,在这里,她要跟随公司的会计李玉学习涉税业务核算、税款申报及税务筹划等内容。

李玉向王萍介绍了公司的基本情况和涉税工作的主要内容,并嘱咐王萍在工作中遇到问题可以随时来问。王萍问了以下两个问题:一是本公司在生产经营中需要缴纳的税种有哪些?二是这些税应向哪一级税务机关申报纳税?

讨论:
1. 企业在生产经营过程中需向国家缴纳哪些税收?
2. 企业应向哪一级税务机关申报纳税?

一、税收的分类

税收是政府为了满足社会公共需要,凭借政治权力,强制、无偿地取得财政收入的一种形式。税法是国家制定的用以调整国家与纳税人之间在征纳税方面的权利及义务关系的法律规范的总称。税收与税法密不可分,有税必有法,无法不成税。税法决定了税收具有无偿性、强制性及固定性等特征。

根据征税对象不同,我国现行税种可以分为五类:流转税类、所得税类、资源税类、财产税类及行为税类。

流转税(commodity turnover tax or goods turnover tax)是指以纳税人商品生产、流通环节的流转额或者数量以及非商品交易的营业额为征税对象的一类税收,具体分类如图 1.1 所示。

图 1.1 流转税分类

所得税(income tax)是指国家对法人、自然人和其他经济组织在一定时期内的各种所得征收的一类税收,具体分类如图 1.2 所示。

资源税(resources tax)是以各种应税自然资源为课税对象,为了调节资源级差收入并体现国有资源有偿使用而征收的一类税收,具体分类如图 1.3 所示。

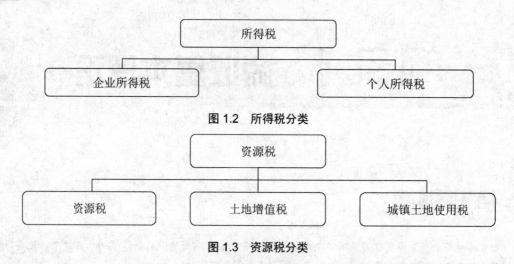

图 1.2 所得税分类

图 1.3 资源税分类

财产税(property tax)是以纳税人所有或属其支配的财产为课税对象的一类税收,具体分类如图 1.4 所示。

图 1.4 财产税分类

行为税(action tax)是以纳税人的某些特定行为为课税对象的一类税收,具体分类如图 1.5 所示。

图 1.5 行为税分类

二、税收征收管理范围及收入划分

目前我国的税收征收管理部门主要有各级国家税务局(简称国税局)、各级地方税务局(简称地税局)、各级财政部门以及海关系统,它们各自负责征收管理范围见表 1-1。

表 1-1 各部门征收管理范围

征收机关	征收税种
国税局	增值税、消费税、车辆购置税、铁路、银行总行、保险总公司集中缴纳的营业税、企业所得税等
地税局	营业税、城建税(国税局征的除外)、企业所得税、个人所得税、资源税、城镇土地使用税、土地增值税、房产税、车船税、印花税等
海关系统	关税、进口环节增值税和消费税、行李和邮递物品进口税
各级财政部门	在大部分地区的地方附加、契税、耕地占用税

根据中华人民共和国国务院(以下简称国务院)关于实行分税制财政管理体制的规定,我国的税收收入分为中央政府固定收入、地方政府固定收入,以及中央政府与地方政府共享收入。

1. 中央政府固定收入

形成中央政府固定收入的税收收入主要有消费税(含进口环节海关代征的部分)、车辆购置税、关税、海关代征的进口环节增值税等。

2. 地方政府固定收入

形成地方政府固定收入的税收收入主要有城镇土地使用税、耕地占用税、土地增值税、房产税、车船税、契税。

3. 中央政府与地方政府共享收入

中央政府与地方政府共享收入的税收收入的分享比例如下。

(1) 增值税(不含进口环节由海关代征的部分):中央政府分享75%,地方政府分享25%。

(2) 营业税:中华人民共和国铁道部、各银行总行、各保险总公司集中缴纳的部分归中央政府,其余部分归地方政府。

(3) 企业所得税:中华人民共和国铁道部、各银行总行及海洋石油企业缴纳的部分归中央政府,其余部分中央与地方政府分别按60%与40%的比例分享。

(4) 个人所得税:除储蓄存款利息所得的个人所得税外,其余部分的分享比例与企业所得税相同。

(5) 资源税:海洋石油企业缴纳的部分归中央政府,其余部分归地方政府。

(6) 城市维护建设税:中华人民共和国铁道部、各银行总行、各保险总公司集中缴纳的部分归中央政府,其余部分归地方政府。

(7) 印花税:证券交易印花税收入的94%归中央政府,其余6%和其他印花税收入归地方政府。

项目 2 税务登记管理

导入案例

王萍非常感谢李玉的耐心指导,她对李会计说:"李老师,在学校时老师讲过企业成立后要进行税务登记,我很想知道我们公司是如何进行税务登记的,都需要哪些材料?具体应如何办理?"

李会计说:"好,我就主要给你讲一下我们公司开业时是如何进行税务登记的。"

讨论:

企业如何进行开业税务登记?

 知识要点

一、办理开业税务登记需提交的证件资料

各类企业、企业在外地设立的分支机构,从事生产、经营的场所,个体工商户和从事生产、经营的事业单位,应当自领取营业执照之日起 30 日内向所在地地方税务机关申请办理税务登记;其他纳税人应当自依照税收法律、行政法规的规定成为纳税义务人之日起 30 日内向所在地地方税务机关办理税务登记。

办理开业税务登记需提交以下证件资料。

(1) 纳税人营业执照,法人营业执照正本如图 2.1 所示,副本如图 2.2 所示。
(2) 有关合同、章程、协议书。

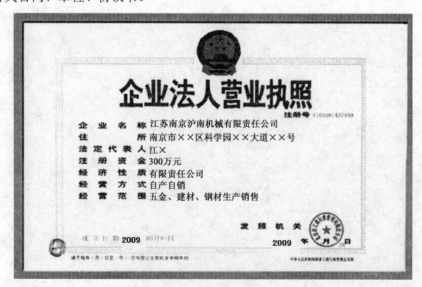

图 2.1 企业法人营业执照正本

(3) 银行账号证明。
(4) 法定代表人或业主居民身份证、护照，或其他合法证件。
(5) 组织机构统一代码证书，如图2.3所示。
(6) 国家税务机关(简称国税机关)要求提供的其他有关证件和资料。

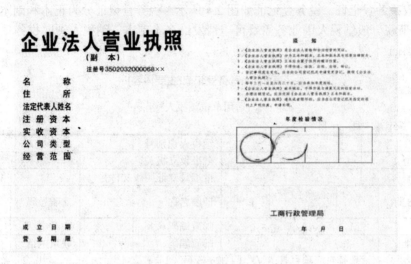

图2.2　企业法人营业执照副本

图2.3　组织机构代码证

二、办理开业税务登记的程序

纳税人应按照下列程序办理税务登记手续。

(1) 提出开业税务登记申请。从事生产经营的纳税人应在规定期限内向生产经营地主管国税机关(办税服务厅税务登记窗口)提交办理税务登记书面申请，并出示工商行政管理部门核发的营业执照和有关证件、资料。税务登记窗口工作人员初审后发给统一印制的《税务登记表》和《纳税人税种登记表》，见表2-1。

(2) 填报税务登记表。纳税人领取《税务登记表》和《纳税人税种登记表》后,应仔细阅读填表说明,并对照营业执照等有关证件资料,如实填写有关内容。税务登记表一式三份,纳税人填毕应及时报送主管国税机关审核。国税机关对纳税人的申请登记报告、税务登记表、营业执照及有关证件、资料审核无误后,即可准予登记,并发给纳税人税务登记证。

(3) 领取税务登记证。税务登记证如图 2.4 所示。税务登记证分为正本和副本。正本只核发一份,增值税一般纳税人因业务需要可申请发给多本副本。纳税人领取税务登记证后,应按照规定交纳工本费。

表 2-1 税务登记表(主要内容)

(适用单位纳税人)

填表日期: 　年　月　日

纳税人名称			纳税人识别号			
登记注册类型			批准设立机关			
组织机构代码			批准设立证明或文件号			
开业(设立)日期		生产经营期限	证照名称		证照号码	
注册地址			邮政编码		联系电话	
生产经营地址			邮政编码		联系电话	
核算方式		请选择对应项目打"√"□独立核算 □非独立核算		从业人数	其中外籍人数	
单位性质		请选择对应项目打"√"□企业 □事业单位 □社会团体 □民办非企业单位 □其他				
网站网址			国标行业		□ □	
适用会计制度		请选择对应项目打"√" □企业会计制度 □小企业会计制度 □金融企业会计制度 □行政事业单位会计制度				
经营范围						
项目\内容	姓名	身份证件		固定电话	移动电话	电子邮箱
		种类	号码			
联系人						
法定代表人(负责人)						
财务负责人						
办税人						
税务代理人名称		纳税人识别号		联系电话		电子邮箱
注册资本或投资总额		币种	金额	币种	金额	币种	金额
投资方名称	投资方经济性质	投资比例	证件种类	证件号码	国籍或地址	
自然人投资比例		外资投资比例		国有投资比例		
分支机构名称		注册地址		纳税人识别号		
总机构名称			纳税人识别号			
注册地址			经营范围			
法定代表人姓名		联系电话		注册地址邮政编码		
经办人签章: 　年　月　日		法定代表人(负责人)签章: 　年　月　日			纳税人公章: 　年　月　日	

图 2.4 税务登记证样本

三、变更登记

纳税人税务登记内容发生变化的,应当自工商行政管理机关或者其他机关办理变更登记之日起 30 日内,持有关证件向原税务登记机关申报办理变更税务登记。

纳税人税务登记内容发生变化,不需要到工商行政管理机关或者其他机关办理变更登记的,应当自发生变化之日起 30 日内,持有关证件向原税务登记机关申报办理变更税务登记。

四、注销登记

纳税人发生解散、破产、撤销以及其他情形,依法终止纳税义务的,应当在向工商行政管理机关或者其他机关办理注销登记前,持有关证件向原税务登记机关申报办理注销税务登记;按照规定不需要在工商行政管理机关或者其他机关办理注册登记的,应当自有关机关批准或者宣告终止之日起 15 日内,持有关证件向原税务登记机关申报办理注销税务登记。

纳税人因住所、经营地点变动,涉及改变税务登记机关的,应当在向工商行政管理机关或者其他机关申请办理变更或者注销登记前或者住所、经营地点变动前,向原税务登记机关申报办理注销税务登记,并在 30 日内向迁达地税务机关申报办理税务登记。

纳税人被工商行政管理机关吊销营业执照或者被其他机关予以撤销登记的,应当自营业执照被吊销或者被撤销登记之日起 15 日内,向原税务登记机关申报办理注销税务登记。

纳税人在办理注销税务登记前,应当向税务机关结清应纳税款、滞纳金、罚款,缴销发票、税务登记证件和其他税务证件。

五、税务登记证

纳税人进行开业税务登记后将取得税务机关发放的税务登记证。除按照规定不需要发给税务登记证件的外，纳税人办理下列事项时，必须持税务登记证件。

(1) 开立银行账户。

(2) 申请减税、免税、退税。

(3) 申请办理延期申报、延期缴纳税款。

(4) 领购发票。

(5) 申请开具外出经营活动税收管理证明。

(6) 办理停业、歇业。

(7) 其他有关税务事项。

税务机关对税务登记证件实行定期验证和换证制度。纳税人应当在规定的期限内持有关证件到主管税务机关办理验证或者换证手续。

纳税人应当将税务登记证件正本在其生产、经营场所或者办公场所公开悬挂，接受税务机关检查。

纳税人遗失税务登记证件的，应当在15日内书面报告主管税务机关，并登报声明作废。

从事生产和经营的纳税人到外县(市)临时从事生产、经营活动的，应当持税务登记证副本和所在地税务机关填开的外出经营活动税收管理证明，向营业地税务机关报验登记，接受税务管理。

从事生产、经营的纳税人外出经营，在同一地累计超过180天的，应当在营业地办理税务登记手续。

六、纳税申报方式

税务机关应当建立、健全纳税人自行申报纳税制度。经税务机关批准，纳税人和扣缴义务人可以采取邮寄、数据电文方式办理纳税申报，或者报送代扣代缴、代收代缴税款报告表。

数据电文方式，是指税务机关确定的电话语音、电子数据交换和网络传输等电子方式。

纳税人采取邮寄方式办理纳税申报的，应当使用统一的纳税申报专用信封，并以邮政部门收据作为申报凭据。邮寄申报以寄出的邮戳日期为实际申报日期。

纳税人采取电子方式办理纳税申报的，应当按照税务机关规定的期限和要求保存有关资料，并定期书面报送主管税务机关。

纳税人在纳税期内没有应纳税款的，也应当按照规定办理纳税申报。

纳税人享受减税、免税待遇的，在减税、免税期间应当按照规定办理纳税申报。

纳税人、扣缴义务人的纳税申报，或者代扣代缴、代收代缴税款报告表的主要内容包括税种和税目，应纳税项目或者应代扣代缴、代收代缴税款项目，计税依据，扣除项目及标准，适用税率或者单位税额，应退税项目及税额、应减免税项目及税额，应纳税额或者应代扣代缴、代收代缴税额，税款所属期限、延期缴纳税款、欠税、滞纳金等。

纳税人办理纳税申报时，应当如实填写纳税申报表，并根据不同的情况相应报送下列有关证件、资料。

(1) 财务会计报表及其说明材料。

(2) 与纳税有关的合同、协议书及凭证。

(3) 税控装置的电子报税资料。

(4) 外出经营活动税收管理证明和异地完税凭证。

(5) 境内或者境外公证机构出具的有关证明文件。

(6) 税务机关规定应当报送的其他有关证件、资料。

扣缴义务人办理代扣代缴、代收代缴税款报告时,应当如实填写代扣代缴、代收代缴税款报告表,并报送代扣代缴、代收代缴税款的合法凭证以及税务机关规定的其他有关证件和资料。

实行定期定额缴纳税款的纳税人,可以实行简易申报、简并征期等申报纳税方式。

纳税人、扣缴义务人按照规定的期限办理纳税申报,或者报送代扣代缴、代收代缴税款报告表确有困难,需要延期的,应当在规定的期限内向税务机关提出书面延期申请,经税务机关核准,在核准的期限内办理。

纳税人、扣缴义务人因不可抗力,不能按期办理纳税申报或者报送代扣代缴、代收代缴税款报告表的,可以延期办理;但是,应当在不可抗力情形消除后立即向税务机关报告。税务机关应当查明事实,予以核准。

七、税款征收

税务机关应当加强对税款征收的管理,建立、健全责任制度。

税务机关根据保证国家税款及时足额入库、方便纳税人、降低税收成本的原则,确定税款征收的方式。

税务机关应当加强对纳税人出口退税的管理,具体管理办法由国家税务总局会同国务院有关部门制定。

税务机关应当将各种税收的税款、滞纳金、罚款,按照国家规定的预算科目和预算级次及时缴入国库,税务机关不得占压、挪用、截留,不得缴入国库以外或者国家规定的税款账户以外的任何账户。

已缴入国库的税款、滞纳金、罚款,任何单位和个人不得擅自变更预算科目和预算级次。

税务机关应当根据方便、快捷、安全的原则,积极推广使用支票、银行卡、电子结算方式缴纳税款。

纳税人需要延期缴纳税款的,应当在缴纳税款期限届满前提出申请,并报送下列材料:申请延期缴纳税款报告,当期货币资金余额情况及所有银行存款账户的对账单,资产负债表,应付职工工资和社会保险费等税务机关要求提供的支出预算。

税务机关应当自收到申请延期缴纳税款报告之日起20日内作出批准或者不予批准的决定;不予批准的,从缴纳税款期限届满之日起加收滞纳金。

法律、行政法规规定或者经法定的审批机关批准减税、免税的纳税人,应当持有关文件到主管税务机关办理减税、免税手续。减税、免税期满,应当自期满次日起恢复纳税。

享受减税、免税优惠的纳税人,减税、免税条件发生变化的,应当自发生变化之日起15日内向税务机关报告;不再符合减税、免税条件的,应当依法履行纳税义务;未依法纳税的,税务机关应当予以追缴。

税务机关根据有利于税收控管和方便纳税的原则,可以按照国家有关规定委托有关单位和人员代征零星分散和异地缴纳的税收,并发给委托代征证书。受托单位和人员按照代征证书的要求,以税务机关的名义依法征收税款,纳税人不得拒绝;纳税人拒绝的,受托代征单位和人员应当及时报告税务机关。

纳税申报与筹划

八、法律责任

纳税人未按照规定办理税务登记证件验证或者换证手续的，由税务机关责令限期改正，可以处 2 000 元以下的罚款；情节严重的，处 2 000 元以上、1 万元以下的罚款。

非法印制、转借、倒卖、编造或者伪造完税凭证的，由税务机关责令改正，处 2 000 元以上、1 万元以下的罚款；情节严重的，处 1 万元以上、5 万元以下的罚款；构成犯罪的，依法追究刑事责任。

银行和其他金融机构未依照《中华人民共和国税收征收管理法》(以下简称《征管法》)的规定在从事生产、经营的纳税人的账户中登录税务登记证件号码，或者未按规定在税务登记证件中登录从事生产、经营的纳税人的账户账号的，由税务机关责令其限期改正，处 2 000 元以上、2 万元以下的罚款；情节严重的，处 2 万元以上、5 万元以下的罚款。

为纳税人和扣缴义务人非法提供银行账户、发票、证明或者其他方便，导致未缴、少缴税款或者骗取国家出口退税款的，税务机关除没收其违法所得外，可以处未缴、少缴或者骗取的税款 1 倍以下的罚款。

纳税人拒绝代扣、代收税款的，扣缴义务人应当向税务机关报告，由税务机关直接向纳税人追缴税款、滞纳金。

税务机关依照《征管法》规定，到车站、码头、机场、邮政企业及其分支机构检查纳税人有关情况时，有关单位拒绝的，由税务机关责令改正，可以处 1 万元以下的罚款；情节严重的，处 1 万元以上、5 万元以下的罚款。

模块二

流转税申报与筹划

本模块主要阐述流转税申报与筹划的理论知识及技能应用方法，分增值税申报与筹划、消费税申报与筹划及营业税申报与筹划等3个项目，每个项目均按照业务核算、税款申报及税务筹划等任务体系进行阐述。

项目 3 增值税申报与筹划

 导入案例

王萍对公司基本情况进行了初步了解后，跟随李玉进行涉税业务核算，李会计分配给她的任务是进行公司增值税涉税业务的核算、申报与筹划。王萍问李会计："要完成公司增值税涉税业务的核算、申报与筹划，我需要哪些理论知识做准备呢？"李会计说："不要急。其实所需要的理论知识你在学校里都学过，现在让我们来理清一下思路：核算增值税业务的前提是要会计算确定增值税销项税额、进项税额及应纳税额，而要进行准确计算必须理解并掌握增值税税制要素的基本规定。"

讨论：
1. 如何计算增值税应纳税额？
2. 如何进行增值税税款申报？
3. 增值税筹划的空间有哪些？

任务 3.1 增值税业务核算

学习目标 Learning Objectives

- 知识目标：明确增值税纳税义务人及纳税范围。
- 技能目标：能准确计算应纳增值税税额；能正确进行增值税涉税业务核算。
- 素质目标：培养学生做自觉纳税人的思想；渗透小组合作学习的重要性。

【任务 3.1 分解】

任务 3.1.1 增值税税制要素

任务 3.1.2 增值税应纳税额计算

任务 3.1.3 增值税涉税业务核算

纳税申报与筹划

任务 3.1.1 增值税税制要素

一、增值税的概念及特点

增值税是以商品在流转过程中产生的增值额为计税依据而征收的一种流转税。对增值税概念的理解,关键是要理解增值额的含义。商品各流转环节的销售额与增值额的关系见表 3-1。

表 3-1 商品各流转环节的销售额与增值额的关系

生产流通环节	本环节销售额/元	本环节增值额/元
棉花	40	40①
棉线	90	50
棉布	170	80
服装	390	220
合计	690	390

① 注:假设棉花的取得成本为 0。

从表 3-1 可以看出,各流通环节增值额之和就是该商品的最后销售额,以此增值额作为计税依据,避免了按每一个流通环节销售额计税产生的重复计算问题。

增值税有以下 4 个方面的主要特点。

(1) 普遍征收的原则。增值税是我国征收范围较广泛的税种,对从事商品生产经营和劳务提供的所有单位和个人就其各流通环节的增值额进行征收。

(2) 实行多环节征收。增值税是多环节征收的税种,商品在流通中经过任何一个环节,只要有增值额就要缴纳增值税。

(3) 保持中性税收。增值税虽是多环节征收,但在每一个环节都是只就其在该环节的增值额征收,避免了重复征税。也就是说对同一商品而言,无论流转环节多或少,只要增值额相等,税负就相等。

(4) 实行价外税制度。增值税的计税依据是不含增值税的销售额,因此属于价外税。

我国增值税在 2008 年 12 月 31 日前主要是生产型增值税,2009 年 1 月 1 日起全面实行消费型增值税。

所谓消费型增值税是指在计算增值税应纳税额时允许将购置物质资料的价值和用于生产、经营的固定资产价值中所含的税款在购置当期全部一次扣除。

二、增值税纳税义务人

增值税的纳税义务人是在我国境内销售货物或者提供加工、修理修配劳务以及进口货物的单位和个人。

《中华人民共和国增值税暂行条例》(以下简称《增值税暂行条例》)第一条规定:"在中华人民共和国境内销售货物或者提供加工、修理修配劳务以及进口货物的单位和个人,为增值税的纳税人,应当依照本条例缴纳增值税。"

其中的单位是指一切从事销售或进口货物、提供应税劳务的单位,包括企业、行政单位、事业单位、军事单位、社会团体及其他单位。个人是指个体工商户和其他个人。

> **特别提示**

(1) 当单位租赁或者承包给其他单位或者个人经营的,以承租人或者承包人为纳税人。

(2) 中华人民共和国境外的单位或者个人在境内提供应税劳务,在境内未设有经营机构的,以其境内代理人为扣缴人;在境内没有代理人的,以购买方为扣缴人。

为了方便增值税税额的计算,也为了减少税收征管漏洞,我国将增值税纳税人分为一般纳税人和小规模纳税人两类,分别采用不同的增值税应纳税额计算方法。

《增值税暂行条例》及其实施细则规定了小规模纳税人的认定标准,超过该认定标准的即可申请认定为一般纳税人。

小规模纳税人认定标准如下。

(1) 从事货物生产或者提供应税劳务的纳税人,以及以从事货物生产或者提供应税劳务为主,并兼营货物批发或者零售的纳税人,年应征增值税销售额(以下简称应税销售额)在50万元(含本数,下同)以下的。

(2) 除上述第(1)项规定以外的纳税人,年应税销售额在80万元以下的。

(3) 年应税销售额超过小规模纳税人标准的其他个人按小规模纳税人纳税;此处"其他个人"仅指自然人,不包括个体工商户。

(4) 非企业性单位、不经常发生应税行为的企业可选择按小规模纳税人纳税。

增值税一般纳税人与小规模纳税人具体划分见表3-2。

表3-2 增值税纳税人的划分

项 目	一般纳税人	小规模纳税人
从事货物生产或者提供应税劳务的纳税人,以及以从事货物生产或者提供应税劳务为主,并兼营货物批发或者零售的纳税人	年应税销售额在50万元以上	年应税销售额在50万元(含本数,下同)以下
除上述第(1)项规定以外的纳税人	年应税销售额在80万元以上	年应税销售额在80万元以下
年应税销售额超过小规模纳税人标准的其他个人	—	按小规模纳税人纳税
非企业性单位、不经常发生应税行为的企业	—	可选择按小规模纳税人纳税

三、增值税的征税范围

1. 征税范围的一般规定

现行增值税征税范围的一般规定包括以下内容。

1) 销售货物

货物是指有形动产,如电器、食品、服装、汽车等,包括电力、热力、气体在内。销售货物是指有偿转让货物的所有权。

2) 提供加工、修理修配劳务

加工劳务是指受托加工货物,如烟丝加工厂接受委托将烟丝加工成卷烟,加工原料及主要材料由委托方提供,受托方只收取加工费。

修理、修配劳务是指受托对损伤和丧失功能的货物进行修复，使其恢复功能和原状的业务，如汽车修理厂提供的汽车的修理修配劳务。

应纳增值税的劳务仅包括加工、修理修配劳务。因为加工和修理修配，对象一般为产品，通过加工或修理修配，可以增加产品的价值或提高性能，所以就其增值部分征收增值税。而其他的劳务如交通运输企业的运输劳务、邮电通信业的邮政特快专递(EMS)，一般都是商品流通过程中提供的服务，不会增加商品的原有价值，所以征收营业税。

3) 进口货物

申报进口，办理手续由海关征收。

2. 征税范围的特殊规定

1) 特殊项目

(1) 货物期货(包括商品期货和贵金属期货)，应当征收增值税，在期货的实物交割环节纳税。

(2) 银行销售金银的业务，应当征收增值税。

(3) 典当业的死当物品销售业务和寄售业代委托人销售寄售物品的业务，均应征收增值税。

(4) 集邮商品的生产，以及邮政部门以外的其他单位和个人销售的，均征收增值税。

(5) 邮政部门发行报刊，征收营业税；其他单位和个人发行报刊，征收增值税。

(6) 电力公司向发电企业收取的过网费，应当征收增值税，不征收营业税。

2) 特殊行为

(1) 视同销售货物行为如下。

① 货物代销：将货物交付其他单位或者个人代销(代销中的委托方)，销售代销货物(代销中的受托方)。

② 货物在内部异地调拨：设有两个以上机构并实行统一核算的纳税人，将货物从一个机构移送其他机构用于销售，但相关机构设在同一县(市)的除外。

③ 货物的内部使用：将自产或者委托加工的货物用于非增值税应税项目，将自产、委托加工的货物用于集体福利或者个人消费。

④ 货物的外部使用：将自产、委托加工或者购进的货物作为投资，提供给其他单位或者个体工商户；将自产、委托加工或者购进的货物分配给股东或者投资者；将自产、委托加工或者购进的货物无偿赠送其他单位或者个人。

特别提示

在"货物的内部使用"中的"货物"不包括购进的货物，如若是购进的货物内部使用涉及的问题是购进时的进项税额不得抵扣，而不是销项税额的计算。

(2) 混合销售行为。混合销售行为是指一项销售行为既涉及货物销售又涉及非增值税应税劳务的提供，并且销售货物与提供非应税劳务的价款是同时从一个购买方收取的行为。

混合销售原则上依据纳税人的营业主业判断是征增值税还是征营业税。

如果是从事货物的生产、批发或者零售的企业、企业性单位和个体工商户(包括以从事货物的生产、批发或者零售为主，并兼营非增值税应税劳务的单位和个体工商户在内)发生混合销售行为，则视为销售货物，应当缴纳增值税。例如，销售家具的厂商，在销售家具的同时送货上门，发生了混合销售行为，因销售家具的厂商属于生产企业，因此该混合销售应纳增值税。

如果是除上述以外的其他单位和个人发生混合销售行为，则视为销售非增值税应税劳务，不缴纳增值税。例如，邮局提供邮政服务的同时提供邮寄包裹的包裹袋，发生了混合销售行为，但邮局属于本条中所说的"除上述以外的其他单位和个人"，因此应纳营业税。

纳税人发生"销售自产货物并同时提供建筑业劳务的行为"时，应当分别核算货物的销售额和非增值税应税劳务的营业额，并根据其销售货物的销售额计算缴纳增值税，非增值税应税劳务的营业额不缴纳增值税；未分别核算的，由主管税务机关核定其货物的销售额。

(3) 兼营行为。兼营行为指纳税人既销售货物和提供应税劳务，又从事非增值税应税劳务，但销售货物或提供应税劳务与提供非应税劳务不同时发生在同一购买方身上的行为。

纳税人兼营非增值税应税项目的，应分别核算货物或者应税劳务的销售额和非增值税应税项目的营业额，从而分别缴纳增值税和营业税；未分别核算的，由主管税务机关核定货物或者应税劳务的销售额。

▶▶ **动脑想一想**

兼营行为与混合销售行为有何区别？

3. 增值税征税范围的其他规定

1)《增值税暂行条例》规定的免税项目

(1) 农业生产者销售的自产农产品；农产品是指初级农产品，如鲜奶、鲜蛋、花生仁、芝麻、菜籽、棉籽等。

特别提示

单位和个人销售的外购农产品，以及单位和个人外购农产品生产、加工后销售的仍然属于规定范围的农业产品，不属于免税的范围，应当按照规定的税率征收增值税。

(2) 避孕药品和用具。
(3) 古旧图书。古旧图书，是指向社会收购的古书和旧书。
(4) 直接用于科学研究、科学试验和教学的进口仪器与设备。
(5) 外国政府、国际组织无偿援助的进口物资和设备。
(6) 由残疾人的组织直接进口供残疾人专用的物品。
(7) 销售的自己使用过的物品。自己使用过的物品，是指其他个人自己使用过的物品。

2) 财政部、国家税务总局规定的其他征免税项目

(1) 免税店销售免税品的增值税政策。海关隔离区是海关和边防检查划定的专供出国人员出境的特殊区域，在此区域内设立免税店销售免税品和市内免税店销售但在海关隔离区内提取免税品，由海关实施特殊的进出口监管，在税收管理上属于国境以内关境以外。因此，对于海关隔离区内免税店销售免税品以及市内免税店销售但在海关隔离区内提取免税品的行为，不征收增值税。对于免税店销售其他不属于免税品的货物，应照章征收增值税。

特别提示

上述所称免税品具体是指免征关税、进口环节税的进口商品和实行退(免)税(增值税、消费税)进入免税店销售的国产商品。

(2) 转让企业全部产权涉及的应税货物的转让，不征收增值税。

(3) 从事热力、电力、燃气、自来水等公共事业的增值税纳税人收取的一次性费用，如初装费、集资费等，凡是与货物销售数量直接相关的，征收增值税；凡是与销售数量无关的，不征收增值税。

3) 增值税起征点的规定

对于纳税义务人为个人的，《增值税暂行条例》规定了起征点，增值税起征点的幅度规定如下。

(1) 销售货物的，为月销售额 5 000～20 000 元。

(2) 销售应税劳务的，为月销售额 5 000～20 000 元。

(3) 按次纳税的，为每次(日)销售额 300～500 元。

如果个人的应税销售额未达到规定起征点的不征税，如果个人的应税销售额达到和超过起征点的，应按应税销售额的全部数额征税。

4) 减免税

纳税人兼营免税、减税项目的，未分别核算免税、减税项目销售额的，不得免税、减税。

5) 放弃免税

纳税人销售货物或者应税劳务适用免税规定的，可以放弃免税，依照《增值税暂行条例》的规定缴纳增值税。放弃免税后，36 个月内不得再申请免税。

(1) 生产和销售免征增值税货物或劳务的纳税人要求放弃免税权,应当以书面形式提交放弃免税权声明，报主管税务机关备案。纳税人自提交备案资料的次月起，按照现行有关规定计算缴纳增值税。

(2) 放弃免税权的纳税人符合一般纳税人认定条件尚未认定为增值税一般纳税人的，应当按现行规定认定为增值税一般纳税人，其销售的货物或劳务可开具增值税专用发票。

(3) 纳税人一经放弃免税权，其生产销售的全部增值税应税货物或劳务均应按照适用税率征税，不得选择某一免税项目放弃免税权，也不得根据不同的销售对象选择部分货物或劳务放弃免税权。

(4) 纳税人在免税期内购进用于免税项目的货物或者应税劳务所取得的增值税扣税凭证，一律不得抵扣。

▶▶ 动脑想一想

为什么会有纳税人放弃免税权？

四、增值税的税率及征收率

(1) 基本税率 17%：一般纳税人销售或者进口货物、提供加工、修理修配劳务，适用基本税率 17%。

(2) 低税率 13%：纳税人销售或者进口下列货物，适用低税率 13%：①粮食、食用植物油；②自来水、暖气、冷气、热水、煤气、石油液化气、天然气、沼气、居民用煤炭制品；③图书、报纸、杂志；④饲料、化肥、农药、农机、农膜；⑤国务院规定的其他货物。

(3) 零税率：纳税人出口货物，税率为零；但是，国务院另有规定的除外。所谓零税率是指对出口产品既在出口环节免征增值税，同时退还该产品在出口前已经缴纳的增值税，使该产品在出口时完全不含增值税税款。

(4) 征收率 3%：小规模纳税人实行按销售额与征收率计算应纳税额的简易办法，适用征收率 3%。

(5) 适用税率的特殊规定：纳税人兼营不同税率的货物或者应税劳务，应当分别核算不同税率货物或者应税劳务的销售额；未分别核算销售额的，从高适用税率。

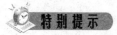

2011 年 10 月 26 日，国务院总理温家宝主持召开的国务院常务会议决定，从 2012 年 1 月 1 日起，在部分地区和行业开展深化增值税制度改革试点，逐步将目前征收营业税的行业改为征收增值税。①先在上海市交通运输业和部分现代服务业等开展试点，条件成熟时可选择部分行业在全国范围进行试点。②在现行增值税 17%标准税率和 13%低税率基础上，新增 11%和 6%两档低税率。③试点期间原归属试点地区的营业税收入，改征增值税后收入仍归属试点地区。试点行业原营业税优惠政策可以延续，并根据增值税特点调整。纳入改革试点的纳税人缴纳的增值税可按规定抵扣。

▶▶学中做

1.【单项选择题】下列关于增值税纳税人放弃免税权有关规定叙述正确的是( )。
　　A. 纳税人不可以根据不同的销售对象选择部分货物放弃免税权
　　B. 符合条件但尚未认定为增值税一般纳税人的纳税人放弃免税权，不应当认定为一般纳税人
　　C. 纳税人自税务机关受理其放弃免税声明的当月起 24 个月内不得申请免税
　　D. 纳税人可以口头提出放弃免税申请，报主管税务机关审批

2.【单项选择题】下列各项收入中，应纳增值税的是( )。
　　A. 娱乐公司门票收入　　　　　　B. 电信部门通信服务收入
　　C. 某房地产开发公司销售办公楼收入　D. 工厂销售产品收入

3.【多项选择题】下列各项中属于视同销售行为应当计算销项税额的有( )。
　　A. 将自产的货物用于集体福利　　B. 将购买的货物对外销售
　　C. 将购买的货物用于对外投资　　D. 将购买的货物用于集体福利

4.【多项选择题】下列业务中，属于增值税征税范围的有( )。
　　A. 服装厂销售其生产的服装　　　B. 典当业的死当物品销售业务
　　C. 商店销售集邮商品　　　　　　D. 银行销售金银业务

5. 根据图 3.1 所示的内容，试判断该装饰材料商店销售墙纸的业务是否属于混合销售？应纳增值税还是营业税？

图 3.1 某装饰材料商品的业务活动

任务 3.1.2 增值税应纳税额计算

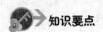

一、一般纳税人增值税应纳税额的计算

我国一般纳税人应纳税额的计算采用购进扣税法。

一般纳税人应纳税额的计算公式为

$$当期应纳税额 = 当期销项税额 - 当期进项税额 \qquad (3\text{-}1)$$

当期销项税额小于当期进项税额不足抵扣时,其不足部分可以结转下期继续抵扣。

1. 一般销售形式下销项税额的计算

销项税额是纳税人销售货物或提供应税劳务,按照销售额或提供应税劳务收入和规定税率计算并向购买方收取的增值税税额,其计算公式为

$$销项税额 = 销售额 \times 适用税率 \qquad (3\text{-}2)$$

式(3-2)中税率为 13%或 17%,而销售额的确定是正确计算销项税额的关键。

销售额是纳税人销售货物或提供应税劳务向购买方收取的全部价款和价外费用,但是不包括收取的销项税额。

(1) 销售额的计算公式为

$$销售额 = 价款 + 价外费用 \qquad (3\text{-}3)$$

(2) 销售额中不包括以下内容。

① 受托加工应征消费税的消费品所代收代缴的消费税。

② 同时符合以下条件的代垫运费:承运者的运费发票开具给购货方的,纳税人将该项发票转交给购货方的。

③ 同时符合以下条件代为收取的政府性基金或者行政事业性收费:a. 由国务院或者财政部批准设立的政府性基金,由国务院或者省级人民政府及其财政、价格主管部门批准设立的行政事业性收费;b. 收取时开具省级以上财政部门印制的财政票据;c. 所收款项全部上缴财政。

④ 销售货物的同时代办保险等而向购买方收取的保险费,以及向购买方收取的代购买方缴纳的车辆购置税、车辆牌照费。

(3) 价外费用是价外向购买方收取的手续费、补贴、基金、集资费、返还利润、奖励费、违约金、滞纳金、延期付款利息、赔偿金、代收款项、代垫款项、包装费、包装物租金、储备费、优质费、运输装卸费以及其他各种性质的价外收费,也称为价外收入。

① 手续费:一般是购货方到库房提货的手续费,而不是代销的手续费。

② 补贴和基金:县市一级或者企业主管部门给的补贴或收取的基金。

③ 返还利润:购买方将货物加价卖出,把卖出后取得的利润的一部分给供货方。也可以是平销返利。

④ 违约金:只有在实际收取违约金时才征收增值税。

⑤ 包装费、包装物租金:包装费、包装物租金在"其他业务收入"账户核算,无论计入哪个科目,都应该并入销售额征收增值税。

⑥ 代收款项:通常是企业代主管部门和地方政府收取的。

⑦ 优质费:销售方收取的优良服务费。

特别提示

价外费用是视同含税的,在计算增值税时需要进行价税分解换算成不含税后并入销售额。计算公式为

$$(不含税)销售额 = 含税销售额/(1+适用税率) \quad (3-4)$$

【例 3-1】沪南公司是一般纳税人。2011 年 1 月 5 日,向天天商场销售 W6 产品 300 台,开具增值税专用发票,取得不含税销售额 180 万元;另外,在此项销售中取得销售产品 W6 的包装费收入 7.02 万元,开具了普通发票。请根据以上资料计算沪南公司销售产品 W6 的增值税销项税额。

【解析】销项税额 = $180 \times 17\% + 7.02 \div (1+17\%) \times 17\% = 31.62$(万元)

2. 特殊销售形式下销项税额的计算

1) 折扣折让销售方式下销项税额的计算

目前在企业的销售中涉及以下 3 种折扣折让方式:一是商业折扣,也称为折扣销售,通常是依据商品价目表的价格给予的折扣,即多买少算;二是现金折扣,也称为销售折扣,通常是对客户及时付款给予的信用折扣;三是销售折让,是因为商品的质量问题给予的折扣。三者之间在税务处理上的区别见表 3-3。

表 3-3 折扣折让销售方式税务处理比较表

销售方式	税务处理方式	原因说明
折扣销售 (商业折扣)	折扣额和销售额在同一张发票上注明的,计算销项税额时可以从销售额中扣减折扣额	这里所讲的折扣仅限于货物价格的折扣;如果是实物折扣则按视同销售中"无偿赠送"处理,实物款额不能从原销售额中扣除
销售折扣 (现金折扣)	折扣额在计算销项税额时不得从销售额中扣减	现金折扣是发生在销货之后的,实质是属于一种融资行为
销售折让	折让额可以在计算销项税额时从销售额中减除	虽然销售折让也是发生在销货之后,但其发生的原因是已售产品出现品种、质量问题而给予购买方的补偿,是原销售额的减少

【例 3-2】 2011 年 1 月 7 日，沪南公司(一般纳税人)向某商场销售产品 W6，开具增值税专用发票，销售价款 500 万元，由于该商场及时付款，沪南公司给予销售价款 3%的折扣，实收销售价款 485 万元。请根据以上资料计算沪南公司销售该产品 W6 的增值税销项税额。

【解析】 销售产品 W6 销项税额＝500×17%＝85(万元)

2) 以旧换新销售方式下销项税额的计算

以旧换新销售：按新货同期销售价格确定销售额，不得扣减旧货收购价格(金银首饰除外)。

【例 3-3】 2011 年 1 月 8 日，沪南公司采取"以旧换新"方式向消费者销售 W9 产品 2 件，新产品每件零售价 9 360 元，旧产品每件作价 400 元，每件产品取得差价款 8 960 元。要求计算沪南公司销售该产品 W9 的增值税销项税额。

【解析】 销售产品 W9 销项税额＝2×9 360÷(1＋17%)×17%＝2 720(元)

3) 以物易物销售方式下销项税额的计算

在以物易物销售方式下，交换双方均作购销处理，以各自发出的货物核算销售额并计算销项税额，以各自收到的货物核算购货额并计算进项税额，不得购销金额进行抵减。

【例 3-4】 沪南公司是一般纳税人。2010 年 1 月 5 日，向某商场销售 W6 产品 300 台，开具增值税专用发票，取得不含税销售额 180 万元；以同一型号 W6 产品 200 台换回该产品所需电动机 50 台。要求计算沪南公司销售该产品 W6 的增值税销项税额。

【解析】 销售产品 W6 销项税额＝180×17%＋(180÷300)×200×17%＝51(万元)

4) 视同销售行为销项税额的计算

视同销售货物行为销售额的确定，必须遵从下列顺序：①按纳税人最近时期同类货物平均售价确定；②按其他纳税人最近时期同类货物平均售价确定；③按组成计税价格。计算公式为

$$组成计税价格＝成本×(1＋成本利润率 10\%) \qquad (3-5)$$

【例 3-5】 沪南公司是一般纳税人。2010 年 2 月生产加工一批 W10 新产品 100 件，全部按成本价每件 421 元售给本企业评出的"百名企业贡献奖"职工(无同类产品市场价格)，取得不含税销售额 42 100 元。试判断该产品销售是否需纳增值税？如需纳增值税销项税额如何计算？

【解析】 沪南公司将新产品 W10 以成本价销售给本公司职工应纳增值税，因其属于税法规范的视同销售行为。由于没有同类产品的市价，故销项税额的计算应以组成计税价格为依据。

$$销售产品 W10 销项税额＝100×421×(1＋10\%)×17\%＝7 872.7(元)$$

▶▶ **动脑想一想**

如果上述以旧换新销售的是金项链，则销项税额又如何计算？

3. 进项税额的计算

进项税额是纳税人购进货物或接受应税劳务所支付或负担的增值税额，它与销售方收取的销项税额相对应。

1) 准予从销项税额中抵扣的进项税额

根据《增值税暂行条例》的规定，准予从销项税额中抵扣的进项税额，限于下列增值税扣税凭证上注明的增值税税额和按规定的扣除率计算的进项税额，详细情况见表 3-4。

表 3-4 增值税进项税抵扣规范汇总表

情 形	税 法 规 范
凭票抵扣	(1) 从销售方取得的增值税专用发票上注明的增值税额 (2) 从海关取得的完税凭证上注明的增值税额

计算抵扣	(1) 外购免税农产品，计算公式为
	    进项税额＝买价×13%
	其中收购烟叶的计算规定较为特殊，计算公式为
	    烟叶收购金额＝收购价款×(1＋10%)，10%为价外补贴
	    应纳烟叶税额＝收购金额×20%
	    烟叶进项税额＝(收购金额＋烟叶税)×13%
	一般纳税人从农民专业合作社购进的免税农业产品，可按 13%的扣除率计算抵扣增值税进项税额
	(2) 外购运输劳务，计算公式为
	    进项税额＝运费金额(运输费用＋建设基金)×7%
	一般纳税人外购货物和销售货物所支付的运输费用，准予按运费结算单据所列运费和 7%的扣除率计算进项税额抵扣

特别提示

(1) 无论是购进货物还是销售产品，只要是支付了运输费用并取得运输专用票，均可以计算进项税额扣除。

(2) 购买或销售免税货物(购进免税农产品除外)所发生的运输费用，不得计算进项税额抵扣。

(3) 准予计算进项税额抵扣的货物运费金额是指在运输单位开具的运费结算单据上注明的运费和建设基金。

(4) 增值税一般纳税人取得 2010 年 1 月 1 日以后开具的公路内河货物运输业统一发票，应在开具之日起 180 日内到税务机关办理认证，并在认证通过的次月申报期内，向主管税务机关申报抵扣进项税额。

(5) 一般纳税人在生产经营过程中所支付的运输费用，允许计算抵扣进项税额。

(6) 一般纳税人取得的国际货物运输代理业发票和国际货物运输发票，不得计算抵扣进项税额。

(7) 增值税一般纳税人购进或销售货物，取得的作为增值税扣税凭证的货运发票，必须是通过货运发票税控系统开具的新版货运发票。

【例 3-6】 沪南公司是一般纳税人。2011 年 2 月从郊区农民赵某家中购进鲜鸡蛋 500 千克，收购凭证上注明 10 000 元，同时支付运费 500 元，取得了运输单位的发票。请根据以上资料计算沪南公司可以抵扣的进项税额。

【解析】 进项税额＝10 000×13%＋500×7%＝1 335(元)

2) 不得从销项税额中抵扣的进项税额

(1) 用于非增值税应税项目、免征增值税项目、集体福利或者个人消费的购进货物或应税劳务。

(2) 非正常损失的购进货物及相关的应税劳务。所称非正常损失，是指因管理不善造成被盗、丢失、霉烂变质的损失。

(3) 非正常损失的在产品、产成品所耗用的购进货物或者应税劳务。

(4) 国务院财政、税务主管部门规定的纳税人自用消费品；纳税人自用的应征消费税的摩托车、汽车、游艇，其进项税额不得从销项税额中抵扣。

(5) 上述4项规定的货物的运输费用和销售免税货物的运输费用。

4. 应纳税额的计算

在确定了销项税额及进项税额后，就可以采用增值税计算公式计算企业应缴纳的增值税额。

【例3-7】沪南公司(增值税一般纳税人)2011年8月发生如下经济业务。

(1) 8月1日外购生产所需原材料价款50 000元，专用发票注明增值税税额8 500元，款项以银行存款支付。

(2) 8月3日向A公司(一般纳税人)销售所生产的G10产品5 000台，取得不含税销售收入100 000元，款项已收到存入银行。

(3) 8月6日从农业生产者手中购进生产所用棉花1 000千克，收购凭证上列明收购价款18 500元。

(4) 8月16日向B公司(小规模纳税人)销售所生产的G10产品1 500台，取得含税销售收入35 100元，款项已收到存入银行。

(5) 8月19日购进生产用煤炭120吨，价款10 000元，增值税专用发票注明税额1 700元，款项以银行存款支付。

(6) 8月23日购进生产设备一台，价款50 000元，增值税专用发票注明税额8 500元。

根据上述资料，计算沪南公司8月增值税应纳税额(假定上述业务中外购货物均已验收入库，本月取得的相关发票均在本月认证并抵扣)。

【解析】对沪南公司增值税的计算可分3个步骤进行，首先计算销项税额，其次计算进项税额，然后再根据销项税额和进项税额计算应纳税额。

第一，销项税额的计算。

(1) 销售给A公司(一般纳税人)的货物销项税额为

$$销项税额 = 100\ 000 \times 17\% = 17\ 000(元)$$

(2) 销售给B公司(小规模纳税人)的货物，是价税混合收取的，需要先分出销售额，确定销售额的公式为销售额=含税销售收入÷(1+增值税税率)，然后再计算应纳税额。

$$销售额 = 35\ 100 \div (1 + 17\%) = 30\ 000(元)$$

$$销项税额 = 30\ 000 \times 17\% = 5\ 100(元)$$

(3) 沪南公司本月销项税额合计为

$$销项税额合计 = 17\ 000 + 5\ 100 = 22\ 100(元)$$

第二，进项税额的计算。

(1) 购进货物专用发票上注明的增值税税额：外购原材料8 500元，外购煤炭1 700元，外购固定资产8 500元，进项税额(凭票抵扣的进项税额)共计18 700元。

(2) 购进农业产品按13%的税率计算进项税额。沪南公司本月从农业生产者手中购进棉花，按价款18 500元计算应抵扣的进项税额为

$$进项税额 = 18\ 500 \times 13\% = 2\ 405(元)$$

(3) 沪南公司本月进项税额合计为

$$进项税额合计 = 18\,700 + 2\,405 = 21\,105(元)$$

第三，应纳税额的计算。

沪南公司本月应纳增值税税额为

$$应纳税额 = 22\,100 - 21\,105 = 995(元)$$

【例 3-8】沪南公司子公司沪南电机厂是一般纳税人。2011 年 9 月发生如下经济业务。

(1) 9 月 4 日，向 C 公司销售电机 1 500 台，每台不含税销售单价 2 500 元。付款条件是在当月内付清货款均给予 5%的销售折扣。

(2) 9 月 7 日，向上海分支机构发货 1 200 台，用于销售，并支付发货运费等费用 2 000 元，其中，取得运输单位开具的货票上注明的运费 1 200 元，建设基金 100 元，装卸费 200 元，保险费 200 元，保管费 300 元。

(3) 9 月 12 日，向 A 厂销售电机 20 台，每台不含税销售单价 2 500 元。同时从 A 厂回收购旧型号电机 20 台，每台旧型号电机折价为 500 元。

(4) 9 月 15 日，购进生产电机用原材料一批，取得增值税专用发票上注明的价款为 2 000 000 元，增值税税额为 340 000 元，材料已经验收入库。

(5) 9 月 20 日，收到 C 公司购电机 1 500 台的货款，由于其在当月付清，给予了 5%折扣。

(6) 9 月 22 日，向南京 2014 年第二届夏季青年奥林匹克运动会(以下简称青奥会)建设工程赠送电机 150 台。

(7) 9 月 27 日，从国外购进 2 台电机检测设备，取得的海关开具的完税凭证上注明的增值税税额为 170 000 元。

根据上述资料，计算沪南电机厂 9 月应纳增值税税额。

【解析】对沪南电机厂增值税的计算可分 3 个步骤进行，首先计算销项税额，其次计算进项税额，然后再根据销项税额和进项税额计算应纳税额。

第一，销项税额的计算。

(1) 销售给 C 公司的货物销项税额为

$$销项税额 = 2\,500 \times 1\,500 \times 17\% = 637\,500(元)$$

(2) 向上海分支机构发货视同销售计算销项税额

$$销项税额 = 2\,500 \times 1\,200 \times 17\% = 510\,000(元)$$

(3) 销售给 A 厂的货物销项税额为

$$销项税额 = 2\,500 \times 20 \times 17\% = 8\,500(元)$$

(4) 向青奥会赠送电机视同销售计算销项税额

$$销项税额 = 2\,500 \times 150 \times 17\% = 63\,750(元)$$

(5) 沪南电机厂本月销项税额合计为

$$销项税额合计 = 637\,500 + 510\,000 + 8\,500 + 63\,750 = 1\,219\,750(元)$$

第二，进项税额的计算。

购进货物专用发票上注明的增值税税额：外购原材料 340 000 元，外购固定资产 170 000 元，进项税额(凭票抵扣的进项税额)共计 510 000 元。支付发货运费可抵扣进项税额(1 200 + 100)×7% = 91 元 (计算抵扣的进项税额)。

沪南电机厂本月进项税额合计为

$$进项税额合计 = 340\,000 + 170\,000 + 91 = 510\,091(元)$$

第三，应纳税额的计算。

沪南电机厂本月应纳增值税税额为

$$应纳税额 = 1\,219\,750 - 510\,091 = 709\,659(元)$$

二、小规模纳税人应纳税额的计算

小规模纳税人增值税应纳税额的计算与一般纳税人增值税应纳税额的计算不同，小规模纳税人采用的是简易的计算方法，不用抵扣增值税进项税额(除采购税控装置外)，适用征收率3%。

1. 计算公式

$$应纳税额 = (不含税)销售额 \times 征收率 3\% \qquad (3-6)$$

公式中的销售额的含义同一般纳税人计算增值税销项税额时的含义规范，可参见前文，此处不再重述。

2. 含税销售额换算

由于小规模纳税人销售货物只能开具普通发票，普通发票上面标明的是含税价格，需按以下公式换算为不含税销售额

$$(不含税)销售额 = 含税销售额 \div (1 + 3\%) \qquad (3-7)$$

【例 3-9】沪南公司是一般纳税人。好美佳超市为其一子公司，增值税小规模纳税人，2011年5月取得零售货物收入 300 000 元；根据上述资料计算好美佳超市本月应纳增值税额。

【解析】小规模纳税人的零售货物收入 300 000 元属于含税收入，需先进行不含税收入额的换算；另外在本例中为 A 厂提供的有偿的广告促销业务收入不属于增值税应税劳务，不计算增值税应纳税额。

$$增值税应纳税额 = 300\,000 \div 1.03 \times 3\% = 8\,737.86(元)$$

3. 小规模纳税人购进税控收款机的进项税额抵扣

增值税小规模纳税人购置税控收款机，经主管税务机关审核批准后，可凭购进税控收款机取得的增值税专用发票，按照发票上注明的增值税额，抵免当期应纳增值税。或者按照购进税控收款机取得的普通发票上注明的价款，依下列公式计算可抵免的税额

$$可抵免的税额 = 价款 \div (1 + 17\%) \times 17\% \qquad (3-8)$$

当期应纳税额不足抵免的，未抵免的部分可在下期继续抵免。

▶▶学中做

沪南公司是一般纳税人。生产销售的产品适用增值税基本税率，2011年10月份发生以下经济业务。

① 10月5日，向 A 厂购进原材料一批，取得增值税专用发票注明的价款为 400 000 元，增值税 68 000 元，取得运输部门的运输发票注明的运费 20 000 元，其中运费 16 000 元，建设基金 2 000 元，保管费 1 000 元，装卸费 1 000 元。

② 10月13日，与 D 公司签订投资协议，接受其投资转入材料一批，取得增值税专用发

票注明的价款为200 000元,增值税34 000元,材料未到。

③ 10月18日,购进低值易耗品一批,取得增值税专用发票注明的价款为50 000元,增值税8 500元,款项已经支付,低值易耗品尚未验收入库。

④ 10月21日,销售产品一批,开出增值税专用发票,价款900 000元,税款153 000元。

⑤ 10月22日,用新开发的K05产品100 000元(成本价)向合作单位投资入股,公司无同类产品售价。

根据上述资料,计算沪南公司10月份应纳增值税额(本月取得的相关发票均在本月认证并抵扣)。

任务3.1.3 增值税涉税业务核算

一、一般纳税人增值税业务核算

1. 一般纳税人增值税业务核算科目设置

对应国内经济业务核算,一般纳税人增值税业务核算应设置"应交税费"一级科目,在一级科目下设两个二级科目,分别是"应交增值税"科目与"未交增值税"科目;在"应交增值税"二级科目下设置六个三级明细项目,分别是进项税额、进项税额转出、销项税额、已交税金、转出多交增值税及转出未交增值税等项目。上述科目层次结构如图3.2所示。

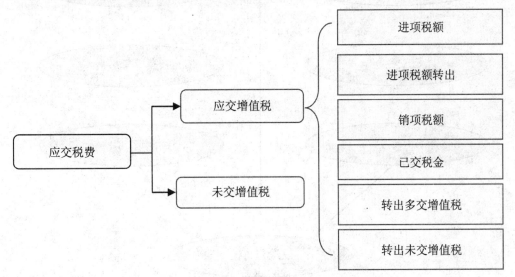

图3.2 增值税核算科目设置层次结构

"进项税额"项目,记录企业购入货物或接受应税劳务而支付的、准予从销项税额中抵扣的增值税额。企业购入货物或接受应税劳务支付的进项税额,用蓝字登记;退回所购货物应冲销的进项税额,用红字登记。

"进项税额转出"项目,记录企业的购进货物、在产品、产成品等发生非正常损失以及其他原因不应从销项税额中抵扣,按规定转出的进项税额。

"销项税额"项目,记录企业销售货物或提供应税劳务应收取的增值税额。企业销售货物或提供应税劳务应收取的销项税额,用蓝字登记;退回销售货物应冲销销项税额,用红字登记。

"已交税金"专栏项目,记录企业已交纳的增值税额。企业已交纳的增值税额用蓝字登记,退回多交的增值税额用红字登记。

在"应交税费—应交增值税"科目下还需设"转出未交增值税"和"转出多交增值税"专栏,分别记录一般纳税企业月终转出未交或多交的增值税。

月份终了,企业应将当月发生的应交未交增值税额自"应交税费—应交增值税"科目转入"未交增值税"明细科目,借记"应交税费—应交增值税(转出未交增值税)"科目,贷记"应交税费—未交增值税"科目。将本月多交的增值税自"应交税费—应交增值税"科目转入"未交增值税"明细科目,借记"应交税费—未交增值税"科目,贷记"应交税费—应交增值税(转出多交增值税)"科目。

当月上交本月增值税时,仍应借记"应交税费—应交增值税(已交税金)"科目,贷记"银行存款"科目。

应交增值税所设置的3个级次科目的运用如图3.3所示。

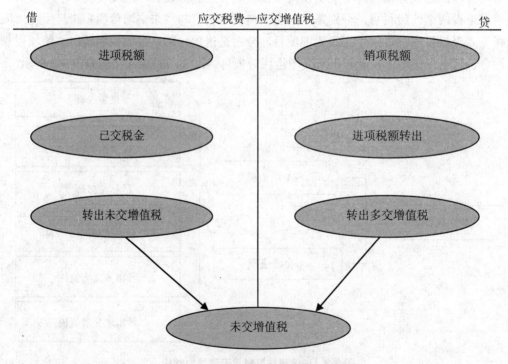

图 3.3 增值税核算科目运用示意图

2. 一般纳税人增值税业务核算

企业增值税涉税经济业务包括原材料采购、商品销售及在生产经营过程中发生的进货退出、销售退回等业务,现在通过具体案例来说明一般纳税人增值税业务的核算。

【例3-10】沪南公司是一般纳税人。其子公司沪南纺织厂(一般纳税人)2011年4月发生如下业务。

(1) 4月3日公司从B厂购入纺织车床一台，金额75 000元，增值税专用发票注明增值税额12 750元，款项已用银行存款支付。

(2) 4月5日公司从C厂购入纤维布500匹，每匹280元，增值税专用发票注明增值税额23 800元，款项已用银行存款支付。

(3) 4月6日向某商场销售一批男西服，取得不含税收入350 000元，开出增值税专用发票，款项已收到存入银行。

(4) 4月7日收到增值税销项负数发票(红字发票)，从D厂购入的毛料因质量问题退货，金额20 000元，税额3 400元。

(5) 4月16日仓库因管理不善发生意外火灾，烧毁从C厂购入的纤维布120匹。该批纤维布实际成本34 000元，其中运费成本400元。

(6) 4月17日因产品生产需要，从C厂购入棉布300匹，每匹180元，金额合计54 000元，税额9 180元，支付运费1 000元，其中装卸费400元，取得增值税专用发票和运输单位开具的运输发票。货款已经支付，棉布已经验收入库。

(7) 4月18日，以一批休闲装作为实物工资发放给本厂职工，每件不含税售价100元，共130件，成本价80元。

(8) 4月25日给D厂开出负数发票一份，3月份销售的儿童服装与合同要求不符，退货。销售额15 000元，税额2 550元。

(9) 4月28日销售给某小学运动服300套，销售额18 000元，税额3 060元。

要求：对沪南纺织厂2011年4月发生的经济业务涉及的增值税进行核算。

【解析】(1) 借：固定资产——机床　　　　　　　　　　　　　75 000
　　　　　应交税费—应交增值税(进项税额)　　　　　12 750
　　　　　　贷：银行存款　　　　　　　　　　　　　　　87 750
(2) 借：原材料——纤维布　　　　　　　　　　　　　140 000
　　　应交税费—应交增值税(进项税额)　　　　　23 800
　　　　贷：银行存款　　　　　　　　　　　　　　　163 800
(3) 借：银行存款　　　　　　　　　　　　　　　　　409 500
　　　　贷：主营业务收入　　　　　　　　　　　　　350 000
　　　　　　应交税费—应交增值税(销项税额)　　　　59 500
(4) 借：原材料——毛料　　　　　　　　　　　　　　20 000
　　　应交税费—应交增值税(进项税额)　　　　　3 400
　　　　贷：银行存款　　　　　　　　　　　　　　　23 400
(5) 借：待处理财产损益　　　　　　　　　　　　　　39 742.11
　　　　贷：原材料——纤维布　　　　　　　　　　　34 000
　　　　　　应交税费—应交增值税(进项税额转出)　　5 742.11
(6) 借：原材料——化纤布　　　　　　　　　　　　　54 958
　　　应交税费—应交增值税(进项税额)　　　　　9 222
　　　　贷：银行存款　　　　　　　　　　　　　　　64 180
(7) 借：应付职工薪酬　　　　　　　　　　　　　　　15 210
　　　　贷：主营业务收入　　　　　　　　　　　　　13 000

		应交税费—应交增值税(销项税额)	2 210
	借：	主营业务成本	8 000
	贷：	库存商品	8 000
(8)	借：	银行存款	17 550
	贷：	主营业务收入	15 000
		应交税费—应交增值税(销项税额)	2 550
(9)	借：	银行存款	21 060
	贷：	主营业务收入	18 000
		应交税费—应交增值税(销项税额)	3 060

二、小规模纳税人增值税业务核算

1. 小规模纳税人增值税业务核算科目设置

小规模纳税人进行增值税业务核算，只要核算应缴数、已缴数、多缴数和欠缴数，不需核算销项税额与进项税额，因此只在"应交税费"科目下设"应交增值税"明细科目并采用三栏式账页。

增值税对小规模纳税人的征收管理采取简易办法，不得抵扣进项税额(购进税控装置除外)，适用3%的综合征收率，不得直接领购使用增值税专用发票等。因此，小规模纳税人购进货物或接受应税劳务，均按应付或实际支付的价款借记"在途物资"、"原材料"、"管理费用"等科目，贷记"应付账款"、"银行存款"等科目。

小规模纳税人销售货物或提供应税劳务，按实现的销售收入和按规定收取的增值税额，借记"应收账款"、"银行存款"等科目；按实现的销售收入，贷记"主营业务收入"、"其他业务收入"等科目；按应收取的增值税额，贷记"应交税费—应交增值税"科目。

小规模纳税人按规定的纳税期限缴纳税款时，借记"应交税费—应交增值税"科目，贷记"银行存款"等科目。收到退回多交的增值税时，作相反的会计处理。

2. 小规模纳税人增值税业务核算

小规模纳税人增值税业务核算较简单，现在通过具体案例来说明小规模纳税人增值税业务的核算。

【例3-11】沪南公司是一般纳税人。其子公司斯敏公司是小规模纳税人，2011年8月发生如下业务。

(1) 8月6日，购进生产用原料一批，取得普通发票注明价税合计96 678元，材料已验收入库，款项以银行存款付讫。

(2) 8月15日，向龙宇公司(一般纳税人)销售产品一批，由税务所代开增值税专用发票一张，注明价款100 000元，增值税额3 000元，货款以银行存款收讫。

(3) 8月19日，购进一台海信税控收款机，取得普通发票注明价税合计2 925元，款项以银行存款付讫。

(4) 月末以银行存款缴纳当月应纳的增值税。

要求：对斯敏公司2010年8月发生的经济业务涉及的增值税进行核算。

【解析】(1) 借：原材料　　　　　　　　　　　　　　　　　96 678
　　　　　　　贷：银行存款　　　　　　　　　　　　　　　　　96 678

(2) 借：银行存款 103 000
　　　贷：主营业务收入 100 000
　　　　　应交税费——应交增值税 3 000
(3) 借：低值易耗品——税控收款机 2 500
　　　应交税费——应交增值税 425
　　　贷：银行存款 2 925
(4) 借：应交税费——应交增值税 2 575
　　　贷：银行存款 2 575

▶▶学中做

(1) 沪南公司是一般纳税人。2011年1月发生如下业务。

① 1月6日，向本市第三铸造厂购进铸铁一批。增值税专用发票上注明价款1 880 000元，税率17%，上述款项已通过银行付讫。

② 1月9日，因铸铁质量问题发生进货退出，根据铸铁厂开具的红字增值税专用发票，收到退回价款210 000元，税款35 700元。

③ 1月11日，按照合同规定，沪南公司接受金属公司以圆钢作为投资入股，经财产评估，法定作价为360 000元，税率17%，税额61 200元。

④ 1月12日，拨付钢材一批，委托轻工机械厂加工齿轮，已拨付钢材价款168 000元。

⑤ 1月22日，收到轻工机械厂开来的增值税专用发票，支付加工费18 000元，税率17%，以银行存款支付。

⑥ 1月22日，齿轮加工完毕，该批加工半成品价款为186 000元，收回入库。

⑦ 1月23日，企业被盗，丢失钢材10吨，价款11 000元，该钢材的进项税额为1 870元。

⑧ 1月29日，销售机床10台，实现销售收入2 760 000元，向对方开出增值税专用发票，并收取增值税469 200元，收回货款存入银行。

⑨ 1月30日，企业发生销售退货两笔，共计价款198 000元，应退增值税33 660元，企业开出红字增值税专用发票，并以银行存款支付退还款项。

⑩ 沪南公司为扩大企业规模，根据合同规定，以机床2台对建材机械厂进行联营投资，投出机床2台的账面价值234 000元，双方作价为260 000元。

⑪ 月末，结转未交增值税。假定期初"应交增值税"、"未交增值税"明细账无余额。

要求：对沪南公司2011年1月发生的经济业务涉及的增值税进行核算。

(2) 沪南公司是一般纳税人。其子公司宏进纺织厂是小规模纳税人，2011年3月发生如下业务。

① 3月1日购进化纤布，增值税普通发票上注明的价款为30 000元，税款为5 100元，货款已转账支付，材料已验收入库。

② 3月2日销售女式西服1 000套，取得销售收入25 000元，开具普通发票，款项已存入银行。

③ 3月5日缴纳上月增值税3 600元，用银行存款支付。

④ 3月18日，销售儿童运动服600套，取得销售收入15 000元，由税务机关代开增值税专用发票。款项存入银行。

⑤ 3月25日销售男士休闲装500套,取得销售收入10 000元,开具普通发票,款项尚未收到。

要求:对宏进纺织厂2010年3月发生的经济业务涉及的增值税进行核算。

任务3.2 增值税税款申报

学习目标 Learning Objectives

- 知识目标:明确增值税税款申报的方式、时间及地点。
- 技能目标:能熟练准确填报增值税纳税申报表。
- 素质目标:树立做自觉纳税人的意识;提高解决复杂问题的能力。

知识要点

一、纳税义务发生时间

纳税义务发生时间是税制的要素之一。一个税种如果没有纳税义务发生时间上的规定,纳税人无限期地延后纳税义务发生的时间,税款征收入库在时间上就没有确定和保证。

增值税是我国最主要的税种之一,增值税纳税义务发生时间,主要是指增值税纳税人、扣缴义务人发生应税、扣缴税款行为应承担纳税义务、扣缴义务的起始时间。

从2009年1月1日起,增值税纳税义务发生时间的确定标准较之前发生了一些变更,具体规定整理如下。

(1) 销售货物或者应税劳务,为收讫销售款项或者取得索取销售款项凭据的当天;先开具发票的,为开具发票的当天。

同时,对于"收讫销售款项或者取得索取销售款项凭据的当天",按销售结算方式的不同,又具体规定如下。

① 采取直接收款方式销售货物,不论货物是否发出,均为收到销售款或者取得索取销售款凭据的当天。

② 采取托收承付和委托银行收款方式销售货物,为发出货物并办妥托收手续的当天。

③ 采取赊销和分期收款方式销售货物,为书面合同约定的收款日期的当天,无书面合同的或者书面合同没有约定收款日期的,为货物发出的当天。

④ 采取预收货款方式销售货物,为货物发出的当天,但生产销售生产工期超过12个月的大型机械设备、船舶、飞机等货物,为收到预收款或者书面合同约定的收款日期的当天。

⑤ 委托其他纳税人代销货物,为收到代销单位的代销清单或者收到全部或者部分货款的当天。未收到代销清单及货款的,为发出代销货物满180天的当天。

⑥ 销售应税劳务,为提供劳务同时收讫销售款或者取得索取销售款的凭据的当天。

⑦ 纳税人发生视同销售货物行为,为货物移送的当天。

(2) 进口货物，为报关进口的当天。

(3) 增值税扣缴义务发生时间为纳税人增值税纳税义务发生的当天。

二、纳税期限

(1) 增值税的纳税期限分别为1日、3日、5日、10日、15日、1个月或者1个季度。

纳税人的具体纳税期限，由主管税务机关根据纳税人应纳税额的大小分别核定；不能按照固定期限纳税的，可以按次纳税。以1个季度为纳税期限的规定仅适用于小规模纳税人。

(2) 纳税人以1个月或者1个季度为1个纳税期的，自期满之日起15日内申报纳税。

以1日、3日、5日、10日或者15日为1个纳税期的，自期满之日起5日内预缴税款，于次月1日起15日内申报纳税并结清上月应纳税款。

(3) 扣缴义务人解缴税款的期限，依照上述规定执行。

(4) 纳税人进口货物，应当自海关填发进口增值税专用缴款书之日起15日内缴纳税款。

三、纳税地点

(1) 固定业户的纳税地点。固定业户应当向其机构所在地主管税务机关申报纳税。

总机构和分支机构不在同一县(市)的，应当分别向各自所在地主管税务机关申报纳税；经国家税务总局或其授权的税务机关批准，可以由总机构汇总向总机构所在地主管税务机关申报纳税。

固定业户(指增值税一般纳税人)临时到外省、市销售货物的，必须向经营地税务机关出示"外出经营活动税收管理证明"回原地纳税，需要向购货方开具专用发票的，亦回原地补开。对未持"外出经营活动税收管理证明"的，经营地税务机关按6%的征收率征税。对擅自携票外出，在经营地开具专用发票的，经营地主管税务机关根据发票管理的有关规定予以处罚并将其携带的专用发票逐联注明"违章使用作废"字样。

(2) 非固定业户增值税纳税地点。非固定业户销售货物或者提供应税劳务，应当向销售地(或者劳务发生地，自2009年1月1日起)主管税务机关申报纳税。非固定业户到外县(市)销售货物或者提供应税劳务未向销售地(或者劳务发生地，自2009年1月1日起)主管税务机关申报纳税的，由其机构所在地或居住地主管税务机关补征税款。

(3) 进口货物增值税纳税地点。进口货物，应当由进口人或其代理人向报关地海关申报纳税。

(4) 自2009年1月1日起扣缴义务人应当向其机构所在地或者居住地的主管税务机关申报缴纳其扣缴的税款。

四、增值税纳税申报

1. 基本规定

根据《征管法》、《增值税暂行条例》和《中华人民共和国发票管理办法》的有关规定，国家税务总局制定了增值税一般纳税人纳税申报办法。凡增值税一般纳税人(以下简称纳税人)均按此办法进行纳税申报。纳税申报资料如下。

(1)《增值税纳税申报表(适用于增值税一般纳税人)》(表3-5)、《增值税纳税申报表附列资料》(表3-6和表3-7)和《固定资产进项税额抵扣情况表》。

(2) 附报资料。①已开具的增值税专用发票和口普通发票存根联。②符合抵扣条件并且在本期申报抵扣的增值税专用发票抵扣联。③海关进口货物完税凭证的复印件。④运输发票复印件。⑤收购凭证的存根联或报查联。⑥收购农产品的普通发票复印件。⑦主管税务机关规定的其他资料。

经营规模大的纳税人，如上述附报资料很多，报送确有困难的，经县级国税局批准，由主管国家税务机关派人到企业审核。

2. 一般纳税人增值税纳税申报表

一般纳税人增值税纳税申报表包括增值税纳税申报表主表(见表 3-5)及其附列资料(见表 3-6 和表 3-7)。

表 3-5　增值税纳税申报表

(适用于增值税一般纳税人)

根据《增值税暂行条例》第二十二条和第二十三条的规定制定本表。纳税人不论有无销售额，均应按主管税务机关核定的纳税期限按期填报本表，并于次月一日起十五日内，向当地税务机关申报。

税款所属时间：自　　年　　月　　日至　　年　　月　　日　　　　　填表日期：　　年　　月　　日

金额单位：元(列至角分)

纳税人识别号									所属行业	
纳税人名称	(公章)		法定代表人姓名		注册地址				营业地址	
开户银行及账号			企业登记注册类型						电话号码	

	项目	栏次	一般货物及劳务		即征即退货物及劳务	
			本月数	本年累计	本月数	本年累计
销售额	(一)按适用税率征税货物及劳务销售额	1				
	其中：应税货物销售额	2				
	应税劳务销售额	3				
	纳税检查调整的销售额	4				
	(二)按简易征收办法征税货物销售额	5				
	其中：纳税检查调整的销售额	6				
	(三)免、抵、退办法出口货物销售额	7			—	—
	(四)免税货物及劳务销售额	8			—	—
	其中：免税货物销售额	9			—	—
	免税劳务销售额	10			—	—
税款计算	销项税额	11				
	进项税额	12				
	上期留抵税额	13		—		—
	进项税额转出	14				
	免抵退货物应退税额	15				
	按适用税率计算的纳税检查应补缴税额	16			—	—

续表

税款计算	应抵扣税额合计	17=12+13-14-15+16		—	—
	实际抵扣税额	18(如17＜11,则为17,否则为11)			
	应纳税额	19=11-18			
	期末留抵税额	20=17-18		—	—
	简易征收办法计算的应纳税额	21			
	按简易征收办法计算的纳税检查应补缴税额	22			
	应纳税额减征额	23			
	应纳税额合计	24=19+21-23			
税款缴纳	期初未缴税额(多缴为负数)	25			
	实收出口开具专用缴款书退税额	26			
	本期已缴税额	27=28+29+30+31			
	①分次预缴税额	28		—	—
	②出口开具专用缴款书预缴税额	29			
	③本期缴纳上期应纳税额	30			
	④本期缴纳欠缴税额	31			
	期末未缴税额(多缴为负数)	32=24+25+26-27			
	其中:欠缴税额(≥0)	33=25+26-27		—	—
	本期应补(退)税额	34=24-28-29			
	即征即退实际退税额	35	—		
	期初未缴查补税额	36		—	—
	本期入库查补税额	37		—	—
	期末未缴查补税额	38=16+22+36-37			
授权声明	如果你已委托代理人申报,请填写下列资料: 　　为代理一切税务事宜,现授权 (地址)　　　　　　　为本纳税人的代理申报人,任何与本申报表有关的往来文件,都可寄予此人。 　　　　　　　　　　　　授权人签字:		申报人声明	此纳税申报表是根据《增值税暂行条例》的规定填报的,我相信它是真实的、可靠的、完整的。 　　　　　　　　　　声明人签字:	

以下由税务机关填写:

收到日期:　　　　　　　　接收人:　　　　　　主管税务机关盖章:

填表说明如下。

本申报表适用于增值税一般纳税人填报。增值税一般纳税人销售按简易办法缴纳增值税的货物,也适用本表。

(1) 本表"税款所属时间"是指纳税人申报的增值税应纳税额的所属时间,应填写具体的起止年、月、日。

(2) 本表"填表日期"指纳税人填写本表的具体日期。

(3) 本表"纳税人识别号"栏,填写税务机关为纳税人确定的识别号,即税务登记证号码。

(4) 本表"所属行业"栏,按照国民经济行业分类与代码中的最细项(小类)进行填写(国民经济行业分类与代码附后)。

(5) 本表"纳税人名称"栏,填写纳税人单位名称全称,不得填写简称。

(6) 本表"法定代表人姓名"栏,填写纳税人法定代表人的姓名。

(7) 本表"注册地址"栏,填写纳税人税务登记证所注明的详细地址。

(8) 本表"营业地址"栏,填写纳税人营业地的详细地址。

(9) 本表"开户银行及账号"栏,填写纳税人开户银行的名称和纳税人在该银行的结算账户号码。

(10) 本表"企业登记注册类型"栏,按税务登记证填写。

(11) 本表"电话号码"栏,填写纳税人注册地和经营地的电话号码。

(12) 表中"一般货物及劳务"是指享受即征即退的货物及劳务以外的其他货物及劳务。

(13) 表中"即征即退货物及劳务"是指纳税人按照税法规定享受即征即退税收优惠政策的货物及劳务。

(14) 本表第 1 项"(一)按适用税率征税货物及劳务销售额"栏数据,填写纳税人本期按适用税率缴纳增值税的应税货物和应税劳务的销售额(销货退回的销售额用负数表示)。包括在财务上不作销售但按税法规定应缴纳增值税的视同销售货物和价外费用销售额,外贸企业作价销售进料加工复出口的货物,税务、财政、审计部门检查按适用税率计算调整的销售额。"一般货物及劳务"的"本月数"栏数据与"即征即退货物及劳务"的"本月数"栏数据之和,应等于表 3-6 第 7 栏的"小计"中的"销售额"数。"本年累计"栏数据,应为年度内各月数之和。

(15) 本表第 2 项"应税货物销售额"栏数据,填写纳税人本期按适用税率缴纳增值税的应税货物的销售额(销货退回的销售额用负数表示)。包括在财务上不作销售但按税法规定应缴纳增值税的视同销售货物和价外费用销售额,以及外贸企业作价销售进料加工复出口的货物。"一般货物及劳务"的"本月数"栏数据与"即征即退货物及劳务"的"本月数"栏数据之和,应等于表 3-6 第 5 栏的"应税货物"中 17%税率"销售额"与 13%税率"销售额"的合计数。"本年累计"栏数据,应为年度内各月数之和。

(16) 本表第 3 项"应税劳务销售额"栏数据,填写纳税人本期按适用税率缴纳增值税的应税劳务的销售额。"一般货物及劳务"的"本月数"栏数据与"即征即退货物及劳务"的"本月数"栏数据之和,应等于表 3-6 第 5 栏的"应税劳务"中的"销售额"数。"本年累计"栏数据,应为年度内各月数之和。

(17) 本表第 4 项"纳税检查调整的销售额"栏数据,填写纳税人本期因税务、财政、审计部门检查、并按适用税率计算调整的应税货物和应税劳务的销售额。但享受即征即退税收优惠政策的货物及劳务经税务稽查发现偷税的,不得填入"即征即退货物及劳务"部分,而应将本部分销售额在"一般货物及劳务"栏中反映。"一般货物及劳务"的"本月数"栏数据与"即征即退货物及劳务"的"本月数"栏数据之和,应等于表 3-6 第 6 栏的"小计"中的"销售额"数。"本年累计"栏数据,应为年度内各月数之和。

(18) 本表第 5 项"按简易征收办法征税货物的销售额"栏数据,填写纳税人本期按简易征收办法征收增值税货物的销售额(销货退回的销售额用负数表示)。包括税务、财政、审计部门检查、并按按简易征收办法计算调整的销售额。"一般货物及劳务"的"本月数"栏数据与"即征即退货物及劳务"的"本月数"栏数据之和,应等于表 3-6 第 14 栏的"小计"中的"销售额"数。"本年累计"栏数据,应为年度内各月数之和。

(19) 本表第 6 项"其中:纳税检查调整的销售额"栏数据,填写纳税人本期因税务、财政、审计部门检查、并按简易征收办法计算调整的销售额,但享受即征即退税收优惠政策的货物及劳务经税务稽查发现偷税的,不得填入"即征即退货物及劳务"部分,而应将本部分销售额在"一般货物及劳务"栏中反映。"一般货物及劳务"的"本月数"栏数据与"即征即退货物及劳务"的"本月数"栏数据之和,应等于表3-6第13栏的"小计"中的"销售额"数。"本年累计"栏数据,应为年度内各月数之和。

(20) 本表第7项"免、抵、退办法出口货物销售额"栏数据,填写纳税人本期执行免、抵、退办法出口货物的销售额(销货退回的销售额用负数表示)。"本年累计"栏数据,应为年度内各月数之和。

(21) 本表第8项"免税货物及劳务销售额"栏数据,填写纳税人本期按照税法规定直接免征增值税的货物及劳务的销售额及适用零税率的货物及劳务的销售额(销货退回的销售额用负数表示),但不包括适用免、抵、退办法出口货物的销售额。"一般货物及劳务"的"本月数"栏数据,应等于表3-6第18栏的"小计"中的"销售额"数。"本年累计"栏数据,应为年度内各月数之和。

(22) 本表第9项"免税货物销售额"栏数据,填写纳税人本期按照税法规定直接免征增值税货物的销售额及适用零税率货物的销售额(销货退回的销售额用负数表示),但不包括适用免、抵、退办法出口货物的销售额。"一般货物及劳务"的"本月数"栏数据,应等于表3-6第18栏的"免税货物"中的"销售额"数。"本年累计"栏数据,应为年度内各月数之和。

(23) 本表第10项"免税劳务销售额"栏数据,填写纳税人本期按照税法规定直接免征增值税劳务的销售额及适用零税率劳务的销售额(销货退回的销售额用负数表示)。"一般货物及劳务"的"本月数"栏数据,应等于表3-6第18栏的"免税劳务"中的"销售额"数。"本年累计"栏数据,应为年度内各月数之和。

(24) 本表第11项"销项税额"栏数据,填写纳税人本期按适用税率计征的销项税额。该数据应与"应交税金—应交增值税"明细科目贷方"销项税额"专栏本期发生数一致。"一般货物及劳务"的"本月数"栏数据与"即征即退货物及劳务"的"本月数"栏数据之和,应等于表3-6第7栏的"小计"中的"销项税额"数。"本年累计"栏数据,应为年度内各月数之和。

(25) 本表第12项"进项税额"栏数据,填写纳税人本期申报抵扣的进项税额。该数据应与"应交税金—应交增值税"明细科目借方"进项税额"专栏本期发生数一致。"一般货物及劳务"的"本月数"栏数据与"即征即退货物及劳务"的"本月数"栏数据之和,应等于表3-7第12栏中的"税额"数。"本年累计"栏数据,应为年度内各月数之和。

(26) 本表第13项"上期留抵税额"栏数据,为纳税人前一申报期的"期末留抵税额"数,该数据应与"应交税金—应交增值税"明细科目借方月初余额一致。

(27) 本表第14项"进项税额转出"栏数据,填写纳税人已经抵扣但按税法规定应作进项税转出的进项税额总数,但不包括销售折扣、折让,销货退回等应负数冲减当期进项税额的数额。该数据应与"应交税金—应交增值税"明细科目贷方"进项税额转出"专栏本期发生数一致。"一般货物及劳务"的"本月数"栏数据与"即征即退货物及劳务"的"本月数"栏数据之和,应等于表3-7第13栏中的"税额"数。"本年累计"栏数据,应为年度内各月数之和。

(28) 本表第15项"免、抵、退货物应退税额"栏数据,填写退税机关按照出口货物免、抵、退办法审批的应退税额。"本年累计"栏数据,应为年度内各月数之和。

(29) 本表第 16 项"按适用税率计算的纳税检查应补缴税额"栏数据,填写税务、财政、审计部门检查按适用税率计算的纳税检查应补缴税额。"本年累计"栏数据,应为年度内各月数之和。

(30) 本表第 17 项"应抵扣税额合计"栏数据,填写纳税人本期应抵扣进项税额的合计数。

(31) 本表第 18 项"实际抵扣税额"栏数据,填写纳税人本期实际抵扣的进项税额。"本年累计"栏数据,应为年度内各月数之和。

(32) 本表第 19 项"按适用税率计算的应纳税额"栏数据,填写纳税人本期按适用税率计算并应缴纳的增值税额。"本年累计"栏数据,应为年度内各月数之和。

(33) 本表第 20 项"期末留抵税额"栏数据,为纳税人在本期销项税额中尚未抵扣完,留待下期继续抵扣的进项税额。该数据应与"应交税金—应交增值税"明细科目借方月末余额一致。

(34) 本表第 21 项"按简易征收办法计算的应纳税额"栏数据,填写纳税人本期按简易征收办法计算并应缴纳的增值税额,但不包括按简易征收办法计算的纳税检查应补缴税额。"一般货物及劳务"的"本月数"栏数据与"即征即退货物及劳务"的"本月数"栏数据之和,应等于表 3-6 第 12 栏的"小计"中的"应纳税额"数。"本年累计"栏数据,应为年度内各月数之和。

(35) 本表第 22 项"按简易征收办法计算的纳税检查应补缴税额"栏数据,填写纳税人本期因税务、财政、审计部门检查并按简易征收办法计算的纳税检查应补缴税额。"一般货物及劳务"的"本月数"栏数据与"即征即退货物及劳务"的"本月数"栏数据之和,应等于表 3-6 第 13 栏的"小计"中的"应纳税额"数。"本年累计"栏数据,应为年度内各月数之和。

(36) 本表第 23 项"应纳税额减征额"栏数据,填写纳税人本期按照税法规定减征的增值税应纳税额。"本年累计"栏数据,应为年度内各月数之和。

(37) 本表第 24 项"应纳税额合计"栏数据,填写纳税人本期应缴增值税的合计数。"本年累计"栏数据,应为年度内各月数之和。

(38) 本表第 25 项"期初未缴税额(多缴为负数)"栏数据,为纳税人前一申报期的"期末未缴税额(多缴为负数)"。

(39) 本表第 26 项"实收出口开具专用缴款书退税额"栏数据,填写纳税人本期实际收到税务机关退回的,因开具《出口货物税收专用缴款书》而多缴的增值税款。该数据应根据"应交税金—未交增值税"明细科目贷方本期发生额中"收到税务机关退回的多缴增值税款"数据填列。"本年累计"栏数据,为年度内各月数之和。

(40) 本表第 27 项"本期已缴税额"栏数据,是指纳税人本期实际缴纳的增值税额,但不包括本期入库的查补税款。"本年累计"栏数据,为年度内各月数之和。

(41) 本表第 28 项"①分次预缴税额"栏数据,填写纳税人本期分次预缴的增值税额。

(42) 本表第 29 项"②出口开具专用缴款书预缴税额"栏数据,填写纳税人本期销售出口货物而开具专用缴款书向主管税务机关预缴的增值税额。

(43) 本表第 30 项"③本期缴纳上期应纳税额"栏数据,填写纳税人本期上缴上期应缴未缴的增值税款,包括缴纳上期按简易征收办法计提的应缴未缴的增值税额。"本年累计"栏数据,为年度内各月数之和。

(44) 本表第 31 项"④本期缴纳欠缴税额"栏数据,填写纳税人本期实际缴纳的增值税欠税额,但不包括缴纳入库的查补增值税额。"本年累计"栏数据,为年度内各月数之和。

(45) 本表第 32 项"期末未交税额(多缴为负数)"栏数据,为纳税人本期期末应缴未缴的增值税额,但不包括纳税检查应缴未缴的税额。"本年累计"栏与"本月数"栏数据相同。

(46) 本表第 33 项"其中:欠缴税额(≥0)"栏数据,为纳税人按照税法规定已形成欠税的数额。

(47) 本表第 34 项"本期应补(退)税额"栏数据,为纳税人本期应纳税额中应补缴或应退回的数额。

(48) 本表第 35 项"即征即退实际退税额"栏数据,填写纳税人本期因符合增值税即征即退优惠政策规定,而实际收到的税务机关返还的增值税额。"本年累计"栏数据,为年度内各月数之和。

(49) 本表第 36 项"期初未缴查补税额"栏数据,为纳税人前一申报期的"期末未缴查补税额"。该数据与本表第 25 项"期初未缴税额(多缴为负数)"栏数据之和,应与"应交税金—未交增值税"明细科目期初余额一致。"本年累计"栏数据应填写纳税人上年度末的"期末未缴查补税额"数。

(50) 本表第 37 项"本期入库查补税额"栏数据,填写纳税人本期因税务、财政、审计部门检查而实际入库的增值税款,包括①按适用税率计算并实际缴纳的查补增值税款;②按简易征收办法计算并实际缴纳的查补增值税款。"本年累计"栏数据,为年度内各月数之和。

(51) 本表第 38 项"期末未缴查补税额"栏数据,为纳税人纳税检查本期期末应缴未缴的增值税额。该数据与本表第 32 项"期末未缴税额(多缴为负数)"栏数据之和,应与"应交税金—未交增值税"明细科目期初余额一致。"本年累计"栏与"本月数"栏数据相同。

表 3-6 增值税纳税申报表附列资料
(本期销售情况明细)

税款所属时间: 年 月
纳税人名称:(公章) 填表日期: 年 月 日 金额单位:元(列至角分)

一、按适用税率征收增值税货物及劳务的销售额和销项税额明细											
项目	栏次	应税货物					应税劳务		小计		
		17%税率			13%税率						
		份数	销售额	销项税额	份数	销售额	销项税额	份数	销售额	销项税额	份数	销售额	销项税额
防伪税控系统开具的增值税专用发票	1											
非防伪税控系统开具的增值税专用发票	2											
开具普通发票	3											
未开具发票	4	—			—			—			—		

续表

小计	5=1+2+3+4	—			—			—			—		
纳税检查调整	6	—			—			—			—		
合计	7=5+6												

二、简易征收办法征收增值税货物的销售额和应纳税额明细

项目	栏次	6%征收率			4%征收率			小计		
		份数	销售额	应纳税额	份数	销售额	应纳税额	份数	销售额	应纳税额
防伪税控系统开具的增值税专用发票	8									
非防伪税控系统开具的增值税专用发票	9									
开具普通发票	10									
未开具发票	11				—			—		
小计	12=8+9+10+11				—			—		
纳税检查调整	13				—			—		
合计	14=12+13				—			—		

三、免征增值税货物及劳务销售额明细

项目	栏次	免税货物			免税劳务			小计		
		份数	销售额	税额	份数	销售额	税额	份数	销售额	税额
防伪税控系统开具的增值税专用发票	15									
开具普通发票	16									
未开具发票	17	—			—			—		
合计	18=15+16+17	—			—			—		

填表说明如下。

(1) 本表"税款所属时间"是指纳税人申报的增值税应纳税额的所属时间,应填写具体的起止年、月。

(2) 本表"填表日期"指纳税人填写本表的具体日期。

(3) 本表"纳税人名称"栏,应加盖纳税人单位公章。

(4) 本表"一、按适用税率征收增值税货物及劳务的销售额和销项税额明细"和"二、简易征收办法征收增值税货物的销售额和应纳税额明细"部分中"防伪税控系统开具的增值税专用发票"、"非防伪税控系统开具的增值税专用发票"、"开具普通发票"、"未开具发票"各栏数据均应包括销货退回或折让、视同销售货物、价外费用的销售额和销项税额,但不包括

免税货物及劳务的销售额,适用零税率货物及劳务的销售额和出口执行免、抵、退办法的销售额以及税务、财政、审计部门检查并调整的销售额、销项税额或应纳税额。

(5) 本表"一、按适用税率征收增值税货物及劳务的销售额和销项税额明细"和"二、简易征收办法征收增值税货物的销售额和应纳税额明细"部分中"纳税检查调整"栏数据应填写纳税人本期因税务、财政、审计部门检查计算调整的应税货物、应税劳务的销售额、销项税额或应纳税额。

(6) 本表"三、免征增值税货物及劳务销售额明细"部分中"防伪税控系统开具的增值税专用发票"栏数据,填写本期因销售免税货物而使用防伪税控系统开具的增值税专用发票的份数、销售额和税额,包括国有粮食收储企业销售的免税粮食、政府储备食用植物油等。

表3-7 增值税纳税申报表附列资料
(本期进项税额明细)

税款所属时间: 年 月
纳税人名称:(公章) 填表日期: 年 月 日 金额单位:元(列至角分)

一、申报抵扣的进项税额				
项目	栏次	份数	金额	税额
(一)认证相符的防伪税控增值税专用发票	1			
其中:本期认证相符且本期申报抵扣	2			
前期认证相符且本期申报抵扣	3			
(二)非防伪税控增值税专用发票及其他扣税凭证	4			
其中:17%税率	5			
13%税率或扣除率	6			
10%扣除率	7			
7%扣除率	8			
6%征收率	9			
4%征收率	10			
(三)期初已征税款	11	—		—
当期申报抵扣进项税额合计	12			
二、进项税额转出额				
项目	栏次		税额	
本期进项税转出额	13			
其中:免税货物用	14			
非应税项目用	15			
非正常损失	16			
按简易征收办法征税货物用	17			
免抵退税办法出口货物不得抵扣进项税额	18			
纳税检查调减进项税额	19			
未经认证已抵扣的进项税额	20			
三、待抵扣进项税额				
项目	栏次	份数	金额	税额
(一)认证相符的防伪税控增值税专用发票	22	—	—	—
期初已认证相符但未申报抵扣	23			

续表

项目	栏次			
本期认证相符且本期未申报抵扣	24			
期末已认证相符但未申报抵扣	25			
其中：按照税法规定不允许抵扣	26			
(二)非防伪税控增值税专用发票及其他扣税凭证	27			
其中：17%税率	28			
13%税率及扣除率	29			
10%扣除率	30			
7%扣除率	31			
6%征收率	32			
4%征收率	33			

四、其他

项目	栏次	份数	金额	税额
本期认证相符的全部防伪税控增值税专用发票	35			
期初已征税款挂账额	36	—		
期初已征税款余额	37	—		
代扣代缴税额	38			

注：第1栏＝第2栏＋第3栏＝第23栏＋第35栏－第25栏；第2栏＝第35栏－第24栏；第3栏＝第23栏＋第24栏－第25栏；第4栏等于第5栏至第10栏之和；第12栏＝第1栏＋第4栏＋第11栏；第13栏等于第14栏至第21栏之和；第27栏等于第28栏至第34栏之和。

填表说明如下。

(1) 本表"税款所属时间"是指纳税人申报的增值税应纳税额的所属时间，应填写具体的起止年、月。

(2) 本表"填表日期"指纳税人填写本表的具体日期。

(3) 本表"纳税人名称"栏，应加盖纳税人单位公章。

(4) 第1栏"(一)认证相符的防伪税控增值税专用发票"，填写本期申报抵扣的认证相符的防伪税控增值税专用发票情况，包括认证相符的红字防伪税控增值税专用发票，应等于第2栏"本期认证相符且本期申报抵扣"与第3栏"前期认证相符且本期申报抵扣"数据之和。

(5) 第2栏"本期认证相符且本期申报抵扣"，填写本期认证相符本期申报抵扣的防伪税控增值税专用发票情况，应与第35栏"本期认证相符的全部防伪税控增值税专用发票"减第24栏"本期已认证相符且本期未申报抵扣"后的数据相等。

(6) 第3栏"前期认证相符且本期申报抵扣"，填写前期认证相符本期申报抵扣的防伪税控增值税专用发票情况，应与第23栏"期初已认证相符但未申报抵扣"加第24栏"本期已认证相符且本期未申报抵扣"减第25栏"期末已认证相符但未申报抵扣"后数据相等。

(7) 第4栏"非防伪税控增值税专用发票及其他扣税凭证"，填写本期申报抵扣的非防伪税控增值税专用发票及其他扣税凭证情况，应等于第5栏~10栏之和。

(8) 第11栏"期初已征税款"，填写按照规定比例在本期申报抵扣的初期存货挂账税额。

(9) 第12栏"当期申报抵扣进项税额合计"应等于第1栏、第4栏、第11栏之和。

(10) 本表"二、进项税额转出额"部分填写纳税人已经抵扣但按税法规定应作进项税额转出的明细情况，但不包括销售折扣、折让、销货退回等应负数冲减当期进项税额的情况。

第 13 栏"本期进项税转出额"应等于第 14 栏至第 21 栏之和。

(11) 第 23 栏"期初已认证相符但未申报抵扣",填写与前期认证相符,但按照税法规定,暂不予抵扣,结存至本期的防伪税控增值税专用发票,应与上期"期末已认证相符但未申报抵扣"栏数据相等。

(12) 第 24 栏"本期已认证相符且本期未申报抵扣",填写本期认证相符,但因按照税法规定暂不予抵扣及按照税法规定不允许抵扣,而未申报抵扣的防伪税控增值税专用发票。包括商业企业购进货物未付款、工业企业购进货物未入库、购进固定资产、外贸企业购进供出口的货物、因退货将抵扣联退还销货方等。

(13) 第 25 栏"期末已认证相符但未申报抵扣",填写截至本期期末,按照税法规定仍暂不予抵扣及按照税法规定不允许抵扣且已认证相符的防伪税控增值税专用发票情况。

(14) 第 26 栏"其中:按照税法规定不允许抵扣",填写期末已认证相符但未申报抵扣的防伪税控增值税专用发票中,按照税法规定不允许抵扣,而只能作为出口退税凭证或应列入成本、资产等项目的防伪税控增值税专用发票。包括外贸出口企业用于出口而采购货物的防伪税控增值税专用发票、纳税人购买固定资产的防伪税控增值税专用发票、因退货将抵扣联退还销货方的防伪税控增值税专用发票等。

(15) 本表"四、其他"栏中"本期认证相符的全部防伪税控增值税专用发票"项指标,应与防伪税控认证子系统中的本期全部认证相符的防伪税控增值税专用发票数据相同。"代扣代缴税额"项指标,填写纳税人根据《中华人民共和国增值税暂行条例实施细则》第三十四条的规定扣缴的增值税额。

【例 3-12】沪南纺织有限责任公司(一般纳税人)2011 年 6 月发生如下业务。

(1) 6 月 5 日公司从 B 厂购入纺织车床一台,金额 75 000 元,增值税专用发票(代码 2201102140)注明增值税额 12 750 元,款项已用银行存款支付。

(2) 6 月 7 日公司从 C 厂购入纤维布 500 匹,每匹 280 元,增值税专用发票(代码 1309102140)注明增值税额 23 800 元,款项已用银行存款支付。

(3) 6 月 7 日向某商场销售一批男西服,取得不含税收入 350 000 元,开出增值税专用发票(代码 3201102140),款项已收到存入银行。

(4) 6 月 11 日收到增值税销项负数发票(代码 1502092140),从 D 厂购入的毛料因质量问题退货,金额 20 000 元,税额 3 400 元。

(5) 6 月 14 日仓库发生意外火灾,烧毁从 C 厂购入纤维布 120 匹。该批纤维布实际成本 3 400 元,其中运费成本 400 元。

(6) 6 月 18 日因产品生产需要,从 C 厂购入棉布 300 匹,每匹 180 元,金额合计 54 000 元,税额 9 180 元,支付运费 1 100 元,其中装卸费 400 元,取得增值税专用发票(代码 3100102140)和运输单位开具的运输发票(代码 213001010020)。货款已经支付,棉布已经验收入库。

(7) 6 月 20 日,以一批休闲装作为实物工资发放给本厂职工,每件不含税售价 320 元,共 100 件,成本价 120 元。

(8) 6 月 22 日给 D 厂开出负数发票(代码 3201102140)一份,5 月销售的女士服装与合同要求不符,退货。销售额 40 000 元,税额 6 800 元。

本期取得的增值税发票均已在本期通过认证,均可以申报抵扣。

根据以上资料填报沪南有限责任公司(一般纳税人)2011 年 6 月的增值税纳税申报表并进行纳税申报。

【解析】沪南纺织有限公司(一般纳税人)2011年6月的增值税纳税申报表见表3-8~表3-10。

表 3-8 增值税纳税申报表附列资料(沪南纺织有限公司)

(本期进项税额明细)

税款所属时间：2011 年 6 月

纳税人名称：(公章)   填表日期：2011 年 7 月 8 日   金额单位：元(列至角分)

一、申报抵扣的进项税额

项目	栏次	份数	金额	税额
(一) 认证相符的防伪税控增值税专用发票	1		249 000.00	42 330.00
其中：本期认证相符且本期申报抵扣	2		249 000.00	42 330.00
前期认证相符且本期申报抵扣	3			
(二) 非防伪税控增值税专用发票及其他扣税凭证	4		700.00	49.00
其中：17%税率	5			
13%税率或扣除率	6			
10%扣除率	7			
7%扣除率	8	1	700.00	49.00
6%征收率	9			
4%征收率	10			
(三) 期初已征税款	11	—	—	
当期申报抵扣进项税额合计	12		249 700.00	42 379.00

二、进项税额转出额

项目	栏次	税额
本期进项税转出额	13	540.10
其中：免税货物用	14	
非应税项目用	15	
非正常损失	16	540.10
按简易征收办法征税货物用	17	
免抵退税办法出口货物不得抵扣进项税额	18	
纳税检查调减进项税额	19	
未经认证已抵扣的进项税额	20	

三、待抵扣进项税额

项目	栏次	份数	金额	税额
(一) 认证相符的防伪税控增值税专用发票	22	—	—	—
期初已认证相符但未申报抵扣	23			
本期认证相符且本期未申报抵扣	24			
期末已认证相符但未申报抵扣	25			
其中：按照税法规定不允许抵扣	26			
(二)非防伪税控增值税专用发票及其他扣税凭证	27			
其中：17%税率	28			
13%税率及扣除率	29			
10%扣除率	30			

项目 3 增值税申报与筹划

续表

7%扣除率	31			
6%征收率	32			
4%征收率	33			
四、其他				
项目	栏次	份数	金额	税额
本期认证相符的全部防伪税控增值税专用发票	35	6	249 000.00	42 330.00
期初已征税款挂账额	36	—	—	—
期初已征税款余额	37	—	—	—
代扣代缴税额	38	—	—	—

注：第1栏=第2栏+第3栏=第23栏+第35栏-第25栏；第2栏=第35栏-第24栏；第3栏=第23栏+第24栏-第25栏；第4栏等于第5栏至第10栏之和；第12栏=第1栏+第4栏+第11栏；第13栏等于第14栏至第21栏之和；第27栏等于第28栏至第34栏之和。

表 3-9 增值税纳税申报表附列资料(沪南纺织有限公司)

(本期销售情况明细)

税款所属时间：2011 年 6 月
纳税人名称：(公章)　　　填表日期：2011 年 7 月 8 日　　　金额单位：元(列至角分)

一、按适用税率征收增值税货物及劳务的销售额和销项税额明细

项目	栏次	应税货物					应税劳务		小计	
		17%税率		13%税率						
		份数	销售额	销项税额	份数	销售额	销项税额	份数	销售额	销项税额	份数	销售额	销项税额
防伪税控系统开具的增值税专用发票	1	2	310 000.00	52 700.00							2	310 000.00	52 700.00
非防伪税控系统开具的增值税专用发票	2												
开具普通发票	3												
未开具发票	4	—	32 000.00	5 440.00	—			—			—	32 000.00	5 440.00
小计	5=1+2+3+4		342 000.00	58 140.00								342 000.00	58 140.00
纳税检查调整	6												
合计	7=5+6		342 000.00	58 140.00								342 000.00	58 140.00

二、简易征收办法征收增值税货物的销售额和应纳税额明细

项目	栏次	6%征收率		4%征收率		小计	
		份数	销售额	应纳税额	份数	销售额	应纳税额	份数	销售额	应纳税额
防伪税控系统开具的增值税专用发票	8									

续表

非防伪税控系统开具的增值税专用发票	9									
开具普通发票	10									
未开具发票	11	—			—			—		
小计	12=8+9+10+11									
纳税检查调整	13				—			—		
合计	14=12+13	—								

三、免征增值税货物及劳务销售额明细

项目	栏次	免税货物			免税劳务			小计		
		份数	销售额	税额	份数	销售额	税额	份数	销售额	税额
防伪税控系统开具的增值税专用发票	15									
开具普通发票	16			—			—			—
未开具发票	17	—		—	—		—	—		—
合计	18=15+16+17									

表 3-10 增值税纳税申报表(沪南纺织有限公司)

(适用于增值税一般纳税人)

根据《增值税暂行条例》第二十二条和第二十三条的规定制定本表。纳税人不论有无销售额，均应按主管税务机关核定的纳税期限按期填报本表，并于次月一日起十五日内，向当地税务机关申报。

税款所属时间：自 2011 年 6 月 1 日至 2011 年 6 月 30 日　　　　填表日期：2011 年 7 月 8 日

金额单位：元(列至角分)

纳税人识别号	3201 21 66000×××		所属行业	制造业
纳税人名称	江苏省南京市沪南纺织厂(公章)	法定代表人姓名	江×	注册地址	南京市××区科学园××大道××号	营业地址	南京市××区科学园××大道××号
开户银行及账号	南京市××区××信用社 3201 2121 0120 0001 1795 ××	企业登记注册类型	有限责任公司	电话号码	025-85399××××

	项目	栏次	一般货物及劳务		即征即退货物及劳务	
			本月数	本年累计	本月数	本年累计
销售额	(一)按适用税率征税货物及劳务销售额	1	342 000.00			
	其中：应税货物销售额	2	342 000.00			
	应税劳务销售额	3				
	纳税检查调整的销售额	4				

续表

	项目				
销售额	(二)按简易征收办法征税货物销售额	5			
	其中：纳税检查调整的销售额	6			
	(三)免、抵、退办法出口货物销售额	7		—	—
	(四)免税货物及劳务销售额	8		—	—
	其中：免税货物销售额	9		—	—
	免税劳务销售额	10		—	—
税款计算	销项税额	11	58 140.00		
	进项税额	12	42 379.00		
	上期留抵税额	13		—	
	进项税额转出	14	540.10		
	免抵退货物应退税额	15			
	按适用税率计算的纳税检查应补缴税额	16			
	应抵扣税额合计	17=12+13-14-15+16	41 838.90	—	
	实际抵扣税额	18(如 17＜11，则为17，否则为11)	41 838.90		
	应纳税额	19=11-18	16 301.10		
	期末留抵税额	20=17-18		—	
	简易征收办法计算的应纳税额	21			
	按简易征收办法计算的纳税检查应补缴税额	22			
	应纳税额减征额	23			
	应纳税额合计	24=19+21-23	16 301.10		
税款缴纳	期初未缴税额(多缴为负数)	25			
	实收出口开具专用缴款书退税额	26			
	本期已缴税额	27=28+29+30+31			
	① 分次预缴税额	28		—	
	② 出口开具专用缴款书预缴税额	29			
	③ 本期缴纳上期应纳税额	30			
	④ 本期缴纳欠缴税额	31			
	期末未缴税额(多缴为负数)	32=24+25+26-27	16 301.10		
	其中：欠缴税额(≥0)	33=25+26-27			
	本期应补(退)税额	34=24-28-29	16 301.10	—	
	即征即退实际退税额	35		—	
	期初未缴查补税额	36			—
	本期入库查补税额	37			—
	期末未缴查补税额	38=16+22+36-37			—

授权声明	如果你已委托代理人申报，请填写下列资料： 为代理一切税务事宜，现授权（地址） 为本纳税人的代理申报人，任何与本申报表有关的往来文件，都可寄于此人。 授权人签字：	申报人声明	此纳税申报表是根据《增值税暂行条例》的规定填报的，我相信它是真实的、可靠的完整的。 声明人签字：江×

以下由税务机关填写：

收到日期： 接收人： 主管税务机关盖章：

3. 小规模纳税人增值税纳税申报表

小规模纳增值税申报表只有主表，没有附表，报表格式及内容见表3-11。

表3-11 增值税纳税申报表

(适用小规模纳税人)

纳税人识别号：□□□□□□□□□□□□□□□

纳税人名称(公章)： 金额单位：元(列至角分)

税款所属期： 年 月 日至 年 月 日 填表日期： 年 月 日

	项 目	栏次	本期数	本年累计
计税依据	(一)应征增值税货物及劳务不含税销售额	1		
	其中：税务机关代开的增值税专用发不含税销售额	2		
	税控器具开具的普通发票不含税销售额	3		
	(二)销售使用过的应税固定资产不含税销售额	4		
	其中：税控器具开具的普通发票不含税销售额	5	—	
	(三)免税货物及劳务销售额	6		
	其中：税控器具开具的普通发票销售额	7		
	(四)出口免税货物销售额	8		
	其中：税控器具开具的普通发票销售额	9		
税款计算	本期应纳税额	10		
	本期应纳税额减征额	11		
	应纳税额合计	12=10-11		
	本期预缴税额	13		—
	本期应补(退)税额	14=12-13		

纳税人或代理人声明：此纳税申报表是根据国家税收法律的规定填报的，我确定它是真实的、可靠的、完整的	如纳税人填报，由纳税人填写以下各栏	
	办税人员(签章)：	财务负责人(签章)：
	法定代表人(签章)：	联系电话：
	如委托代理人填报，由代理人填写以下各栏	
	代理人名称：	经办人(签章)：
	联系电话：	代理人(公章)：

受理人： 受理日期： 年 月 日 受理税务机关(签章)：

本表为A3竖式一式三份，一份纳税人留存，一份主管税务机关留存、一份征收部门留存。

填表说明如下。

本申报表适用于增值税小规模纳税人(以下简称纳税人)填报。纳税人销售使用过的固定资产、经营旧货、销售免税货物或提供免税劳务的，也使用本表。

具体项目填写说明：

(1) 本表"税款所属期"是指纳税人申报的增值税应纳税额的所属时间，应填写具体的起止年、月、日。

(2) 本表"纳税人识别号"栏，填写税务机关为纳税人确定的识别号，即税务登记证号码。

(3) 本表"纳税人名称"栏，填写纳税人单位名称全称，不得填写简称。

(4) 本表第1项"应征增值税货物及劳务不含税销售额"栏数据，填写应征增值税货物及劳务的不含税销售额，但不包含销售使用过的固定资产和经营旧货的不含税销售额、免税货物及劳务销售额、出口免税货物销售额。

应征增值税货物及劳务不含税销售额＝应征增值税货物及劳务含税销售额/(1＋3%)

(5) 本表第2项"税务机关代开的增值税专用发票不含税销售额"栏数据，填写税务机关代开的增值税专用发票的销售额合计。

(6) 本表第3项"税控器具开具的普通发票不含税销售额"栏数据，填写税控器具开具的应征增值税货物及劳务的普通发票金额换算的不含税销售额。

(7) 本表第4项"销售使用过的应税固定资产不含税销售额"栏数据，填写销售使用过的固定资产的按照3%征收率换算的不含税销售额。纳税人经营旧货按照3%征收率换算的不含税销售额也在本栏反映。

销售使用过的应税固定资产不含税销售额＝(销售使用过的应税固定资产含税销售额＋经营旧货含税销售额)/(1＋3%)

(8) 本表第5项"税控器具开具的普通发票不含税销售额"栏数据，填写税控器具开具的销售使用过的固定资产和经营旧货的普通发票金额换算的不含税销售额。

(9) 本表第6项"免税货物及劳务销售额"栏数据，填写销售按税法规定免征增值税货物及劳务的销售额。

(10) 本表第7项"税控器具开具的普通发票销售额"栏数据，填写税控器具开具的销售免征增值税货物及劳务的普通发票金额。

(11) 本表第8项"出口免税货物销售额"栏数据，填写出口免税货物的销售额。

(12) 本表第9项"税控器具开具的普通发票销售额"栏数据，填写税控器具开具的出口免税货物的普通发票金额。

(13) 本表第10项"本期应纳税额"栏数据，填写按规定征收率计算缴纳的应纳税额。其中销售使用过的固定资产和经营旧货按2%征收率计算应纳税额。

本期应纳税额＝第1栏×3%＋第4栏×2%

(14) 本表第11项"本期应纳税额减征额"栏数据，填写根据增值税优惠政策规定计算的应纳税额减征额。目前该栏数据与征管系统中相关的税收优惠资格认定关联，未经认定无法填列。

(15) 本表第13项"本期预缴税额"栏数据，填写本期预缴的当期的增值税额。

【例3-13】沪南公司是一般纳税人。其子公司江苏南京宏进电视机厂是小规模纳税人，其纳税人识别号为32012166000××××。2011年3月发生如下业务。

(1) 3月1日购进生产原材料，增值税发票上注明的价款为20 000元，税款为3 400元，货款尚未支付，材料已验收入库。

(2) 3月2日销售电视机800台，取得含税销售收入1 802 500元，由税务机关代开增值税专用发票，款项已存入银行。

(3) 3月18日，销售电视机200台，取得销售收入412 000元，开具普通发票，款项尚付收到。

(4) 3月25日对一小学捐赠电视机20台。开具普通发票。

请你为宏进电视机厂填报2011年3月的增值税纳税申报表。

【解析】宏进电视机厂2011年3月增值税纳税申报表填报见表3-12。

纳税申报与筹划

表 3-12 增值税纳税申报表(宏进电视机厂)
(适用小规模纳税人)

纳税人识别号：32032×0000×××
纳税人名称(公章)：
税款所属期：2011 年 3 月 1 日至 2011 年 3 月 31 日　　　　　　　　金额单位：元(列至角分)
填表日期：2011 年 4 月 5 日

	项　　目	栏次	本期数	本年累计
计税依据	(一)应征增值税货物及劳务不含税销售额	1	2 190 000.00	
	其中：税务机关代开的增值税专用发票不含税销售额	2	1 750 000.00	
	税控器具开具的普通发票不含税销售额	3	440 000.00	
	(二)销售使用过的应税固定资产不含税销售额	4		—
	其中：税控器具开具的普通发票不含税销售额	5		—
	(三)免税货物及劳务销售额	6		
	其中：税控器具开具的普通发票销售额	7		
	(四)出口免税货物销售额	8		
	其中：税控器具开具的普通发票销售额	9		
税款计算	本期应纳税额	10	65 700.00	
	本期应纳税额减征额	11		
	应纳税额合计	12=10-11	65 700.00	
	本期预缴税额	13		—
	本期应补(退)税额	14=12-13	65 700.00	—

纳税人或代理人声明： 此纳税申报表是根据国家税收法律的规定填报的，我确定它是真实的、可靠的、完整的。	如纳税人填报，由纳税人填写以下各栏	
	办税人员(签章)：	财务负责人(签章)：
	法定代表人(签章)：	联系电话：
	如委托代理人填报，由代理人填写以下各栏	
	代理人名称：	经办人(签章)：
	联系电话：	代理人(公章)：

受理人：　　　　受理日期：　　年　　月　　日　　　　受理税务机关(签章)：

▶▶ 上岗一试

　　企业名称：南京沪南实业有限责任公司
　　企业性质：股份有限公司
　　企业法人代表：柏××
　　企业地址及电话：南京市××区629××号　　025-6355××××
　　开户银行及账号：××银行××分理处025781××××
　　纳税人识别号：32034000000×××

该公司执行《企业会计制度》与现行税收政策，会计核算健全，被税务机关认定为一般纳税人，增值税税率为17%，按月缴纳增值税，2011 年 6 月发生下列经济业务。

(1) 6 月 3 日从某公司购入 G56 材料 100 吨，每吨 3 150 元，收到增值税专用发票，材料已验收入库，货款已用银行存款支付。

(2) 6 月 6 日从某公司购入 T77 材料 100 吨，每吨 6 300 元，收到增值税专用发票，运费 25 500 元，取得普通发票，材料已验收入库，款项已用银行存款支付。

(3) 6 月 8 日用支票直接向农场收购用于生产加工的农产品一批，已验收入库，经税务机关批准的收购凭证上注明价款 120 000 元、农业特产税 6 000 元。

(4) 6月12日销售U10产品10台,每台25 200元,开具增值税专用发票,款项已存入银行。

(5) 6月15日向某公司售出20吨G56材料,开具普通发票,款项共计29 250元,款项已存入银行。

(6) 6月19日将U10产品3台转为本企业生产用,实际成本共计63 000元,税务机关认定的计税价格为75 600元。

(7) 6月20日将价值40 000元的本月外购的G56材料10吨及库存的同价G56材料10吨移送本企业修建产品仓库工程使用。

(8) 6月22日购入小汽车一辆,取得增值税专用发票,价款250 000元,税款42 500元,款项已用银行存款支付。

(9) 6月25日加工车间对外提供产品加工服务,取得含税劳务收入35 100元。

(10) 6月30日盘存发现上月购进的G56材料5吨已腐烂不能使用,金额17 000元(其中含分摊的运输费用1 250元)。

要求:请作为该公司办税员的你为公司填报增值税纳税申报表。

任务3.3　增值税税务筹划

学习目标 Learning Objectives

- 知识目标:明确增值税条例及相关法规的规范。
- 技能目标:能够设计企业增值税税务筹划方案。
- 素质目标:树立节约税务成本的意识;加强统筹规划、解决问题的能力。

知识要点

一、税务筹划的含义

税务筹划是指纳税人在税法允许的范围内以适应政府税收政策导向为前提,采用税法所赋予的税收优惠或选择机会,对自身经营、投资和分配等财务活动,进行科学、合理的事先规划与安排,以达到节税目的的一种财务管理活动。

二、税务筹划的原则

进行税务筹划要遵循以下原则。

1. 合法性原则

进行税务筹划要在合法的原则下进行,不能违背税法的规范,这是税务筹划的首要原则,否则即是偷税。

2. 事前筹划原则

进行税务筹划最好在企业经营活动之前进行,这时进行筹划的空间较大,当然,在经营活动进行当中也可进行筹划,只是筹划的空间较小。

3. 经济原则

进行税务筹划的最终目的是使用企业的经济效益最大化，如果进行税务筹划不考虑经济效益，或者进行筹划而节约的税金不足以抵补企业整体利益的减少，这样的筹划是没有意义的。

4. 适时调整的原则

税务筹划是在税收法规的规范下的筹划，因此必须根据相关税收法规的变化而不断进行适时的调整，没有一成不变永远适用的税务筹划方案。

三、税务筹划的主体

企业进行税务筹划，可以由企业内部专业人员进行自行的筹划，也可以委托专业机构人员进行税务筹划。目前我国受托提供专业税收筹划服务的主要有税务师事务所、会计师事务所及其他税务代理中介机构，如税务筹划顾问、注册会计师和注册税务师、税务律师。

四、税务筹划与偷税、避税、节税的关系

(1) 偷税。纳税人采取伪造、变造、隐匿、擅自销毁账簿、记账凭证，在账簿上多列支出或者不列、少列收入，或者进行虚假的纳税申报的手段，不缴或者少缴应纳税款的，是偷税。

(2) 避税。避税是指纳税人利用税法漏洞或者缺陷，通过对经营及财务活动的精心安排，以期达到纳税负担最小的经济行为。

(3) 节税。节税是指遵循税收法规和政策的要求，以合法方式减少企业的税负的行为。节税是合法而且合理的行为，其合理性体现在其行为符合税收优惠政策的制定精神。

五、增值税税务筹划

1. 纳税人身份的筹划

增值税纳税人分为一般纳税人与小规模纳税人两类，增值税一般纳税人销售或者进口货物，提供加工、修理修配劳务，税率一般为17%；销售或者进口部分优惠税率货物，税率为13%。增值税小规模纳税人增值税征收率为3%。

增值税一般纳税人在计算应纳增值税时适用较高的税率，但可以抵扣进项税额，销售时可以为购货方(一般纳税人)开具增值税发票，以满足对方抵扣进项税额的需求。

增值税小规模纳税人在计算应纳增值税时适用较低的税率，但不可以抵扣进项税额，同时在销售时也不能为购货方(一般纳税人)开具增值税发票，不能满足对方抵扣进项税额的需求。

增值税一般纳税人在计算应纳增值税时采用的是购进扣税法，即对一般纳税人来讲，当商品的增值额越高(或者说增值率越大时)，应纳增值税额越高，反之，则应纳的增值税额越低。由此可以看出，一般纳税人应纳增值税的税负高低，增值额(或增值率)是一个关键因素。而对于小规模纳税人来讲，只要销售额一定，应纳增值税额就确定。因此，进行增值税纳税人身份筹划，就是要找到一个增值率，在这个增值率下使得企业按一般纳税人纳税和按小规模纳税人纳税的增值税税负相等。可以把这一增值率称为两种纳税人身份的无差别点增值率，当企业商品的增值率大于该无差别点增值率时按小规模纳税人纳税税负较低，当企业商品的增值率小于无差别点增值率时按一般纳税人纳税税负较低。

两种纳税人身份的无差别点增值率计算如下。

$$小规模纳税人应纳税额=销售额×3\%$$
$$一般纳税人应纳税额=销项税额-进项税额$$
$$=销售额×17\%-可抵扣购进项目金额×17\%$$
$$=(销售额-可抵扣购进项目金额)×17\%$$
$$增值率=(销售额-可抵扣购进项目金额)÷销售额$$

令
$$小规模纳税人应纳税额=一般纳税人应纳税额$$
则
$$销售额×3\%=(销售额-可抵扣购进项目金额)×17\%$$
$$=销售额×增值率×17\%$$

根据上式可求得：增值率=17.65%。

以上是在假定一般纳税人适用 17%的税率，同时销售额是不含税的情况下计算的增值率，同理可计算出 13%税率、含税销售额情况下的增值率，两种纳税人身份的无差别点增值率见表 3-13。

表 3-13 两种纳税人身份的无差别点增值率

一般纳税人税率	小规模纳税人税率	无差别点增值率
17%	3%	17.65%(不含税销售额)
17%	3%	20.05%(含税销售额)
13%	3%	23.08%(不含税销售额)
13%	3%	25.32%(含税销售额)

【例 3-14】2011 年 3 月，沪南公司准备设立一个独立销售子公司，预计子公司年销售收入(不含税)为 150 万元，预计可抵扣购进金额(不含税)为 105 万元。增值税适用税率为 17%。预计年应纳增值税额为 7.65 万元。要求：请根据增值税纳税人身份规定为其进行筹划，以降低增值税税务成本。

【解析】根据子公司的增值率=(150-105)÷150=30%，大于无差别点增值率 17.65%，可知子公司选择作小规模纳税人税负较轻。因此沪南公司可分设为两个独立核算的销售公司，使每一个销售公司的销售额降低，以满足小规模纳税人的标准，从而按小规模纳税人纳税，以降低增值税税负。

如分设的两个销售公司的销售额分别为 75 万元和 75 万元，是各自符合小规模纳税人的标准。分设后的应纳税额为 4.5 万元(75×3%×2)，可节约税款 3.15 万元(7.65 万元-4.5 万元)。

2. 计税依据的筹划

准确确定计税依据是正确计算应纳税额的前提与关键，计算应纳增值税时对销售额的确定就非常重要，尤其是在一些特殊情况下，当企业不能提供准确的销售额时由税务机关核定销售额的规定就为企业提供了筹划的空间。

如《增值税暂行条例》规定，纳税人的下列混合销售行为，应当分别核算货物的销售额和非增值税应税劳务的营业额，并根据其销售货物的销售额计算缴纳增值税，非增值税应税劳务的营业额不缴纳增值税；未分别核算的，由主管税务机关核定其货物的销售额：①销售自产货物并同时提供建筑业劳务的行为;②中华人民共和国财政部(以下简称财政部)、国家税务总局规定的其他情形。

又如纳税人兼营非增值税应税项目的,应分别核算货物或者应税劳务的销售额和非增值税应税项目的营业额;未分别核算的,由主管税务机关核定货物或者应税劳务的销售额。

根据上述规定,企业可以根据不同核算方式的测算进行增值税的筹划。

【例3-15】沪南公司一子公司××超市是增值税小规模纳税人,2011年6月共销售商品6万元(含增值税),同时超市代售福利彩票,取得代销收入3万元。超市未对两项业务分别核算。税务机关征税时将商品销售额核定为7万元,将彩票代销收入核定为2万元。若超市分别核算两项收入,则需要多支出人员工资等500元。

要求:根据增值税相关规定为××超市做出分别核算与不分别核算的筹划方案。

【解析】方案一:如果超市分别核算两项收入,则

$$应纳增值税额 = 6 \div (1+3\%) \times 3\% = 0.174\ 8(万元)$$

$$应纳营业税额 = 3 \times 5\% = 0.15(万元)$$

$$应纳城建税及教育费附加 = (0.174\ 8 + 0.15) \times (7\% + 3\%) = 0.032\ 48(万元)$$

$$工资等多支出额 = 0.05(万元)$$

$$税费支出额合计 = 0.407\ 28(万元)$$

方案二:如果超市不分别核算两项收入,则

$$应纳增值税额 = 7 \div (1+3\%) \times 3\% = 0.203\ 9(万元)$$

$$应纳营业税额 = 2 \times 5\% = 0.10(万元)$$

$$应纳城建税及教育费附加 = (0.203\ 9 + 0.10) \times (7\% + 3\%) = 0.030\ 39(万元)$$

$$税费支出额合计 = 0.334\ 29(万元)$$

可见,方案二比方案一少支出0.072 99万元,因此,××超市可选择不分别核算。

3. 税率的筹划

增值税基本税率为17%,同时设有低税率13%,另小规模纳税人适用3%的税率。《增值税暂行条例》规定,纳税人兼营不同税率的货物或者应税劳务的,应当分别核算不同税率的货物或者应税劳务的销售额,未分别核算的,从高适用税率。

在进行税率筹划时,一定要明确低税率的适用范围,同时对于兼营高低不同税率产品的纳税人,一定要分别核算各自的销售额。

4. 申报期限的纳税筹划

新的《增值税暂行条例》将增值税纳税申报期限由10天延长至15天,增加了1个季度的纳税期限。纳税人以1个月或者1个季度为1个纳税期的,自期满之日起15日内申报纳税。

既然纳税申报期限由10天延长至15天,那么企业应尽量在申报期限的最后一天申报纳税,这样可充分利用资金时间价值,获取一笔无息贷款。

项目小结

本项目主要包括3方面的内容:增值税的核算——理论知识运用;增值税的申报——技能知识运用;增值税的筹划——知识融合应用。

3方面知识层层递进，层层深入。增值税税务筹划是最高境界：将所有有关增值税的原理、法规、政策等进行融合，在实践中应用，可为企业做税务筹划，减少企业的税务成本，争取企业经济效益的最大化。

自 我 测 试

一、单项选择题

1. 下列各项中，不属于增值税税率的有(　　)。
   A. 17%　　　　　B. 7%　　　　　C. 13%　　　　　D. 3%

2. 下列各项中，不属于增值税混合销售行为的是(　　)。
   A. 建材商店在销售建材的同时又为客户提供装饰服务
   B. 汽车销售公司销售汽车同时又为客户提供运输服务
   C. 电梯销售商销售电梯并负责安装电梯
   D. 电信局为客户提供电话安装服务的同时又销售所安装的电话机

3. 某食品公司(一般纳税人)，2011年10月从农民手中购入鲜蛋共计2 500千克，税务机关批准使用的收购凭证上注明收购金额为30 000元。则该食品公司当月可抵扣的进项税额为(　　)。
   A. 0元　　　　B. 5 100元　　　　C. 3 900元　　　　D. 2 100元

4. ××超市为小规模纳税人，2011年9月零售粮食、食用植物油、各种蔬菜和水果取得含税收入50 000元，本月购进货物取得普通发票20张，共计价款24 000元；本月购进税控收款机抵扣信息的扫描器具一批，取得普通发票注明价款为3 000元。则××超市该月应纳的增值税税额为(　　)元。
   A. 1 368.93　　　B. 846.15　　　C. 1 194.67　　　D. 1 020.41

5. 沪南公司为一般纳税人，外购原材料取得增值税发票上注明价款100 000元，已入库，支付运输企业的运输费1 800元，取得运输企业开具的运输结算单据，其中保险费用350元、装卸费200元。则可以抵扣的进项税为(　　)。
   A. 2 940.25　　　B. 12 584.03　　　C. 79 400.35　　　D. 17 087.5

6. ××厂从农民手中收购花生收购凭证上注明收购价格为4 000元，货已入库，支付运输企业运输费用300元(有货票)。则可以抵扣的进项税为(　　)元。
   A. 541　　　　　B. 701　　　　　C. 520　　　　　D. 559

7. 下列各项中，符合增值税纳税义务发生时间规定的是(　　)。
   A. 对于发出代销商品超过180天仍未收到代销清单及货款的，其纳税义务发生时间为发出代销商品满180天的当天
   B. 采用预收货款结算方式的，为收到货款的当天
   C. 采用交款提货结算方式的，为发出货物的当天
   D. 将货物作为投资的，为货物使用的当天

8. 沪南公司(一般纳税人)销售给某公司 1 000 套服装,每套不含税价格为 400 元,由于苏南公司购买数量多,沪南公司按原价的 8.5 折优惠销售(与销售业务开具了一张发票),并提供 1/20,n/30 的销售折扣。苏南公司于 20 日内付款,则沪南公司此项业务的销项税额为(　　)。
　　A. 67 320 元　　　B. 57 222 元　　　C. 68 000 元　　　D. 57 800 元
9. 下列项目应征增值税的有(　　)。
　　A. 银行销售金银　　　　　　　　B. 饭店提供饮食
　　C. 运输公司提供运输　　　　　　D. 企业销售不动产
10. 下列适用 13%税率的项目有(　　)。
　　A. 图书　　　B. 服装　　　C. 电视　　　D. 冰箱

二、多项选择题

1. 按照现行增值税制度规定,下列行为应"视同销售"征收增值税的有(　　)。
　　A. 将自产的货物作为投资,提供给个体经营者
　　B. 将购进的货物用于集体福利
　　C. 商店为服装厂代销儿童服装
　　D. 将自产的货物用于非增值税应税项目
2. 下列项目应征增值税的有(　　)。
　　A. 货物期货　　　　　　　　　　B. 典当业销售死当物品
　　C. 集邮商品的生产　　　　　　　D. 邮政部门发行报刊
3. 下列关于纳税人以特殊方式销售货物的税务处理的叙述,正确的有(　　)。
　　A. 纳税人用以物易物方式销售货物,双方购销金额可相互抵减
　　B. 纳税人用以旧换新方式销售货物(金银首饰除外),按新货物的同期销售价格确定销售额
　　C. 纳税人以折扣方式销售货物,若将折扣额另开增值税专用发票,不得从销售额中减除折扣额
　　D. 纳税人以还本方式销售货物,不得从销售额中减除还本支出
4. 按照现行增值税制度规定,下列项目可以免征增值税的有(　　)。
　　A. 农民销售鲜蛋　　　　　　　　B. 古旧图书销售
　　C. 直接用于教学的进口设备　　　D. 直接用于科学研究的进口设备
5. 按照增值税专用发票等规定,以货物发出当天为增值税专用发票开具时限的包括(　　)。
　　A. 预收货款方式
　　B. 将货物作为投资提供给其他单位和个体户
　　C. 直接收款销售方式
　　D. 将货物交付他人代销方式
6. 下列表述符合税法有关规定的有(　　)。
　　A. 纳税人采取还本销售货物的,不得从销售额中减除还本支出
　　B. 纳税人销售啤酒收取的包装物押金,应于包装物押金逾期时,并入销售额中征增值税
　　C. 纳税人采取以旧换新方式销售货物的,应按照新货物的同期销售价格减去旧货物作价作为计税依据
　　D. 采取以物易物方式销售货物的,双方都不得抵扣换进货物的进项税

7. 下列说法正确的是( )。
   A．从事货物生产或者提供应税劳务的纳税人，年应征增值税销售额在 50 万元(含本数，下同)以下的，可认定为增值税小规模纳税人
   B．从事货物批发或零售的，年应税销售额在 80 万元以下的，可认定为增值税小规模纳税人
   C．年应税销售额超过小规模纳税人标准的其他个人按小规模纳税人纳税
   D．非企业性单位、不经常发生应税行为的企业可选择按小规模纳税人纳税
8. 增值税的销售货物是指有形动产，其包括( )。
   A．电力　　　　B．热力　　　　C．商标权　　　　D．气体
9. 根据我国现行增值税的规定，纳税人提供下列劳务应当缴纳增值税的有( )。
   A．缝纫劳务
   B．房屋的修理
   C．符合条件的代购业务收取的手续费收入
   D．银行销售金银业务
10. 下列货物适用增值税税率 13% 的有( )。
    A．报纸　　　　B．农机　　　　C．饺子皮　　　　D．房屋

三、计算题

沪南公司(增值税一般纳税人)2011 年 5 月发生如下经济业务。

(1) 5 月 4 日外购生产所需原材料价款 10 000 元，专用发票注明增值税税额 1 700 元，款项以银行存款支付。

(2) 5 月 7 日向光明公司(一般纳税人)销售所生产的 G11 产品 10 000 台，取得不含税销售收入 200 000 元，款项已收到存入银行。

(3) 5 月 9 日从农业生产者手中购进生产所用棉花 1 500 千克，收购凭证上列明收购价款 8 500 元，发生运费 1 000 元，取得运费发票。

(4) 5 月 18 日向苏南公司(小规模纳税人)销售所生产的 G11 产品 500 台，取得含税销售收入 11 700 元，款项已收到存入银行，支付运费 200 元，取得运费发票。

(5) 5 月 26 日购进生产设备一台，价款 60 000 元，增值税专用发票注明税额 10 200 元，款项以银行存款支付。

根据上述资料，计算沪南公司 5 月增值税应纳税额(假定上述业务中外购货物均已验收入库，本月取得的相关发票均在本月认证并抵扣)。

四、核算题

沪南公司是一般纳税人。其子公司玉明公司是小规模纳税人，2011 年 5 月份发生如下业务。

(1) 5 月 16 日，购进生产用原料一批，取得普通发票注明价税合计 35 100 元，材料已验收入库，款项以银行存款付讫。

(2) 5 月 25 日，向苏北公司(一般纳税人)销售产品一批，由税务所代开增值税专用发票一张，注明价款 200 000 元，增值税额 6 000 元，货款以银行存款收讫。

(3) 5 月 29 日，购进一台海信税控收款机，取得普通发票注明价税合计 2 340 元，款项以银行存款付讫。

(4) 月末以银行存款缴纳当月应纳的增值税。

要求：对玉明公司 2011 年 5 月发生的经济业务涉及的增值税进行核算。

五、筹划题

2011 年 3 月，沪南公司准备设立一独立销售子公司，预计子公司年销售收入(不含税)为 150 万元，预计可抵扣购进金额(不含税)为 95 万元。增值税适用税率为 17%。预计这年应纳增值税额为 9.35 万元。

要求：请根据增值税纳税人身份规定为其进行筹划，以降低增值税税务成本。

以 法 治 税

公元前 271 年，赵奢担任当时赵国的最高税务长官。赵奢在我国赋税思想史上的主要贡献是坚持以法治税。他认为，以法治税是以法治国的一项重要内容，破坏税法会导致国家法制削弱，而国家的法制一旦遭到破坏，社会就会陷入混乱，国家就会衰弱，诸侯就会乘机进攻，政权就会灭亡。他指出："不奉则法削，法削则国弱，国弱则诸侯加兵，诸侯加兵是无赵也。"赵奢有"法律面前人人平等"的民主思想。他认为，税法不仅平民百姓必须遵守，贵族官僚也必须履行其纳税义务，这就是执行公平。做到了执行公平，国家就会强盛，政权就会巩固。赵奢掌管赵国赋税期间，"国赋大平，民富而府库实"，也为后世树立了一个极为难得的执法如山的税官形象。

唐太宗是唐朝的主要开创者，也是我国封建社会中少有的一代明君，在位 23 年，实现了为后世称道的"贞观之治"。细读史籍，就可看出他的文治武功，比秦皇汉武更加辉煌。唐朝的治国方略、典章制度，多是在他执政时制定的。唐朝享国 290 年之久，与他所奠定的基础有着重要关系。

唐太宗在治理赋税力役方面值得称道。他看到隋炀帝在赋役法之外横征暴敛，以致国亡身死的悲剧，非常注意坚持依法征收，不准去外征敛。贞观二年，他对朝集使说："根据土地生产情况确定贡赋，已记载在从前的典章制度里，要用本州生产的物品来献给朝廷。近来，听说各州的都督、刺史追求名声，本地物产，有的嫌其不好，越境到外地去寻求，互相仿效，成了风气，很是扰民。应当改掉这种弊病，不得再这样做。"按照当时的规定，男丁 16～21 岁为中男，不算成丁，不服兵役，成丁才服兵役。

明太祖朱元璋为了严肃茶叶专卖制度，增加赋税，执法如山，即就是驸马犯法，也是严惩不贷。洪武末年，驸马都尉欧阳伦(安庆公主的丈夫)奉使至川、陕，眼见川茶私运出境销售，可赚大钱，便利令智昏，自恃皇亲国戚，不顾茶禁之严，派管家周保大做起私茶生意。对欧阳伦这种明目张胆的犯法行径，边疆大吏不敢过问，陕西布政使(相当于省长)还趁机巴结，要下属为其"开放绿灯"，并提供运茶车辆等种种方便。某次周保贩私茶至兰县渡河，河桥司巡检依法前往稽查，反被辱打。这位河桥小吏气愤不过，便大着胆子向朱元璋告发了欧阳伦的不法行为。虽然欧阳伦是朱元璋的爱婿，但朱元璋懂得"有法必行，无信不立"的道理，知道不能私废公法，便将欧阳伦赐死，将周保等诛杀，茶货没收入官。

项目 4 消费税申报与筹划

 导入案例

王萍今天要跟随公司的会计李玉进行涉税业务核算,李会计分配给她的任务是进行公司消费税涉税业务的核算。李会计对王萍说:"核算消费税业务的前提是要会计算确定消费税税额;而要进行准确计算必须理解并掌握消费税税制要素的基本规定,所以你需要首先熟悉一下消费税的税制要素以及消费税税额的计算方法。"王萍说:"好的。这些理论知识我在学校里都学过,现在让我再来重新复习一下。"

讨论:
1. 如何计算消费税应纳税额?
2. 如何进行消费税税款申报?
3. 消费税的筹划方法有哪些?

任务 4.1 消费税业务核算

学习目标 Learning Objectives

- 知识目标:明确消费税纳税义务人及纳税范围;能准确计算应纳消费税税额。
- 技能目标:能正确进行消费税涉税业务核算。
- 素质目标:树立做自觉纳税人的意识;养成自我学习的习惯。

【任务 4.1 分解】

任务 4.1.1 消费税税制要素

任务 4.1.2 消费税应纳税额计算

任务 4.1.3 消费税涉税业务核算

任务 4.1.1　消费税税制要素

知识要点

一、消费税的概念及特点

1. 消费税的概念

消费税是对我国境内从事生产、委托加工和进口应税消费品的单位和个人就其销售额或销售数量，在特定环节征收的一种税。

2. 消费税的特点

(1) 征税范围具有选择性：我国仅选择部分消费品征收消费税，而不是对所有消费品都征收消费税。我国消费税目前共设置 14 个税目。

(2) 征税环节具有单一性：消费税的纳税环节主要确定在生产环节或进口环节。应税消费品在生产环节或进口环节征税后，除个别消费品的纳税环节为零售环节外，再继续转销该消费品不再征收消费税。

(3) 征收方法具有灵活性：消费税的计税方法比较灵活，为了适应不同应税消费品的情况，消费税在征收方法上不力求一致，有些产品采取从价定率的方式征收，有些产品则采取从量定额的方式征收，有些产品在实行从价定率征收的同时，还对其实行从量定额征收。

(4) 税收调节具有特殊性：消费税属于国家运用税收杠杆对某些消费品或消费行为特殊调节的税种。这一特殊性表现在两个方面：一是不同的征税项目税负差异较大，对需要限制或控制消费的消费品规定较高的税率，体现特殊的调节目的；二是消费税往往同有关税种配合实行加重或双重调节，通常采取增值税与消费税双重调节的办法，对某些需要特殊调节的消费品或消费行为在征收增值税的同时，再征收一道消费税，形成一种特殊的对消费品双层次调节的税收调节体系。

(5) 消费税税及具有转嫁性：凡列入消费税征税范围的消费品，一般都是高价高税产品。因此，消费税无论采取价内税形式还是价外税形式，也无论在哪个环节征收，消费品中所含的消费税税款最终都要转嫁到消费者身上，由消费者负担，因此税负具有转嫁性。消费税转嫁性的特征，要较其他商品征税形式更为明显。

▶▶ 动脑想一想

消费税与项目三的增值税有何异同？

二、消费税纳税义务人

在中华人民共和国境内生产、委托加工和进口《中华人民共和国消费税暂行条例》(以下简称《消费税暂行条例》)规定的消费品的单位和个人，以及国务院确定的销售该条例规定的消费品的其他单位和个人，为消费税的纳税义务人。

单位是指企业、行政单位、事业单位、军事单位、社会团体及其他单位。

个人是指个体工商户和其他个人。

在中华人民共和国境内,是指生产、委托加工和进口属于应当缴纳消费税的消费品的起运地或者所在地在境内。

三、消费税的征税范围

消费税征税范围可以概括为生产、委托加工和进口应税消费品。从消费税的征收目的出发,目前应税消费品被定为14类货物,即消费税有14个税目。

(1) 烟:包括卷烟(包括进口卷烟、白包卷烟、手工卷烟和未经国务院批准纳入计划的企业及个人生产的卷烟)、雪茄烟和烟丝3个子目。

(2) 酒及酒精:酒包括粮食白酒、薯类白酒、黄酒、啤酒和其他酒。酒精包括各种工业用、医用和食用酒精。饮食业、商业、娱乐业举办的啤酒屋(啤酒坊)利用啤酒生产设备生产的啤酒应当征收消费税。

(3) 化妆品。本科目征收范围包括各类美容、修饰类化妆品,高档护肤类化妆品和成套化妆品。不包括舞台、戏剧、影视演员化妆用的上妆油、卸妆油、油彩。

(4) 贵重首饰及珠宝玉石:应税贵重首饰及珠宝玉石是指以金、银、珠宝玉石等高贵稀有物质,以及其他金属、人造宝石等制作的各种纯金银及镶嵌饰物,还包括经采掘、打磨、加工的各种珠宝玉石。出国人员免税商店销售的金银首饰征收消费税。

(5) 鞭炮、焰火:不包括体育比赛上用的发令纸、鞭炮药引线。

(6) 成品油:成品油包括汽油、柴油、石脑油、溶剂油、航空煤油、润滑油、燃料油7个子目。航空煤油暂缓征收消费税。

(7) 汽车轮胎:包括用于各种汽车、挂车、专用车,以及其他机动车上的内、外轮胎。不包括农用拖拉机、收割机、手扶拖拉机的专用轮胎。自2001年1月1日起,子午线轮胎免征消费税,翻新轮胎停止征收消费税。

(8) 小汽车:包括乘用车、中轻型商用客车。不包括电动汽车,车身长度大于7米(含)、座位10~23座(含)的汽车,沙滩车、雪地车、卡丁车、高尔夫车。

(9) 摩托车:最大设计车速不超过50km/h,发动机气缸总工作容量不超过50ml的三轮摩托车不征收消费税。

(10) 高尔夫球及球具:本税目征收范围包括高尔夫球、高尔夫球杆、高尔夫球包(袋)。高尔夫球杆的杆头、杆身和握把属于本税目的征收范围。

(11) 高档手表:高档手表是指销售价格(不含增值税)每只在10 000元(含)以上的各类手表。

(12) 游艇:长度大于8米小于90米。

(13) 木制一次性筷子。

(14) 实木地板:以木材为原料。

四、消费税的税率

消费税采用比例税率和定额税率两种形式,以适应不同应税消费品的实际情况。消费税根据不同的税目或子目确定相应的税率或单位税额。消费税税目税率具体见表4-1。

表 4-1　消费税税目税率(税额)表(2011 年版)

税目			征收范围	计税单位	税率(税额)
一、烟(从 2009 年 5 月 1 日起执行)	1. 卷烟(生产环节)	每标准箱(50 000 支)	包括各种进口卷烟	箱	150 元
		每标准条(200 支)调拨价格≥70 元(不含增值税)			56%
		每标准箱(50 000 支)		箱	150 元
		每标准条(200 支)调拨价格<70 元(不含增值税)			36%
	2. 卷烟(批发环节)				5%
	3. 雪茄烟				36%
	4. 烟丝				30%
二、酒及酒精	1. 粮食白酒		含果木或谷物为原料的蒸馏酒	斤(500 克)	0.5 元
					20%
	2. 薯类白酒			斤(500 克)	0.5 元
					20%
	3. 黄酒		1 吨=962 升	吨	240 元
	4. 啤酒	每吨啤酒出厂价格(含包装物及包装物押金)≥3 000 元(不含增值税)	包括娱乐业、饮食业自制啤酒 1 吨=988 升	吨	250 元
		每吨啤酒出厂价格(含包装物及包装物押金)<3 000 元(不含增值税)	1 吨=988 升	吨	220 元
	5. 其他酒				10%
	6. 酒精				5%
三、化妆品	1. 化妆品		包括成套化妆品		30%
	2. 高档护肤类化妆品		不包括香皂		8%
四、贵重首饰及珠宝玉石	1. 金银首饰、铂金首饰及钻石饰品		包括①金、银和金基、银基合金首饰,以及金、银和金基、银基合金的镶嵌首饰;②铂金首饰;③未镶嵌的成品钻石和钻石饰品		5%
	2. 其他贵重首饰及珠宝玉石				10%
五、鞭炮、焰火					15%
六、成品油(从 2009 年 1 月 1 日起执行)	1. 汽油	无铅汽油	1 吨=1 388 升	升	1.00 元
		含铅汽油		升	1.40 元
	2. 柴油		1 吨=1 176 升	升	0.80 元
	3. 石脑油		1 吨=1 385 升	升	1.00 元
	4. 溶剂油		1 吨=1 282 升	升	1.00 元
	5. 润滑油		1 吨=1 126 升	升	1.00 元
	6. 燃料油		1 吨=1 015 升	升	0.80 元
	7. 航空煤油		1 吨=1 246 升	升	0.80 元

续表

税目		征收范围	计税单位	税率(税额)
七、汽车轮胎				3%
八、摩托车	1. 气缸容量在250毫升(含)以下的			3%
	2. 气缸容量在250毫升以上的			10%
九、小汽车(从2008年9月1日起执行)	1. 乘用车	(1) 气缸容量(排气量,下同)在1.0升以下(含1.0升)的		1%
		(2) 气缸容量在1.0升以上至1.5升(含1.5升)的		3%
		(3) 气缸容量在1.5升以上至2.0升(含2.0升)的		5%
		(4) 气缸容量在2.0升以上至2.5升(含2.5升)的		9%
		(5) 气缸容量在2.5升以上至3.0升(含3.0升)的		12%
		(6) 气缸容量在3.0升以上至4.0升(含4.0升)的		25%
		(7) 气缸容量在4.0升以上的		40%
	2. 中轻型商用客车	10~23座		5%
十、高尔夫球及球具				10%
十一、高档手表		1只1万元以上(不含增值税)		20%
十二、游艇				10%
十三、木制一次性筷子				5%
十四、实木地板				5%

▶▶学中做

1.【单项选择题】根据现行消费税政策，下列各项中不属于应税消费品的是(　　)。

　　A. 电视机　　B. 实木地板　　C. 烟　　D. 一次性木筷

2.【多项选择题】下列单位中属于消费税纳税人的有(　　)。

　　A. 生产销售应税消费品(金银首饰类除外)的单位

　　B. 委托加工应税消费品(金银首饰类除外)的单位

　　C. 进口应税消费品(金银首饰类除外)的单位

　　D. 受托加工应税消费品(金银首饰类除外)的单位

任务 4.1.2　消费税应纳税额计算

知识要点

一、消费税计税依据的确定

1. 从价定率计征消费税计税依据的确定

在从价定率计算方法下，消费税计税依据为销售应税消费品的销售额，应纳消费税计算公式为

$$应纳税额＝销售额×比例税率 \tag{4-1}$$

从计算公式可以看出应纳税额的多少取决于应税消费品的销售额和适用税率两个因素。

销售额是纳税人销售应税消费品向购买方收取的全部价款和价外费用。全部价款中包含消费税税额，但不包括增值税税额；价外费用的内容与增值税规定相同。

价外费用是含税的，在计算增值税时需要进行价税分解换算成不含税后并入销售额，参见式(3-4)。

2. 从量定额计征消费税计税依据的确定

在从量定额计算方法下，消费税计税依据为销售应税消费品的销售数量，应纳消费税计算公式为

$$应纳税额＝销售数量×单位税额 \tag{4-2}$$

从计算公式可以看出应纳税额的多少取决于应税消费品的销售量和单位税额两个因素。

销售数量规定：①销售应税消费品的，为应税消费品的销售数量；②自产自用应税消费品的，为应税消费品的移送使用数量；③委托加工应税消费品的，为纳税人收回的应税消费品数量；④进口的应税消费品，为海关核定的应税消费品的进口数量。

《消费税暂行条例》规定，黄酒、啤酒是以吨为税额单位；汽油、柴油是以升为税额单位的。但是，考虑到在实际销售过程中，一些纳税人会把吨或升这两个计量单位混用，为了规范不同产品的计量单位，以准确计算应纳税额，吨与升两个计量单位的换算标准见表4-2。

表4-2 吨与升两个计量单位的换算

序 号	名 称	计量单位的换算标准
1	黄酒	1吨＝962升
2	啤酒	1吨＝988升
3	汽油	1吨＝1 388升
4	柴油	1吨＝1 176升
5	航空煤油	1吨＝1 246升
6	石脑油	1吨＝1 385升
7	溶剂油	1吨＝1 282升
8	润滑油	1吨＝1 126升
9	燃料油	1吨＝1 015升

3. 从价从量复合计征消费税计税依据的确定

现行消费税的征税范围中，只有卷烟、粮食白酒和薯类白酒采用复合计税的方法。应纳税额等于应税销售数量乘以定额税率再加上销售额乘以比例税率。计算公式为

$$应纳税额＝销售数量×定额税率＋销售额×比例税率$$

卷烟的从量计税部分，2009年之后是以每支0.003元为单位固定税额；白酒从量计税部分是以500克或500毫升0.5元为单位固定税额。

4. 计税依据的特殊规定

(1) 纳税人通过自设非独立核算门市部销售的自产应税消费品，应当按照门市部对外销售额或销售数量征收消费税。

(2) 应税消费品包装物押金收入计征消费税的规范如下。

① 包装物连同产品销售，无论包装物是否单独计价，也不论在会计上如何核算，均应并入应税消费品的销售额中征收消费税。

② 包装物不作价随同产品销售，而是收取押金(收取酒类产品的包装物押金除外)，且单独核算又未过期的，此项押金则不应并入应税消费品的销售额中征税。但对因逾期未收回的包装物不再退还的和已收取 1 年以上的押金，应并入应税消费品的销售额，按照应税消费品的适用率征收消费税。

③ 包装物既作价随同产品销售，又收取押金，凡纳税人在规定的期限内没有归还的，均应并入应税消费品的销售额按照应税消费品的适用率征收消费税。

④ 对酒类产品生产企业销售酒类产品(黄酒、啤酒除外)而收取的包装物押金，无论押金是否返还与会计上如何核算，均需并入酒类产品销售额中，依酒类产品的适用税率征收消费税。

▶▶ 动脑想一想

啤酒的包装物押金是否要纳消费税？

(3) 从高适用税率征收消费税，有两种情况：①纳税人兼营不同税率应税消费品，未分别核算各自销售额的；②将不同税率应税消费品组成成套消费品销售的(即使分别核算也从高税率)。

二、消费税应纳税额的计算

1. 生产销售环节应纳消费税的计算

1) 直接对外销售应税消费品应纳消费税的计算

直接对外销售应税消费品应纳消费税的计算分为 3 种情况：从价计税应纳消费税的计算，从量计税应纳税额的计算，从价从量复合计税应纳税额的计算。其计算公式总结见表4-3。

表 4-3　直接对外销售应税消费品应纳消费税的计算公式

3种计税方法	计税依据	适用范围	计税公式
从价定率计税	销售额	应税消费品	应纳税额＝销售额×比例税率
从量定额计税	销售数量	啤酒、黄酒、成品油	应纳税额＝销售数量×单位税额
复合计税	销售额 销售数量	粮食白酒、薯类白酒、卷烟	应纳税额＝销售额×比例税率＋ 　　　　销售数量×单位税额

【例4-1】沪南公司子公司沪南酒厂为增值税一般纳税人，主要生产粮食白酒和啤酒。2011 年 1 月销售粮食白酒 25 000 千克，取得不含销售额 105 000 元；销售啤酒 100 吨，每吨不含税售价 2 990 元。收取粮食白酒品牌使用费 3 510 元；收取销售粮食白酒包装物押金 7 020 元，收取销售啤酒包装物押金 2 340 元。要求：计算沪南酒厂本月应纳消费税税额。

【解析】粮食白酒应纳消费税＝50 000×0.5＋105 000×20%＋3 510÷1.17×20%＋7 020÷1.17×20%＝47 800(元)

啤酒出厂价＝2 990＋2 340÷(1＋17%)÷100＝3 010(元)＞3 000(元)，适用单位税额 250 元/吨。

啤酒应纳消费税＝100×250＝25 000(元)

该酒厂应纳消费税税额＝47 800＋25 000＝72 800(元)

2) 自产自用(视同销售)应税消费品应纳消费税的计算

(1) 自产应税消费品用于本企业连续生产应税消费品，不缴纳消费税。

(2) 自产应税消费品用于其他方面，于移送使用时纳税：①本企业连续生产非应税消费品和在建工程使用；②管理部门、非生产机构使用；③对外提供劳务使用；④馈赠、赞助、集资、广告、样品、职工福利、奖励等方面使用。

企业自产自用应税消费品凡用于其他方面应纳消费税的，按照纳税人生产的同类消费品的销售价格计算纳税。如果当月有几种不同的销售价格，应按销售数量加权平均计算，其中明显偏低又无正当理由的，不得列入加权平均。没有同类消费品销售价格的，按照组成计税价格计算纳税。

$$组成计税价格＝(成本＋利润)÷(1－比例税率)$$
$$＝[成本×(1＋成本利润率)]÷(1－比例税率) \quad (4-3)$$

实行复合计税办法计算纳税的组成计税价格计算公式为

$$组成计税价格＝(成本＋利润＋自产自用数量×定额税率)÷(1－比例税率)$$
$$＝[成本×(1＋成本利润率)＋自产自用数量×定额税率]÷$$
$$(1－比例税率) \quad (4-4)$$

公式中的"成本"是指应税消费品的产品生产成本。

公式的"利润"，是指根据应税消费品的全国平均成本利润率计算的利润。应税消费品的全国平均成本利润率由国家税务总局确定，具体见表4-4。

表4-4 应税消费品全国平均成本利润率

货物名称	利润率	货物名称	利润率
甲类卷烟	10%	贵重首饰及珠宝玉石	6%
乙类卷烟	5%	汽车轮胎	5%
雪茄烟	5%	摩托车	6%
烟丝	5%	高尔夫球及球具	10%
粮食白酒	10%	高档手表	20%
薯类白酒	5%	游艇	10%
其他酒	5%	木制一次性筷子	5%
酒精	5%	实木地板	5%
化妆品	5%	乘用车	8%
鞭炮、焰火	5%	中轻型商用客车	5%

【例4-2】沪南公司子公司沪南酒厂为增值税一般纳税人，主要生产粮食白酒和啤酒。2011年1月7日，将自产薯类白酒5 000斤(1斤＝0.5千克)发放给职工作福利，其成本3 000元/吨，成本利润率5%。要求：计算沪南酒厂当月应纳的消费税和增值税销项税。

【解析】消费税从量税＝5 000×0.5＝2 500(元)

从价税组成计税价格＝[3 000×2.5×(1＋5%)＋2 500]÷(1－20%)＝12 968.75(元)

应纳消费税＝2 500＋12 968.75×20%＝5 093.75(元)

增值税销项税额＝12 968.75×17%＝2 204.69(元)

2. 委托加工环节应税消费品应纳消费税的计算

1) 委托加工的应税消费品的定义

委托加工应税消费品是指委托方提供原料和主要材料，受托方只收取加工费和代垫部分辅助材料加工的应税消费品。

以下情形不属于委托加工应税消费品：①由受托方提供原材料生产的应税消费品；②是受托方先将原材料卖给委托方，再接受加工的应税消费品；③由受托方以委托方名义购进原材料生产的应税消费品。

2) 委托加工应税消费品消费税的缴纳

① 受托方加工完毕向委托方交货时，由受托方代收代缴消费税。如果受托方是个体经营者，委托方须在收回加工应税消费品后向所在地主管税务机关缴纳消费税。

② 如果受托方没有代收代缴消费税，委托方应补交税款，如果已直接销售的，按销售额计税补缴；如果未销售或不能直接销售的，按组价计税补缴(委托加工业务的组价)。

3) 委托加工应税消费品应纳税额计算

受托方代收代缴消费税时，应按受托方同类应税消费品的售价计算纳税；没有同类价格的，按照组成计税价格计算纳税。

从价计税组价公式为

$$组成计税价格＝(材料成本＋加工费)÷(1－比例税率) \quad (4-5)$$

实行复合计税办法计算组成计税价格公式为

$$组成计税价格＝(材料成本＋加工费＋委托加工数量×定额税率)÷(1－比例税率) \quad (4-6)$$

其中"材料成本"是指委托方所提供加工材料的实际成本。如果加工合同上未如实注明材料成本的，受托方所在地主管税务机关有权核定其材料成本。"加工费"是指受托方加工应税消费品向委托方所收取的全部费用(包括代垫辅助材料的实际成本)，但不包括随加工费收取的销项税，这样组成的价格才是不含增值税但含消费税的价格。

【例4-3】沪南公司子公司沪南鞭炮厂2011年8月受托为江华厂加工一批鞭炮，委托单位提供的原材料金额为30万元，受托单位收取不含增值税的加工费4万元，沪南鞭炮厂当地无加工鞭炮的同类产品市场价格。计算沪南鞭炮厂应代收代缴的消费税(鞭炮的消费税税率为15%)。

【解析】组成计税价格＝(30＋4)÷(1－15%)＝40(万元)

应代收代缴消费税＝40×15%＝6(万元)

三、外购应税消费品已纳消费税的扣除

税法规定：对外购已税消费品连续生产应税消费品销售时，可按当期生产领用数量计算准予扣除外购应税消费品已纳的消费税税款。

1. 外购应税消费品已纳消费税的扣税范围

在消费税14个税目中，除酒及酒精、成品油(石脑油、润滑油除外)、小汽车、高档手表、游艇5个税目外，其余税目有扣税规定：①用外购已税烟丝生产的卷烟；②用外购已税珠宝玉石生产的贵重首饰及珠宝玉石；③用外购已税化妆品生产的化妆品；④用外购已税鞭炮焰火生产的鞭炮焰火；⑤用外购已税汽车轮胎(内胎和外胎)生产的汽车轮胎；⑥用外购已税摩托车生产的摩托车；⑦以外购已税杆头、杆身和握把为原料生产的高尔夫球杆；

⑧以外购已税木制一次性筷子为原料生产的木制一次性筷子；⑨以外购已税实木地板为原料生产的实木地板；⑩以外购已税石脑油为原料生产的应税消费品；⑪以外购已税润滑油为原料生产的润滑油。

2. 外购应税消费品已纳消费税的扣除税额计算

外购应税消费品已纳消费税按当期生产领用数量扣除其已纳消费税。

当期准予扣除的外购应税消费品已纳税款＝当期准予扣除的外购应税消费品买价×外购应税消费品适用税率

当期准予扣除的外购应税消费品买价＝期初库存的外购应税消费品买价＋当期购进的外购应税消费品买价－期末库存的外购应税消费品买价

3. 外购应税消费品已纳消费税扣税环节

对于在零售环节缴纳消费税的金银首饰(含镶嵌首饰)、钻石及钻石饰品已纳消费税不得扣除。

对自己不生产应税消费品，而只是购进后再销售应税消费品的工业企业，其销售的化妆品、鞭炮、焰火和珠宝玉石，凡不能构成最终消费品直接进入消费品市场，而需进一步生产加工的，应当征收消费税，同时允许扣除上述外购应税消费品的已纳税款。

允许扣除已纳税款的应税消费品只限于从工业企业购进的应税消费品和进口环节已缴纳消费税的应税消费品，对从境内商业企业购进应税消费品的已纳税款一律不得扣除。

四、用委托加工收回的应税消费品连续生产应税消费品的税款抵扣

税法规定，对委托加工收回消费品已纳的消费税，可按当期生产领用数量从当期应纳消费税税额中扣除，其扣税规定与外购已税消费品连续生产应税消费品的扣税范围、扣税方法、扣税环节相同。

【例4-4】沪南公司子公司沪南烟厂为增值税一般纳税人，主要生产卷烟。2011年3月期初库存外购已税烟丝为20万元，当月又购入已税烟丝一批，买价200万元，期末库存8万元。当月销售以外购烟丝为原料生产的卷烟200万支，取得销售收入280万元。以上价款均不含增值税。沪南烟厂生产的卷烟适用的消费税税率为56%。要求：计算沪南烟厂本月应纳消费税。

【解析】准予扣除的外购烟丝已纳税额＝(20＋200－8)×30%＝63.6(万元)

应纳消费税额＝2 000 000×0.003＋2 800 000×56%－636 000＝938 000(元)

▶▶▶ 学中做

资料：沪南公司子公司沪南烟厂为增值税一般纳税人，2011年4月有关经营情况如下。

(1) 期初库存外购已税烟丝300万元。

(2) 4月6日外购已税烟丝1 000万元，增值税170万元，取得防伪税控系统开具的增值税专用发票；支付运输费用10万元，取得经税务机关认定的运输公司开具的运输发票。

(3) 4月10日生产领用库存烟丝1 200万元，生产卷烟1 500标准箱(每标准条200支，调拨价格均大于70元)。

(4) 4月19日销售卷烟给各商场1 200箱,取得不含税销售收入3 600万元,由于货款收回及时给了各商场2%的折扣;支付销货运输费用50万元并取得了经税务机关认定的运输公司开具的普通发票。

注:卷烟消费税比例税率56%,烟丝消费税比例税率30%,相关票据已通过主管税务机关认证。

要求:
(1) 计算4月份应缴纳的增值税。
(2) 计算4月份应缴纳的消费税。

任务4.1.3 消费税涉税业务核算

一、消费税业务核算科目设置

进行应税消费品涉税业务核算应设置"应交税费—应交消费税"与"营业税金及附加"两个主要科目,科目具体运用如图4.1、图4.2所示。

借	应交税费—应交消费税	贷
实际缴纳的消费税或待扣的消费税		按规定应缴纳的消费税
多缴纳的消费税或待扣的消费税		尚未缴纳的消费税

图4.1 应交税费—应交消费税科目运用图解

借	营业税金及附加	贷
应由销售产品负担的消费税		转入"本年利润"账户的税金

图4.2 营业税金及附加科目运用图解

二、应税消费品销售的业务核算

纳税人销售应税消费品,在销售确认时,计提消费税,借记"营业税金及附加"科目,贷记"应交税费—应交消费税"科目;按规定期限上缴税金时,借记"应交税费—应交消费税"科目,贷记"银行存款"科目;月末结转销售税金时,借记"本年利润"科目,贷记"营业税金及附加"科目。发生销货退回或退税时,作相反的会计分录。

【例4-5】沪南化妆品公司(一般纳税人),2011年4月销售一批化妆品,增值税专用发票上注明不含税收入60 000元,该批化妆品成本40 000元,款项已收到并存入银行。要求:对沪南化妆品公司2011年4月发生的经济业务进行核算。

【解析】公司当月应纳消费税额＝60 000×30％＝18 000(元)

(1) 销售实现确认收入时。

借:银行存款   70 200
　　贷:主营业务收入   60 000
　　　　应交税费—应交增值税(销项税额)   10 200

(2) 计提消费税时。

借：营业税金及附加   18 000
    贷：应交税费——应交消费税   18 000

(3) 结转成本时。

借：主营业务成本   40 000
    贷：库存商品   40 000

(4) 缴纳税款时。

借：应交税费——应交消费税   18 000
    贷：银行存款   18 000

【例4-6】沪南卷烟厂是一般纳税人。2011年4月生产销售烟丝，取得不含税收入20 000元，取得随同烟丝出售单独计价的包装物不含税收入5 000元，货款已收，烟丝的消费税税率为30%。出借包装物一批，收取押金23 400元，包装物逾期未得到归还。要求：根据以上资料作出销售及计提消费税有关的会计分录。

【解析】包装物缴纳消费税的会计处理规范如下。

(1) 随同产品销售且不单独计价的包装物。随同产品销售且不单独计价的包装物，因其收入已包含在所销售的产品销售收入中，因此，其应纳消费税与产品销售一并进行会计处理，记入"营业税金及附加"科目。

(2) 随同产品销售单独计价的包装物。随同产品销售但单独计价的包装物，其收入记入"其他业务收入"科目，应缴纳的消费税随记入"其他业务成本"科目。

(3) 出租、出借的包装物逾期押金。包装物逾期收不回来而将押金没收时，这部分押金收入记入"其他业务收入"科目，其应缴纳的消费税应记入"其他业务成本"科目。

(4) 随同产品销售又另收取押金的包装物。包装物已作价随同产品销售，但为促使购货人将包装物退回而另外收取的押金，借记"银行存款"科目，贷记"其他应付款"科目；包装物逾期未收回，押金没收，没收的押金应缴纳的消费税，首先自"其他应付款"科目中冲抵，即借记"其他应付款"科目，贷记"应交税费——应交消费税"科目；冲抵后"其他应付款"科目的余额转入"营业外收入"科目。

(5) 酒类产品生产企业的包装物。自1995年6月1日起，对酒类产品生产企业销售除啤酒、黄酒以外的其他酒类产品而收取的包装物押金，无论押金是否返还以及会计上如何核算，均应并入酒类产品的销售额中，依酒类产品的适用税率征收消费税。收取押金时记入"其他应付款"科目，包装物所应缴纳的增值税和消费税则应记入"其他业务成本"或"营业费用"科目，即借记"其他业务成本"或"营业费用"科目，贷记"应交税金——应交消费税"科目。

本案例中

包装物应纳增值税=5 000×17%=850(元)
包装物应纳消费税=5 000×30%=1 500(元)

借：银行存款   5 850
    贷：其他业务收入   5 000
        应交税费——应交增值税(销项税额)   850

借：其他业务成本   1 500
    贷：应交税费——应交消费税   1 500

包装物押金应纳增值税=23 400÷(1+17%)×17%=3 400(元)

包装物押金应纳消费税=23 400÷(1+17%)×30%=6 000(元)

借：其他应付款	23 400	
贷：其他业务收入		20 000
应交税费—应交增值税(销项税额)		3 400
借：其他业务成本	6 000	
贷：应交税费—应交消费税		6 000

三、应税消费品视同销售的业务核算

(1) 纳税人生产的应税消费品用于在建工程、管理部门、非生产机构、提供劳务及用于馈赠、赞助、集资、广告、样品、集体福利、奖励等方面的会计处理。纳税人应于自产的应税消费品移送时，在按成本转账的同时按同类消费品的销售价格或组成计税价格和适用的税率计算增值税销项税额和消费税，借记"固定资产"、"在建工程"、"销售费用"、"应付职工薪酬"、"营业外支出"等科目，贷记"库存商品"、"应交税费—应交增值税(销项税额)"、"应交税费—应交消费税"科目。

(2) 纳税人生产的应税消费品用于换取生产资料和消费资料的会计处理。纳税人生产的应税消费品用于换取生产资料和消费资料的应按纳税人同类应税消费品的最高销售价格和适用的税率计算应交消费税，贷记"应交税费—应交消费税"科目。

(3) 纳税人生产的应税消费品用于抵偿债务的会计处理。纳税人生产的应税消费品用于抵偿债务的，应按纳税人同类应税消费品的最高销售价格和适用的税率计算应交消费税，贷记"应交税费—应交消费税"科目。

(4) 纳税人生产的应税消费品用于投资入股的会计处理。纳税人将自产的应税消费品作为投资，提供给其他单位或个体经营者，应在货物移送时，按同类应税消费品的最高售价和适用的税率计算应交消费税，贷记"应交税费—应交消费税"科目。

【例4-7】沪南公司(一般纳税人)，2011年4月发生以下应税消费品相关业务。

(1) 4月6日公司以自产的化妆品抵偿所欠苏北公司的债务80 000元，该化妆品的当月最低售价60 000元，最高售价80 000元，平均售价为70 000元，增值税税率为17%，产品成本为40 000元，消费税率30%。

(2) 4月15日公司将特制的化妆品作为礼品赠送给客户，该批化妆品无同类产品销售价格，已知该批化妆品的实际成本为50 000元，化妆品成本利润率为5%。

要求：对沪南公司2011年4月发生的经济业务进行核算。

【解析】(1) 化妆品抵债时公司会计处理如下：

应纳增值税=70 000×17%=11 900(元)
应纳消费税=80 000×30%=24 000(元)

借：应付账款	80 000	
营业外支出—债务重组损失	1 900	
贷：主营业务收入		70 000
应交税费—应交增值税(销项税额)		11 900
借：营业税金及附加	24 000	
贷：应交税费—应交消费税		24 000
借：主营业务成本	40 000	
贷：库存商品		40 000

(2) 化妆品作为礼品赠送给客户时该公司会计处理如下。

$$组成计税价格 = 50\,000 \times (1+5\%) \div (1-30\%) = 75\,000(元)$$
$$应纳增值税 = 75\,000 \times 17\% = 12\,750(元)$$
$$应纳消费税 = 75\,000 \times 30\% = 22\,500(元)$$

借：营业外支出	85 250
贷：库存商品	50 000
应交税费——应交增值税(销项税额)	12 750
——应交消费税	22 500

四、自产自用消费品的业务核算

(1) 纳税人自产自用的应税消费品用于连续生产应税消费品的，不纳消费税，只进行实际成本的核算。

(2) 纳税人自产自用的应税消费品用于连续生产非应税消费品的，由于最终产品不属于应税消费品，所以，应在移送使用环节纳税。在领用时借记"生产成本"等科目，贷记"自制半成品"、"应交税费——应交消费税"等科目。

【例4-8】 沪南公司为一般纳税人，2011年5月16日公司领用库存自产汽车轮胎100只，用于连续生产卡车25辆。汽车轮胎的成本50 000元，同类汽车轮胎售价70 000元。要求：对沪南集团公司2011年5月发生的经济业务进行核算。

【解析】 公司领用自产汽车轮胎连续生产卡车时会计处理如下。

$$应纳消费税额 = 70\,000 \times 3\% = 2\,100(元)$$

借：生产成本	52 100
贷：自制半成品	50 000
应交税费——应交消费税	2 100

五、委托加工应税消费品的业务核算

1. 委托方收回后直接用于销售的应税消费品的会计处理

如果委托方将委托加工应税消费品收回后直接用于销售，应将受托方代收代缴的消费税和支付的加工费一并计入委托加工应税消费品的成本，借记"委托加工物资"、"自制半成品——委托外部加工自制半成品"、"生产成本——委托加工产品"等科目，贷记"应付账款"、"银行存款"等科目。

2. 委托方收回后用于连续生产应税消费品的会计处理

如果委托方将委托加工的应税消费品收回后用于连续生产应税消费品，则应将受托方代收代缴的消费税计入"应交税费——应交消费税"科目的借方，在最终应税消费品计算缴纳消费税时予以抵扣。委托方在提货时，按应支付的加工费等借记"委托加工物资"等科目，按受托方代收代缴的消费税，借记"应交税费——应交消费税"科目，按支付加工费相应的增值税税额借记"应交税费——应交增值税(进项税额)"科目，按加工费与增值税、消费税之和贷记"银行存款"等科目；待加工成最终应税消费品销售时，按最终应税消费品应缴纳的消费税，借记"营业税金及附加"科目，贷记"应交税费——应交消费税"科目；"应交税费——应交消费税"科目中这两笔借贷方发生额的差额为实际应缴的消费税，缴纳时，借记"应交税费——应交消费税"科目，贷记"银行存款"科目。

【例 4-9】 江苏南京沪南集团公司(一般纳税人), 2011 年 6 月发生以下委托加工应税消费品业务。

6 月 15 日委托南方卷烟厂加工烟丝一批, 公司提供主要材料, 发出材料成本 50 000 元, 支付加工费 20 000 元。该批烟丝收回后将用于连续生产卷烟 100 标准箱, 并全部实现对外销售, 不含税销售收入为 5 800 000 元, 卷烟消费税比例税率为 56%, 定额税率为每标准箱 150 元。

要求: 对沪南集团公司 2011 年 6 月发生的经济业务进行核算。

【解析】 该公司的会计处理如下。

(1) 发出材料时。

借: 委托加工物资　　　　　　　　　　　　　　　　　　　　50 000
　　贷: 原材料　　　　　　　　　　　　　　　　　　　　　　　　50 000

(2) 支付加工费、消费税和增值税时。

组成计税价格 = (50 000 + 20 000) ÷ (1 − 30%) = 100 000(元)

应纳消费税 = 100 000 × 30% = 30 000(元)

应纳增值税 = 20 000 × 17% = 3 400(元)

借: 委托加工物资　　　　　　　　　　　　　　　　　　　　20 000
　　应交税费——应交增值税(进项税额)　　　　　　　　　　　3 400
　　　　　　——应交消费税　　　　　　　　　　　　　　　　30 000
　　贷: 银行存款　　　　　　　　　　　　　　　　　　　　　　53 400

(3) 收回加工物资时。

借: 库存商品　　　　　　　　　　　　　　　　　　　　　　70 000
　　贷: 委托加工物资　　　　　　　　　　　　　　　　　　　　70 000

(4) 对外销售卷烟时。

应纳消费税 = 5 800 000 × 56% + 100 × 150 = 3 263 000(元)

应纳增值税 = 5 800 000 × 17% = 986 000(元)

借: 银行存款　　　　　　　　　　　　　　　　　　　　　6 786 000
　　贷: 主营业务收入　　　　　　　　　　　　　　　　　　5 800 000
　　　　应交税费——应交增值税(销项税额)　　　　　　　　　986 000

借: 营业税金及附加　　　　　　　　　　　　　　　　　　3 263 000
　　贷: 应交税费——应交消费税　　　　　　　　　　　　　3 263 000

(5) 缴纳当期消费税时。

当期应纳消费税 = 3 263 000 − 30 000 = 3 233 000(元)

借: 应交税费——应交消费税　　　　　　　　　　　　　　3 233 000
　　贷: 银行存款　　　　　　　　　　　　　　　　　　　　3 233 000

▶▶ 学中做

沪南公司是一般纳税人。2011 年 9 月发生如下业务。

委托宁南橡胶厂加工汽车轮胎 600 套, 沪南公司提供橡胶 12 000 千克, 单位成本 30 元, 宁南厂加工一套轮胎耗料 20 千克, 收取加工费 20 元, 代垫辅料 20 元。没有同类产品销售价格, 沪南公司收回后直接对外销售。

要求: 根据以上资料作出沪南公司有关的会计分录。

任务 4.2　消费税税款申报

学习目标 Learning Objectives

- 知识目标：明确消费税税款申报的方式、时间及地点。
- 技能目标：能熟练准确填报消费税纳税申报表。
- 素质目标：树立做自觉纳税人的意识；培养与人合作进行沟通的能力。

一、纳税义务发生时间

(1) 纳税人销售的应税消费品，其纳税义务发生的时间为：①纳税人采取赊销和分期收款结算方式的，其纳税义务的发生时间，为销售合同规定的收款日期的当天；②纳税人采取预收货款结算方式的，其纳税义务的发生时间，为发出应税消费品的当天；③纳税人采取托收承付和委托银行收款方式销售的应税消费品，其纳税义务的发生时间，为发出应税消费品并办妥托收手续的当天；④纳税人采取其他结算方式的，其纳税义务的发生时间，为收讫销售款或者取得索取销售款的凭据的当天。

(2) 纳税人自产自用的应税消费品，其纳税义务的发生时间，为移送使用的当天。

(3) 纳税人委托加工的应税消费品，其纳税义务的发生时间，为纳税人提货的当天。

(4) 纳税人进口的应税消费品，其纳税义务的发生时间，为报关进口的当天。

二、纳税期限

(1) 消费税的纳税期限分别为 1 日、3 日、5 日、10 日、15 日、1 个月或者 1 个季度。纳税人的具体纳税期限，由主管税务机关根据纳税人应纳税额的大小分别核定；不能按照固定期限纳税的，可以按次纳税。

(2) 纳税人以 1 个月或者 1 个季度为 1 个纳税期的，自期满之日起 15 日内申报纳税；以 1 日、3 日、5 日、10 日或者 15 日为 1 个纳税期的，自期满之日起 5 日内预缴税款，于次月 1 日起 15 日内申报纳税并结清上月应纳税款。

三、纳税地点

(1) 纳税人销售的应税消费品，以及自产自用的应税消费品，除国家另有规定的外，应当向纳税人核算地主管税务机关申报纳税。

(2) 委托加工的应税消费品，除委托个人加工外，由受托方向所在地主管税务机关代收代缴消费税税款。

(3) 进口的应税消费品，由进口人或者其代理人向报关地海关申报纳税。

(4) 纳税人到外县(市)销售或委托外县(市)代销自产应税消费品的，于应税消费品销售后，回纳税人机构所在地或居住地缴纳消费税。

(5) 纳税人的总机构与分支机构不在同一县(市)的，应当分别向各自机构所在地的主管税务机关申报纳税，财政部、国家税务总局或者其授权的财政税务机关批准，可以由总机构汇总向总机构所在地的主管税务机关申报纳税。

(6) 纳税人销售的应税消费品，如因质量等原因由购买者退回时，经所在地主管税务机关审核批准后，可退还已征收的消费税，但不能自行直接抵减应纳税款。

四、消费税纳税申报表

1. 烟类应税消费品消费税纳税申报表

烟类纳税申报表分为零售环节与批发环节两类，零售适用的纳税申报表见表4-5，其附表有本期准予扣除税额计算表、本期代收代缴税额计算表、卷烟销售表、各牌号规模卷烟消费税计税价格表，分别见表4-6～表4-9；批发环节适用的烟类纳税申报表见表4-10。

表 4-5 烟类应税消费品消费税纳税申报表(零售)

纳税人名称(公章)：　　　　　　　　　税款所属期：　年　月　日至　年　月　日

纳税人识别号：

填表日期：　年　月　日　单位：卷烟(万支)、雪茄烟(支)、烟丝(千克)　金额单位：元(列至角分)

应税消费品名称	项目	适用税率		销售数量	销售额	应纳税额
		定额税率	比例税率			
	卷烟	30元/万支	56%			
	卷烟	30元/万支	36%			
	雪茄烟	—	36%			
	烟丝	—	30%			
	合计	—	—	—		

本期准予扣除税额：	声明
本期减(免)税额：	此纳税申报表是根据国家税收法律的规定填报的，我确定它是真实的、可靠的、完整的。
期初未缴税额：	经办人(签章)：
	财务负责人(签章)：
	联系电话：
本期缴纳前期应纳税额：	(如果你已委托代理人申报，请填写)
本期预缴税额：	授权声明
本期应补(退)税额：	为代理一切税务事宜，现授权_____ _____(地址)_____为
期末未缴税额：	本纳税人的代理申报人，任何与本申报表有关的往来文件，都可寄予此人。
	授权人签章：
以下由税务机关填写	
受理人(签章)：　　　受理日期：　年　月　日　　　受理税务机关(章)：	

填表说明如下。

(1) 本表仅限烟类消费税纳税人使用。

(2) 本表"销售数量"为《消费税暂行条例》、《中华人民共和国消费税暂行条例实施细则》(以下简称《消费税暂行条例实施细则》)及其他法规、规章规定的当期应申报缴纳消费税的烟类应税消费品销售(不含出口免税)数量。

(3) 本表"销售额"为《消费税暂行条例》、《消费税暂行条例实施细则》及其他法规、规章规定的当期应申报缴纳消费税的烟类应税消费品销售(不含出口免税)收入。

(4) 根据《消费税暂行条例》和财政部、国家税务总局《关于调整烟类产品消费税政策的通知》(财税[2001]91号)的规定,本表"应纳税额"计算公式如下。

① 卷烟。应纳税额=销售数量×定额税率+销售额×比例税率。

② 雪茄烟、烟丝。应纳税额=销售额×比例税率。

(5) 本表"本期准予扣除税额"按本表附件一的本期准予扣除税款合计金额填写。

(6) 本表"本期减(免)税额"不含出口退(免)税额。

(7) 本表"期初未缴税额"填写本期期初累计应缴未缴的消费税额,多缴为负数。其数值等于上期"期末未缴税额"。

(8) 本表"本期缴纳前期应纳税额"填写本期实际缴纳入库的前期消费税额。

(9) 本表"本期预缴税额"填写纳税申报前已预先缴纳入库的本期消费税额。

(10) 本表"本期应补(退)税额"计算公式如下,多缴为负数。

本期应补(退)税额=应纳税额(合计栏金额)−本期准予扣除税额−

本期减(免)税额−本期预缴税额

(11) 本表"期末未缴税额"计算公式如下,多缴为负数。

期末未缴税额=期初未缴税额+本期应补(退)税额−本期缴纳前期应纳税额

(12) 本表为 A4 竖式,所有数字小数点后保留两位。一式二份,一份纳税人留存,一份税务机关留存。

表 4-6 本期准予扣除税额计算表

税款所属期:　　　　年　　月　　日至　　　年　　月　　日

纳税人名称(公章):

填表日期:　　　　年　　月　　日　　　　　　　　　　金额单位:元(列至角分)

纳税人识别号:

一、当期准予扣除的委托加工烟丝已纳税款计算

1. 期初库存委托加工烟丝已纳税款:

2. 当期收回委托加工烟丝已纳税款:

3. 期末库存委托加工烟丝已纳税款:

4. 当期准予扣除的委托加工烟丝已纳税款:

二、当期准予扣除的外购烟丝已纳税款计算

1. 期初库存外购烟丝买价:

2. 当期购进烟丝买价:

3. 期末库存外购烟丝买价:

4. 当期准予扣除的外购烟丝已纳税款:

三、本期准予扣除税款合计

填表说明如下。

(1) 本表作为《烟类应税消费品消费税纳税申报表》的附报资料,由外购或委托加工收回烟丝后连续生产卷烟的纳税人填报。

(2) 根据《国家税务总局关于用外购和委托加工收回的应税消费品连续生产应税消费品征收消费税问题的通知》(国税发[1995]94号)的规定,本表"当期准予扣除的委托加工烟丝已纳税款"计算公式如下。

当期准予扣除的委托加工烟丝已纳税款＝期初库存委托加工烟丝已纳税款＋当期收回委托加工烟丝已纳税款－期末库存委托加工烟丝已纳税款

(3) 根据《国家税务总局关于用外购和委托加工收回的应税消费品连续生产应税消费品征收消费税问题的通知》(国税发[1995]94号)的规定,本表"当期准予扣除的外购烟丝已纳税款"计算公式如下。

当期准予扣除的外购烟丝已纳税款＝(期初库存外购烟丝买价＋当期购进烟丝买价－期末库存外购烟丝买价)×外购烟丝适用税率(30%)

(4) 本表"本期准予扣除税款合计"为本期外购及委托加工收回烟丝后连续生产卷烟准予扣除烟丝已纳税款的合计数,应与《烟类应税消费品消费税纳税申报表》中对应项目一致。

(5) 本表为A4竖式,所有数字小数点后保留两位。一式二份,一份纳税人留存,一份税务机关留存。

表4-7 本期代收代缴税额计算表

税款所属期: 年 月 日至 年 月 日
纳税人名称(公章):
纳税人识别号:
填表日期: 年 月 日   金额单位:元(列至角分)

项目	应税消费品名称	卷烟	卷烟	雪茄烟	烟丝	合计
适用税率	定额税率	30元/万支	30元/万支	—	—	—
	比例税率	56%	36%	36%	30%	—
受托加工数量						—
同类产品销售价格						—
材料成本						—
加工费						—
组成计税价格						—
本期代收代缴税款						

填表说明如下。

(1) 本表作为《烟类应税消费品消费税纳税申报表》的附报资料,由烟类应税消费品受托加工方填报。

(2) 本表"受托加工数量"的计量单位为卷烟为万支,雪茄烟为支,烟丝为千克。

(3) 本表"同类产品销售价格"为受托方同类产品销售价格。

(4) 根据《消费税暂行条例》的规定,本表"组成计税价格"的计算公式为

组成计税价格＝(材料成本＋加工费)÷(1－消费税税率)

(5) 根据《消费税暂行条例》的规定，本表"本期代收代缴税款"的计算公式如下。

① 当受托方有同类产品销售价格时

本期代收代缴税款＝同类产品销售价格×受托加工数量×适用税率＋

受托加工数量×适用税率

② 当受托方没有同类产品销售价格时

本期代收代缴税款＝组成计税价格×适用税率＋受托加工数量×适用税率

(6) 本表为 A4 竖式，所有数字小数点后保留两位。一式二份，一份纳税人留存，一份税务机关留存。

表4-8 卷烟销售明细表

所属期间： 年 月 日至 年 月 日

纳税人名称(公章)：

纳税人识别号：

填表日期： 年 月 日

单位：万支、元、元/条(200支)

卷烟牌号	烟支包装规格	产量	销量	消费税计税价格	销售额	备注
合计	—			—	—	—

填表说明如下。

(1) 本表为年报，作为《烟类应税消费品消费税纳税申报表》的附报资料，由卷烟消费税纳税人于本年度结束后填写，次年1月办理消费税纳税申报时报送。同时报送本表的 Excel 格式电子文件。

(2) 本表"消费税计税价格"为计算缴纳消费税的卷烟价格。已核定消费税计税价格的卷烟，实际销售价格高于核定消费税计税价格的，填写实际销售价格；实际销售价格低于核定消费税计税价格的，填写核定消费税计税价格；同时，在备注栏中填写核定消费税计税价格的文号。未核定消费税计税价格的，以及出口、委托加工收回后直接销售的卷烟，填写实际销售价格。在同一所属期内该栏数值发生变化的，应分行填写，并在备注栏中标注变动日期。

(3) 已核定消费税计税价格但已停产卷烟、新牌号新规格卷烟、交易价格变动牌号卷烟、出口卷烟、委托加工收回后直接销售卷烟，分别在备注栏中注明"停产"、"新牌号"、"价格变动"、"出口"、"委托加工收回后直接销售"字样。新牌号新规格卷烟需同时在备注栏中注明投放市场的月份。委托加工收回后直接销售卷烟需同时注明受托加工方企业名称。

(4) 本表"销售额"按照以下公式计算填写

销售额＝销量×消费税计税价格

(5) 本表为 A4 横式，所有数字小数点后保留两位。一式二份，一份纳税人留存，一份税务机关留存。

表 4-9　各牌号规格卷烟消费税计税价格

所属期间：　　　年　月　日至　　　年　月　日

纳税人名称(公章)：

纳税人识别号：

填表日期：　年　月　日　　　　　　　　　　　　　单位：万支、元、元/条(200 支)

卷烟牌号	烟支包装规格	销量	消费税计税价格	销售额	备注
合计	—	—		—	—

填表说明如下。

(1) 本表为月报，作为《烟类应税消费品消费税纳税申报表》的附报资料，由卷烟消费税纳税人每月办理消费税纳税申报时报送。同时报送本表的 Excel 格式电子文件。

(2) 其余填表说明参见表 4-8 的填表说明(2)～说明(5)。

表 4-10　烟类应税消费品消费税纳税申报表(批发)

税款所属期：　　　年　月　日至　　　年　月　日

纳税人名称(公章)：

纳税人识别号：

填表日期：　年　月　日　　　　　单位：卷烟万支　　金额单位：元(列至角分)

应税消费品名称 \ 项目	适用税率	销售数量	销售额	应纳税额
卷烟	5%			
合计	5%			

期初未缴税额：	**声明**
	此纳税申报表是根据国家税收法律的规定填报的，我确定它是真实的、可靠的、完整的。
本期缴纳前期应纳税额：	经办人(签章)：
	财务负责人(签章)：
	联系电话：
本期预缴税额：	(如果你已委托代理人申报，请填写)
本期应补(退)税额：	**授权声明**
	为代理一切税务事宜，现授权_____
	_____(地址)_____为本
期末未缴税额：	纳税人的代理申报人，任何与本申报表有关的往来文件，都可寄予此人。
	授权人签章：
以下由税务机关填写	
受理人(签章)：　　　受理日期：　年　月　日　　　受理税务机关(章)：	

填表说明如下。

(1) 本表仅限批发卷烟的消费税纳税人使用。

(2) 本表"销售数量"为《消费税暂行条例》、《消费税暂行条例实施细则》及其他法规、规章规定的当期应申报缴纳消费税的卷烟批发销售数量。

(3) 本表"销售额"为《消费税暂行条例》、《消费税暂行条例实施细则》及其他法规、规章规定的当期应申报缴纳消费税的卷烟批发销售收入。

(4) 根据《消费税暂行条例》、《消费税暂行条例实施细则》及其他法规、规章规定,本表"应纳税额"计算公式为

$$应纳税额 = 销售额 \times 适用税率$$

(5) 本表"期初未缴税额"填写本期期初累计应缴未缴的消费税额,多缴为负数。其数值等于上期"期末未缴税额"。

(6) 本表"本期缴纳前期应纳税额"填写本期实际缴纳入库的前期消费税额。

(7) 本表"本期预缴税额"填写纳税申报前已预先缴纳入库的本期消费税额。

(8) 本表"本期应补(退)税额"计算公式如下,多缴为负数

$$本期应补(退)税额 = 应纳税额(合计栏金额) - 本期预缴税额$$

(9) 本表"期末未缴税额"计算公式如下,多缴为负数

$$期末未缴税额 = 期初未缴税额 + 本期应补(退)税额 - 本期缴纳前期应纳税额$$

(10) 本表为 A4 竖式,所有数字小数点后保留两位。一式二份,一份纳税人留存,一份税务机关留存。

2. 小汽车消费税纳税申报表

小汽车消费税纳税申报表其主表见表 4-11,其附表有本期代收代缴税额计算表(见表 4-12)、生产经营表(见表 4-13)。

表4-11 小汽车消费税纳税申报表

税款所属期:　　年　　月　　日至　　年　　月　　日

纳税人名称(公章):

纳税人识别号:

填表日期:　　年　　月　　日

单位:辆、元(列至角分)

应税消费品名称	项目	适用税率	销售数量	销售额	应纳税额
乘用车	气缸容量≤1.0升	1%			
	1.0升<气缸容量≤1.5升	3%			
	1.5升<气缸容量≤2.0升	5%			
	2.0升<气缸容量≤2.5升	9%			
	2.5升<气缸容量≤3.0升	12%			
	3.0升<气缸容量≤4.0升	25%			
	气缸容量>4.0升	40%			

续表

中轻型商用客车	5%			
合计	—	—	—	

本期准予扣除税额:		声明
本期减(免)税额:		此纳税申报表是根据国家税收法律的规定填报的,我确定它是真实的、可靠的、完整的。
期初未缴税额:		经办人(签章):
		财务负责人(签章):
		联系电话:
本期缴纳前期应纳税额:		(如果你已委托代理人申报,请填写)
本期预缴税额:		授权声明
本期应补(退)税额:		为代理一切税务事宜,现授权_____(地址)_____为
期末未缴税额:		本纳税人的代理申报人,任何与本申报表有关的往来文件,都可寄予此人。授权人签章:

以下由税务机关填写

受理人(签章):　　　受理日期:　　　年　月　日　　　受理税务机关(章):

填表说明如下。

(1) 本表仅限小汽车消费税纳税人使用。

(2) 纳税人生产的改装、改制车辆,应按照财政部、国家税务总局《关于调整和完善消费税政策的通知》(财税[2006]33号)中规定的适用税目、税率填写本表。

(3) 本表"销售数量"为《消费税暂行条例》、《消费税暂行条例实施细则》及其他法规、规章规定的当期应申报缴纳消费税的小汽车类应税消费品销售(不含出口免税)数量。

(4) 本表"销售额"为《消费税暂行条例》、《消费税暂行条例实施细则》及其他法规、规章规定的当期应申报缴纳消费税的小汽车类应税消费品销售(不含出口免税)收入。

(5) 根据《消费税暂行条例》的规定,本表"应纳税额"计算公式为

应纳税额＝销售额×比例税率

(6) 本表"本期减(免)税额"不含出口退(免)税额。

(7) 本表"期初未缴税额"填写本期期初累计应缴未缴的消费税额,多缴为负数。其数值等于上期"期末未缴税额"。

(8) 本表"本期缴纳前期应纳税额"填写本期实际缴纳入库的前期消费税额。

(9) 本表"本期预缴税额"填写纳税申报前已预先缴纳入库的本期消费税额。

(10) 本表"本期应补(退)税额" 计算公式如下,多缴为负数

本期应补(退)税额＝应纳税额(合计栏金额)－本期减(免)税额－本期预缴税额

(11) 本表"期末未缴税额" 计算公式如下,多缴为负数

期末未缴税额＝期初未缴税额＋本期应补(退)税额－本期缴纳前期应纳税额

(12) 本表为 A4 竖式,所有数字小数点后保留两位。一式二份,一份纳税人留存,一份税务机关留存。

表4-12 本期代收代缴税额计算表

税款所属期： 年 月 日 至 年 月 日
纳税人名称(公章)：
纳税人识别号：
填表日期： 年 月 日　　　　　　　　　　　　　　金额单位：元(列至角分)

项目 \ 应税消费品名称	乘用车：气缸容量≤1.0升	乘用车：1.0升<气缸容量≤1.5升	乘用车：1.5升<气缸容量≤2.0升	乘用车：2.0升<气缸容量≤2.5升	乘用车：2.5升<气缸容量≤3.0升	乘用车：3.0升<气缸容量≤4.0升	乘用车：气缸容量>4.0升	中轻型商用客车	合计
适用税率	1%	3%	5%	9%	12%	25%	40%	5%	
受托加工数量									—
同类产品销售价格									—
材料成本									—
加工费									—
组成计税价格									—
本期代收代缴税款									

填表说明如下。

(1) 本表作为《小汽车消费税纳税申报表》的附报资料，由小汽车受托加工方填写。

(2) 生产和受托加工的改装、改制车辆，应按照财政部、国家税务总局《关于调整和完善消费税政策的通知》(财税[2006]33号)中规定的适用税目、税率填写本表。

(3) 本表"受托加工数量"的计量单位为辆。

(4) 本表"同类产品销售价格"为受托方同类产品销售价格。

(5) 根据《消费税暂行条例》的规定，本表"组成计税价格"的计算公式为

组成计税价格＝(材料成本＋加工费)÷(1－消费税税率)

(6) 根据《消费税暂行条例》的规定，本表"本期代收代缴税款"的计算公式如下。

① 当受托方有同类产品销售价格时

本期代收代缴税款＝同类产品销售价格×受托加工数量×适用税率

② 当受托方没有同类产品销售价格时

本期代收代缴税款＝组成计税价格×适用税率

(7) 本表为A4竖式，所有数字小数点后保留两位。一式二份，一份纳税人留存，一份税务机关留存。

表4-13 生产经营情况表

税款所属期： 年 月 日 至 年 月 日
纳税人名称(公章)：
纳税人识别号：
填表日期： 年 月 日　　　　　　　　　　　　　　金额单位：元(列至角分)

项目 \ 应税消费品名称	乘用车：气缸容量≤1.0升	乘用车：1.0升<气缸容量≤1.5升	乘用车：1.5升<气缸容量≤2.0升	乘用车：2.0升<气缸容量≤2.5升	乘用车：2.5升<气缸容量≤3.0升	乘用车：3.0升<气缸容量≤4.0升	乘用车：气缸容量>4.0升	中轻型商用客车
生产数量								
销售数量								

续表

委托加工收回应税消费品直接销售数量								
委托加工收回应税消费品直接销售额								
出口免税销售数量								
出口免税销售额								

填表说明如下。

(1) 本表为年报,作为《小汽车消费税纳税申报表》的附报资料,由纳税人于每年年度终了后填写,次年1月办理消费税纳税申报时报送。

(2) 纳税人生产的改装、改制车辆,应按照《财政部国家税务总局关于调整和完善消费税政策的通知》中规定的适用税目、税率填写本表。

(3) 本表"应税消费品"、"销售数量"填写要求同《小汽车消费税纳税申报表》。

(4) 本表"生产数量",填写本期生产的产成品数量。

(5) 本表"出口免税销售数量"和"出口免税销售额"为享受出口免税政策的应税消费品销售数量和销售额。

(6) 本表为A4竖式。所有数字小数点后保留两位。一式二份,一份纳税人留存,一份税务机关留存。

3. 酒及酒精消费税纳税申报表

酒类消费税纳税申报表其主表见表4-14,其附表有本期准予抵减税额计算表(见表4-15)。

表4-14 酒及酒精消费税纳税申报表

税款所属期: 　年　月　日至　年　月　日

纳税人名称(公章):

纳税人识别号:

填表日期: 　年　月　日　　　　　　　　　　　　　　金额单位:元(列至角分)

应税消费品名称	项目 适用税率		销售数量	销售额	应纳税额
	定额税率	比例税率			
粮食白酒	0.5元/斤	20%			
薯类白酒	0.5元/斤	20%			
啤酒	250元/吨	—			
啤酒	220元/吨	—			
黄酒	240元/吨	—			
其他酒	—	10%			
酒精	—	5%			
合计			—	—	
本期准予抵减税额:			声明 此纳税申报表是根据国家税收法律的规定填报的,我确定它是真实的、可靠的、完整的。 经办人(签章): 财务负责人(签章): 联系电话:		
本期减(免)税额:					
期初未缴税额:					

续表

本期缴纳前期应纳税额：	(如果你已委托代理人申报，请填写)
本期预缴税额：	**授权声明**
本期应补(退)税额：	为代理一切税务事宜，现授权_____
期末未缴税额：	_____(地址)_____为本纳税人的代理申报人，任何与本申报表有关的往来文件，都可寄予此人。 授权人签章：

以下由税务机关填写

受理人(签章)：　　　　受理日期：　　年　月　日　　　　受理税务机关(章)：

填表说明如下。

(1) 本表仅限酒及酒精消费税纳税人使用。

(2) 本表"销售数量"为《消费税暂行条例》、《消费税暂行条例实施细则》及其他法规、规章规定的当期应申缴纳消费税的酒及酒精销售(不含出口免税)数量。计量单位：粮食白酒和薯类白酒为斤(如果实际销售商品按照体积标注计量单位，应按 500 毫升为 1 斤换算)，啤酒、黄酒、其他酒和酒精为吨。

(3) 本表"销售额"为《消费税暂行条例》、《消费税暂行条例实施细则》及其他法规、规章规定的当期应申报缴纳消费税的酒及酒精销售(不含出口免税)收入。

(4) 根据《消费税暂行条例》和财政部、国家税务总局《关于调整酒类产品消费税政策的通知》(财税[2001]84 号)的规定，本表"应纳税额"计算公式如下。

① 粮食白酒、薯类白酒

$$应纳税额 = 销售数量 \times 定额税率 + 销售额 \times 比例税率$$

② 啤酒、黄酒

$$应纳税额 = 销售数量 \times 定额税率$$

③ 其他酒、酒精

$$应纳税额 = 销售额 \times 比例税率$$

(5) 本表"本期准予抵减税额"按本表附件一的本期准予抵减税款合计金额填写。

(6) 本表"本期减(免)税额"不含出口退(免)税额。

(7) 本表"期初未缴税额"填写本期期初累计应缴未缴的消费税额，多缴为负数。其数值等于上期"期末未缴税额"。

(8) 本表"本期缴纳前期应纳税额"填写本期实际缴纳入库的前期消费税额。

(9) 本表"本期预缴税额"填写纳税申报前已预先缴纳入库的本期消费税额。

(10) 本表"本期应补(退)税额"计算公式如下，多缴为负数

$$本期应补(退)税额 = 应纳税额(合计栏金额) - 本期准予抵减税额 - 本期减(免)税额 - 本期预缴税额$$

(11) 本表"期末未缴税额"计算公式如下，多缴为负数

$$期末未缴税额 = 期初未缴税额 + 本期应补(退)税额 - 本期缴纳前期应纳税额$$

(12) 本表为 A4 竖式，所有数字小数点后保留两位。一式二份，一份纳税人留存，一份税务机关留存。

表4-15 本期准予抵减税额计算表

税款所属期：　　年　　月　　日至　　年　　月　　日
纳税人名称(公章)：
纳税人识别号：
填表日期：　　年　　月　　日　　　　　　　　　　　　　　　单位：吨、元(列至角分)

一、当期准予抵减的外购啤酒液已纳税款计算

1. 期初库存外购啤酒液数量：
2. 当期购进啤酒液数量：
3. 期末库存外购啤酒液数量：
4. 当期准予抵减的外购啤酒液已纳税款：

二、当期准予抵减的进口葡萄酒已纳税款

三、本期准予抵减税款合计

填表说明如下。

(1) 本表作为《酒及酒精消费税纳税申报表》的附报资料，由以外购啤酒液为原料连续生产啤酒的纳税人或以进口葡萄酒为原料连续生产葡萄酒的纳税人填报。

(2) 根据《国家税务总局关于用外购和委托加工收回的应税消费品连续生产应税消费品征收消费税问题的通知》(国税发[1995]94号)和《国家税务总局关于啤酒集团内部企业间销售(调拨)啤酒液征收消费税问题的批复》(国税函[2003]382号)的规定，本表"当期准予抵减的外购啤酒液已纳税款"计算公式为

当期准予抵减的外购啤酒液已纳税款＝(期初库存外购啤酒液数量＋当期购进啤酒液数量－期末库存外购啤酒液数量)×外购啤酒液适用定额税率

其中，外购啤酒液适用定额税率由购入方取得的销售方销售啤酒液所开具的增值税专用发票上记载的单价确定。适用定额税率不同的，应分别核算外购啤酒液数量和当期准予抵减的外购啤酒液已纳税款，并在表中填写合计数。

(3) 根据《国家税务总局关于印发〈葡萄酒消费税管理办法(试行)〉的通知》(国税发[2006]66号)的规定，本表"当期准予抵减的进口葡萄酒已纳税款"为纳税人进口葡萄酒取得的《海关进口消费税专用缴款书》注明的消费税款。

(4) 本表"本期准予抵减税款合计"应与《酒及酒精消费税纳税申报表》中对应项目一致。

(5) 以外购啤酒液为原料连续生产啤酒的纳税人应在"附：准予抵减消费税凭证明细"栏据实填写购入啤酒液取得的增值税专用发票上载明的"号码"、"开票日期"、"数量"、"单价"等项目内容。

(6) 以进口葡萄酒为原料连续生产葡萄酒的纳税人应在"附：准予抵减消费税凭证明细"栏据实填写进口消费税专用缴款书上载明的"号码"、"开票日期"、"数量"、"完税价格"、"税款金额"等项目内容。

(7) 本表为 A4 竖式，所有数字小数点后保留两位。一式二份，一份纳税人留存，一份税务机关留存。

【例 4-10】沪南华丰卷烟厂主要生产卷烟，税务机关为其核定的纳税期限为 1 个月。该厂的卷烟属于甲类卷烟，比例税率为 56%，定额税率为 0.003 元/支，即 150 元/标准箱。不考虑城建税和教育费附加。

2011 年 5 月份有关业务资料如下。

(1) 月初库存外购烟丝一批，购买价为 400 万元。

(2) 5 月 6 日从某公司购入不含增值税价款为 900 万元的烟丝，取得了增值税专用发票。发票账单和烟丝同时到达企业，该批烟丝已经验收入库。

(3) 5 月 12 日委托某烟丝厂加工烟丝一批，发出烟叶成本为 210 000 元，支付不含增值税的加工费为 84 000 元。某烟丝厂无同类消费品的销售价格。

(4) 5 月 16 日，烟丝加工完成验收入库，取得玉华烟丝厂开具的增值税专用发票一张，烟丝收回后用于生产卷烟。

(5) 5 月 20 日销售自产卷烟 800 标准箱(4 000 万支)，其不含增值税的调拨价格为 80 元/标准条，取得不含增值税销售额 1 600 万元，该批卷烟的销售成本为 800 万元。

(6) 5 月 26 日将自产卷烟 120 条(2.4 万支)作为赠品送给客户，其生产成本为 4 800 元。

(7) 月末盘存，烟丝存货为外购烟丝 200 万元，委托加工收回烟丝已全部领用生产卷烟。

要求：根据以上资料填报沪南华丰卷烟厂(一般纳税人)2011 年 5 月的消费税纳税申报表并进行纳税申报。

【解析】填写消费税申报表时一般按照先填附表、再填主表的顺序填写。

首先填写本期准予扣除税额计算表，见表 4-16。

表 4-16　本期准予扣除税额计算表(沪南华丰卷烟厂)

税款所属期：2011 年 5 月 1 日至 2011 年 5 月 31 日

纳税人名称(公章)：　　纳税人识别号：　3 2 0 1 2 6 5 0 9 0 0 × × × ×

填表日期：2011 年 6 月 5 日　　　　　　　　　　　　　金额单位：元(列至角分)

项目	金额
一、当期准予扣除的委托加工烟丝已纳税款计算	
1. 期初库存委托加工烟丝已纳税款：	
2. 当期收回委托加工烟丝已纳税款：	126 000.00
3. 期末库存委托加工烟丝已纳税款：	
4. 当期准予扣除的委托加工烟丝已纳税款：	126 000.00
二、当期准予扣除的外购烟丝已纳税款计算	
1. 期初库存外购烟丝买价：	4 000 000.00
2. 当期购进烟丝买价：	9 000 000.00
3. 期末库存外购烟丝买价：	2 000 000.00
4. 当期准予扣除的外购烟丝已纳税款：	3 300 000.00
三、本期准予扣除税款合计	3 426 000.00

然后填写主表烟类应税消费品消费税纳税申报表，见表 4-17。其他附表从略。

项目 4 消费税申报与筹划

表 4-17 烟类应税消费品消费税纳税申报表

纳税人名称(签章)：江苏沪南华丰卷烟厂
税款所属期：2011 年 5 月 1 日至 2011 年 5 月 31 日
纳税人识别号： 3 2 0 1 2 6 5 0 9 0 0 × × × ×
填表日期：2011 年 6 月 5 日　　单位：卷烟万支、雪茄烟支；　　金额单位：元(列至角分)

应税消费品名称	适用税率 定额税率	适用税率 比例税率	销售数量	销售额	应纳税额
卷烟	30元/万支	56%	4 002.4	16 009 600.00	9 085 448.00
卷烟	30元/万支	36%			
雪茄烟	—	36%			
烟丝	—	30%			
合计	—	—	—		9 085 448.00

本期准予扣除税额：3 426 000.00

本期减(免)税额：0.00

期初未缴税额：

本期缴纳前期应纳税额：

本期预缴税额：0.00

本期应补(退)税额：5 659 448.00

期末未缴税额：5 659 448.00

声明

此纳税申报表是根据国家税收法律的规定填报的，我确定它是真实的、可靠的、完整的。

经办人(签章)：王萍

财务负责人(签章)：李玉

联系电话：1529588××××

(如果你已委托代理人申报，请填写)

授权声明

为代理一切税务事宜，现授权_____
_____(地址)_____为本纳税人的代理申报人，任何与本申报表有关的往来文件，都可寄予此人。

授权人签章：

以下由税务机关填写

受理人(签章)：　　受理日期：　年　月　日　　受理税务机关(章)：

▶▶学中做

资料：沪南公司是一般纳税人。其子公司江苏南京玉倩化妆品有限责任公司，纳税人识别号为32012160900××××。2011 年 7 月发生如下业务。

(1) 期初未缴消费税税额为 580 000 元。

(2) 7 月 6 日销售本月自产化妆品 9 000 件，增值税专用发票上注明不含税收入 2 700 000 元，该批化妆品消费税率为 30%，款项已收到存入银行。

(3) 7 月 9 日以银行存缴纳期初未缴消费税税额为 580 000 元。

(4) 7 月 16 日委托某公司加工一批化妆品，发出材料成本为 100 000 元，支付加工费 50 000 元，该批化妆品收回后用于生产化妆品。

(5) 7月22日收回加工完毕化妆品,验收入库及支付加工费和相关税费。收回化妆品本月全部领用。

(6) 7月24日预缴本期消费税200 000元。

(7) 7月29日销售化妆品共6 000件,取得不含税收入1 800 000元,款项已收回存入银行。

要求:根据以上资料填报某化妆品有限责任公司2011年7月消费税申报表。

任务4.3 消费税税务筹划

学习目标 Learning Objectives

- 知识目标:明确消费税条例及相关法规的规范。
- 技能目标:能够设计企业消费税税务筹划方案。
- 素质目标:树立节约税务成本的意识;加强统筹规划、解决问题的能力。

知识要点

一、自设独立核算门市部的筹划

由于消费税是单一环节纳税,所以企业可以通过自设独立核算的门市部进行自产应税消费品的销售来减轻消费税税务成本。自设独立核算的门市部后,企业可以先将应税消费品以内部价格销售给门市部并以此价格计税,然后门市部再以市场价格对外销售,此时并不需要再计缴消费税。

设立门市部进行筹划时要注意以下两点:一是要设立独立核算的门市部,不能是非独立的。因为《消费税暂行条例》规定,纳税人通过自设非独立核算门市部销售的自产应税消费品,应当按照门市部对外销售额或者销售数量计算征收消费税。二是要注意企业将应税消费品销售给独立核算门市部时,内部价格制定一定要以市场平均价格为依据,如果价格过低,税务机关会进行调整。

【例4-11】沪南酒厂是一般纳税人,酒厂主要生产粮食白酒,产品销售给全国各地的批发商。该厂销售给批发商的产品价格每箱520元。按照以往的经验,本市的一些商业零售户、酒店、消费者每年到工厂直接购买的白酒大约1 200箱(每箱3千克,以下同),每箱600元。为此,酒厂决定为此部分业务在本市设立白酒经销门市部。酒厂与经销部以每箱520元结算,经销部再以每箱600元的价格对外销售。要求:请你为该酒厂进行消费税税务筹划,应设立独立核算的经销门市部还是非独立核算的经销门市部?

【解析】方案一:设立非独立核算的门市部。应纳消费税为

$$600 \times 1\,200 \times 20\% + 3 \times 1\,200 = 147\,600(元)$$

方案二:设立独立核算的门市部。应纳消费税为

$$520 \times 1\,200 \times 20\% + 3 \times 1\,200 = 128\,400(元)$$

比较方案一与方案二,可以得出方案二比方案一节税19 200元,所以该酒厂应设立独立核算的门市部。

二、应税消费品投资入股的筹划

企业在对外投资时可以用自产应税消费品进行投资,但《消费税暂行条例》规定,纳税人自产的应税消费品用于投资入股,应当按照纳税人同类应税消费品的最高销售价作为计税依据。这样的规定就会增加用自产应税消费投资的税务成本。

为了降低应税消费品对外投资时的税务成本,企业可以在实际操作中适当改变操作方式,如可以分两步走:先进行应税消费品的销售,然后用销售额进行投资,则避免了按最高价计税的情形,即"先销售后入股"的方式,会达到减轻税负的目的。

【例4-12】沪南化妆品厂是一般纳税人,当月对外销售同种类的化妆品时共有3种价格,以500元的单价销售50套,以490元的单价销售10套,以510元的单价销售5套。当月以2 000套同种类的化妆品向东方公司投资入股。双方按当月的加权平均销售价格确定化妆品的价格,化妆品消费税税率为30%。要求:请为沪南化妆品厂的上述以化妆品向东方公司投资入股的业务进行税务筹划。

【解析】方案一:当月以2 000套同种类的化妆品向东方公司投资入股。

按税法规定,沪南化妆品厂应纳消费税为

$$510 \times 2\,000 \times 30\% = 306\,000(元)$$

方案二:沪南化妆品厂按照当月的加权平均价将2 000套同种类的化妆品销售后,再投资入股。则应纳消费税为

$$(500 \times 50 + 490 \times 10 + 510 \times 5) \div (50 + 10 + 5) \times 2\,000 \times 30\% = 299\,538.46(元)$$

比较方案一与方案二,可以得出方案二比方案一节税6 461.54元,所以沪南化妆品厂应采用先销售后入股方式进行投资。

三、消费税税率的筹划

当企业兼营不同税率的应税消费品时,一定要分开核算不同税率应税消费品的销售额或销售数量,否则按照《消费税暂行条例》的规定要从高适用税率进行计缴消费税,这样将增加不必要的税务成本。

▶▶ 上岗一试

  企业名称:江苏南京沪南卷烟厂
  企业性质:国有企业
  企业法人代表:乐×
  企业地址及电话:南京市××开发区2号　025-0088××××
  开户银行及账号:××银行××分理处　010124××××
  纳税人识别号:32010100000×××××

沪南卷烟厂是一般纳税人,卷烟厂委托江苏南京丰华卷烟厂将一批价值150万元的烟叶加工成烟丝,协议规定加工费83万元;加工的烟丝运回沪南卷烟厂后,若沪南厂继续加工成甲类卷烟,则加工成本、分摊费用共计105万元;若沪南厂委托丰华厂将烟叶加工成甲类卷烟,直接对外销售,烟叶成本不变,则加工费用为188万元。该批卷烟售出价格820万元、烟丝消费税税率30%,卷烟消费税税率56%。

请根据以上资料为沪南卷烟厂做出是加工成卷烟收回后直接出售还是加工成烟丝收回后继续加工成卷烟的决策。

项目小结

本项目主要包括 3 方面的内容：消费税的核算——理论知识运用；消费税的申报——技能知识运用；消费税的筹划——知识融合应用。

3 方面知识层层递进，层层深入。消费税税务筹划是最高境界：将所有有关增值税的原理、法规、政策等进行融合，在实践中应用，为企业做税务筹划，减少企业的税务成本，争取企业经济利益的最大化。

自我测试

一、单项选择题

1. 下列消费品中实行从量征收的有(　　)。
   A. 白酒　　　　B. 卷烟　　　　C. 啤酒　　　　D. 化妆品
2. 下列消费品中实行复合计税的有(　　)
   A. 白酒　　　　B. 烟丝　　　　C. 啤酒　　　　D. 化妆品
3. 下列表述中正确的是(　　)。
   A. 消费税的计税依据一律为销售额
   B. 从价计税的消费税计税依据为含消费税而不含增值税的销售额
   C. 从价计税的消费税计税依据为不含消费税而含增值税的销售额
   D. 从价计税的消费税计税依据为不含消费税也不含增值税的销售额
4. 沪南酒厂 2011 年 5 月，将自产的一种新型粮食白酒 1 000 千克作为职工福利发放给职工，成本为 12 万元，没有同类售价。已知粮食白酒的成本利润率为 10%，则该业务应纳消费税为(　　)。
   A. 2.50 万元　　B. 2.4 万元　　C. 3.425 万元　　D. 3.30 万元
5. 沪南酒厂 9 月生产税率为 20% 的粮食白酒，又生产税率为 10% 的其他酒，该厂未分别核算上述两种酒的销售额，在计算消费税时应纳税额时，应使用的税率为(　　)。
   A. 10%　　　　B. 15%　　　　C. 20%　　　　D. 30%
6. 根据现行消费税规定，用外购规定已税消费品连续生产应税消费品的，准予按生产领用数量计算扣除外购已税消费品已纳消费税。下列说法符合这一规定的是(　　)。
   A. 以外购已税白酒生产的药酒　　　　B. 以外购的已税白酒生产的白酒
   C. 以外购的已税汽车轮胎生产的汽车　　D. 以外购的已税化妆品生产的化妆品
7. 某公司本月受托加工甲种化妆品 100 件，该公司同类产品不含增值税售价为 200 元/件；受托加工乙种化妆品 300 件，成本为 400 元/件，加工费为 300 元/件。化妆品税率为 30%，该公司应代收代缴消费税税额为(　　)元。
   A. 84 000　　　B. 96 000　　　C. 90 000　　　D. 6 000
8. 沪南啤酒厂 6 月销售啤酒 20 吨，售价 2 500 元/吨，同时收取包装物押金 5 000 元，则下列陈述正确的是(　　)。
   A. 确认税率时押金不作考虑　　　　B. 押金并入计税价格一同计税
   C. 该厂的应纳消费税金 5 000 元　　　D. 该厂的应纳消费税金 4 400 元

9. 依据消费税的有关规定，下列消费品中，准予扣除已纳消费税的是(　　)。
   A. 以委托加工的汽车轮胎为原料生产的乘用车
   B. 以委托加工的化妆品为原料生产的护肤护发品
   C. 以委托加工的已税石脑油为原料生产的石脑油
   D. 以委托加工的已税酒和酒精为原料生产的粮食白酒
10. 沪南化妆品公司 2011 年 6 月销售给经销商某 A 商场高档化妆品(消费税率 30%)100 箱，销售价为 1 000 元/箱，销售给经销商某 B 商场同类高档化妆品 80 箱，销售价为 1 200 元/箱；当月，还将 50 箱同类高档化妆品对外投资。6 月份该化妆品公司应该缴纳消费税额为(　　)。
    A. 62 400 元　　　B. 62 700 元　　　C. 62 667 元　　　D. 76 800 元

二、多项选择题

1. 下列消费品中，属于消费税征税范围的有(　　)。
   A. 摩托车　　　B. 实木地板　　　C. 木制一次性筷子　　　D. 小轿车
2. 下列关于消费税的特点的陈述，正确的是(　　)。
   A. 征税项目具有选择性　　　B. 征税环节单一性
   C. 征收方法多样性　　　D. 税收调节特殊性
3. 某汽车制造厂生产的小汽车应按自产自用缴纳消费税的有(　　)。
   A. 用于本厂广告　　　B. 进行对外投资
   D. 赞助汽车拉力赛　　　C. 用于企业管理部门
4. 对于货物的包装物押金，无论是否返还以及会计如何处理，均应并入当期销售额的是(　　)。
   A. 粮食白酒　　　B. 啤酒　　　C. 黄酒　　　D. 米酒
5. 纳税人自产自用的应税消费品，用于(　　)的，应缴纳消费税。
   A. 在建工程　　　B. 职工福利
   C. 管理部门　　　D. 连续生产应税消费品
6. 在从量定额计算消费税时，其计税依据包括(　　)。
   A. 销售应税消费品时为销售数量
   B. 委托加工应税消费品时为加工收回的应税消费品数量
   C. 自产自用应税消费品时(用于连续生产应税消费品除外)为移送使用数量
   D. 进口应税消费品为进口应税数量
7. 依据消费税的有关规定，下列消费品中实行从量定额与从价定率相结合征税办法的是(　　)。
   A. 啤酒　　　B. 粮食白酒　　　C. 酒糟　　　D. 卷烟
8. 沪南公司将自产的应税消费品用于本企业的在建工程，其会计分录为(　　)。
   A. 借：在建工程
       贷：应交税费—应交增值税(销项税额)
   B. 借：在建工程
       贷：应交税费—应交消费税

C. 借：在建工程
   贷：库存商品

D. 借：营业税金及附加
   贷：应交税费——应交消费税

9. 委托加工应税消费品消费税的组成计税价格中应包括的项目有(　　)。
   A. 委托方提供加工材料的实际成本　　B. 受托方代垫辅料的价格
   C. 加工费用　　D. 受托方代收代缴的消费税

10. 在下情形中，(　　)在计算消费税应纳税额时准予扣除外购应税消费品已纳的消费税税款。
    A. 以外购已税白酒生产其他酒　　B. 以外购已税烟丝生产卷烟
    C. 以外购的已税实木地板生产实木地板　　D. 以外购已税化妆品生产化妆品

三、计算题

沪南橡胶厂为增值税一般纳税人，2011年3月销售给一汽车修理厂(小规模纳税人)汽车轮胎，开具普通发票上注明的价款为58.5万元，销售收割机专用轮胎取得销售额100万元。以成本价为80万元的轮胎调拨给统一核算的门市部，门市部当月取得零售收入105.3万元。已知轮胎适用的消费税税率为3％，汽车轮胎成本利润率为5％。

要求：根据以上资料计算沪南橡胶厂2011年3月应纳消费税税额。

四、核算题

沪南汽车制造厂为一般纳税人，生产制造和销售小汽车。2011年5月委托华宜加工厂加工汽车轮胎20件，委托合同注明发出材料成本为每件300元，取得税控防伪增值税专用发票上注明支付加工费3 700元，税款629元(专用发票通过税务机关的认证)，华宜加工厂没有同类汽车轮胎的销售价格；收回后，全部对外销售，每件不含税价格为600元；汽车轮胎消费税税率为3％。

要求：对上述经济业务进行会计处理。

 驿站小憩

发票里的故事：彩电与特别消费税

——佚名

某天整理发票时，无意间发现一张"北京市商业零售专用发票"，交易业务是购买一台483P的14英寸(1英寸=2.45厘米)牡丹彩色电视机，销售时间是1990年9月，实际价格是1 500元。但票面上销售价格1 400元下方的"税100元"字样，深深吸引了我的目光——这不是20世纪80年代末国家临时征收的"特别消费税"吗！刹那间，记忆的闸门一下子打开了。

20世纪80年代后期，由于通货膨胀，老百姓纷纷提款购物，各地掀起一股股抢购狂潮，从最基本的粮油生活用品，到彩电、冰箱、电风扇等日用家电，只要是能保值的，生活中必需的，见什么"抢"什么。据说，有的人抢购的米面太多，竟然压塌了凉台。当时老百姓早已解决了温饱问题，对精神层面的追求正呈急剧上升态势，于是，彩电(还有小轿车)成为抢购风潮的热点商品之一，许多商店里连有毛病的机子或样机都被抢购一空，一些不良商家甚至趁机涨价，有的还以次充好，坑害消费者。孩子多的家庭，早早就为子女准备好了结婚大件或陪嫁彩礼。我们家有好几个男孩，父母也为每人买了一台14英寸的彩电(当时

项目4 消费税申报与筹划

属于流行款、标准尺寸,更大的普通人家置办不起),以备娶媳妇之用。那时的彩电市场供求矛盾突出,经营渠道混乱,倒买倒卖牟利现象突出,既扰乱了经济秩序,又严重地损害了国家和消费者的利益。

　　1989年初,为整顿彩色电视机流通领域出现的混乱状况,有关部门决定从当年2月起对彩色电视机实行专营管理并征收特别消费税。当时规定,在中华人民共和国境内从事生产和进口彩色电视机的单位和个人为纳税人,其计税税额为14英寸以下(含14英寸)的彩电每台400元,14英寸以上的彩电每台600元。1990年3月,国家又对国产彩电特别消费税税额作了调整,14英寸由400元降低为100元(上面这位消费者为此少缴了300元税款),18英寸和22英寸的由600元降低为300元,20英寸由600元降低为400元。

　　表面看,特别消费税的纳税义务人似乎是在我国境内从事生产和进口彩电的单位和个人,但最终商家还是将自己缴纳的税款转嫁给彩电的最终消费者。那时候,老百姓的纳税意识比较淡薄,交了税也不知道索要纳税凭证(完税证),商家作为代扣代缴义务人也没有意识到主动提供税单,但他们在发票上明码标"税"的行为还是应该给予肯定的。

　　1992年7月,随着彩电市场的变化,国产彩电已基本满足消费者的需求,消费者开始主宰彩电市场。这时,国家决定停止对彩电实行专营管理,并停征彩电特别消费税。1994年税制改革时,国家又出台了新的消费税,从而代替了原来的特别消费税。至此,彩电特别消费税正式退出历史舞台。

　　(资料来源:http://www.997788.com/bbs/show_238163_1____1_1.html)

项目 5 营业税申报与筹划

导入案例

王萍正在跟随公司的会计李玉进行营业税涉税业务核算实习。沪南公司所属以下子公司均是以营业税涉税业务为主的公司：江苏南京沪南运输有限责任公司、江苏南京沪南建筑有限责任公司、江苏南京沪南饮食服务有限责任公司、江苏南京沪南运输有限责任公司。

讨论：
1. 如何计算营业税应纳税额？
2. 如何进行营业税税款申报？
3. 如何进行营业税税务筹划？

任务 5.1 营业税业务核算

学习目标 Learning Objectives

- 知识目标：明确营业税纳税义务人及纳税范围；能准确计算应纳营业税税额。
- 技能目标：能正确进行营业税涉税业务核算。
- 素质目标：树立做自觉纳税人的意识；提高自我约束的能力。

【任务 5.1 分解】

任务 5.1.1 营业税税制要素

任务 5.1.2 营业税应纳税额计算

任务 5.1.3 营业税涉税业务核算

项目 5　营业税申报与筹划

任务 5.1.1　营业税税制要素

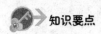

一、营业税的概念

营业税是以在我国境内提供应税劳务、转让无形资产或销售不动产所取得的营业额为课税对象而征收的一种流转税。

现行《中华人民共和国营业税暂行条例》(以下简称《营业税暂行条例》)是 2008 年 11 月 5 日国务院第 34 次常务会议修订通过的，自 2009 年 1 月 1 日起施行。同年 12 月 15 日财政部、国家税务总局第 52 号令发布的《中华人民共和国营业税暂行条例实施细则》(以下简称《营业税暂行条例实施细则》)自 2009 年 1 月 1 日起施行。

营业税与增值税的区别主要有以下几点。

(1) 征税范围不同，现行营业税的征税范围为增值税征税范围之外的所有经营业务。

(2) 营业税是价内税，增值税是价外税。营业税在所得税前可以扣除，增值税在所得税前不得扣除。

(3) 计税方法不一样。增值税中，一般纳税人采用的是购进扣税法，而营业税只有个别税额扣除情况，但营业税计税依据中有扣除的情形。

二、营业税纳税义务人与扣缴义务人

1. 纳税义务人的基本规范

在我国境内提供应税劳务、转让无形资产、销售不动产的单位和个人，为营业税的纳税义务人。

《营业税暂行条例》第一条规定：在中华人民共和国境内提供本条例规定的劳务、转让无形资产或者销售不动产的单位和个人，为营业税的纳税人，应当依照本条例缴纳营业税。

上述条例规定的劳务是指属于交通运输业、建筑业、金融保险业、邮电通信业、文化体育业、娱乐业、服务业税目征收范围的劳务(以下称应税劳务)，但单位或者个体工商户聘用的员工为本单位或者雇主提供条例规定的劳务，不包括在内。

上述所称在中华人民共和国境内(以下简称境内)提供条例规定的劳务、转让无形资产或者销售不动产，是指：①提供或者接受应税劳务的单位或者个人在境内；②所转让的无形资产(不含土地使用权)的接受单位或者个人在境内；③所转让或者出租土地使用权的土地在境内；④所销售或者出租的不动产在境内。

特别提示

在提供金融保险业务中，所谓境内提供保险劳务具体是指以下两项：一是指境内保险机构为境内标的物提供的保险，不包括境内保险机构为出口货物提供的保险；二是指境外保险机构以在境内的物品为标的物所提供的保险。

2. 纳税义务人的特殊规范

1) 运输业

中央铁路运营业务的纳税人为中华人民共和国铁道部；合资铁路运营业务的纳税人为合

资铁路公司；地方铁路运营业务的纳税人为地方铁路管理机构；基建临管线运营业务的纳税人为基建临管线管理机构；从事水路运输、航空运输、管道运输及从事铁路营运以外其他陆路运输业务，其纳税单位为从事运输业务并计算盈亏的单位。

2) 建筑安装业

建筑安装业务实行分包或转包的，分包或转包者为纳税义务人。

3) 金融保险业纳税人

(1) 银行(包括中国人民银行、商业银行、政策性银行)。

(2) 信用合作社。

(3) 证券公司。

(4) 证券交易所。

(5) 金融租赁公司、证券基金管理公司、财务公司、信托投资公司、证券投资基金。

(6) 保险公司。

(7) 其他经中国人民银行、中国证券监督管理委员会、中国保险监督管理委员会批准成立且经营金融保险业务的机构等。

4) 承包承租经营

单位以承包、承租、挂靠方式经营的，承包人、承租人、挂靠人(以下统称承包人)发生应税行为，承包人以发包人、出租人、被挂靠人(以下统称发包人)名义对外经营并由发包人承担相关法律责任的，以发包人为纳税人；否则以承包人为纳税人。

3. 扣缴义务人

在现实生活中，有些具体情况难以确定纳税人，因此税法规定了扣缴义务人。营业税的扣缴义务人主要有以下几种。

(1) 委托金融机构发放贷款的，其应纳税款以受托发放贷款的金融机构为扣缴义务人。

(2) 纳税人提供建筑业应税劳务时应按照下列规定确定营业税扣缴义务人。

① 建筑业工程实行总包后转包、分包方式的，以总承包人为扣缴义务人。

② 纳税人提供建筑业应税劳务，符合以下情形之一的，无论工程是否实行分包，税务机关可以将建设单位和个人作为营业税的扣缴义务人：a. 纳税人从事跨地区(包括省、市、县，下同)工程提供建筑业应税劳务的；b. 纳税人在劳务发生地没有办理税务登记或临时税务登记的。

(3) 境外单位或个人在境内发生应税行为而在境内未设有机构的，其应纳税款以代理人为扣缴义务人；没有代理人，以受让者或购买者为扣缴义务人。

(4) 单位或个人进行演出，由他人售票的，其应纳税款以售票者为扣缴义务人。

(5) 分保险业务，其应纳税款以初保人为扣缴义务人。

(6) 个人转让专利权、非专利技术、商标权、著作权、商誉的，其应纳税款以受让者为扣缴义务人。

(7) 财政部规定的其他扣缴义务人。

三、营业税的征税范围与税率

1. 营业税的征税范围

现行营业税的征税范围包括提供应税劳务、转让无形资产及销售不动产 3 个大方面，如图 5.1 所示。

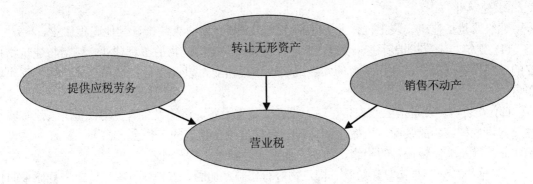

图 5.1 营业税征税范围

2. 营业税的税目

营业税的税目按行业、类别共设置了9个，税率也实行行业比例税率，具体规范如下。

1) 交通运输业

交通运输业，是指使用运输工具或人力、畜力将货物或旅客送达目的地，使其空间位置得到转移的业务活动。具体包括陆路运输、水路运输、航空运输、管道运输、装卸搬运。

(1) 陆路运输。陆路运输，是指通过陆路(地上或地下)运送货物或旅客的运输业务，包括铁路运输、公路运输、缆车运输、索道运输及其他陆路运输。

(2) 水路运输。水路运输，是指通过江、河、湖、川等天然、人工水道或海洋航道运送货物或旅客的运输业务。打捞，比照水路运输征税。

(3) 航空运输。航空运输，是指通过空中航线运送货物或旅客的运输业务。

通用航空业务、航空地面服务业务，比照航空运输征税。通用航空业务，是指为专业工作提供飞行服务的业务，如航空摄影、航空测量、航空勘探、航空护林、航空吊挂飞播、航空降雨等。

航空地面服务业务，是指航空公司、飞机场、民航管理局、航站向在我国境内航行或在我国境内机场停留的境内外飞机或其他飞行器提供的导航等劳务性地面服务的业务。

(4) 管道运输。管道运输，是指通过管道设施输送气体、液体、固体物资的运输业务。

(5) 装卸搬运。装卸搬运，是指使用装卸搬运工具或人力、畜力，将货物在运输工具之间、装卸现场之间或运输工具与装卸现场之间进行装卸和搬运的业务。

(6) 远洋运输企业从事程租、期租的业务。程租业务，是指远洋运输企业为租船人完成某一特定航次的运输任务并收取租赁费的业务。

期租业务，是指远洋运输企业将配备有操作人员的船舶承租给他人使用一定期限，承租期内听候承租方调遣，不论是否经营，均按天向承租方收取租赁费，发生的固定费用(如人员工资、维修费用等)均由船东负担的业务。

(7) 航空运输企业从事湿租的业务。湿租业务，是指航空运输企业将配备有机组人员的飞机承租给他人使用一定期限，承租期内听候承租方调遣，不论是否经营，均按一定标准向承租方收取租赁费，发生的固定费用(如人员工资、维修费用等)均由承租方负担的业务。

(8) 公路经营企业收取的高速公路车辆通行费。自2005年6月1日起公路经营企业收取的高速公路车辆通行费按交通业征收营业税。

2) 建筑业

建筑业是指建筑安装工程作业，包括建筑、安装、修缮、装饰、其他工程作业。

(1) 建筑。建筑是指新建、改建、扩建各种建筑物、构筑物的工程作业，包括与建筑物相连的各种设备或支柱、操作平台的安装或装设工程作业，以及各种窑炉和金属结构工程作业在内。

(2) 安装。安装是指生产设备、动力设备、起重设备、运输设备、传动设备、医疗实验设备及其他各种设备的装配、安置工程作业，包括与设备相连的工作台、梯子、栏杆的装设工程作业，以及被安装设备的绝缘、防腐、保温、油漆等工程作业在内。

(3) 修缮。修缮是指对建筑物、构筑物进行修补、加固、养护、改善，使之恢复原来的使用价值或延长其使用期限的工程作业。

(4) 装饰。装饰是指对建筑物、构筑物进行修饰，使之美观或具有特定用途的工程作业。

(5) 其他工程作业。其他工程作业是指上列工程作业以外的各种工程作业，如代办电信工程，水利工程、道路修建、疏浚、钻井(打井)、拆除建筑物或构筑物、平整土地、搭脚手架、爆破等工程作业。

3) 金融保险业

金融保险业是指经营金融、保险的业务。

(1) 金融。金融是指经营货币资金融通活动的业务，包括贷款、融资租赁、金融商品转让、金融经纪业和其他金融业务。

贷款是指将资金贷与他人使用的业务，包括自有资金贷款和转贷。自有资金贷款是指将自有资金或吸收的单位、个人的存款贷与他人使用；转贷是指将借来的资金贷与他人使用。典当业的抵押贷款业务，无论其资金来源如何，均按自有资金贷款征税。中国人民银行的贷款业务，不征税。

融资租赁是指具有融资性质和所有权转移特点的设备租赁业务，即出租人根据承租人所要求的规格、型号、性能等条件购入设备租赁给承租人，合同期内设备所有权属于出租人，承租人只拥有使用权，合同期满付清租金后，承租人有权按残值购入设备，以拥有设备的所有权。凡融资租赁，无论出租人是否将设备残值销售给承租人，均按本税目征税。

金融商品转让是指转让外汇、有价证券或非货物期货的所有权的行为，包括股票转让、债券转让、外汇转让、其他金融商品转让。非货物期货，是指商品期货、贵金属期货以外的期货，如外汇期货等。

金融经纪业和其他金融业务是指受托代他人经营金融活动的中间业务，如委托业务、代理业务、咨询业务。存款或购入金融商品行为，不征收营业税。

特别提示

对我国境内外金融机构从事离岸银行业务征收营业税。离岸银行业务是指银行吸收非居民的资金，服务于非居民的金融活动。

在我国，"非居民"是指在中华人民共和国境外(含香港、澳门、台湾地区)的自然人、法人(含在境外注册的我国境外投资企业)、政府机构、国际组织及其他经济组织，包括中资金融机构的海外分支机构，但不包括境内机构的境外代表机构和办事机构。

(2) 保险。保险是指将通过契约形式集中起来的资金，用以补偿被保险人的经济利益的业务。

4) 邮电通信业

邮电通信业是指专门办理信息传递的业务。本税目的征收范围包括邮政、电信。

(1) 邮政。邮政是指传递实物信息的业务，包括传递函件或包件、邮汇、报刊发行、邮务物品销售、邮政储蓄及其他邮政业务。

(2) 电信。电信是指用各种电传设备传输电信号来传递信息的业务，包括电报、电传、电话、电话机安装、电信物品销售及其他电信业务。

5) 文化体育业

文化体育业是指经营文化、体育活动的业务。

(1) 文化业。文化业是指经营文化活动的业务，包括表演、播映、经营游览场所、其他文化业。其他文化业是指经营上列活动以外的文化活动的业务，如各种展览、培训活动，举办文学、艺术、科技讲座、演讲、报告会，图书馆的图书和资料借阅业务等。

(2) 体育业。体育业是指举办各种体育比赛和为体育比赛或体育活动提供的场所的业务。

6) 娱乐业

娱乐业是指为娱乐活动提供场所和服务的业务，包括经营歌厅、舞厅、音乐茶座、台球厅、高尔夫球场、保龄球场、游艺场等娱乐场所，以及娱乐场所为顾客进行娱乐活动提供服务的业务。

7) 服务业

服务业是指利用设备、工具、场所、信息或技能为社会提供服务的业务，本税目具体包括以下内容。

(1) 代理业、旅店业、饮食业、旅游业、仓储业、租赁业、广告业及其他服务业。

(2) 远洋运输企业光租业务、航空运输企业干租业务。

(3) 对福利彩票机构以外的代销单位销售福利彩票取得的手续费收入，依法征收营业税。

(4) 对社保基金投资管理人、社保基金托管人从事社保基金管理活动取得的收入，依法征收营业税。

(5) 单位和个人在旅游景点经营索道取得的收入，按"服务业"税目"旅游业"项目，征收营业税。

(6) 无船承运业务，应按照"服务业"税目"代理业"项目，征收营业税。

(7) 交通部门有偿转让高速公路收费权行为，按"服务业"税目"租赁业"项目，征收营业税。

(8) 酒店产权式经营业主在约定的时间内提供房产使用权与酒店进行合作经营，如房产产权并未归属新的经济实体，业主按照约定取得的固定收入和分红收入均应视为租金收入，根据有关税收法律、行政法规的规定，应按照"服务业——租赁业"征收营业税。

(9) 对港口设施经营人收取的港口设施保安费。

(10) 单位和个人受托种植植物、饲养动物的行为，应按照营业税"服务业"税目征收营业税，不征收增值税。

8) 转让无形资产

转让无形资产是指转让无形资产的所有权或使用权的行为，本税目包括转让土地使用权、转让商标权、转让专利权、转让非专利技术、转让著作权、转让商誉及出租电影拷贝。

自2003年1月1日起，以无形资产投资入股，参与接受投资方的利润分配、共同承担投资风险的行为，不征收营业税。在投资后转让其股权的也不征收营业税。

纳税申报与筹划

9) 销售不动产

销售不动产,是指有偿转让不动产所有权的行为,本税目包括销售建筑物或构筑物、销售其他土地附着物。在销售不动产时连同不动产所占土地的使用权一并转让的行为,比照销售不动产征税。

自 2003 年 1 月 1 日起,以不动产投资入股,参与接受投资方的利润分配、共同承担投资风险的行为,不征收营业税。在投资后转让其股权的也不征收营业税。

单位或者个人将不动产或者土地使用权无偿赠送其他单位或者个人,视同发生应税行为按规定征收营业税;单位或者个人自己新建(以下简称自建)建筑物后销售,其所发生的自建行为,视同发生应税行为按规定征收营业税。

3. 营业税税率

营业税按行业、类别的不同分别设置了不同的税率,其中娱乐业采用了 5%~20%的幅度税率,具体适用税率由地方政府根据当地实际情况在税法规定的幅度内决定。营业税各行业具体税率见表 5-1。

表 5-1 营业税税目税率表

税 目	税 率
交通运输业	3%
建筑业	3%
金融保险业	5%
邮电通信业	3%
文化体育业	3%
娱乐业	5%~20%
服务业	5%
转让无形资产	5%
销售不动产	5%

四、营业税税收优惠

(1) 根据《营业税暂行条例》的规定,下列项目免征营业税。
① 托儿所、幼儿园、养老院、残疾人福利机构提供的育养服务、婚姻介绍、殡葬服务。
② 残疾人员个人为社会提供的劳务。
③ 学校和其他教育机构提供的教育劳务,学生勤工俭学提供的劳务。
④ 农业机耕、排灌、病虫害防治、植保、农牧保险以及相关技术培训业务,家禽、牲畜、水生动物的配种和疾病防治。
⑤ 纪念馆、博物馆、文化馆、美术馆、展览馆、书画馆、图书馆、文物保护单位举办文化活动的门票收入,宗教场所举办文化、宗教活动的门票收入。

(2) 根据国家的其他规定,下列项目减征或免征营业税。
① 保险公司开展的 1 年期以上返还性人身保险业务的保费收入免征营业税;返还性人身保险业务是指保期 1 年以上(包括 1 年期),到期返还本利的普通人寿保险、养老金保险、健康保险。

② 从事技术转让、技术开发业务和与之相关的技术咨询技术服务业务取得的收入，免征营业税。

③ 个人转让著作权，免征营业税。

④ 将土地使用权转让给农业生产者用于农业生产，免征营业税。

⑤ 社会团体按财政部门或民政部门规定标准收取的会费，不征营业税。

⑥ 高校后勤实体，经营学生公寓和教师公寓及为高校教学提供后勤服务而获得的租金和服务性收入，免征营业税；但利用其设施向社会人员提供而获得的租金和其他各种服务性收入，应按现行规定计征营业税。

⑦ 对住房公积金管理中心用做公积金在指定的委托银行发放个人住房贷款取得的收入，免征营业税。

⑧ 对按政府规定价格出租的公有住房和廉价租住房暂免征收营业税；对个人按市场价格出租的居民住房，暂按3%税率收营业税。

⑨ 中国人民保险公司和中国进出口银行办理的出口信用保险业务，不作为境内提供保险，为非应税劳务，不征收营业税。

⑩ 保险公司的摊回分保费用不征营业税。

⑪ 中国人民银行对金融机构的贷款业务，不征收营业税。中国人民银行对企业贷款或委托金融机构贷款的业务应当征收营业税。

⑫ 金融机构往来业务暂不征收营业税。

⑬ 对金融机构的出纳长款收入，不征收营业税。

⑭ 转让企业产权的行为不属于营业税征收范围，不应征收营业税。

⑮ 对社保基金理事、社保基金投资管理人运用社保基金买卖证券投资基金、股票、债券的差价收入，暂免征收营业税。

⑯ 保险企业取得的追偿款不征收营业税。

⑰ 对中国出口信用保险公司办理的出口信用保险业务不征收营业税。

⑱ 住房专项维修基金征免营业税。

⑲ 单位和个人提供的垃圾处置劳务不属于营业税劳务，对其处置垃圾取得的垃圾处置费，不征收营业税。

⑳ 根据财政部、国家税务总局《关于对社会团体收取的会费收入不征收营业税的通知》(财税字[1997]063号)第一条的规定，对在京外国商会按财政部门或民政部门规定标准收取的会费，不征收营业税。对其会费以外各种名目的收入，凡属于营业税应税范围的，一律照章征收营业税。

㉑ 个人向他人无偿赠与不动产，包括继承、遗产处分及其他无偿赠与不动产等3种情况可以免征营业税。

㉒ 公司从事金融资产处置业务时，出售、转让股权不征收营业税；出售、转让债权或将其持有的债权转为股权不征收营业税；销售、转让不动产或土地使用权，征收营业税。

㉓ 对中国邮政集团公司及其所属邮政企业为中国邮政储蓄银行及其所属分行、支行代办金融业务取得的代理金融业务收入，自2008年1月1日至2010年12月31日免征营业税。

㉔ 自2008年12月15日起，对台湾地区航运公司从事海峡两岸海上直航业务在祖国大陆取得的运输收入，免征营业税。

㉕ 纳税人将土地使用权归还给土地所有者时，只要出具县级(含)以上地方人民政府收回

土地使用权的正式文件，无论支付征地补偿费的资金来源是否为政府财政资金，该行为均属于土地使用者将土地使用权归还给土地所有者的行为，不征收营业税。

(3) 起征点。对于经营营业税应税项目的个人，营业税规定了起征点。营业额达到或超过起征点即照章全额计算纳税，营业额低于起征点则免予征收营业税。

① 按期纳税的(除另有规定外)为月营业额 5 000~20 000 元。

② 按次纳税的(除另有规定外)为每次(日)营业额 300~500 元。

▶▶学中做

1.【单项选择题】下列项目中属于营业税征收范围的有(　　)。
　　A. 转让的无形资产在境外使用
　　B. 在境外组织入境游
　　C. 境外保险机构为出口货物提供的保险劳务
　　D. 境外保险机构为境内货物提供的保险劳务

2.【多项选择题】纳税人提供建筑业劳务，以建设单位和个人作为营业税的扣缴义务人的有(　　)。
　　A. 纳税人从事跨地区建筑业工程劳务
　　B. 纳税人实行建筑业工程总承包方式劳务
　　C. 纳税人从事本地区建筑业工程总承包、分包方式劳务
　　D. 纳税人在劳务发生地没有办理税务登记或临时税务登记

3.【多项选择题】下列经营活动中计算营业税的税率正确的有(　　)。
　　A. 旅游景点经营索道取得的收入按5%　　B. 建筑设计收入按3%
　　C. 邮政储蓄收入按5%　　D. 金融保险业按5%

任务 5.1.2　营业税应纳税额计算

一、营业税计税依据的确定

营业税的计税依据是营业额，营业额为纳税人提供应税劳务、转让无形资产或者销售不动产向对方收取的全部价款和价外费用。价外费用包括向对方收取的手续费、基金、集资费、代收款项、代垫款项及其他各种性质的价外收费。

但不包括同时符合以下条件代为收取的政府性基金或者行政事业性收费：①由国务院或者财政部批准设立的政府性基金，由国务院或者省级人民政府及其财政、价格主管部门批准设立的行政事业性收费；②收取时开具省级以上财政部门印制的财政票据；③所收款项全额上缴财政。

二、营业税应纳税额的计算

营业税的计税依据为营业额，营业额为纳税人提供应税劳务、转让无形资产或销售不动产向对方收取的全部价款和价外费用。关于价外费用的界定与增值税相同，只不过不需要进行价税分解直接计入营业额缴税。营业税应纳税额的计算公式为

$$应纳税额 = 营业额 \times 税率 \qquad (5-1)$$

项目 5　营业税申报与筹划

营业税各行业应纳税额的计税依据还各有其适合于各自行业的具体规定。以下分不同行业进行营业税的计税依据与应纳税额的计算的学习。

1. 交通运输业应纳税额的计算

交通运输业的计税依据为提供运输劳务所收取的全部价款与价外费用,但在计算应纳税额时还有以下特定问题需要注意。

(1) 纳税人将承揽的运输业务分给其他单位或者个人的,以其取得的全部价款和价外费用扣除其支付给其他单位或者个人的运输费用后的余额为营业额;

(2) 运输企业自境内运送旅客或货物出境,在境外改由其他运输企业承运旅客或货物的,以全程运费减去付给该承运企业的运费后的余额为营业额。

自 2010 年 1 月 1 日起国际运输劳务免征营业税,其中国际运输劳务是指:①在境内载运旅客或者货物出境;②在境外载运旅客或者货物入境;③在境外发生载运旅客或者货物的行为。

(3) 运输企业从事境内联运业务,以实际取得的营业额为计税依据。

(4) 中国国际航空股份有限公司(简称国航)与中国国际货运航空有限公司(简称货航)开展客运飞机腹舱联运业务时,国航以收到的腹舱收入为营业额;货航以其收到的货运收入扣除支付给国航的腹舱收入的余额为营业额。

【例 5-1】沪南公司是一般纳税人,其子公司远洋运输公司 2011 年 10 月取得营运收入 680 万元;另将配备操作人员的一艘轮船出租,租期为一年,租金按月支付,本月租金 30 万元。请计算该公司 2011 年 10 月应纳营业税。

【解析】营业税=(680+30)×3%=21.3(万元)

【例 5-2】沪南公司是一般纳税人,其子公司远洋运输公司 2011 年 10 月发生以下业务。

(1) 取得运输货物收入 1 500 万元,其中运输货物出境取得收入 100 万元,运输货物入境取得收入 500 万元。

(2) 销售货物并负责运输共取得收入 400 万元。

(3) 派本单位卡车司机赴 A 国为该国某公司提供劳务取得收入 150 万元。

(4) 附设非独立核算的搬家公司取得收入 10 万元。

请计算远洋运输公司 2011 年 10 月应纳营业税。

【解析】营业税=(1500−100−500+10)×3%=27.3(万元)

2. 建筑业应纳税额的计算

建筑业的计税依据为提供建筑业劳务所收取的全部价款与价外费用,但在计算应纳税额时还有以下特定问题需要注意。

(1) 建筑业的总承包人,将工程分包或者转包给他人的,以工程的全部承包额减去付给分包人或者转包人的价款后的余额为营业额。

(2) 纳税人从事建筑、修缮、装饰工程作业,无论与对方如何核算,其营业额均应包括工程所用原材料及其他物资和动力的价款在内。但不包括建设方提供的设备的价款。

纳税人从事安装工程作业,凡所安装的设备的价值作为安装工程产值的,其营业额应包括设备的价款在内。

(3) 自建行为是指纳税人自己建造房屋的行为,纳税人自建自用的房屋不纳营业税,如纳税人(包括个人自建自用住房销售)将自建房屋对外销售,其自建行为应按建筑业缴纳营业税,再按销售不动产征收营业税。

(4) 纳税人采用清包工形式提供的装饰劳务,按照其向客户实际收取的人工费、管理费和辅助材料费等收入(不含客户自行采购的材料价款和设备价款)确认计税营业额。

(5) 纳税人以签订建设工程施工总包或分包合同(包括建筑、安装、装饰、修缮等工程总包和分包合同,下同)方式开展经营活动时,销售自产货物、提供增值税应税劳务并同时提供建筑业劳务(包括建筑、安装、修缮、装饰、其他工程作业,下同),同时符合以下条件的,对销售自产货物和提供增值税应税劳务取得的收入征收增值税,提供建筑业劳务收入(不包括按规定应征收增值税的自产货物和增值税应税劳务收入)征收营业税:① 必须具备建设行政部门批准的建筑业施工(安装)资质;② 签订建设工程施工总包或分包合同中单独注明建筑业劳务价款。

凡不同时符合以上条件的,对纳税人取得的全部收入征收增值税,不征收营业税。

【例5-3】沪南公司是一般纳税人,其子公司宏民建筑公司2011年8月承包一项工程,签订的合同注明的建筑劳务价款为7 500万元。宏民建筑公司将2 500万元的安装工程分包给建成建筑公司。工程竣工后,建设单位支付给宏民公司材料差价款1 000万元,提前竣工奖350万元。宏民公司又将其中的材料差价款400万元和提前竣工奖150万元支付给建成企业。计算宏民建筑公司2011年8月应纳营业税。

【解析】营业税=(7 500+1 000+350-2 500-400-150)×3%=174(万元)

【例5-4】沪南公司是一般纳税人。其子公司沪南建筑工程公司(具备建筑行政部门批准的建筑业施工资质,且为增值税一般纳税人),2011年经营业务如下。

(1) 沪南建筑工程公司与某公司签订建筑工程施工总包合同,总包合同明确工程总造价4 860.2万元,其中:建筑业劳务费价款4 275.2万元;由沪南建筑工程公司提供、并按市场价确定的金属结构件金额585万元(为生产此构件购进原料,增值税专用发票金额280万元),建设方采购建筑材料等1 800万元。工程当年完工并进行了价款结算。

(2) 沪南建筑工程公司将其中600万元的建筑工程项目分包给某建筑工程公司。

要求:根据以上资料计算沪南建筑工程公司应缴纳的税金。

【解析】(1) 沪南建筑工程公司应缴纳的营业税=(4 860.2-585-600)×3%=110.256(万元)

(2) 沪南建筑工程公司应缴纳增值税=585÷(1+17%)×17%-280×17%=37.4(万元)

3. 金融保险业应纳税额的计算

金融保险业的计税依据为提供金融保险业劳务所收取的利息收入,但在计算应纳税额时还有以下特定问题需要注意。

(1) 一般贷款业务计税依据为贷款利息收入全额,包括收到的加息、罚息等。

(2) 金融企业经批准从事融资租赁业务以纳税人向承租人收取的全部价款和价外费用(包括残值)减去出租方承担的出租货物的实际成本后的余额以直线法折算出本期的营业额为计税依据。计算如下:

本期营业额=(应收取的全部价款和价外费用-实际成本)×本期天数/总天数　　(5-2)

实际成本=货物购入原价+关税+增值税+消费税+运杂费+

安装费+保险费+支付给境外的外汇借款利息支出　　(5-3)

(3) 外汇、有价证券、期货等金融商品买卖业务,以卖出价减去买入价后的余额为营业额;买入价是指购进原价,不得包括购进过程中支付的各种费用和税金。卖出价是指卖出原价,不得扣除卖出过程中支付的任何费用和税金。金融商品转让业务,按股票、债券、外汇、其他四大类来划分。同一大类不同品种金融商品买卖出现的正负差,在同一个纳税期内可以相抵,相抵后仍出现负差的,可结转下一个纳税期相抵,但年末时仍出现负差的,不得转入下一个会计年度。金融商品的买入价,可以选定接加权平均法或移动加权法进行核算,选定后一年内不得变更。

(4) 金融经纪业务和其他金融业务营业额为手续费(佣金)类的全部收入。金融企业从事受托收款业务,如代收电话费、水电煤气费、信息费、学杂费、寻呼费、社保统筹费、交通违章罚款、税款等,以全部收入减去支付给委托方价款后的余额为营业额。

(5) 保险业务:①初保业务营业额为向被保险人收取的全部保险费收入。②保险公司如采用收取储金方式取得经济利益的(即以被保险人所交保险资金的利息收入为保费收入,保险期满后将保险资金本金返还被保险人),其"储金业务"的营业额,为纳税人在纳税期内的储金平均余额乘以中国人民银行公布的一年期存款的月利率。储金平均余额为纳税期期初储金余额与期末余额之和乘以50%。③保险企业已征收过营业税的应收未收保费,凡在财务会计制度规定的核算期限内未收回的,允许从营业额中减除。在会计核算期限以后收回的已冲减的应收未收保费,再并入当期营业额中。④保险企业开展无赔偿奖励业务的,以向投保人实际收取的保费为营业额。⑤境内保险人以境内标的物向境外再保险人办理分保业务的,以全部保费收入减去分保保费后的余额为营业额。

境外再保险人应就其分保收入承担营业税纳税义务,并由境内保险人扣缴境外再保险人应缴纳的营业税税款。

(6) 外币折合成人民币。以人民币以外的货币结算营业额的,其营业额的人民币折合率可以选择营业额发生的当天或者当月1日的人民币汇率中间价。纳税人应当事先确定采用何种折合率,确定后1年内不得变更。

4. 邮电通信业务

邮电通信业的计税依据为提供邮电通信业务所收取的全部价款及价外费用,但在计算应纳税额时还有以下特定问题需要注意。

(1) 电信部门以"集中受理"方式为集团客户提供跨省的出租电路业务,由受理地区的电信部门按取得的全部价款减除分割给参与提供跨省电信业务的电信部门的价款后的差额为营业额计征营业税;对参与提供跨省电信业务的电信部门,则按各自取得的全部价款为营业额计征营业税。

(2) 邮政电信单位与其他单位合作,共同为用户提供邮政电信业务及其他服务并由邮政电信单位统一收取价款的,以全部收入减去支付给合作方价款后的余额为营业额。

【例5-5】某地电信局2011年1月发生如下业务:①话费收入150万元;②销售有价电话卡面值共40万元,财务上体现的销售折扣为3万元;③为MD集团客户提供跨省的出租电路服务共收费80万元,支付给相关电信部门价款35万元。

要求:请计算该电信局2011年1月应纳营业税。

【解析】应纳营业税额=(150+40-3+80-35)×3%=6.96(万元)

5. 文化体育业

文化体育业的计税依据为提供文化体育业务所收取的全部价款及价外费用，但在计算应纳税额时还有以下特定问题需要注意。

(1) 单位或个人进行演出，以全部票价收入或者包场收入减去付给提供演出场所的单位、演出公司或经纪人的费用后的余额为营业额。

(2) 有线电视安装费是指有线电视台为用户安装有线电视接收装置，一次性向用户收取的安装费，也称之为"初装费"。对有线电视安装费，应按"建筑业"税目征营业税。

(3) 电视广告费按服务业纳营业税。

【例5-6】NR有线电视台2011年7月发生如下业务：有线电视节目收费150万元，有线电视初装费4万元，电视广告费16万元。要求：计算NR电视台2011年7月应纳营业税额。

【解析】应纳营业税额＝$150\times3\%+4\times3\%+16\times5\%=5.42$(万元)

6. 娱乐业

娱乐业以向顾客收取的各项费用为营业额，包括门票费、台位费、点歌费、烟酒饮料收费及其他收费。

【例5-7】沪南公司是一般纳税人。其子公司天素娱乐公司经营范围包括娱乐、餐饮及其他服务，2011年收入情况如下：①歌舞厅门票收入320万元，点歌费收入500万元，烟酒饮料收入300万元；②保龄球馆收入220万元；③美容美发、中医按摩收入250万元；④餐饮收入400万元。

注：除税法统一规定的特殊项目外，该公司所在地的省政府规定，其他娱乐业项目的营业税税率为5%。

要求：计算天素娱乐公司当年应缴纳的营业税。

【解析】应纳营业税＝$(320+500+300)\times20\%+220\times5\%+250\times5\%+400\times5\%=267.5$(万元)

7. 服务业

服务业的计税依据为提供各种服务业务所收取的全部价款及价外费用，但在计算应纳税额时还有以下特定问题需要注意。

(1) 一般代理业以代理者向委托方实际收到的报酬为营业额。

(2) 电脑福利彩票投注点代销福利彩票取得的任何形式的手续费收入，应照章征收营业税。

(3) 广告代理业的代理者向委托方收取的全部价款和价外费用减去付给广告发布者的广告发布费后的余额为营业额。

(4) 拍卖行向委托方收取的手续费为计税营业额。

(5) 旅游企业组织旅游团到境外旅游，在境外改由其他旅游企业接团的，以全程旅游费减去付给该接团企业的旅游费后的余额为营业额。

(6) 旅游企业组团在境内旅游的，以收取的旅游费减去替旅游者支付给其他单位的住房、就餐、交通、门票和其他代付费用后的余额为营业额。改由其他旅游企业接团的，比照境外旅游办法确定营业额。

(7) 对单位和个人在旅游景区经营旅游游船、观光电梯、观光电车、景区环保客运车所取得的收入应按"服务业——旅游业"征收营业税。

(8) 对经过中华人民共和国国家版权局注册登记,在销售时一并转让著作权、所有权的计算机软件征收营业税。

(9) 国内企业外派本单位员工赴境外从事劳务服务取得的各项收入不征营业税。

(10) 从事物业管理的单位,以与物业管理有关的全部收入减去代业主支付的水、电、燃气,以及代承租者支付的水、电、燃气、房屋租金的价款后的余额为营业额。

(11) 纳税人从事无船承运业务,以其向委托人收取的全部价款和价外费用扣除其支付的海运费以及报关、港杂、装卸费用后的余额为计税营业额申报缴纳营业税。

【例5-8】沪南公司是一般纳税人。其子公司艺游旅行社2011年8月,组织团体旅游,境内组团旅游收入120万元,替旅游者支付给其他单位各种费用共计70万元;组团境外旅游收入230万元,付给境外接团企业费用100万元。请计算该旅行社当月应纳营业税额。

【解析】应纳营业税=(120−70)×5%+(230−100)×5%=14(万元)

8. 转让无形资产或销售不动产

转让无形资产或销售不动产计算应纳税额时还有以下特定问题需要注意。

(1) 单位和个人销售或转让其购置的不动产或受让的土地使用权,以全部收入减去不动产或土地使用权的购置或受让原价后的余额为营业额。

(2) 单位和个人销售或转让抵债所得的不动产、土地使用权的,以全部收入减去抵债时该项不动产或土地使用权作价后的余额为营业额。

【例5-9】沪南公司是一般纳税人。2011年8月转让6年前建成的办公楼,取得收入2 400万元,该办公楼的原值为800万元,已提取折旧320万元。还转让一块土地使用权,取得收入660万元。年初取得该土地使用权时支付金额520万元,转让时发生相关费用6万元。要求:计算该公司应缴纳的营业税。

【解析】应缴纳营业税=2400×5%+(660−520)×5%=127(万元)

三、营业税计税营业额的核定

对于纳税人提供应税劳务、转让无形资产或销售不动产价格明显偏低又无正当理由的,主管税务机关可按下列顺序确定营业额。

(1) 按纳税人最近时期发生同类应税行为的平均价格核定。

(2) 按其他纳税人最近时期发生同类应税行为的平均价格核定。

(3) 按下列公式核定

营业额=营业成本或工程成本×(1+成本利润率)÷(1−营业税税率)

成本利润率由省、自治区、直辖市人民政府所属地方税务机关确定。

【例5-10】沪南公司是一般纳税人。其子公司润华广告公司2011年6月发生以下业务:取得广告业务收入为94万元,营业成本为90万元,支付给某电视台的广告发布费为25万元,支付给某报社的广告发布费为18万元。经主管税务机关审核,认为其广告收费明显偏低,且无正当理由,又无同类广告可比价格,于是决定重新审核其计税价格(核定的成本利润率为16%)。要求:计算该广告公司当月应纳营业税税额。

【解析】广告业务的计税营业额=90×(1+16%)÷(1−5%)=109.89(万元)

应纳营业税=(109.89−25−18)×5%=3.34(万元)

▶▶ 学中做

(1) 经国家社团主管部门批准成立的非营利性的协会，2011年5月取得以下收入：①依照社团章程的规定，收取团体会员会费40 000元，个人会员会费10 000元；②代售大型演唱会门票53 000元，其中包括代售手续费3 000元；③代销中国福利彩票500 000元，取得代销手续费5 000元；④协会开设的照相馆营业收入28 000元，其中包括相册、镜框等销售收入2 000元；⑤委派2人到国外提供咨询服务，收取咨询费折合人民币60 000元；⑥举办一期培训班，收取培训费120 000元，资料费8 000元。

要求：①计算上述业务应缴纳的营业税；②计算该协会应代扣代缴的营业税。

(2) 沪南公司是一般纳税人。其子公司沪南建筑工程公司(具备建筑行政部门批准的建筑业施工资质，且为增值税一般纳税人)下辖3个施工队、1个金属结构件工厂、1个招待所(均为非独立核算单位)，2011年特制钢结构产品销售收入占其营业总收入的59%，2011年8月主要经营业务如下。

① 与甲建筑施工公司签订建设工程施工合同，销售钢结构产品，开具增值税专用发票，注明价款200万元；另外提供安装劳务，合同中注明安装费20万元，款项均已收讫。

② 以直接收款方式销售钢结构产品一批，开具增值税专用发票，发票注明价款300万元，货已发出。委托某货运公司运送货物，代垫运费2万元，取得该货运公司开具的合法货运发票并已将该发票转交给购货方。

③ 与乙建筑公司签订建设工程施工合同，销售特制钢结构产品用于修建某体育场并负责安装，合同中注明含税销售额与安装劳务价款合计380万元，款项均已收讫。

④ 从境外某公司直接购入一项有关工程技术方面著作的境内发行权，支付价款500万元人民币。

⑤ 转让一项已进入建筑施工阶段的在建项目，取得转让收入1 200万元。

⑥ 将一幢闲置办公楼转让给某商贸公司，取得转让收入1 700万元(该闲置办公楼购置原价1 300万元)。

要求：计算沪南建筑工程公司2011年8月应纳营业税税额。

任务5.1.3 营业税涉税业务核算

知识要点

一、营业税核算的科目设置

进行营业税涉税业务核算主要设置的科目有以下几种。

1. "营业税金及附加"损益类科目

营业税是价内税，计提的营业税金记入"营业税金及附加"科目的借方；期末结转损益时从该科目的贷方转入"本年利润"科目的借方。

2. "应交税费——应交营业税"负债类科目

企业应纳营业税在"应交税费——应交营业税"科目核算。该科目贷方反映按规定计算的应缴纳的营业税，借方反映实际交纳的营业税，期末贷方余额反映企业尚未交纳的营业税，借方余额反映多交的营业税。

二、营业税业务核算

1. 计提营业税的会计核算

(1) 提供应税劳务即由企业主营业务收入和其他业务收入负担的营业税应作会计处理如下。

借：营业税金及附加
　　贷：应交税费—应交营业税

(2) 转让无形资产负担的营业税。无形资产的转让分为所有权的转让与使用权的转让两种情况。

当企业转让无形资产的所有权时应作会计处理如下。

借：银行存款
　　累计摊销(已计提的累计摊销额)
　　无形资产减值准备(已计提的减值准备)
　　营业外支出(贷方余额)
　　贷：无形资产(账面余额)
　　　　应交税费—应交营业税
　　　　营业外收入(借方余额)

当企业转让无形资产使用权(即出租无形资产)时应作会计处理如下。

借：营业税金及附加
　　贷：应交税费—应交营业税

(3) 销售不动产应交营业税。非房地产开发企业销售不动产应作会计处理如下。

借：固定资产清理
　　贷：应交税费—应交营业税

房地产开发企业销售不动产应作会计处理如下。

借：营业税金及附加
　　贷：应交税费—应交营业税

2. 交纳营业税的会计处理

借：应交税费—应交营业税
　　贷：银行存款

3. 营业税年终清算的会计处理

年终，企业按规定与税务部门清算。属于多缴和享受减免税优惠的营业税，由税务部门退回；属于少缴的，由企业补缴。

(1) 冲回多计的营业税。应作会计处理如下。

借：应交税费—应交营业税
　　贷：营业税金及附加

也可用红字记相反方向会计处理。

(2) 退回多缴或减免的营业税。应作会计处理如下。

借：银行存款
　　贷：营业税金及附加

(3) 补记少计的营业税。应作会计处理如下。
借：营业税金及附加
　　贷：应交税费——应交营业税
(4) 补缴营业税。应作会计处理如下。
借：应交税费——应交营业税
　　贷：银行存款

【例 5-11】沪南公司及其子公司 2011 年 3 月发生下列业务。

(1) 3 月 5 日沪南运输公司取得货物境内运输收入 100 000 元、境内旅客运输收入 90 000 元，适用税率 3%，其应纳税额计算如下。

$$应纳税额=(100\,000+90\,000)\times 3\%=5\,700(元)$$

相应会计处理如下。
① 计提应纳营业税时：

借：营业税金及附加	5 700
贷：应交税费——应交营业税	5 700

② 上交税金时：

借：应交税费——应交营业税	5 700
贷：银行存款	5 700

(2) 3 月 8 日沪南建筑公司承接一建筑装修工程，工程价款 50 000 000 元，其中包括由建设方提供装修材料 6 000 000 元、电梯设备 5 000 000 元，税率为 3%。

《营业税暂行条例》规定，纳税人从事建筑、修缮、装饰工程作业，无论与对方如何结算，其营业额均应包括工程所用原材料及其物资和动力的价款在内，但不包括由建设方提供的设备价款。

① 应纳税额=(50 000 000－5 000 000)×3%=1 350 000(元)
② 公司应作如下会计处理。

借：营业税金及附加	1 350 000
贷：应交税费——应交营业税	1 350 000

(3) 3 月 15 日沪南旅行社组织境外旅游团旅游，共收取旅游费 124 000 元，旅游过程中支付给其他单位食宿、交通费 5 000 元，支付给境外接团的国外旅行社 60 000 元，适用税率 5%，则会计处理如下。

$$应纳营业税额=(124\,000-5\,000-60\,000)\times 5\%=2\,950(元)$$

借：营业税金及附加	2 950
贷：应交税费——应交营业税	2 950

(4) 3 月 20 日沪南公司转让一项专利权，取得收入 90 000 元，营业税率 5%，该项专利权的账面余额为 54 000 元，累计摊销 6 000 元，其会计处理如下。

转让无形资产应纳营业税税额=90 000×5%=4 500(元)

借：银行存款	90 000
累计摊销	6 000
贷：无形资产——专利权	54 000
应交税费——应交营业税	4 500
营业外收入	37 500

项目5　营业税申报与筹划

(5) 沪南运输公司出售一栋办公楼，厂房原价21 000 000元，已提折旧16 000 000元，出售所得收入6 000 000元，支付清理费90 000元，厂房已清理完毕，营业税率5%，其会计处理如下。

① 销售建筑物，结转净值和已提折旧：
借：固定资产清理　　　　　　　　　　　　　　　　　　　　　　5 000 000
　　累计折旧　　　　　　　　　　　　　　　　　　　　　　　　16 000 000
　　贷：固定资产　　　　　　　　　　　　　　　　　　　　　　21 000 000

② 收到销售收入：
借：银行存款　　　　　　　　　　　　　　　　　　　　　　　　6 000 000
　　贷：固定资产清理　　　　　　　　　　　　　　　　　　　　6 000 000

③ 发生固定资产清理费用：
借：固定资产清理　　　　　　　　　　　　　　　　　　　　　　　90 000
　　贷：银行存款　　　　　　　　　　　　　　　　　　　　　　　90 000

④ 按销售额计算营业税。应交营业税＝6 000 000×5%＝300 000(元)
借：固定资产清理　　　　　　　　　　　　　　　　　　　　　　　300 000
　　贷：应交税费—应交营业税　　　　　　　　　　　　　　　　　300 000

⑤ 交纳营业税：
借：应交税费—应交营业税　　　　　　　　　　　　　　　　　　　300 000
　　贷：银行存款　　　　　　　　　　　　　　　　　　　　　　　300 000

⑥ 结转销售不动产的净收益：
借：固定资产清理　　　　　　　　　　　　　　　　　　　　　　　610 000
　　贷：营业外收入—非流动资产处置利得　　　　　　　　　　　　610 000

(6) 沪南房地产公司自建两栋房屋本月竣工，工程总成本2 050万元，成本利润率为10%，一栋自用，另一栋出售，取得出售收入3 400万元。

应交营业税＝3 400×5%＋[2 050÷2×(1＋10%)÷(1－3%)]×3%＝204.87(万元)
借：营业税金及附加　　　　　　　　　　　　　　　　　　　　　2 048 700
　　贷：应交税费—应交营业税　　　　　　　　　　　　　　　　2 048 700
借：应交税费—应交营业税　　　　　　　　　　　　　　　　　　2 048 700
　　贷：银行存款　　　　　　　　　　　　　　　　　　　　　　2 048 700

▶▶学中做

资料：沪南建筑公司是一般纳税人。2011年5月承包一项建筑工程，工程总承包额为7 800万元，该建筑公司将其中的设备安装工程分包给津北建筑公司，分包额为2 800万元。

要求：对沪南建筑公司发生的经济业务进行核算。

任务5.2　营业税税款申报

学习目标 Learning Objectives

■ 知识目标：明确营业税税款申报的方式、时间及地点。

纳税申报与筹划

■ 技能目标：能熟练准确填报营业税纳税申报表。
■ 素质目标：树立做自觉纳税人的意识；提高与人沟通交流的能力。

知识要点

一、纳税义务发生时间

营业税纳税义务发生时间为纳税人提供应税劳务、转让无形资产或者销售不动产并收讫营业收入款项或者取得索取营业收入款项凭据的当天。对某些具体项目规定如下。

(1) 纳税人转让土地使用权或者销售不动产，采用预收款方式的，其纳税义务发生时间为收到预收款(包括预收定金)的当天。

(2) 纳税人提供建筑业或者租赁业劳务，采取预收款方式的，其纳税义务发生时间为收到预收款的当天。

(3) 单位和个人自己新建建筑物后销售的，其自建行为纳税义务发生的时间为其销售自建建筑物并收到营业额或者取得索取营业额的凭据的当天。

(4) 纳税人将不动产或土地使用权无偿赠送其他单位和个人的，其纳税义务发生时间为不动产所有权、土地使用权转移的当天。

(5) 扣缴税款义务发生时间为扣缴义务人代纳税人收讫营业收入款项或者取得索取营业收入款项凭据的当天。

二、纳税期限

营业税的纳税期限，分别为5日、10日、15日、1个月或1个季度。纳税人具体的纳税期限由主管税务机关根据纳税人应纳税额的大小分别核定；不能按照固定期限纳税的，可以按次纳税。

纳税人以1个月或者1个季度为一个纳税期的，自期满之日起15日内申报纳税；以5日、10日或者15日为一个纳税期的，自期满之日起5日内预缴税款，于次月1日起15日内申报纳税并结清上月应纳税款。

特别提示

银行(不包括典当业)、财务公司、信托投资公司、信用社、外国企业常驻代表机构的纳税期限为1个季度。自纳税期满之日起15日内申报纳税。

保险业的纳税期限为1个月。

三、纳税地点

营业税纳税地点原则上采取属地征收方法，即在应税项目发生地纳税。

(1) 纳税人提供应税劳务应当向其机构所在地或者居住地的主管税务机关申报纳税。但是，纳税人提供的建筑业劳务以及国务院财政、税务主管部门规定的其他应税劳务，应当向应税劳务发生地的主管税务机关申报纳税。

(2) 纳税人转让无形资产应当向其机构所在地或者居住地的主管税务机关申报纳税。但是，纳税人转让、出租土地使用权，应当向土地所在地的主管税务机关申报纳税。

(3) 纳税人销售、出租不动产应当向不动产所在地的主管税务机关申报纳税。

(4) 纳税人提供的应税劳务发生在外县(市)，应向应税劳务发生地主管税务机关申报纳税；如未向应税劳务发生地申报纳税的，由其机构所在地或者居住地主管税务机关补征税款。

(5) 纳税人承包的工程跨省、自治区、直辖市的，向其机构所在地主管税务机关申报纳税。

(6) 各航空公司所属公司，无论是否单独计算盈亏，均应作为纳税人向分公司所在地主管税务机关缴纳营业税。

(7) 纳税人在本省、自治区、直辖市范围内发生应税劳务，其纳税地点需要调整的，由省、自治区、直辖市人民政府所属税务机关确定。

(8) 纳税人及扣缴义务人应按照下列规定确定建筑业营业税的纳税地点：①纳税人提供建筑业应税劳务，其营业税纳税地点为建筑业应税劳务的发生地。②纳税人从事跨省工程的，应向其机构所在地主管地方税务机关申报纳税。③纳税人在本省、自治区、直辖市和计划单列市范围内提供建筑业应税劳务的，其营业税纳税地点需要调整的，由省、自治区、直辖市和计划单列市税务机关确定。④扣缴义务人代扣代缴的建筑业营业税税款解缴地点为该工程建筑业应税劳务发生地。⑤扣缴义务人代扣代缴跨省工程的，其建筑业营业税税款的解缴地点为被扣缴纳税人的机构所在地。⑥纳税人提供建筑业劳务，应按月就其本地和异地提供建筑业应税劳务取得的全部收入向其机构所在地主管税务机关进行纳税申报，就其本地提供建筑业应税劳务取得的收入缴纳营业税；同时，自应申报之月(含当月)起6个月内向机构所在地主管税务机关提供其异地建筑业应税劳务收入的完税凭证，否则，应就其异地提供建筑业应税劳务取得的收入向其机构所在地主管税务机关缴纳营业税。⑦上述本地提供建筑业应税劳务是指独立核算纳税人在其机构所在地主管税务机关税收管辖范围内提供的建筑业应税劳务；上述异地提供的建筑业应税劳务是指独立核算纳税人在其机构所在地主管税务机关税收管辖范围以外提供的建筑业应税劳务。

(9) 在中华人民共和国境内的电信单位提供电信业务的营业税纳税地点为电信单位机构所在地。

(10) 在中华人民共和国境内的单位提供的设计(包括在开展设计时进行的勘探、测量等业务)、工程监理、调试和咨询等应税劳务的，其营业税纳税地点为单位机构所在地。

(11) 在中华人民共和国境内的单位通过网络为其他单位和个人提供培训、信息和远程调试、检测等服务的，其营业税纳税地点为单位机构所在地。

四、营业税纳税申报表

纳税人应按《营业税暂行条例》有关规定及时办理纳税申报，纳税申报表见表5-2。

【例5-12】

企业名称：沪南天素娱乐公司
企业性质：股份制企业
企业法人代表：柏×
企业地址：南京市××区629××号
开户银行及账号：××银行××分理处　010124××××
纳税人识别号：320004300000××××

纳税申报与筹划

填表日期： 年 月 日

纳税人识别号： 金额单位：元(列至角分)

表5-2 营业税纳税申报表

纳税人名称							税款所属期				
项目	经营项目	营业额				税率	本期				备注
		全部收入	不征税项目	减免税项目	应税营业额		应纳税额	减免税额	已纳税额	应补(退)税额	
	1	2	3	4	5	6	7=3-4-5-6	8	9=7×8	10=6×8	11	12=9-11
合计											

如纳税人填报，由纳税人填写以下各栏	纳税人(公章)	如委托代理人填报，由代理人填写以下各栏	代理人名称		代理人(公章)
		地址			
会计主管(签章)		经办人		电话	

以下由税务机关填写

收到申报表日期 | | 接收人 | |

填表说明如下。

(1) 本表适用于营业税纳税义务人填报。

(2) "全部收入"系指纳税人的全部收入。

(3) "不征税收入"系指税法规定不属于营业税征税范围的营业额。

(4) "减除项目"系指税法规定允许从营业收入中扣除的项目的营业额。

(5) "减免税项目"系指税法规定的减免税项目的营业额。

项目5 营业税申报与筹划

资料：沪南公司是一般纳税人。其子公司天素娱乐公司经营范围包括娱乐、餐饮及其他服务，2011年4月收入情况如下：①歌舞厅门票收入320万元，点歌费收入500万元，烟酒饮料收入300万元；②保龄球馆收入220万元；③美容美发收入250万元；④餐饮收入400万元。

注：除税法统一规定的特殊项目外，该公司所在地的省政府规定，其他娱乐业项目的营业税税率为5%。

要求：根据以上资料填报沪南天素娱乐公司2011年4月的营业税纳税申报表并进行纳税申报。

【解析】

歌舞厅收入应纳营业税＝(320＋500＋300)×20%＝224(万元)
保龄球馆收入应纳营业税＝220×5%＝11(万元)
美容美发收入应纳营业税＝250×5%＝12.5(万元)
餐饮收入应纳营业税＝400×5%＝20(万元)
天素娱乐公司应纳营业税＝224＋11＋12.5＋20＝267.5(万元)

2011年4月的营业税纳税申报表具体填报情况见表5-3。

▶▶学中做

企业名称：南京伟达实业有限责任集团公司
企业性质：公司制
企业法人代表：费×
企业地址及电话：南京市××开发区××号　025-0088××××
开户银行及账号：××银行××分理处　010124××××
纳税人识别号：32010000650××××

公司2011年5月发生下列业务。

(1) 5月16日承接一项学生宿舍工程，5月收到工程款4 200万元。

(2) 5月21日承接一项厂房装修工程，5月份收到工程款1 000万元，其中200万元支付给转包的工程公司。

(3) 5月26日将闲置的房屋出租，合同注明月租金5万元，租期1年。

(4) 5月28日公司下设的非独立核算的宾馆取得了客房收入6万元，餐饮收入12万元。

(5) 5月28日公司下设的非独立核算的汽车队取得货物运输收入15万元。

(6) 5月29日自建的两幢房屋本月竣工结算，工程总成本3 800万元，成本利润率10%，一幢自用，另一幢出售，取得出售收入4 500万元。

要求：请作为该公司办税员的你为公司填报2011年5月营业税纳税申报表。

任务5.3　营业税税务筹划

学习目标 Learning Objectives

- 知识目标：明确营业税条例及相关法规的规范。
- 技能目标：能够设计企业营业税税务筹划方案。
- 素质目标：树立节约税务成本的意识；加强统筹规划、解决问题的能力。

纳税申报与筹划

表 5-3 营业税纳税申报表(沪南天素娱乐公司)

填表日期：2011 年 5 月 8 日　　　　　　　　　　　　　　　　　　　　　　　金额单位：元(列至角分)
纳税人识别号：320004300000××××

纳税人名称：沪南天素娱乐公司　　　　税款所属期：2011 年 4 月 1 日至 4 月 30 日

项目	经营项目	营业额				税率	应纳税额	本期		备注
		全部收入	不征税项目	减除项目	减免税项目	应税营业额			减免税额	已纳税额	应补(退)税额	
1	2	3	4	5	6	7=3-4-5-6	8	9=7×8	10=6×8	11	12=9-11	
娱乐业	歌舞厅	11 200 000	0	0	0	11 200 000	20%	2 240 000	0	0	2 240 000	
娱乐业	保龄球	2 200 000	0	0	0	2 200 000	5%	110 000	0	0	110 000	
服务业	美容美发	2 500 000	0	0	0	2 500 000	5%	125 000	0	0	125 000	
服务业	餐饮	4 000 000	0	0	0	4 000 000	5%	200 000	0	0	200 000	
合计		19 900 000	0	0	0	19 900 000		2 675 000			2 675 000	

如纳税人委托代理人填报，由纳税人填写以下各栏　　　如委托代理人填报，由代理人填写以下各栏

会计主管：张×　　　　　代理人名称　　　　　　　　　代理人
（签章）　　　　　　　　经办人　　　　　　　　　　　（公章）
　　　　　　　　　　　　电话

收到申报表日期　　　　　　　　　　　　　　　　　　由税务机关填写

项目5 营业税申报与筹划

知识要点

一、建筑业税务筹划

《中华人民共和国营业税暂行条例实施细则》规定,自 2009 年 1 月 1 日起,纳税人提供建筑业劳务(不含装饰劳务)的,其营业额应当包括工程所用原材料、设备及其他物资和动力价款在内,但不包括建设方提供的设备的价款。这一规定为建筑业提供了税务筹划的空间。

【例 5-13】江苏南京沪南建筑公司 2011 年 6 月中标金苏单位写字楼工程,工程标的 3 000 万元,其中含电梯设备采购价款 500 万元。

试根据建筑业营业税相关规定,为沪南建筑公司针对该工程所含电梯设备的供应方进行税务筹划。

【解析】若设备由沪南建筑公司供应,公司应纳营业税为 3 000×3%=90(万元)。

若设备由金苏单位供应,公司应纳营业税为(3 000-500)×3%=75(万元)。

从以上分析可以得出:江苏南京沪南建筑公司应与金苏单位签订由金苏单位提供电梯设备的合同,以达到节税的目的。

二、不动产的税务筹划

《营业税暂行条例》及实施细则规定,企业销售不动产需按 5%纳营业税,但以房屋、建筑物等不动产作为注册资本投资入股,参与利润分配,承担投资风险,按国家税收政策规定,可以不征营业税、城建税及教育费附加。此项规定可以为企业进行税务筹划提供空间。

【例 5-14】2011 年 10 月沪南公司与一外资企业联合投资设立中外合资企业,投资总额为 4 500 万元,注册资本 3 000 万元,沪南机械有限责任公司投入注册资本 2 000 万元,外方投入注册资本 1 000 万元。沪南机械有限责任公司准备以自己使用过的机床(2010 年 2 月购买,适用税率 17%)作价 2 000 万元和一幢楼房作价 2 000 万元投入。投入方式有两种。

方案一:以机床作价 2 000 万元作为注册资本投入,楼房作价 2 000 万元以转让方式投入合作企业。

方案二:以楼房作价 2 000 万元作为注册资本投入,机床作价 2 000 万元以转让方式投入合作企业。

试根据营业税的相关规定为该企业做出决策。

【解析】相关税法规范如下。

(1) 企业以设备作为注册资本投入,参与合资企业利润分配,同时承担风险,不征收相关税金和附加。

(2) 房屋、建筑物作为注册资本投资入股,参与利润分配,承担投资风险,按国家税收政策规定,可以不征营业税、城建税及教育费附加。

(3) 企业出售自己使用过的 2009 年 1 月 1 日以后购进的固定资产,按适用税率计征增值税。

根据以上税法规范可对两个方案分析如下。

方案一:营业税=2 000×5%=100(万元)

城建税、教育费附加=100×(7%+3%)=10(万元)

方案二:增值税=2 000×17%=340(万元)

城建税、教育费附加=340×(7%+3%)=34(万元)

从以上分析可看出公司应采用方案一，可节税 264 万元。

三、邮电通信业税务筹划

营业税相关法规规定：电信单位销售电信物品，并为客户提供电信服务的，缴纳营业税；对单纯销售移动电话等不提供有关电信劳务服务的，征收增值税。据此可对邮电通信业务进行税务筹划。

【例 5-15】 GN 电信公司准备进行促销活动，现有 3 种方案可供选择。

方案一：预缴 1 998 元话费，送价值 2 000 元手机一部。

方案二：预缴 1 998 元话费，可以 1 元优惠购买价值 2 000 元手机一部。

方案三：价值 2 000 元手机 5 折销售。

请根据营业税的相关税法规范为 NG 电信公司进行方案决策。

【解析】 方案一：对于赠送的手机要视同销售，要按 3% 交纳营业税，则公司应负担的营业税为 $(1\,998+2\,000)\times 3\%=119.94(元)$。

方案二：公司发生混合销售，按 3% 征收营业税为 $(1\,998+1)\times 3\%=59.97(元)$。

方案三：对单纯销售移动电话等不提供有关电信劳务服务的，征收增值税，则公司应纳增值税为 $2\,000\times 50\%\times 17\%=170(元)$。

从以上分析可知，若只考虑节税的因素，GN 电信公司公司应采用方案二进行促销。

▶▶ 上岗一试

(1) 甲公司有一工程需找一施工单位承建。在工程承包公司乙建筑公司的组织安排下，丙施工单位承建了该项工程。甲公司与丙签订了承包合同，合同金额为 425 万元。此外，丙还支付给乙建筑公司 25 万元的服务费用。此时工程承包公司乙建筑公司应纳营业税额 $=25\times 5\%=1.25(万元)$。

请你分析如何进行税收筹划，使得乙建筑公司的税收负担减轻。

(2) 乙建筑公司与丁单位两企业合作建房，乙建筑公司提供土地使用权，丁单位提供资金。两企业约定，房屋建好后，双方均分。完工后，经有关部门评估，该建筑物价值 2 000 万元，双方各分得 1 000 万元的房屋。乙建筑公司因转让土地使用权而拥有了部分新建房屋的所有权，应以转让无形资产税目计算营业税，其转让土地使用权的营业额为 1 000 万元，乙建筑公司应纳的营业税为 $1\,000\times 5\%=50(万元)$。

试为乙建筑公司做出节税筹划。

项 目 小 结

本项目主要包括 3 方面的内容：营业税的核算——理论知识运用；营业税的申报——技能知识运用；营业税的筹划——知识融合应用。

3 方面知识层层递进，层层深入。营业税税务筹划是最高境界：将所有有关营业税的原理、法规、政策等进行融合，在实践中应用，为企业做税务筹划，减少企业的税务成本，争取企业经济利益的最大化。

项目5 营业税申报与筹划

自 我 测 试

一、单项选择题

1. 下列项目不缴纳营业税的有(　　)。
   A. 工程监理收入　　　　　　　B. 公园销售门票收入
   C. 建筑工程设计收入　　　　　D. 加工修理修配收入
2. 根据现行营业税规定，下列说法错误的是(　　)。
   A. 有线电视台收取的初装费，属于建筑业征税范围
   B. 金融机构的出纳长款收入，不征收营业税
   C. 建筑业工程实行总承包、分包方式的，一律以总承包人为扣缴义务人
   D. 受托加工卷烟收取的加工费不应征收营业税
3. 沪南建筑安装公司以包工不包料的方式完成一项建筑工程，该公司上报的工程合同注明工程劳务款为459万元；工程结束后建筑公司获得提前竣工奖30万元，优质工程奖18万元。则沪南建筑安装公司应纳营业税为(　　)。
   A. 459万元　　　B. 507万元　　　C. 489万元　　　D. 477万元
4. 下列项目中应当征收营业税的有(　　)。
   A. 汽车修理厂修理修配业务　　　B. 电视机厂销售电视的业务
   C. 企业转让商标取得的收入　　　D. 中国工商银行销售金银业务
5. 下列关于扣缴义务人的说法错误的是(　　)。
   A. 委托金融机构发放贷款，以受托发放贷款的金融机构为扣缴义务人
   B. 企业租赁或承包给他人经营的，以承租人或承包人为纳税人，不用扣缴
   C. 建筑安装业分包或转包的，一律以总承包人为扣缴义务人
   D. 分保险业务以初保人为扣缴义务人
6. 餐饮企业的外卖销售应该缴纳(　　)。
   A. 增值税　　　B. 营业税　　　C. 增值税与营业税　　　D. 不用纳税
7. 沪南宾馆2011年9月取得下列收入：住宿、餐饮营业收入6万元，游艺厅营业收入9万元。该宾馆当月应纳营业税(　　)万元。
   A. 2.10　　　B. 0.30　　　C. 1.80　　　D. 1.50
8. 下面不能免征营业税的有(　　)。
   A. 个人自建自用住房销售　　　B. 个人转让著作权
   C. 科研单位的技术转让　　　　D. 对金融机构的出纳长款收入
9. 某单位将一座写字楼无偿赠与他人，视同销售不动产征收营业税。其纳税义务发生时间为(　　)。
   A. 将写字楼交付对方使用的当天　　　B. 写字楼所有权转移的当天
   C. 签订写字楼赠与文书的当天　　　　D. 承受写字楼人缴纳契税的当天
10. 沪南烟厂将办公楼出售应纳的营业税应记入的科目是(　　)。
    A. 营业税金及附加　　　B. 其他业务成本
    C. 其他业务支出　　　　D. 固定资产清理

二、多项选择题

1. 以下项目免征营业税的有(　　)。
   A. 在境内载运旅客或货物出境　　B. 在境外载运旅客或货物入境
   C. 在境外载运旅客或者货物的行为　　D. 在境内载运旅客或货物

2. 按照营业税扣缴义务人的有关规定，下列说法正确的有(　　)。
   A. 纳税人在劳务发生地没有办理税务登记或临时税务登记的，以建设单位和个人为扣缴义务人
   B. 个人进行商业演出，由他人售票的，以售票者为扣缴义务人
   C. 个人转让无形资产，以受让者为扣缴义务人
   D. 建筑业实行分包的，以建设单位为扣缴义务人

3. 营业税纳税义务人包括在中国境内(　　)的单位和个人。
   A. 提供营业税应税劳务　　B. 转让无形资产
   C. 销售建筑材料　　D. 销售不动产

4. 依据营业税的有关规定，下列应纳营业税的有(　　)。
   A. 以专利权投资入股，参与被投资方利润分配，共担风险
   B. 以房产投资入股，每年固定收取 20 000 元收入
   C. 以房产投资入股，参与被投资方利润分配，共担风险
   D. 转让土地使用权

5. 南京市玉华娱乐公司 2011 年 1 月 1 日开业，经营范围包括娱乐及其他服务，当年收入情况如下：歌舞厅收入 380 万元，游戏厅收入 280 万元，保龄球馆收入 80 万元，美容美发收入 150 万元。以下表述正确的是(　　)。
   A. 保龄球馆收入缴纳营业税 16 万元
   B. 美容美发收入缴纳营业税 7.50 万元
   C. 城建税和教育附加合计 15.50 万元
   D. 娱乐公司缴纳营业税合计 143.50 万元

6. 下列企业的营业行为属于混合销售行为的有(　　)。
   A. 酒店既开设客房、餐厅，又开设商场
   B. 运输公司既销售货物又负责运输所售货物
   C. 建筑公司既提供工程建设所需建筑材料又承担建筑安装业务
   D. 餐厅既经营餐饮业又经营娱乐业

7. 下列项目中按 5%计征营业税的有(　　)。
   A. 中介服务的收入　　B. 运输劳务的收入
   C. 游艺厅的收入　　D. 销售不动产的收入

8. 下列项目中，关于营业税的规定表述正确的是(　　)。
   A. 纳税人转让土地使用权，向土地所在地主管税务机关缴纳
   B. 土地储备中心转让土地使用权，按照"转让无形资产"征收营业税
   C. 纳税人转让除土地使用权以外的其他无形资产，向其机构所在地主管税务机关缴纳营业税
   D. 纳税人以预收款方式销售的不动产的，其纳税义务发生时间为土地所有权转移的

项目5 营业税申报与筹划

当天

9. 下列项目中按3%计征营业税的有( )。
   A. 体育表演比赛收入   B. 房屋出租的收入
   C. 建筑安装的收入   D. 提供咨询的收入
10. 下列关于营业税的优惠政策的陈述，正确的是( )。
    A. 托儿所提供的育养服务免征营业税
    B. 个人转让著作权免征营业税
    C. 将土地使用权转让给农业生产者进行农业生产免征营业税
    D. 中国人民银行对金融机构贷款业务不征营业税

三、核算题

1. 6月25日沪南建筑公司出售一栋楼房，厂房原价16 800 000元，已提折旧10 000 000元，售价5 000 000元，营业税率5%。要求：根据以上资料作相关的会计处理。
2. 6月29日沪南房地产公司自建商品房屋本月竣工并销售，工程总成本350 000万元，成本利润率为10%，商品房销售收入560 000万元。计算应纳的营业税并进行核算。

 驿站小憩

一位投资客的营业税故事

2009年，对于王汉生(化名)而言的确是阳光灿烂的一年。他在北京××区××路附近投资的近10处房产，价格上涨率都在60%以上，他的个人资产大幅"增值"。但到了年底，王汉生本来放松的神经又紧张起来。手里的房子究竟是该迅速出手还是继续抓在手里，该怎么出手成了一个大难题。按照他的判断，北京房价肯定会继续上涨，只是上涨幅度无法把握，这个时候5.5%的营业税如何征收就很可能成为二手房市场的决定因素。而二手房营业税政策恰恰存在变数。

2009年12月9日，政府还是出台了二手房营业税优惠征免年限由2年恢复到5年的政策。从中央电视台《新闻联播》听到这一消息后，王汉生和圈子里面的几个朋友当天晚上就聚到了一起商量对策。虽然大家都比较紧张，但是与2008年年底出现持有还是抛售的巨大分歧不同，这一次大家的意见出奇一致，那就是先观望一段时间再说。大家都认为营业税对二手房市场有巨大影响，因此政府随后出台的具体方法里面很可能会通过"全额征收"和"差额征收"来区别对待。经历过数次二手房营业税政策调整后，王汉生和同行们都"成熟"了很多。

2009年12月23日，财政部和国家税务总局联合下发《关于调整个人住房转让营业税政策的通知》，明确了5年以下普通商品住房交易时将以售出价格和买入价格的差额征收营业税。王汉生当时就长舒了一口气，这个"意料中的好消息"不仅让他觉得压在手头的房子一下子没有那么沉重了，而且自己的投资买卖可以继续做下去了。王汉生对2010年仍然充满期待。当然，新的一年他的投资策略不得不面临调整。

王汉生手里的房子，有4套是面积在150平方米左右的大户型，属于非普通商品住宅，看起来有些像"烫手山芋"。王汉生觉得，目前的房价确实很高了，大户型房子的顾客已经少了很多，而且其中很多和自己一样属于投资。因为按照新的营业税征收标准，如果房本年龄不足5年将全额征收营业税。虽然这笔钱是由买房人"埋单"，但是高达10万元以上的税款对于买房人购买力的影响依然是不言而喻的。

原本已经打算提前回家过年的王汉生临时作出决定，在春节前至少"处理掉"2套房子，这样风险会小很多。对于年后怎么办，他也已经有了自己的打算：将大部分资金分散投到小户型上面。

(资料来源：http:www.clr.cn/front/read.asp?ID=187928.)

模块三

所得税申报与筹划

本模块主要阐述所得税申报与筹划的理论知识及技能应用方法，分企业所得税申报与筹划、个人所得税申报与筹划两个项目，每一个项目均按照业务核算、税款申报及税务筹划等任务体系进行阐述。

项目 6　企业所得税申报与筹划

导入案例

王萍两个月来一直跟随会计李玉进行涉税业务核算、申报及税务筹划的实习。现在李会计分配给她的任务是进行公司企业所得税涉税业务的核算。李会计对王萍说："企业所得税核算、申报及筹划是一个非常重要工作，从这个月开始你来熟悉这项工作吧。"王萍说："好的。这些理论知识我在学校里都学过，我一定努力完成好这项工作。"

讨论：

1. 如何计算企业所得税应纳税额？
2. 如何进行企业所得税纳税申报表的填报？
3. 如何进行企业所得税税务筹划？

任务 6.1　企业所得税业务核算

学习目标 Learning Objectives

- 知识目标：明确企业所得税纳税义务人及纳税范围；能准确计算应纳所得税额。
- 技能目标：能正确进行企业所得税涉税业务核算。
- 素质目标：树立自觉纳税意识；提高进行复杂运算的能力。

【任务 6.1 分解】

任务 6.1.1 企业所得税税制要素

任务 6.1.2 企业所得税应纳税额计算

任务 6.1.3 企业所得税涉税业务核算

任务6.1.1 企业所得税税制要素

知识要点

一、企业所得税的概念

企业所得税是对我国境内企业和其他取得收入组织的生产经营所得和其他所得依法征收的一种所得税。

现行《中华人民共和国企业所得税法》(以下简称《企业所得税法》)于2007年3月16日中华人民共和国第十届全国人民代表大会第五次会议通过，于2008年1月1日实施，从此内外资企业实行统一的企业所得税法。新《企业所得税法》体现了"四个统一"：内资企业、外资企业适用统一的企业所得税法；统一并适当降低企业所得税税率；统一和规范税前扣除办法和标准；统一税收优惠政策，实行"产业优惠为主、区域优惠为辅"的新税收优惠体系。

二、企业所得税纳税义务人

在中华人民共和国境内，企业和其他取得收入的组织(以下统称企业)为企业所得税的纳税人，依照所得税法的规定缴纳企业所得税。

《企业所得税法》第一条规定：在中华人民共和国境内，企业和其他取得收入的组织(以下统称企业)为企业所得税的纳税人，依照本法的规定缴纳企业所得税。其中，企业分为居民企业和非居民企业。

居民企业是指依法在我国境内成立，或者依照外国(地区)法律成立但实际管理机构在中国境内的企业；这里的企业包括国有企业、集体企业、私营企业、联营企业、股份制企业、外商投资企业、外国企业以及有生产经营所得和其他所得的其他组织。实际管理机构是指对企业的生产经营、人员、账务、财产等实施实质性全面管理和控制的机构。

非居民企业是指依照外国(地区)法律成立且不在我国境内，但在我国境内设立机构、场所的，或者在我国境内未设立机构场所，但有来源于我国境内所得的企业。

这里所称机构、场所，是指在我国境内从事生产经营活动的机构、场所，包括：①管理机构、营业机构、办事机构；②工厂、农场、开采自然资源的场所；③提供劳务的场所；④从事建筑、安装、装配、修理、勘探等工程作业的场所；⑤其他从事生产经营活动的机构、场所。

特别提示

个人独资企业、由自然人作为合伙人的合伙企业不适用本法。

三、企业所得税的征税对象

企业所得税的征税对象是企业的生产经营所得、其他所得和清算所得。

1. 居民企业的征税对象

居民企业应就来源于我国境内、境外的所得作为征税对象。所得包括销售货物所得，提供劳务所得，转让财产所得，股息、红利等权益性投资所得，利息所得，租金所得，特许权使用费所得、接受捐赠所得和其他所得。

2. 非居民企业的征税对象

非居民企业在我国境内设立机构、场所的，应当就其所设机构、场所取得的来源于我国境内的所得，以及发生在我国境外但与其所设机构、场所有实际联系的所得，缴纳企业所得税。

非居民企业在我国境内未设立机构、场所的，或者虽设立机构、场所但取得的所得与其所设机构、场所没有实际联系的，应当就其来源于我国境内的所得缴纳企业所得税。

3. 所得来源的确定

企业所得税法所称来源于我国境内、境外的所得，按照以下原则确定。

(1) 销售货物所得，按照交易活动发生地确定。

(2) 提供劳务所得，按照劳务发生地确定。

(3) 转让财产所得，不动产转让所得按照不动产所在地确定，动产转让所得按照转让动产的企业或者机构、场所所在地确定，权益性投资资产转让所得按照被投资企业所在地确定。

(4) 股息、红利等权益性投资所得，按照分配所得的企业所在地确定。

(5) 利息所得、租金所得、特许权使用费所得，按照负担、支付所得的企业或者机构、场所所在地确定，或者按照负担、支付所得的个人的住所地确定。

(6) 其他所得，由国务院财政、税务主管部门确定。

四、企业所得税的税率

企业所得税实行比例税率。基本税率为25%，低税率为20%，另外对符合条件的小型微利企业及国家重点扶持的高新技术企业实行两档优惠税率，具体规定见表6-1。

表6-1 企业所得税税率汇总表

种　　类	税　　率	适　用　范　围
基本税率	25%	居民企业；在我国境内设有机构、场所且所得与机构、场所有关联的非居民企业
低税率	20% (实际征税时适用10%税率)	在我国境内未设立机构、场所的；虽设立机构、场所但取得的所得与其所设机构、场所没有实际联系的非居民企业
两档优惠税率	减按20%	符合条件的小型微利企业
	减按15%	国家重点扶持的高新技术企业

▶▶学中做

1.【单项选择题】下列各项中，不属于企业所得税纳税人的企业是(　　)。

A. 在外国成立但实际管理机构在我国境内的企业

B. 在我国境内成立的外商独资企业

C. 在我国境内成立的个人独资企业

D. 在我国境内未设立机构、场所，但有来源于我国境内所得的企业

2.【单项选择题】依据企业所得税法的规定，下列各项中按负担所得的所在地确定所得来源地的是(　　)。

A. 销售货物所得　B. 权益性投资所得　C. 动产转让所得　D. 特许权使用费所得

任务 6.1.2 企业所得税应纳税额计算

知识要点

一、企业应纳税所得额的计算

1. 企业应纳税所得额的概念

企业每一纳税年度的收入总额减除不征税收入、免税收入、各项扣除以及允许弥补的以前年度亏损后的余额,为应纳税所得额。

其计算公式有以下两种。

(1) 直接法。

$$应纳税所得额=收入总额-不征税收入-免税收入-各项扣除-以前年度亏损 \quad (6\text{-}1)$$

(2) 间接法。

$$应纳税所得额=会计利润+纳税调整增加额-纳税调整减少额 \quad (6\text{-}2)$$

2. 收入总额

企业的收入总额包括以货币形式和非货币形式从各种来源取得的收入。

企业取得收入的货币形式,包括现金、存款、应收账款、应收票据、准备持有至到期的债券投资以及债务的豁免等。

企业取得收入的非货币形式,包括固定资产、生物资产、无形资产、股权投资、存货、不准备持有至到期的债券投资、劳务以及有关权益等。纳税人以非货币形式取得的收入,应当按照公允价值确定收入额。公允价值是指按照市场价格确定的价值。

1) 一般收入的确认

① 销售货物收入,是指企业销售商品、产品、原材料、包装物、低值易耗品以及其他存货取得的收入。

② 劳务收入,是指企业从事建筑安装、修理修配、交通运输、仓储租赁、金融保险、邮电通信、咨询经纪、文化体育、科学研究、技术服务、教育培训、餐饮住宿、中介代理、卫生保健、社区服务、旅游、娱乐、加工以及其他劳务服务活动取得的收入。

③ 转让财产收入,是指企业转让固定资产、生物资产、无形资产、股权、债权等财产取得的收入。

④ 股息红利等权益性投资收益,是指企业因权益性投资从被投资方取得的收入。股息、红利等权益性投资收益,除国务院财政、税务主管部门另有规定外,按照被投资方作出利润分配决定的日期确认收入的实现。

⑤ 利息收入,是指企业将资金提供他人使用但不构成权益性投资,或者因他人占用本企业资金取得的收入,包括存款利息、贷款利息、债券利息、欠款利息等收入。利息收入,按照合同约定的债务人应付利息的日期确认收入的实现。

⑥ 租金收入,是指企业提供固定资产、包装物或者其他有形资产的使用权取得的收入。租金收入,按照合同约定的承租人应付租金的日期确认收入的实现。

⑦ 特许权使用费收入,是指企业提供专利权、非专利技术、商标权、著作权以及其他特许权的使用权取得的收入。特许权使用费收入,按照合同约定的特许权使用人应付特许权使用费的日期确认收入的实现。

⑧ 接受捐赠收入,是指企业接受的来自其他企业、组织或者个人无偿给予的货币性资产、非货币性资产。接受捐赠收入,按照实际收到捐赠资产的日期确认收入的实现。

⑨ 其他收入,是指企业取得的除上述 8 项规定的收入外的其他收入,包括企业资产溢余收入、逾期未退包装物押金收入、确实无法偿付的应付款项、已作坏账损失处理后又收回的应收款项、债务重组收入、补贴收入、违约金收入、汇兑收益等。

2) 特殊收入的确认

企业的下列生产经营业务可以分期确认收入的实现。

① 以分期收款方式销售货物的,按照合同约定的收款日期确认收入的实现。

② 企业受托加工制造大型机械设备、船舶、飞机,以及从事建筑、安装、装配工程业务或者提供其他劳务等,持续时间超过 12 个月的,按照纳税年度内完工进度或者完成的工作量确认收入的实现。

③ 采取产品分成方式取得收入的,按照企业分得产品的日期确认收入的实现,其收入额按照产品的公允价值确定。

④ 企业发生非货币性资产交换,以及将货物、财产、劳务用于捐赠、偿债、赞助、集资、广告、样品、职工福利或者利润分配等用途的,应当视同销售货物、转让财产或者提供劳务,但国务院财政、税务主管部门另有规定的除外。

3. 不征税收入和免税收入

1) 不征税收入

收入总额中的下列收入为不征税收入:财政拨款,依法收取并纳入财政管理的行政事业性收费、政府性基金,国务院规定的其他不征税收入。

2) 免税收入

企业的下列收入为免税收入:国债利息收入;符合条件的居民企业之间的股息、红利等权益性投资收益;在我国境内设立机构、场所的非居民企业,从居民企业取得与该机构、场所有实际联系的股息与红利等权益性投资收益;符合条件的非营利组织的收入。

4. 允许扣除项目及其标准

企业实际发生的与取得收入有关的、合理的支出,包括成本、费用、税金、损失和其他支出,准予在计算应纳税所得额时扣除。在计算应纳税所得额时下列项目可按照实际发生额或规定的标准扣除。

1) 工资薪金支出

企业发生的合理的工资薪金支出,准予扣除。

工资薪金,是指企业每一纳税年度支付给在本企业任职或者受雇的员工的所有现金形式或者非现金形式的劳动报酬,包括基本工资、奖金、津贴、补贴、年终加薪、加班工资,以及与员工任职或者受雇有关的其他支出。

▶▶动脑想一想

合理的工资薪金支出有什么含义?

2) 职工福利费、工会经费、职工教育经费

企业发生的职工福利费支出,不超过工资薪金总额 14% 的部分,准予扣除。

企业拨缴的工会经费，不超过工资薪金总额2%的部分，准予扣除。

除国务院财政、税务主管部门另有规定外，企业发生的职工教育经费支出，不超过工资薪金总额2.5%的部分，准予扣除；超过部分，准予在以后纳税年度结转扣除。

3) 社会保险费

企业依照国务院有关主管部门或者省级人民政府规定的范围和标准为职工缴纳的基本养老保险费、基本医疗保险费、失业保险费、工伤保险费、生育保险费等基本社会保险费和住房公积金，准予扣除。

企业为投资者或者职工支付的补充养老保险费、补充医疗保险费，在国务院财政、税务主管部门规定的范围和标准内，准予扣除。

除企业依照国家有关规定为特殊工种职工支付的人身安全保险费和国务院财政、税务主管部门规定可以扣除的其他商业保险费外，企业为投资者或者职工支付的商业保险费，不得扣除。

4) 利息费用

企业在生产经营活动中发生的下列利息支出，准予扣除。

(1) 非金融企业向金融企业借款的利息支出、金融企业的各项存款利息支出和同业拆借利息支出、企业经批准发行债券的利息支出。

(2) 非金融企业向非金融企业借款的利息支出，不超过按照金融企业同期同类贷款利率计算的数额的部分。

5) 借款费用

企业在生产经营活动中发生的合理的不需要资本化的借款费用，准予扣除。

企业为购置、建造固定资产、无形资产和经过12个月以上的建造才能达到预定可销售状态的存货发生借款的，在有关资产购置、建造期间发生的合理的借款费用，应当作为资本性支出计入有关资产的成本，并依照本条例的规定扣除。

6) 汇兑损失

企业在货币交易中，以及纳税年度终了时将人民币以外的货币性资产、负债按照期末即期人民币汇率中间价折算为人民币时产生的汇兑损失，除已经计入有关资产成本以及与向所有者进行利润分配相关的部分外，准予扣除。

7) 业务招待费

企业发生的与生产经营活动有关的业务招待费支出，按照发生额的60%扣除，但最高不得超过当年销售(营业)收入的5‰。

对从事股权投资业务的企业(包括集团公司总部、创业投资企业等)，其从被投资企业所分配的股息、红利以及股权转让收入，可以按规定的比例计算业务招待费扣除限额。

8) 广告费和业务宣传费

企业发生的符合条件的广告费和业务宣传费支出，除国务院财政、税务主管部门另有规定外，不超过当年销售(营业)收入15%的部分，准予扣除；超过部分，准予在以后纳税年度结转扣除。

9) 环境保护专项资金

企业依照法律、行政法规有关规定提取的用于环境保护、生态恢复等方面的专项资金，准予扣除。上述专项资金提取后改变用途的，不得扣除。

10) 保险费

企业参加财产保险,按照规定缴纳的保险费,准予扣除。

11) 租赁费

企业根据生产经营活动的需要租入固定资产支付的租赁费,按照以下方法扣除。

(1) 以经营租赁方式租入固定资产发生的租赁费支出,按照租赁期限均匀扣除。

(2) 以融资租赁方式租入固定资产发生的租赁费支出,按照规定构成融资租入固定资产价值的部分应当提取折旧费用,分期扣除。

12) 劳动保护费

企业发生的合理的劳动保护支出,准予扣除。

13) 公益性捐赠支出

企业发生的公益性捐赠支出,在年度利润总额12%以内的部分,准予在计算应纳税所得额时扣除。

公益性捐赠,是指企业通过公益性社会团体或者县级以上人民政府及其部门,用于《中华人民共和国公益事业捐赠法》规定的公益事业的捐赠。

14) 有关资产的费用

企业转让各类固定资产发生的费用允许扣除;企业按照规定计算的固定资产折旧、无形资产和递延资产的摊销费用,准予扣除。

15) 总机构分摊的费用

非居民企业在我国境内设立的机构、场所,就其我国境外总机构发生的与该机构、场所生产经营有关的费用,能够提供总机构出具的费用汇集范围、定额、分配依据和方法等证明文件,并合理分摊的,准予扣除。

16) 资产损失

(1) 企业当期发生的固定资产和流动资产盘亏、毁损净损失,由其提供清查盘存资料经主管税务机关审核后,准予扣除。

(2) 企业因存货盘亏、毁损、报废等原因不得从销项税金中抵扣的进项税金,应视同企业财产损失,准予与存货损失一起在所得税前按规定扣除。

17) 其他项目

如会员费、合理的会议费、差旅费、违约金、诉讼费用等,准予扣除。

5. **不得扣除的项目**

在计算应纳税所得额时,下列支出不得扣除:①向投资者支付的股息、红利等权益性投资收益款项;②企业所得税税款;③税收滞纳金;④罚金、罚款和被没收财物的损失;⑤本法第九条规定以外的捐赠支出;⑥赞助支出;⑦未经核定的准备金支出;⑧企业之间支付的管理费、企业内营业机构之间支付的租金和特许权使用费,以及非银行企业内营业机构之间支付的利息,不得扣除;⑨与取得收入无关的其他支出。

6. **亏损弥补**

亏损是指企业依照企业所得税法和暂行条例的规定,将每一纳税年度的收入总额减除不征税收入、免税收入和各项扣除后小于零的数额。税法规定,企业纳税年度发生的亏损,准予向以后年度结转,用以后年度的所得弥补,但结转年限最长不得超过5年。而且,企业在汇总计算缴纳企业所得税时，其境外营业机构的亏损不得抵减境内营业机构的赢利。

二、企业应纳所得税额的计算

1. 居民企业应纳税额的计算

居民企业应纳税额等于应纳税所得额乘以适用税率，基本计算公式为

居民企业应纳税额＝应纳税所得额×适用税率－减免税额－抵免税额　　(6-3)

【例 6-1】沪南公司为居民企业，职工人数共计 340 人，全年实发工资总额 1 400 万元、拨缴职工工会经费 37 万元、发生职工福利费 203 万元、发生职工教育经费 35 万元，上述工资及各费用已计入相关成本、费用。2011 年企业账簿记载经营业务如下：①"主营业务收入"贷方 5 900 万元；②"营业外收入"贷方 130 万元；③"主营业务成本"借方 1 340 万元；④"销售费用"借方 1 470 万元；明细账户—广告费 1 040 万元；⑤"管理费用"借方 480 万元；明细账户—业务招待费 90 万元；⑥"财务费用"借方 60 万元；⑦"营业税金及附加"借方 1 360 万元；⑧"应交税费—应交增值税"贷方 620 万元；⑨"营业外支出"借方 220 万元；明细账户—通过慈善基金会向受灾地区捐款 100 万元。

要求：计算该公司 2011 年度实际应纳的企业所得税。

【解析】(1) 会计利润总额＝5 900＋130－1 340－1 470－480－60－1 360－220＝1 100(万元)。

(2) 广告费调增所得额＝1 040－5 900×15％＝155(万元)。

(3) 业务招待费＝5 900×5‰＝29.5(万元)。

29.5＜54(90×60％)

业务招待费调增所得额＝90－29.5＝60.5(万元)。

(4) 捐赠支出允许扣除限额＝1 100×12％＝132(万元)。

132 万元＞100 万元，故不需调整。

(5) 工会经费应调增所得额＝37－1 400×2％＝9(万元)。

(6) 职工福利费应调增所得额＝203－1 400×14％＝7(万元)。

(7) 职工教育经费应调增所得额＝35－1 400×2.5％＝0(万元)。

(8) 应纳税所得额＝1 100＋155＋60.5＋9＋7＝1 331.5(万元)。

(9) 2011 年应缴企业所得税＝1 331.5×25％＝332.875(万元)。

【例 6-2】沪南公司为居民企业，2011 年发生经营业务如下。

全年取得产品销售收入为 6 500 万元，发生产品销售成本 4 000 万元；其他业务收入 800 万元，其他业务成本 660 万元；取得购买国债的利息收入 20 万元；缴纳非增值税销售税金及附加 300 万元；发生的管理费用 760 万元，其中新技术的研究开发费用为 60 万元、业务招待费用 70 万元；发生财务费用 200 万元；取得直接投资其他居民企业的权益性收益 54 万元(已在投资方所在地按 15％的税率缴纳了所得税)；取得营业外收入 100 万元，发生营业外支出 250 万元(其中含公益捐赠 238 万元)。要求：计算该公司 2011 年应纳的企业所得税。

【解析】(1) 利润总额＝6 500＋800＋20＋54＋100－4 000－660－300－760－200－250＝1 304(万元)。

(2) 国债利息收入免征企业所得税，应调减所得额 20 万元。

(3) 技术开发费调减所得额＝60×50％＝30(万元)。

(4) 按实际发生业务招待费的60%计算＝70×60%＝42(万元)。
按销售(营业)收入的5‰计算＝(6 500＋800)×5‰＝36.5(万元)。
按照规定税前扣除限额应为36.5万元,实际应调增应纳税所得额＝70－36.5＝33.5(万元)。
(5) 取得直接投资其他居民企业的权益性收益属于免税收入,应调减应纳税所得额54万元。
(6) 捐赠扣除标准＝1 304×12%＝156.48(万元)。
公益性捐赠应调增238－156.48＝81.52(万元)。
(7) 应纳税所得额＝1304－20－30＋33.5－54＋81.52＝1 315.02(万元)。
(8) 该企业2011年应缴纳企业所得税＝1 315.02×25%＝328.755(万元)。

2. 企业所得税境外所得已纳税额抵扣的计算

我国税法规定,纳税人来源于我国境外的所得,在境外实际缴纳的所得税款,准予在汇总纳税时,从其应纳税额中抵免。但抵免限额不得超过其境外所得按我国企业所得税法规定计算的应纳税额。超过抵免限额的部分,可以在以后5个年度内,用每年度抵免限额抵免当年应抵税额后的余额进行抵补。

1) 抵免限额的计算方法——分国不分项

税收抵免限额＝境内、境外所得按税法计算的应纳税总额×(来源于某国的所得额÷境内、境外所得总额)

2) 限额抵免方法

境外已纳税款与扣除限额比较,二者中的较小者,从汇总纳税的应纳税总额中扣减。

3) 限额抵免使用范围

(1) 居民企业来源于我国境外的应税所得。
(2) 非居民企业在我国境内设立机构、场所,取得发生在我国境外但与该机构、场所有实际联系的应税所得。

【例6-3】沪南公司为居民企业,2011年发生经营业务如下。

公司境内应纳税所得额为250万元,适用25%的企业所得税税率。另外,该公司分别在甲、乙两国设有分支机构(我国与甲、乙两国已经缔结避免双重征税协定),在甲国分支机构的应纳税所得额为150万元,甲国税率为20%;在乙国的分支机构的应纳税所得额为300万元,乙国税率为30%。假设该企业在甲、乙两国所得,按我国税法计算的应纳税所得额和按甲、乙两国税法计算的应纳税所得额一致,两个分支机构在甲、乙两国分别缴纳了30万元和90万元的企业所得税。

要求：计算该公司汇总时在我国应缴纳的企业所得税税额。

【解析】(1) 该企业按我国税法计算的境内、境外所得的应纳税额。

应纳税额＝(250＋150＋300)×25%＝175(万元)

(2) 甲、乙两国的扣除限额。

甲国扣除限额＝175×[150÷(250＋150＋300)]＝37.5(万元)

乙国扣除限额＝175×[300÷(250＋150＋300)]＝75(万元)

在甲国缴纳的所得税为30万元,低于扣除限额37.5万元,可全额扣除。

在乙国缴纳的所得税为90万元,高于扣除限额75万元,其超过扣除限额的部分15万元当年不能扣除。

(3) 汇总时在我国应缴纳的所得税＝175－30－75＝70(万元)。

3. 居民企业核定征收应纳税额的计算

对不能进行查账征收企业所得税的企业，税务机关可进行核定征收企业应纳的所得税额。

1) 核定征收企业所得税的范围

(1) 依照法律、行政法规的规定可以不设置账簿的。

(2) 依照法律、行政法规的规定应当设置但未设置账簿的。

(3) 擅自销毁账簿或者拒不提供纳税资料的。

(4) 虽设置账簿，但账目混乱或者成本资料、收入凭证、费用凭证残缺不全，难以查账的。

(5) 发生纳税义务，未按照规定的期限办理纳税申报，经税务机关责令限期申报，逾期仍不申报的。

(6) 申报的计税依据明显偏低，又无正当理由的。

2) 核定征收的办法

税务机关应根据纳税人具体情况，确定核定征收的方法，满足条件的可核定其应税所得率，否则核定其应纳所得税额。

具有下列情形之一的，核定其应税所得率。

(1) 能正确核算(查实)收入总额，但不能正确核算(查实)成本费用总额的。

(2) 能正确核算(查实)成本费用总额，但不能正确核算(查实)收入总额的。

(3) 通过合理方法，能计算和推定纳税人收入总额或成本费用总额的。

纳税人不属于以上情形的，核定其应纳所得税额。

3) 税务机关核定征收企业所得税采用的方法

(1) 参照当地同类行业或者类似行业中经营规模和收入水平相近的纳税人的税负水平核定。

(2) 按照应税收入额或成本费用支出额定率核定。

(3) 按照耗用的原材料、燃料、动力等推算或测算核定。

(4) 按照其他合理方法核定。

4) 核定应税所得率征收计算

$$应纳税所得额＝收入总额×应税所得率$$

或

$$应纳税所得额＝成本(费用)支出额÷(1－应税所得率)×应税所得率$$

$$应纳所得税额＝应纳税所得额×适用税率$$

4. 非居民企业应纳税额的计算

对于在我国境内未设立机构、场所的，或者虽设立机构、场所但取得的所得与其所设机构和场所没有实际联系的非居民企业的所得，按照下列方法计算应纳税所得额。

(1) 股息、红利等权益性投资收益和利息、租金、特许权使用费所得，以收入全额为应纳税所得额。

(2) 转让财产所得，以收入全额减除财产净值后的余额为应纳税所得额。

(3) 其他所得，参照前两项规定的方法计算应纳税所得额。

财产净值是指财产的计税基础减除已经按照规定扣除的折旧、折耗、摊销、准备金等后的余额。

5. 非居民企业所得税核定征收办法

非居民企业因会计账簿不健全，资料残缺难以查账，或者其他原因不能准确计算并据实申报其应纳税所得额的，税务机关有权采取以下方法核定其应纳税所得额。

(1) 按收入总额核定应纳税所得额：适用于能够正确核算收入或通过合理方法推定收入总额，但不能正确核算成本费用的非居民企业。计算公式为

$$应纳税所得额＝收入总额 \times 经税务机关核定的利润率$$

(2) 按成本费用核定应纳税所得额：适用于能够正确核算成本费用，但不能正确核算收入总额的非居民企业。计算公式为

$$应纳税所得额＝[成本费用总额 \div (1-经税务机关核定的利润率)] \times 经税务机关核定的利润率 \qquad (6-4)$$

(3) 按经费支出换算收入核定应纳税所得额：适用于能够正确核算经费支出总额，但不能正确核算收入总额和成本费用的非居民企业。计算公式为

$$应纳税所得额＝[经费支出总额 \div (1-经税务机关核定的利润率-营业税税率)] \times 经税务机关核定的利润率 \qquad (6-5)$$

税务机关可按照以下标准确定非居民企业的利润率：①从事承包工程作业、设计和咨询劳务的，利润率为15%～30%；②从事管理服务的，利润率为30%～50%；③从事其他劳务或劳务以外经营活动的，利润率不低于15%。

税务机关有根据认为非居民企业的实际利润率明显高于上述标准的，可以按照比上述标准更高的利润率核定其应纳税所得额。

三、企业所得税税收优惠

1. 免征与减征优惠

(1) 从事农、林、牧、渔业项目的所得。

(2) 从事国家重点扶持的公共基础设施项目投资经营的所得(3免3减半)。企业从事国家重点扶持的公共基础设施项目的投资经营的所得，自项目取得第一笔生产经营收入所属纳税年度起，第一年至第三年免征企业所得税，第四年至第六年减半征收企业所得税。

企业承包经营、承包建设和内部自建自用本条规定的项目，不得享受本条规定的企业所得税优惠。

(3) 从事符合条件的环境保护、节能节水项目的所得(3免3减半)。环境保护、节能节水项目的所得，自项目取得第一笔生产经营收入所属纳税年度起，第1年至第3年免征企业所得税，第4年至第6年减半征收企业所得税。

(4) 符合条件的技术转让所得(免营业税)。企业所得税法所称符合条件的技术转让所得免征、减征企业所得税，是指一个纳税年度内，居民企业转让技术所有权所得不超过500万元的部分，免征企业所得税；超过500万元的部分，减半征收企业所得税。

2. 高新技术企业优惠

国家需要重点扶持的高新技术企业减按15%的所得税税率征收企业所得税。

3. 小型微利企业优惠

小型微利企业减按20%的所得税税率征收企业所得税。小型微利企业的条件如下。

(1) 工业企业，年度应纳税所得额不超过 30 万元，从业人数不超过 100 人，资产总额不超过 3 000 万元。

(2) 其他企业，年度应纳税所得额不超过 30 万元，从业人数不超过 80 人，资产总额不超过 1 000 万元。

4. 加计扣除优惠

加计扣除优惠包括以下两项内容。

(1) 研究开发费，是指企业为开发新技术、新产品、新工艺发生的研究开发费用，未形成无形资产计入当期损益的，在按照规定据实扣除的基础上，按照研究开发费用的 50% 加计扣除；形成无形资产的，按照无形资产成本的 150% 摊销。

(2) 企业安置残疾人员所支付的工资，是指企业安置残疾人员的，在按照支付给残疾职工工资据实扣除的基础上，按照支付给残疾职工工资的 100% 加计扣除。残疾人员的范围适用《中华人民共和国残疾人保障法》的有关规定。企业安置国家鼓励安置的其他就业人员所支付的工资的加计扣除办法，由国务院另行规定。

5. 创投企业优惠

创投企业从事国家需要重点扶持和鼓励的创业投资，可以按投资额的 70% 抵扣应纳税所得额。

创投企业，采取股权投资方式投资于未上市的中小高新技术企业 2 年以上的，可以按照其投资额的 70% 在股权持有满 2 年的当年抵扣该创业投资企业的应纳税所得额；当年不足抵扣的，可以在以后纳税年度结转抵扣。

6. 加速折旧优惠

企业的固定资产由于技术进步等原因，确需加速折旧的，可以缩短折旧年限或者采取加速折旧的方法。可采用以上折旧方法的固定资产是指：①由于技术进步，产品更新换代较快的固定资产。②常年处于强震动、高腐蚀状态的固定资产。

采取缩短折旧年限方法的，最低折旧年限不得低于规定折旧年限的 60%；采取加速折旧方法的，可以采取双倍余额递减法或者年数总和法。

7. 减计收入优惠

综合利用资源，生产国家非限制和禁止并符合国家和行业相关标准的产品取得的收入，减按 90% 计入收入总额。

8. 税额抵免优惠

企业购置并实际使用《环境保护专用设备企业所得税优惠目录》、《节能节水专用设备企业所得税优惠目录》和《安全生产专用设备企业所得税优惠目录》规定的环境保护、节能节水、安全生产等专用设备的，该专用设备的投资额的 10% 可以从企业当年的应纳税额中抵免；当年不足抵免的，可以在以后 5 个纳税年度结转抵免。

9. 非居民企业优惠

非居民企业减按 10% 的所得税税率征收企业所得税。这里的居民企业是指在中国境内未设立机构、场所的，或者虽设立机构、场所但取得的所得与其所设机构、场所没有实际联系的企业。该类非居民企业取得下列所得免征企业所得税：①外国政府向中国政府提供贷款取得的利息所得；②国际金融组织向中国政府和居民企业提供优惠贷款取得的利息所得；③经国务院批准的其他所得。

10. 其他有关行业的优惠

(1) 软件生产企业实行增值税即征即退政策所退还的税款，由企业用于研究开发软件产品和扩大再生产，不作为企业所得税应税收入，不予征收企业所得税。

(2) 我国境内新办软件生产企业经认定后，自获利年度起，第一年和第二年免征企业所得税，第三年至第五年减半征收企业所得税。

(3) 国家规划布局内的重点软件生产企业，如当年未享受免税优惠的，减按 10％的税率征收企业所得税。

(4) 软件生产企业的职工培训费用，可按实际发生额在计算应纳税所得额时扣除。

(5) 企事业单位购进软件，凡符合固定资产或无形资产确认条件的，可以按照固定资产或无形资产进行核算，经主管税务机关核准，其折旧或摊销年限可以适当缩短，最短可为 2 年。

(6) 集成电路生产企业的生产性设备，经主管税务机关核准，其折旧年限可以适当缩短，最短可为 3 年。

(7) 投资额超过 80 亿元人民币或集成电路线宽小于 0.25 微米的集成电路生产企业，可以减按 15％的税率缴纳企业所得税，其中，经营期在 15 年以上的，从开始获利的年度起，5 年免税、5 年减半征税。

(8) 对生产线宽小于 0.8 微米(含)集成电路产品的生产企业，经认定后，自获利年度起，2 年免税、3 年减半征收。

(9) 自 2008 年 1 月 1 日起至 2010 年底，对集成电路生产企业、封装企业的投资者，以其取得的缴纳企业所得税后的利润，直接投资于本企业增加注册资本，或作为资本投资开办其他集成电路生产企业、封装企业，经营期不少于 5 年的，按 40％的比例退还其再投资部分已缴纳的企业所得税税款。再投资不满 5 年撤出该项投资的，追缴已退的企业所得税税款。

(10) 自 2008 年 1 月 1 日起至 2010 年底，对国内外经济组织作为投资者，以其在境内取得的缴纳企业所得税后的利润，作为资本投资于西部地区开办集成电路生产企业、封装企业或软件产品生产企业，经营期不少于 5 年的，按 80％的比例退还其再投资部分已缴纳的企业所得税税款。再投资不满 5 年撤出该项投资的，追缴已退的企业所得税税款。

▶▶学中做

1.【单项选择题】根据企业所得税的规定，下列各项中，不应计入应纳税所得额的有(　　)。
　　A. 股权转让收入　　　　　　　B. 因债权人缘故确实无法支付的应付款项
　　C. 国债利息收入　　　　　　　D. 接受捐赠收入

2.【多项选择题】下列各项中，属于企业所得税法中"其他收入"的有(　　)。
　　A. 债务重组收入　　　　　　　B. 视同销售收入
　　C. 资产溢余收入　　　　　　　D. 补贴收入

3.【多项选择题】根据企业所得税法的规定，下列项目中，属于不征税收入的有(　　)。
　　A. 财政拨款
　　B. 国债转让收入

C. 企业债权利息收入

D. 依法收取并纳入财政管理的行政事业性收费、政府性基金

E. 符合条件的居民企业之间的股息、红利等权益性收益

4.【多项选择题】在我国境内未设立机构、场所的非居民企业从中国境内取得的下列所得，应按收入全额计算征收企业所得税的有(   )。

　　A. 股息　　　B. 转让财产所得　　　C. 租金　　　D. 特许权使用费

5.【计算题】沪南公司为居民企业，2011年经营业务如下。

(1) 取得销售收入2 500万元。

(2) 销售成本1 100万元。

(3) 发生销售费用670万元(其中广告费450万元)，管理费用480万元(其中业务招待费15万元)，财务费用60万元。

(4) 销售税金160万元(含增值税120万元)。

(5) 营业外收入70万元，营业外支出50万元(含通过公益性社会团体向贫困山区捐款30万元，支付税收滞纳金6万元)。

(6) 已经计入成本、费用中的实发工资总额150万元，拨缴职工工会经费3万元，支出职工福利费23万元，职工教育经费5万元。

要求：计算该公司2011年度实际应纳的企业所得税。

6.【计算题】沪南公司的子公司沪南化妆品厂是位于南京市区的化妆品生产企业，属于增值税一般纳税人。2011年发生下列经济业务。

(1) 购入原材料取得增值税专用发票上注明的价款为500万元。

(2) 购入低值易耗品取得增值税专用发票，其上注明的价款为4万元。

(3) 购入办公用品取得普通发票，价款为2万元。

(4) 购入电力28万元并取得专用发票，其中6万元用于福利方面，其余均用于生产应税产品。

(5) 销售化妆品实现不含增值税的销售收入1 000万元，销售时用自己的车队负责运输，向购买方收取运费25.74万元。

(6) 提供非应税消费品的加工业务，共开具普通发票56张，金额合计为35.1万元。

(7) 取得国债利息收入5万元，金融债券利息收入4万元。

(8) 本年取得出租房屋收入10万元。

(9) 销售成本共400万元，其他业务支出22万元(不含税金)。

(10) 销售费用15万元、管理费用10万元、财务费用中的利息支出8万元。

(11) 支付滞纳金和行政性罚款共5万元，支付购货合同违约金3万元。

取得的增值税专用发票已通过认证，化妆品的消费税税率为30%。

要求：根据税法有关规定，回答下列问题。

(1) 计算本企业当年应该缴纳的增值税数额。

(2) 计算本企业当年应该缴纳的消费税数额。

(3) 计算本企业当年应该缴纳的营业税数额。

(4) 计算本企业当年应该缴纳的城建税及教育费附加。

(5) 计算本企业当年应该缴纳的企业所得税。

任务 6.1.3　企业所得税涉税业务核算

知识要点

一、企业所得税核算方法

企业会计准则规定，企业应采用"资产负债表债务法"核算所得税。

1. 资产负债表债务法的概念

资产负债表债务法是从资产负债表出发，通过比较资产负债表上列示的资产、负债按照企业会计准则规定确定的账面价值与按照税法规定确定的计税基础，对于两者之间的差额分别应纳税暂时性差异与可抵扣暂时性差异，确认相关的递延所得税负债和递延所得税资产。

2. 账面价值与计税基础及其间的差异

1) 账面价值

账面价值是指按照企业会计准则规定确定的有关资产、负债在企业的资产负债表中应列示的金额。一项资产的账面价值代表的是企业在持续使用及最终出售该项资产时会取得的经济利益的总额。举例如下：

应收账款期末余额：　　　　　　　　5 000 元
提取坏账准备：　　　　　　　　　　300 元
资产负债表中列示：　　　　　　　　4 700 元(账面价值)

2) 计税基础

资产的计税基础指企业在收回资产账面价值的过程中，计算应纳税所得额时按照税法规定可以自应税利益中抵扣的金额，即某一项资产在未来期间计税时可以税前扣除的金额。

从税收的角度考虑，资产的计税基础是假定企业按照税法规定进行核算提供的资产负债表中的资产的应有的金额。

【例6-4】某企业于2009年年末以300万元购入一项生产用固定资产，按照该项固定资产的预计使用情况，该企业在会计核算时估计其使用寿命为10年，计税时，按照税法规定，其折旧年限为20年，假定会计与税法均按直线法提折旧，净残值均为0。2010年该项固定资产按12个月提折旧。假定固定资产未发生减值。确定2010年12月31日的账面价值与计税基础。

【解析】账面价值＝300－30＝270(元)。

计税基础＝300－15＝285(元)。

3) 账面价值与计税基础的差异

账面价值等于计税基础：没有差异。

账面价值大于计税基础：应纳税暂时性差异。

该项资产未来期间产生的经济利益不能全部税前抵扣，两者之间的差额需交税。

账面价值小于计税基础：可抵扣暂时性差异。

资产在未来期间产生的经济利益少，按照税法规定允许税前扣除的金额多，则企业在未来期间可以减少应纳税所得额并减少应交所得税。

4) 负债的计税基础

负债的计税基础是指负债的账面价值减去未来期间计算应纳税所得额时按照税法规定可予抵扣的金额。

负债的账面价值大于计税基础时：可抵扣暂时性差异。确认为递延所得税资产。

负债的账面价值小于计税基础时：应纳税暂时性差异。确认为递延所得税负债。

例如，企业因预计将发生的产品保修费用确认为预计负债 200 万元，但税法规定有关费用在实际发生前不允许从税前扣除，则其计税基础为 0。企业确认预计负债的当期相关费用不允许税前扣除，但在以后期间费用实际发生是允许扣除，使得未来期间的应纳税所得额和应交所得税降低，产生可抵扣暂时性差异，确认为递延所得税资产。

二、所得税核算的税目设置

进行所得税核算应设置以下会计科目。

(1)"应交税费—应交所得税"负债类科目，贷方核算计提的应交企业所得税，借方核算已上缴的企业所得税。

(2)"所得税费用"损益类科目，借方核算计提的企业所得税费用，贷方核算年末结转"本年利润"的所得税费用。

(3)"递延所得税资产"资产类科目。

核算的范围：核算企业确认的可抵扣暂时性差异产生的递延所得税资产及根据税法确定可用以后年度税前利润弥补的亏损及税款抵减产生的所得税资产。

账户结构如下。

借方：资产负债表日企业确认的递延所得税资产和递延所得税资产应有余额大于其账面余额的差额。

贷方：资产负债表日递延所得税资产的应有余额小于其账面余额的差额及资产负债表日预计未来期间很可能无法获得足够的应纳税所得额用以抵扣可抵扣暂时性差异。

期末余额：借方，反映企业确认的递延所得税资产。

(4)"递延所得税负债"负债类科目。

核算范围：核算企业确认的应纳税暂时性差异产生的所得税负债。

账户结构如下。

借方：登记递延所得税负债应有余额小于其账面余额的差额。

贷方：资产负债表日企业确认的递延所得税负债和资产负债表日递延所得税负债应有余额大于其账面余额的差额。与直接计入所有者权益的交易或事项相关的递延所得税负债，在贷方登记。

期末余额在贷方，反映企业已确认的递延所得税负债。

三、所得税业务核算

下面通过案例应用上述设置的科目进行企业所得税业务的核算。

【例 6-5】沪南公司在正常生产经营活动之前发生了 1 500 万元的筹建费用，该费用在发生时已计入当期损益，按照税法规定，企业在筹建期间发生的费用允许在开始正常生产经营活动之后 5 年内分期计入应纳税所得额。假定企业在 2010 年开始正常生产经营活动，当期税前扣除了 300 万元。假设当期除筹建费用的会计处理与税务处理存在差异外，不存在其他会计和税收之间的差异。要求：根据上述资料对此项业务进行会计核算。

【解析】由于筹建费用在发生时已计入当期损益，因此资产负债表上没有列示，因此其账面价值为零，又由于在2010年已税前扣除300万元，因此在未来期间能够税前扣除的金额为1 200(1 500－300)万元。

从上述分析可知筹建费用的可抵扣暂时性差异为1 200万元，假定该企业适用的所得税率为25%，其估计于未来期间能够产生足够的应纳税所得额以利用该可抵扣暂时性差异，则企业应确认相关的递延所得税资产。

借：递延所得税资产　　　　　　　　　　　　　　　　　　　　　3 000 000
　　贷：所得税费用　　　　　　　　　　　　　　　　　　　　　　3 000 000

【例6-6】沪南公司于2010年1月1日购入某项环保设备，取得成本为1 200万元，会计上采用直线法计提折旧，使用年限为10年，净残值为零，计税时按双倍余额递减法计提折旧，使用年限及净残值与会计相同。公司适用所得税税率为25%。假设该公司不存在其他会计与税务处理的差异，该项固定资产在期末未发生减值。

要求：根据上述资料对此项业务进行会计核算。

【解析】2010年按会计规定计提折旧＝1 200÷10＝120(万元)

2010年按税法规定计提折旧＝1 200÷10×2＝240(万元)

2010年资产负债表日，则该固定资产的账面价值1 080万元与其计税基础960万元的差额构成应纳税暂时性差异，企业应确认相关的递延所得税负债。

借：所得税费用　　　　　　　　　　　　　　　　　　　　　　　300 000
　　贷：递延所得税负债　　　　　　　　　　　　　　　　　　　　300 000

【例6-7】沪南公司于2007年年初购入一台机器设备，成本为210 000元，预计使用年限6年，预计净残值为0。会计上按直线法计提折旧，因该设备符合税法规定的税收优惠条件，计税时可采用年数总和法计提折旧，假定税法规定的使用年限及净残值均与会计相同。假定公司各会计期间均未对固定资产计提减值准备。

则该公司每年因固定资产账面价值与计税基础不同应预确认的递延所得税如何？

【解析】(1) 2007年资产负债表日。

该项固定资产的账面价值＝实际成本－会计折旧＝210 000－35 000＝175 000(元)

该项固定资产的计税基础＝实际成本－税前扣除的折旧＝210 000－60 000＝150 000(元)

因账面价值175 000元大于其计税基础150 000元，两者之间产生的25 000元差异，会增加未来期间的应纳税所得额和应交所得税，属于应纳税暂时性差异，应确认与其相关的递延所得税负债6 250元(25 000×25%)。

借：所得税费用　　　　　　　　　　　　　　　　　　　　　　　6 250
　　贷：递延所得税负债　　　　　　　　　　　　　　　　　　　　6 250

(2) 2008年资产负债表日。

该项固定资产的账面价值＝210 000－35 000－35 000＝140 000(元)

该项固定资产的计税基础＝实际成本－累计已税前扣除的折旧额＝210 000－60 000－50 000＝100 000(元)

因账面价值140 000元大于其计税基础100 000元，两者之间的差额为应纳税暂时性差异，应确认与其相关的递延所得税负债10 000元，但递延所得税负债的期初余额为6 250元，当期应进一步确认递延所得税负债3 750元。

借：所得税费用　　　　　　　　　　　　　　　　　　　　　　　　　3 750
　　　　贷：递延所得税负债　　　　　　　　　　　　　　　　　　　3 750(10 000-6 250)

(3) 2009 年资产负债表日。

该项固定资产的账面价值＝210 000－35 000－35 000－35 000＝105 000(元)

该项固定资产的其计税基础＝210 000－60 000－50 000－40 000＝60 000(元)

因账面价值 105 000 元大于其计税基础 60 000 元，两者之间的差额为应纳税暂时性差异，应确认与其相关的递延所得税负债 11 250 元，但递延所得税负债的期初余额为 10 000 元，当期应进一步确认递延所得税负债 1 250 元。

　　借：所得税费用　　　　　　　　　　　　　　　　　　　　　　　　　1 250
　　　　贷：递延所得税负债　　　　　　　　　　　　　　　　　　　　　　1 250

(4) 2010 年资产负债表日。

该项固定资产的账面价值＝210 000－35 000×4＝70 000(元)

该项固定资产的计税基础＝210 000－180 000＝30 000(元)

因其账面价值 70 000 元大于其计税基础 30 000 元，两者之间的差额为应纳税暂时性差异，应确认与其相关的递延所得税负债 10 000 元，但递延所得税负债的期初余额为 11 250 元，当期应转回原已确认的递延所得税负债 1 250 元。

　　借：递延所得税负债　　　　　　　　　　　　　　　　　　　　　　　1 250
　　　　贷：所得税费用　　　　　　　　　　　　　　　　　　　　　　　　1 250

(5) 2011 年资产负债表日。

该项固定资产的账面价值＝210 000－35 000×5＝35 000(元)

该项固定资产的计税基础＝210 000－200 000＝10 000(元)

因其账面价值 35 000 元大于计税基础 10 000 元，两者之间的差额为应纳税暂时性差异，应确认与其相关的递延所得税负债 6 250 元，但递延所得税负债的期初余额为 10 000 元，当期应转回递延所得税负债 3 750 元。

　　借：递延所得税负债　　　　　　　　　　　　　　　　　　　　　　　3 750
　　　　贷：所得税费用　　　　　　　　　　　　　　　　　　　　　　　　3 750

(6) 2012 年资产负债表日。

该项固定资产的账面价值及计税基础均为 0，两者之间不存在暂时性差异，原已确认的与该项资产相关的递延所得税负债应予全额转回，即应将原已确认的递延所得税负债 6 250 元全额转回。

　　借：递延所得税负债　　　　　　　　　　　　　　　　　　　　　　　6 250
　　　　贷：所得税费用　　　　　　　　　　　　　　　　　　　　　　　　6 250

四、所得税费用的确认和计量

1. 当期所得税

当期所得税，是指企业按照税法规定计算确定的针对当期发生的交易和事项，应交纳给税务部门的所得税金额，即应交所得税，应以适用的税收法规为基础计算确定。计算公式为

$$当期所得税＝当期应交所得税＝应纳税所得额×适用的所得税税率$$

2. 递延所得税

递延所得税，是指按照企业会计准则规定应予确认的递延所得税资产和递延所得税负债

在期末应有的金额相对于原已确认金额之间的差额,即递延所得税资产及递延所得税负债的当期发生额,但不包括直接计入所有者权益的交易或事项(资本公积)及企业合并(商誉)的所得税影响。用公式表示为

$$递延所得税=(期末递延所得税负债-期初递延所得税负债)-\\(期末递延所得税资产-期初递延所得税资产) \quad (6\text{-}6)$$

应注意:递延所得税资产和递延所得税负债的增减变化,将影响所得税费用、资本公积或者商誉,所以上述公式不太严谨;只有假定递延所得税资产和递延所得税负债的增减变化只会引起所得税费用的变化,上述公式才成立。

3. 所得税费用

利润表中的所得税费用由两个部分组成:当期所得税和递延所得税。计算公式为

$$所得税费用=当期所得税(应交所得税)+递延所得税 \quad (6\text{-}7)$$

【例 6-8】江苏南京沪南机械有限责任公司 2008 年当期应交所得税为 4 620 000 元。资产负债表中有关资产、负债的账面价值与其计税基础相关资料如下表所示,除所列项目外,其他资产、负债项目不存在会计和税收的差异,具体见表 6-2。

表 6-2 资产、负债的账面价值与其计税基础相关资料

单位:元

项目	账面价值	计税基础	差异	
			应纳税暂时性差异	可抵扣暂时性差异
存货	16 000 000	16 800 000		800 000
固定资产:				
固定资产原价	6 000 000	6 000 000		
减:累计折旧	2 160 000	1 200 000		
减:固定资产减值准备	200 000	0		
固定资产账面价值	3 640 000	4 800 000		1 160 000
交易性金融资产	4 700 000	2 000 000	2 700 000	
预计负债	1 000 000	0		1 000 000
总计			2 700 000	2 960 000

(1) 2008 年应交所得税为 4 620 000 元。

(2) 计算递延所得税:①年末递延所得税负债 675 000 (2 700 000×25%)元,年初递延所得税负债 750 000 元,递延所得税负债减少 75 000 元。②年末递延所得税资产 740 000 (2 960 000×25%)元,年初递延所得税资产 225 000 元,递延所得税资产增加 515 000 元;递延所得税费用(收益)=递延所得税负债增加额(-75 000 元)-递延所得税资产增加额(5 150 000 元)=-590 000(元)。

(3) 计算所得税费用。

所得税费用=当期所得税 4 620 000+递延所得税(-590 000)=4 030 000(元)

借:所得税费用　　　　　　　　　　　　　　　　　　　　　　　　4 030 000
　　递延所得税资产　　　　　　　　　　　　　　　　　　　　　　　 515 000
　　递延所得税负债　　　　　　　　　　　　　　　　　　　　　　　　75 000
　　贷:应交税费—应交所得税　　　　　　　　　　　　　　　　　　4 620 000

▶▶ 学中做

指出下列项目哪些会形成暂时性差异？若会形成暂时性差异，应确认相关的递延所得税资产还是递延所得税负债？

(1) 以 1 200 000 元购入一项固定资产，当期会计折旧为 100 000 元，计税时就该项固定资产税前扣除的折旧额为 400 000 元。

(2) 当期购入到期一次还本付息的国债，确认国债利息收入 20 000 元。

任务 6.2　企业所得税税款申报

学习目标 Learning Objectives

- 知识目标：明确企业所得税税款申报的方式、时间及地点。
- 技能目标：能熟练准确填报企业所得税纳税申报表。
- 素质目标：培养自觉纳税意识，锻炼独立解决问题的能力。

一、纳税地点

企业所得税纳税地点规范如下。

(1) 除税收法律、行政法规另有规定外，居民企业以企业登记注册地为纳税地点；但登记注册地在境外的，以实际管理机构所在地为纳税地点。

(2) 居民企业在我国境内设立不具有法人资格的营业机构的，应当汇总计算并缴纳企业所得税。

(3) 非居民企业在我国境内设立机构、场所的，应当就其所设机构、场所取得的来源于我国境内的所得，以及发生在我国境外但与其所设机构、场所有实际联系的所得，以机构、场所所在地为纳税地点。非居民企业在我国境内设立两个或者两个以上机构、场所的，经税务机关审核批准，可以选择由其主要机构、场所汇总缴纳企业所得税。

(4) 非居民企业在我国境内未设立机构、场所的，或者虽设立机构、场所但取得的所得与其所设机构、场所没有实际联系的所得，以扣缴义务人所在地为纳税地点。

(5) 除国务院另有规定外，企业之间不得合并缴纳企业所得税。

二、纳税期限

企业所得税按年计征，分月或者分季预缴，年终汇算清缴，多退少补。自年度终了之日起 5 个月内，向税务机关报送年度企业所得税纳税申报表，并汇算清缴，结清应缴应退税款。

三、纳税申报

按月或按季预缴的，应当自月份或者季度终了之日起 15 日内，向税务机关报送预缴企业所得税纳税申报表，预缴税款。

项目6 企业所得税申报与筹划

四、企业所得税纳税申报表

1. 企业所得税预缴纳税申报表

1) 企业所得税预缴纳税申报表(A类)

查账征收企业所得税的居民企业纳税人及在我国境内设立机构的非居民纳税人在月(季)度预缴企业所得税时应填制《企业所得税预缴纳税申报表》(A类)(见表6-3)。

表6-3 企业所得税月(季)度预缴纳税申报表(A类)

税款所属期间： 年 月 日 至 年 月 日

纳税人识别号：□□□□□□□□□□□□□□□

纳税人名称： 金额单位：人民币元(列至角分)

行次	项目	本期金额	累计金额
1	一、据实预缴		
2	营业收入		
3	营业成本		
4	利润总额		
5	税率(25%)		
6	应纳所得税额(4行×5行)		
7	减免所得税额		
8	实际已缴所得税额	—	
9	应补(退)的所得税额(6行－7行－8行)		
10	二、按照上一纳税年度应纳税所得额的平均额预缴		
11	上一纳税年度应纳税所得额		
12	本月(季)应纳税所得额(11行÷12或11行÷4)		
13	税率(25%)	—	—
14	本月(季)应纳所得税额(12行×13行)		
15	三、按照税务机关确定的其他方法预缴		
16	本月(季)确定预缴的所得税额		
17	总分机构纳税人			
18	总机构	总机构应分摊的所得税额(9行或14行或16行×25%)		
19		中央财政集中分配的所得税额(9行或14行或16行×25%)		
20		分支机构分摊的所得税额(9行或14行或16行×50%)		
21	分支机构	分配比例		
22		分配的所得税额(20行×21行)		

谨声明：此纳税申报表是根据《企业所得税法》、《中华人民共和国企业所得税法实施条例》和国家有关税收规定填报的，是真实的、可靠的、完整的。

法定代表人(签字)： 年 月 日

纳税人公章： 会计主管： 填表日期： 年 月 日	代理申报中介机构公章： 经办人： 经办人执业证件号码： 代理申报日期： 年 月 日	主管税务机关受理专用章： 受理人： 受理日期： 年 月 日

填报说明如下。

(1) 本表适用于实行查账征收方式申报企业所得税的居民纳税人及在我国境内设立机构的非居民纳税人在月(季)度预缴企业所得税时使用。

(2) 本表表头项目如下。

① "税款所属期间"：纳税人填写的"税款所属期间"为公历1月1日至所属月(季)度最后一日。

企业年度中间开业的纳税人填写的"税款所属期间"为当月(季)开始经营之日至所属季度的最后一日，自次月(季)度起按正常情况填报。

② "纳税人识别号"：填报税务机关核发的税务登记证号码(15位)。

③ "纳税人名称"：填报税务登记证中的纳税人全称。

(3) 各列的填报。

① "据实预缴"的纳税人第2～9行：填报"本期金额"列，数据为所属月(季)度第一日至最后一日；填报"累计金额"列，数据为纳税人所属年度1月1日至所属季度(或月份)最后一日的累计数。纳税人当期应补(退)所得税额为"累计金额"列第9行"应补(退)所得税额"的数据。

② "按照上一纳税年度应纳税所得额平均额预缴"的纳税人第11～14行及"按照税务机关确定的其他方法预缴"的纳税人第16行：填报表内第11～14行、第16行"本期金额"列，数据为所属月(季)度第一日至最后一日。

(4) 各行的填报。本表结构分为两部分。

① 第一部分为第1～16行，纳税人根据自身的预缴申报方式分别填报，包括非居民企业设立的分支机构：实行据实预缴的纳税人填报第2～9行，实行按上一年度应纳税所得额的月度或季度平均额预缴的纳税人填报第11～14行，实行经税务机关认可的其他方法预缴的纳税人填报第16行。

② 第二部分为第17～22行，由实行汇总纳税的总机构在填报第一部分的基础上填报第18～20行；分支机构填报第20～22行。

(5) 具体项目填报说明。

① 第2行"营业收入"：填报会计制度核算的营业收入，事业单位、社会团体、民办非企业单位按其会计制度核算的收入填报。

② 第3行"营业成本"：填报会计制度核算的营业成本，事业单位、社会团体、民办非企业单位按其会计制度核算的成本(费用)填报。

③ 第4行"利润总额"：填报会计制度核算的利润总额，其中包括从事房地产开发企业可以在本行填写按本期取得预售收入计算出的预计利润等。事业单位、社会团体、民办非企业单位比照填报。

④ 第5行"税率(25%)"：按照《企业所得税法》第四条规定的25%税率计算应纳所得税额。

⑤ 第6行"应纳所得税额"：填报计算出的当期应纳所得税额。第6行＝第4行×第5行，且第6行≥0。

⑥ 第7行"减免所得税额"：填报当期实际享受的减免所得税额，包括享受减免税优惠过渡期的税收优惠、小型微利企业优惠、高新技术企业优惠及经税务机关审批或备案的其他减免税优惠。第7行≤第6行。

⑦ 第 8 行"实际已预缴的所得税额":填报累计已预缴的企业所得税税额,"本期金额"列不填。

⑧ 第 9 行"应补(退)所得税额":填报按照税法规定计算的本次应补(退)预缴所得税额。第 9 行＝第 6 行－第 7 行－第 8 行,且第 9 行＜0 时,填 0,"本期金额"列不填。

⑨ 第 11 行"上一纳税年度应纳税所得额":填报上一纳税年度申报的应纳税所得额。本行不包括纳税人的境外所得。

⑩ 第 12 行"本月(季)应纳所得税所得额":填报纳税人依据上一纳税年度申报的应纳税所得额计算的当期应纳税所得额。

按季预缴企业:第 12 行＝第 11 行×1/4

按月预缴企业:第 12 行＝第 11 行×1/12

⑪ 第 13 行"税率(25%)":按照《企业所得税法》第四条规定的 25%税率计算应纳所得税额。

⑫ 第 14 行"本月(季)应纳所得税额":填报计算的本月(季)应纳所得税额。第 14 行＝第 12 行×第 13 行。

⑬ 第 16 行"本月(季)确定预缴的所得税额":填报依据税务机关认定的应纳税所得额计算出的本月(季)应缴纳所得税额。

⑭ 第 18 行"总机构应分摊的所得税额":填报汇总纳税总机构以本表第一部分(第 1～16 行)本月或本季预缴所得税额为基数,按总机构应分摊的预缴比例计算出的本期预缴所得税额。

据实预缴的汇总纳税企业总机构:第 9 行×总机构应分摊的预缴比例 25%。

按上一纳税年度应纳税所得额的月度或季度平均额预缴的汇总纳税企业总机构:第 14 行×总机构应分摊的预缴比例 25%。

经税务机关认可的其他方法预缴的汇总纳税企业总机构:第 16 行×总机构应分摊的预缴比例 25%。

⑮ 第 19 行"中央财政集中分配税款的所得税额":填报汇总纳税总机构以本表第一部分(第 1～16 行)本月或本季预缴所得税额为基数,按中央财政集中分配税款的预缴比例计算出的本期预缴所得税额。

据实预缴的汇总纳税企业总机构:第 9 行×中央财政集中分配税款的预缴比例 25%。

按上一纳税年度应纳税所得额的月度或季度平均额预缴的汇总纳税企业总机构:第 14 行×中央财政集中分配税款的预缴比例 25%。

经税务机关认可的其他方法预缴的汇总纳税企业总机构:第 16 行×中央财政集中分配税款的预缴比例 25%。

⑯ 第 20 行"分支机构分摊的所得税额":填报汇总纳税总机构以本表第一部分(第 1～16 行)本月或本季预缴所得税额为基数,按分支机构分摊的预缴比例计算出的本期预缴所得税额。

据实预缴的汇总纳税企业总机构:第 9 行×分支机构分摊的预缴比例 50%。

按上一纳税年度应纳税所得额的月度或季度平均额预缴的汇总纳税企业总机构:第 14 行×分支机构分摊的预缴比例 50%。

经税务机关认可的其他方法预缴的汇总纳税企业总机构:第 16 行×分支机构分摊的预缴比例 50%(分支机构本行填报总机构申报的第 20 行"分支机构分摊的所得税额")。

⑰ 第21行"分配比例":填报汇总纳税分支机构依据《汇总纳税企业所得税分配表》中确定的分配比例。

⑱ 第22行"分配的所得税额":填报汇总纳税分支机构依据当期总机构申报表中第20行"分支机构分摊的所得税额"×本表第21行"分配比例"的数额。

2) 企业所得税预缴纳税申报表 (B类)

实行核定征收管理办法缴纳企业所得税的纳税人在月(季)度申报缴纳企业所得税时应填制《企业所得税预缴纳税申报表》(B类)(见表6-4)。

表6-4　企业所得税月(季)度预缴纳税申报表(B类)

税款所属期间：　　年　　月　　日至　　年　　月　　日
纳税人识别号：□□□□□□□□□□□□□□□
纳税人名称：　　　　　　　　　　　　　　　　　　金额单位：人民币元(列至角分)

项　目		行次	累计金额
应纳税所得额的计算	按收入总额核定应纳税所得额	收入总额	1	
		税务机关核定的应税所得率/%	2	
		应纳税所得额(1行×2行)	3	
	按成本费用核定应纳税所得额	成本费用总额	4	
		税务机关核定的应税所得率/%	5	
		应纳税所得额[4行÷(1−5行)×5行]	6	
	按经费支出换算应纳税所得额	经费支出总额	7	
		税务机关核定的应税所得率/%	8	
		换算的收入额[7行÷(1−8行)]	9	
		应纳税所得额(8行×9行)	10	
应纳所得税额的计算		税率/25%	11	
		应纳所得税额(3行×11行或6行×11行或10行×11行)	12	
		减免所得税额	13	
应补(退)所得税额的计算		已预缴所得税额	14	
		应补(退)所得税额(12行−13行−14行)	15	

纳税人公章：	代理申报中介机构公章：
会计主管：	经办人：
	经办人执业证件号码：
填表日期：　年　月　日	代理申报日期：　年　月　日

填表说明如下。

(1) 本表为按照核定征收管理办法(包括核定应税所得率和核定税额征收方式)缴纳企业所得税的纳税人在月(季)度申报缴纳企业所得税时使用,包括依法被税务机关指定的扣缴义务人。其中,核定应税所得率的纳税人按收入总额核定、按成本费用核定、按经费支出换算分别填写。

(2) 本表表头项目如下。

① "税款所属期间":纳税人填报的"税款所属期间"为公历1月1日至所属季(月)度最后一日。

企业年度中间开业的纳税人填报的"税款所属期间"为当月(季)度第一日至所属月(季)度的最后一日,自次月(季)度起按正常情况填报。

② "纳税人识别号":填报税务机关核发的税务登记证号码(15位)。

③ "纳税人名称":填报税务登记证中的纳税人全称。

(3) 具体项目填报说明如下。

① 第1行"收入总额":按照收入总额核定应税所得率的纳税人填报此行。填写本年度累计取得的各项收入金额。

② 第2行"税务机关核定的应税所得率":填报主管税务机关核定的应税所得率。

③ 第3行"应纳税所得额":填报计算结果。计算公式为

应纳税所得额＝第1行"收入总额"×第2行"税务机关核定的应税所得率"。

④ 第4行"成本费用总额":按照成本费用核定应税所得率的纳税人填报此行。填写本年度累计发生的各项成本费用金额。

⑤ 第5行"税务机关核定的应税所得率":填报主管税务机关核定的应税所得率。

⑥ 第6行"应纳税所得额":填报计算结果。计算公式为

应纳税所得额＝第4行"成本费用总额"÷(1－第5行"税务机关核定的应税所得率")×第5行"税务机关核定的应税所得率"

⑦ 第7行"经费支出总额":按照经费支出换算收入方式缴纳所得税的纳税人填报此行。填报累计发生的各项经费支出金额。

⑧ 第8行"经税务机关核定的应税所得率":填报主管税务机关核定的应税所得率。

⑨ 第9行"换算的收入额":填报计算结果。计算公式为

换算的收入额＝第7行"经费支出总额"÷(1－
第8行"税务机关核定的应税所得率")

⑩ 第10行"应纳税所得额":填报计算结果。计算公式为

应纳税所得额＝第8行"税务机关核定的应税所得率"×
第9行"换算的收入额"

⑪ 第11行"税率":填写《企业所得税法》第四条规定的25%税率。

⑫ 第12行"应纳所得税额"。

核定应税所得率的纳税人填报计算结果如下。

按照收入总额核定应税所得率的纳税人,应纳所得税额＝第3行"应纳税所得额"×第11行"税率";按照成本费用核定应税所得率的纳税人,应纳所得税额＝第6行"应纳税所得额"×第11行"税率";按照经费支出换算应纳税所得额的纳税人,应纳所得税额＝第10行"应纳税所得额"×第11行"税率"。

实行核定税额征收的纳税人,填报税务机关核定的应纳所得税额。

⑬ 第13行"减免所得税额":填报当期实际享受的减免所得税额,第13行≤第12行。包括享受减免税优惠过渡期的税收优惠、小型微利企业优惠、高新技术企业优惠及经税务机关审批或备案的其他减免税优惠。

⑭ 第14行"已预缴的所得税额":填报当年累计已预缴的企业所得税额。

⑮ 第15行"应补(退)所得税额":填报计算结果。计算公式为

应补(退)所得税额＝第12行"应纳所得税额"－第13行"减免所得税额"－
第14行"已预缴的所得税额"

当第15行≤0时,本行填0。

2. 企业所得税年度纳税申报表

查账征收企业所得税的纳税人在年度汇算清缴时，无论赢利还是亏损，都必须在规定的期限内进行纳税申报，填写企业所得税纳税年度申报表及其有关附表，其具体格式与内容如下。

1) 中华人民共和国企业所得税年度纳税申报表(A 类)

这是实行查账征收的企业所得税居民纳税人填报的一张主表，具体内容及格式见表 6-5 (注：其余相关的表格及填报说明请到 www.pup6.cn 下载)。

表 6-5　中华人民共和国企业所得税年度纳税申报表(A 类)

税款所属期间：　　年　　月　　日至　　年　　月　　日

纳税人名称：

纳税人识别号：□□□□□□□□□□□□□□□　　　　　金额单位：元(列至角分)

类别	行次	项目	金额
利润总额计算	1	一、营业收入(填表 6-6)	
	2	减：营业成本(填表 6-7)	
	3	营业税金及附加	
	4	销售费用(填表 6-7)	
	5	管理费用(填表 6-7)	
	6	财务费用(填表 6-7)	
	7	资产减值损失	
	8	加：公允价值变动收益	
	9	投资收益	
	10	二、营业利润	
	11	加：营业外收入(填表 6-6)	
	12	减：营业外支出(填表 6-7)	
	13	三、利润总额(10＋11－12)	
应纳税所得额计算	14	加：纳税调整增加额(填表 6-8)	
	15	减：纳税调整减少额(填表 6-8)	
	16	其中：不征税收入	
	17	免税收入	
	18	减计收入	
	19	减、免税项目所得	
	20	加计扣除	
	21	抵扣应纳税所得额	
	22	加：境外应税所得弥补境内亏损	
	23	纳税调整后所得(13＋14－15＋22)	
	24	减：弥补以前年度亏损	
	25	应纳税所得额(23－24)	
应纳税额计算	26	税率(25%)	
	27	应纳所得税额(25×26)	
	28	减：减免所得税额	
	29	减：抵免所得税额	
	30	应纳税额(27－28－29)	

续表

类别	行次	项目	金额
应纳税额计算	31	加：境外所得应纳所得税额	
	32	减：境外所得抵免所得税额	
	33	实际应纳所得税额(30+31-32)	
	34	减：本年累计实际已预缴的所得税额	
	35	其中：汇总纳税的总机构分摊预缴的税额	
	36	汇总纳税的总机构财政调库预缴的税额	
	37	汇总纳税的总机构所属分支机构分摊的预缴税额	
	38	合并纳税(母子体制)成员企业就地预缴比例	
	39	合并纳税企业就地预缴的所得税额	
	40	本年应补(退)的所得税额(33-34)	
附列资料	41	以前年度多缴的所得税额在本年抵减额	
	42	以前年度应缴未缴在本年入库所得税额	

纳税人公章：	代理申报中介机构公章：	主管税务机关受理专用章：
经办人：	经办人及执业证件号码：	受理人：
申报日期：　年　月　日	代理申报日期：　年　月　日	受理日期：　年　月　日

填报说明如下。

1. 适用范围

本表适用于实行查账征收的企业所得税居民纳税人填报。

2. 填报依据及内容

根据《企业所得税法》及其实施条例的规定计算填报，并依据企业会计制度、企业会计准则等企业的《利润表》以及纳税申报表相关附表的数据填报。

3. 有关项目填报说明

1) 表头项目

① "税款所属期间"：正常经营的纳税人，填报公历当年1月1日至12月31日；纳税人年度中间开业的，填报实际生产经营之日的当月1日至同年12月31日；纳税人年度中间发生合并、分立、破产、停业等情况的，填报公历当年1月1日至实际停业或法院裁定并宣告破产之日的当月月末；纳税人年度中间开业且年度中间又发生合并、分立、破产、停业等情况的，填报实际生产经营之日的当月1日至实际停业或法院裁定并宣告破产之日的当月月末。

② "纳税人识别号"：填报税务机关统一核发的税务登记证号码。

③ "纳税人名称"：填报税务登记证所载纳税人的全称。

2) 表体项目

本表是在企业会计利润总额的基础上，加减纳税调整额后计算出"纳税调整后所得"(应纳税所得额)。会计与税法的差异(包括收入类、扣除类、资产类等一次性和暂时性差异)通过《纳税调整明细表》(表6-8)集中体现。本表包括利润总额的计算、应纳税所得额的计算、应纳税额的计算和附列资料4个部分。

① "利润总额的计算"中的项目，适用《企业会计准则》的企业，其数据直接取自《利

润表》；实行《企业会计制度》、《小企业会计制度》等会计制度的企业，其《利润表》中项目与本表不一致的部分，应当按照本表要求对《利润表》中的项目进行调整后填报。

该部分的收入、成本费用明细项目，适用《企业会计准则》、《企业会计制度》或《小企业会计制度》的纳税人，通过表6-6《收入明细表》和表6-7《成本费用明细表》反映；适用《企业会计准则》、《金融企业会计制度》的纳税人填报附表一(2)《金融企业收入明细表》、附表二(2)《金融企业成本费用明细表》的相应栏次；适用《事业单位会计准则》、《民间非营利组织会计制度》的事业单位、社会团体、民办非企业单位、非营利组织，填报附表一(3)《事业单位、社会团体、民办非企业单位收入项目明细表》和附表一(3)《事业单位、社会团体、民办非企业单位支出项目明细表》。

② "应纳税所得额的计算"和"应纳税额的计算"中的项目，除根据主表逻辑关系计算出的指标外，其余数据来自附表。

③ "附列资料"包括用于税源统计分析的上年度税款在本年入库金额。

3) 行次说明：

① 第1行"营业收入"：填报纳税人主要经营业务和其他业务所确认的收入总额。本项目应根据"主营业务收入"和"其他业务收入"科目的发生额分析填列。一般企业通过表6-6《收入明细表》计算填列；金融企业通过附表一(2)《金融企业收入明细表》计算填列；事业单位、社会团体、民办非企业单位、非营利组织应填报附一(3)《事业单位、社会团体、民办非企业单位收入明细表》的"收入总额"，包括按税法规定的不征税收入。

② 第2行"营业成本"项目，填报纳税人经营主要业务和其他业务发生的实际成本总额。本项目应根据"主营业务成本"和"其他业务成本"科目的发生额分析填列。一般企业通过表6-7《成本费用明细表》计算填列；金融企业通过附表二(2)《金融企业成本费用明细表》计算填列；事业单位、社会团体、民办非企业单位、非营利组织应按填报附表一(3)《事业单位、社会团体、民办非企业单位收入明细表》和附表二(3)《事业单位、社会团体、民办非企业单位支出明细表》分析填报。

③ 第3行"营业税金及附加"：填报纳税人经营业务应负担的营业税、消费税、城市维护建设税、资源税、土地增值税和教育费附加等。本项目应根据"营业税金及附加"科目的发生额分析填列。

④ 第4行"销售费用"：填报纳税人在销售商品过程中发生的包装费、广告费等费用和为销售本企业商品而专设的销售机构的职工薪酬、业务费等经营费用。本项目应根据"销售费用"科目的发生额分析填列。

⑤ 第5行"管理费用"：填报纳税人为组织和管理生产经营发生的管理费用。本项目应根据"管理费用"科目的发生额分析填列。

⑥ 第6行"财务费用"：填报纳税人为筹集生产经营所需资金等而发生的筹资费用。本项目应根据"财务费用"科目的发生额分析填列。

⑦ 第7行"资产减值损失"：填报纳税人各项资产发生的减值损失。本项目应根据"资产减值损失"科目的发生额分析填列。

⑧ 第8行"公允价值变动收益"：填报纳税人按照相关会计准则规定应当计入当期损益的资产或负债公允价值变动收益，如交易性金融资产当期公允价值的变动额。本项目应根据"公允价值变动损益"科目的发生额分析填列，如为损失，本项目以"－"号填列。

⑨ 第9行"投资收益"：填报纳税人以各种方式对外投资所取得的收益。本行应根据"投

资收益"科目的发生额分析填列,如为损失,用"一"号填列。企业持有的交易性金融资产处置和出让时,处置收益部分应当自"公允价值变动损益"项目转出,列入本行,包括境外投资应纳税所得额。

⑩ 第10行"营业利润":填报纳税人当期的营业利润。根据上述行次计算填列。

⑪ 第11行"营业外收入":填报纳税人发生的与其经营活动无直接关系的各项收入。除事业单位、社会团体、民办非企业单位外,其他企业通过表6-6《收入明细表》相关行次计算填报;金融企业通过附表一(2)《金融企业收入明细表》相关行次计算填报。

⑫ 第12行"营业外支出":填报纳税人发生的与其经营活动无直接关系的各项支出。一般企业通过表6-7《成本费用明细表》相关行次计算填报;金融企业通过附表二(2)《金融企业成本费用明细表》相关行次计算填报。

⑬ 第13行"利润总额":填报纳税人当期的利润总额。根据上述行次计算填列。金额等于第10+11-12行。

⑭ 第14行"纳税调整增加额":填报纳税人未计入利润总额的应税收入项目、税收不允许扣除的支出项目、超出税收规定扣除标准的支出金额,以及资产类应纳税调整的项目,包括房地产开发企业按本期预售收入计算的预计利润等。纳税人根据表6-8《纳税调整项目明细表》"调增金额"列下计算填报。

⑮ 第15行"纳税调整减少额":填报纳税人已计入利润总额,但税收规定可以暂不确认为应税收入的项目,以及在以前年度进行了纳税调增,根据税收规定从以前年度结转过来在本期扣除的项目金额。包括不征税收入、免税收入、减计收入以及房地产开发企业已转销售收入的预售收入按规定计算的预计利润等。纳税人根据表6-8《纳税调整项目明细表》"调减金额"列下计算填报。

⑯ 第16行"其中:不征税收入":填报纳税人计入营业收入或营业外收入中的属于税收规定的财政拨款、依法收取并纳入财政管理的行政事业性收费、政府性基金以及国务院规定的其他不征税收入。

⑰ 第17行"其中:免税收入":填报纳税人已并入利润总额中核算的符合税收规定免税条件的收入或收益,包括国债利息收入;符合条件的居民企业之间的股息、红利等权益性投资收益;在中国境内设立机构、场所的非居民企业从居民企业取得与该机构、场所有实际联系的股息、红利等权益性投资收益;符合条件的非营利组织的收入。本行应根据"主营业务收入"、"其他业务收入"和"投资净收益"科目的发生额分析填列。

⑱ 第18行"其中:减计收入":填报纳税人以《资源综合利用企业所得税优惠目录》规定的资源作为主要原材料,生产销售国家非限制和禁止并符合国家和行业相关标准的产品按10%的规定比例减计的收入。

⑲ 第19行"其中:减、免税项目所得":填报纳税人按照税收规定应单独核算的减征、免征项目的所得额。

⑳ 第20行"其中:加计扣除":填报纳税人当年实际发生的开发新技术、新产品、新工艺发生的研究开发费用,以及安置残疾人员和国家鼓励安置的其他就业人员所支付的工资。符合税收规定条件的,计算应纳税所得额按一定比例的加计扣除金额。

㉑ 第21行"其中:抵扣应纳税所得额":填报创业投资企业采取股权投资方式投资于未上市的中小高新技术企业2年以上的,可以按其投资额的70%在股权持有满2年的当年抵扣该创业投资企业的应纳税所得额;当年不足抵扣的,可以在以后纳税年度结转抵扣。

㉒ 第22行"加:境外应税所得弥补境内亏损":依据《境外所得计征企业所得税暂行管理办法》的规定,纳税人在计算缴纳企业所得税时,其境外营业机构的赢利可以弥补境内营业机构的亏损。即当"利润总额",加"纳税调整增加额"减"纳税调整减少额"为负数时,该行填报企业境外应税所得用于弥补境内亏损的部分,最大不得超过企业当年的全部境外应税所得;如为正数时,如以前年度无亏损亏损额,本行填零;如以前年度有亏损额,取应弥补以前年度亏损额的最大值,最大不得超过企业当年的全部境外应税所得。

㉓ 第23行"纳税调整后所得":填报纳税人当期经过调整后的应纳税所得额。金额等于本表第13+14-15+22行。当本行为负数时,即为可结转以后年度弥补的亏损额(当年可弥补的所得额);如为正数时,应继续计算应纳税所得额。

㉔ 第24行"弥补以前年度亏损":填报纳税人按税收规定可在税前弥补的以前年度亏损额。金额等于附表四《企业所得税弥补亏损明细表》第6～10列。但不得超过本表第23行"纳税调整后所得"。

㉕ 第25行"应纳税所得额":金额等于本表第23-24行。本行不得为负数,本表第23行或者依上述顺序计算结果为负数,本行金额填零。

㉖ 第26行"税率":填报税法规定的税率25%。

㉗ 第27行"应纳所得税额":金额等于本表第25×26行。

㉘ 第28行"减免所得税额":填列纳税人按税收规定实际减免的企业所得税额。包括小型微利企业、国家需要重点扶持的高新技术企业、享受减免税优惠过渡政策的企业,其实际执行税率与法定税率的差额,以及经税务机关审批或备案的其他减免税优惠。金额等于表6-9《税收优惠明细表》第33行。

㉙ 第29行"抵免所得税额":填列纳税人购置用于环境保护、节能节水、安全生产等专用设备的投资额,其设备投资额的10%可以从企业当年的应纳税额中抵免;当年不足抵免的,可以在以后5个纳税年度结转抵免。金额等于表6-9《税收优惠明细表》第40行。

㉚ 第30行"应纳税额":填报纳税人当期的应纳所得税额,根据上述有关的行次计算填列。金额等于本表第27-28-29行。

㉛ 第31行"境外所得应纳所得税额":填报纳税人来源于我国境外的应纳税所得额(如分得的所得为税后利润应还原计算),按税法规定的税率(居民企业25%)计算的应纳所得税额。金额等于附表六《境外所得税抵免计算明细表》第10列合计数。

㉜ 第32行"境外所得抵免所得税额":填报纳税人来源于中国境外的所得,依照税法规定计算的应纳所得税额,即抵免限额。

企业已在境外缴纳的所得税额,小于抵免限额的,"境外所得抵免所得税额"按其在境外实际缴纳的所得税额填列;大于抵免限额的,按抵免限额填列,超过抵免限额的部分,可以在以后五个年度内,用每年度抵免限额抵免当年应抵税额后的余额进行抵补。

可用境外所得弥补境内亏损的纳税人,其境外所得应纳税额公式中"境外应纳税所得额"项目和境外所得税税款扣除限额公式中"来源于某外国的所得"项目,为境外所得,不含弥补境内亏损部分。

㉝ 第33行"实际应纳所得税额":填报纳税人当期的实际应纳所得税额。金额等于本表第30+31-32行。

㉞ 第34行"本年累计实际已预缴的所得税额":填报纳税人按照税收规定本年已在月(季)累计预缴的所得税额。

㉟ 第35行"其中：汇总纳税的总机构分摊预缴的税额"：填报汇总纳税的总机构1～12月(或1～4季度)分摊的在当地入库预缴税额。附报《中华人民共和国汇总纳税分支机构分配表》。

㊱ 第36行"其中：汇总纳税的总机构财政调库预缴的税额"：填报汇总纳税的总机构1～12月(或1～4季度)分摊的缴入财政调节入库的预缴税额。附报《中华人民共和国汇总纳税分支机构分配表》。

㊲ 第37行"其中：汇总纳税的总机构所属分支机构分摊的预缴税额"：填报分支机构就地分摊预缴的税额。附报《中华人民共和国汇总纳税分支机构分配表》。

㊳ 第38行"合并纳税(母子体制)成员企业就地预缴比例"：填报经国务院批准的实行合并纳税(母子体制)的成员企业按规定就地预缴的比例。

㊴ 第39行"合并纳税企业就地预缴的所得税额"：填报合并纳税的成员企业就地应预缴的所得税额"。根据"实际应纳税额"和"预缴比例"计算填列。金额等于本表第33×38行。

㊵ 第40行"本年应补(退)的所得税额"：填报纳税人当期应补(退)的所得税额。金额等于本表第33－34行。

㊶ 第41行"以前年度多缴的所得税在本年抵减额"：填报纳税人以前年度汇算清缴多缴的税款尚未办理退税的金额，且在本年抵缴的金额。

㊷ 第42行"上年度应缴未缴在本年入库所得额"：填报纳税人以前年度损益调整税款、上一年度第四季度或第12月份预缴税款和汇算清缴的税款，在本年入库金额。

2) 企业所得税纳税申报表附表

填报企业所得税年度纳税申报表前应先填报相关附表，收入明细表附表、成本费用明细表附表、纳税调整项目明细表附表、税收优惠明细表分别见表6-6～表6-9，其他各附表这里从略。

表6-6 收入明细表

填报时间：　　年　　月　　日　　　　　　　　　　　　　金额单位：元(列至角分)

行次	项目	金额
1	一、销售(营业)收入合计(2+13)	
2	（一）营业收入合计(3+8)	
3	1. 主营业务收入(4+5+6+7)	
4	(1) 销售货物	
5	(2) 提供劳务	
6	(3) 让渡资产使用权	
7	(4) 建造合同	
8	2. 其他业务收入(9+10+11+12)	
9	(1) 材料销售收入	
10	(2) 代购代销手续费收入	
11	(3) 包装物出租收入	
12	(4) 其他	
13	（二）视同销售收入(14+15+16)	
14	(1) 非货币性交易视同销售收入	
15	(2) 货物、财产、劳务视同销售收入	

续表

行次	项目	金额
16	(3) 其他视同销售收入	
17	二、营业外收入(18+19+20+21+22+23+24+25+26)	
18	1. 固定资产盘盈	
19	2. 处置固定资产净收益	
20	3. 非货币性资产交易收益	
21	4. 出售无形资产收益	
22	5. 罚款净收入	
23	6. 债务重组收益	
24	7. 政府补助收入	
25	8. 捐赠收入	
26	9. 其他	

经办人(签章)：　　　　　　　　　　　　　法定代表人(签章)：

填报说明如下。

1. 适用范围

本表适用于执行《企业会计制度》、《小企业会计制度》、《企业会计准则》的企业，并实行查账征收的企业所得税居民纳税人填报。

2. 填报依据和内容

根据《企业所得税法》及其实施条例以及企业会计制度、企业会计准则等核算的"主营业务收入"、"其他业务收入"和"营业外收入"，以及根据税收规定应在当期确认收入的"视同销售收入"。

3. 有关项目填报说明

(1) 第1行"销售(营业)收入合计"：金额为本表第2+13行。本行数据作为计算业务招待费、广告费和业务宣传费支出扣除限额的计算基数。

(2) 第2行"营业收入合计"：金额为本表第3+8行。该行数额填入主表第1行。

(3) 第3~7行"主营业务收入"：根据不同行业的业务性质分别填报纳税人在会计核算中的主营业务收入。对主要从事对外投资的纳税人，其投资所得就是主营业务收入。

① 第4行"销售货物"：填报从事工业制造、商品流通、农业生产以及其他商品销售企业的主营业务收入。

② 第5行"提供劳务"：填报从事提供旅游饮食服务、交通运输、邮政通信、对外经济合作等劳务，开展其他服务的纳税人取得的主营业务收入。

③ 第6行"让渡资产使用权"：填报让渡无形资产使用权(如商标权、专利权、专有技术使用权、版权、专营权等)而取得的使用费收入以及以租赁业务为基本业务的出租固定资产、无形资产、投资性房地产在主营业务收入中核算取得的租金收入。

转让处置固定资产、出售无形资产(所有权的让渡)属于"营业外收入"，不在本行反映。

④ 第7行"建造合同"：填报纳税人建造房屋、道路、桥梁、水坝等建筑物，以及船舶、飞机、大型机械设备等的主营业务收入。

项目6　企业所得税申报与筹划

(4) 第8~12行：按照会计核算中"其他业务收入"的具体业务性质分别填报。

① 第9行"材料销售收入"：填报销售材料、下脚料、废料、废旧物资等收入。

② 第10行"代购代销手续费收入"：填报从事代购代销、受托代销商品收取的手续费收入。

专业从事代理业务的纳税人收取的手续费收入不在本行填列，而是作为主营业务收入填列到主营业务收入中。

③ 第11行"包装物出租收入"：填报出租、出借包装物的租金和逾期未退包装物没收的押金。

④ 第12行"其他"：填报在"其他业务收入"会计科目核算的、上述未列举的其他业务收入，不包括已在主营业务收入中反映的让渡资产使用权取得的收入。

(5) 第13~16行：填报"视同销售的收入"。视同销售是指会计上不作为销售核算，而在税收上作为销售、确认收入计缴税金的销售货物、转让财产或提供劳务的行为。第13行数据填列表6-8第2行第3列。

① 第14行"非货币性交易视同销售收入"：执行《企业会计制度》、《小企业会计制度》或《企业会计准则》的纳税人，填报不具有商业实质或交换涉及资产的公允价值均不能可靠计量的非货币性资产交换，按照税收规定应视同销售确认收入的金额。

② 第15行"货物、财产、劳务视同销售收入"：执行《企业会计制度》、《小企业会计制度》的纳税人，填报将货物、财产、劳务用于捐赠、偿债、赞助、集资、广告、样品、职工福利或者利润分配等用途的，按照税收规定应视同销售确认收入的金额。

(6) 第16行"其他视同销售收入"：填报税收规定的上述货物、财产、劳务之外的其他视同销售收入金额。

(7) 第17~26行"营业外收入"：填报在"营业外收入"会计科目核算的与其生产经营无直接关系的各项收入。并据此填报主表第11行。

① 第18行"固定资产盘盈"：执行《企业会计制度》、《小企业会计制度》的纳税人，填报纳税人在资产清查中发生的固定资产盘盈数额。

② 第19行"处置固定资产净收益"：填报纳税人因处置固定资产而取得的净收益。不包括纳税人在主营业务收入中核算的、正常销售固定资产类商品。

③ 第20行"非货币性资产交易收益"：填报纳税人在非货币性资产交易行为中，执行《企业会计准则第14号——收入》具有商业实质且换出资产为固定资产、无形资产的，其换出资产公允价值和换出资产账面价值的差额计入营业外收入的；执行《企业会计制度》和《小企业会计制度》实现的与收到补价相对应的收益额，在本行填列。

④ 第21行"出售无形资产收益"：填报纳税人因处置无形资产而取得的净收益。

⑤ 第22行"罚款收入"：填报纳税人在日常经营管理活动中取得的罚款收入。

⑥ 第23行"债务重组收益"：执行《企业会计准则第12号——债务重组》纳税人，填报确认的债务重组利得。

⑦ 第24行"政府补助收入"：填报纳税人从政府无偿取得的货币性资产或非货币性资产，包括实行会计制度下补贴收入核算的内容。

⑧ 第25行"捐赠收入"：填报纳税人接受的来自其他企业、组织或者个人无偿给予的货币性资产、非货币性资产。

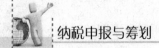

⑨ 第 26 行 "其他"：填报纳税人在 "营业外收入" 会计科目核算的、上述未列举的营业外收入。

表 6-7 成本费用明细表

填报时间：　　年　　月　　日　　　　　　　　　　　　　金额单位：元(列至角分)

行次	项目	金额
1	一、销售(营业)成本合计(2＋7＋12)	
2	（一）主营业务成本(3＋4＋5＋6)	
3	（1）销售货物成本	
4	（2）提供劳务成本	
5	（3）让渡资产使用权成本	
6	（4）建造合同成本	
7	（二）其他业务成本(8＋9＋10＋11)	
8	（1）材料销售成本	
9	（2）代购代销费用	
10	（3）包装物出租成本	
11	（4）其他	
12	（三）视同销售成本(13＋14＋15)	
13	（1）非货币性交易视同销售成本	
14	（2）货物、财产、劳务视同销售成本	
15	（3）其他视同销售成本	
16	二、营业外支出(17＋18＋…＋24)	
17	1. 固定资产盘亏	
18	2. 处置固定资产净损失	
19	3. 出售无形资产损失	
20	4. 债务重组损失	
21	5. 罚款支出	
22	6. 非常损失	
23	7. 捐赠支出	
24	8. 其他	
25	三、期间费用(26＋27＋28)	
26	1. 销售(营业)费用	
27	2. 管理费用	
28	3. 财务费用	

经办人(签章)：　　　　　　　　　　　法定代表人(签章)：

填报说明如下。

1. 适用范围

本表适用于执行《企业会计制度》、《小企业会计制度》、《企业会计准则》的企业，并实行查账征收的企业所得税居民纳税人填报。

2. 填报依据和内容

根据《中华人民共和国企业所得税法》及其实施条例，会计制度核算的 "主营业务成本"、

"其他业务支出"和"营业外支出",以及根据税收规定应在当期确认收入对应的"视同销售成本"。

3. 有关项目填报说明

(1) 第1行"销售(营业)成本合计":填报纳税人根据会计制度核算的"主营业务成本"、"其他业务支出",并据以填入主表第2行。第1行=第2+7+12行。

(2) 第2~6行"主营业务成本":纳税人根据不同行业的业务性质分别填报在会计核算中的主营业务成本。第2行=第3+4+5+6行。本表第3~6行的数据,分别与表6-6《收入明细表》的"主营业务收入"对应行次的数据配比。

(3) 第7~11行"其他业务支出":按照会计核算中"其他业务支出"的具体业务性质分别填报。第7行=第8+9+10+11行。本表第8~11行的数据,分别与表6-6《收入明细表》的"其他业务收入"对应行次的数据配比。第11行"其他"项目,填报纳税人按照会计制度应在"其他业务支出"中核算的其他成本费用支出。

(4) 第12~15行"视同销售确认的成本":填报纳税人按税收规定计算的与视同销售收入对应的成本,第12行=第13+14+15行。本表第13~15行的数据,分别与表6-6《收入明细表》的"视同销售收入"对应行次的数据配比。每一笔被确认为视同销售的经济事项,在确认计算应税收入的同时,均有与此收入相配比的应税成本。本表第12行数据填列表6-8第21行第4列。

(5) 第16~24行"营业外支出":填报纳税人按照会计制度在"营业外支出"中核算的有关项目。第16行=第17+18+19+20+21+22+23+24行,并据以填入主表第12行。

① 第17行"固定资产盘亏":填报纳税人按照会计制度规定在营业外支出中核算的固定资产盘亏数额。

② 第18行"处置固定资产净损失":填报纳税人按照会计制度规定在营业外支出中核算的处置固定资产净损失数额。

③ 第19行"出售无形资产损失":填报纳税人按照会计制度规定在营业外支出中核算的出售无形资产损失的数额。

④ 第20行"债务重组损失":填报纳税人执行《企业会计准则第12号——债务重组》确认的债务重组损失。

⑤ 第22行"非常损失":填报纳税人按照会计制度规定在营业外支出中核算的各项非正常的财产损失(包括流动资产损失、坏账损失等)。

⑥ 第23行"捐赠支出":填报纳税人实际发生的捐赠支出数。

⑦ 第24行"其他":填报纳税人按照会计制度核算的在会计账务记录的其他支出。其中执行《企业会计制度》的企业包括当年增提的各项准备金等;执行《企业会计准则第8号——资产减值》的企业计提的各项减值准备不在此行反映。

(6) 第25~28行"期间费用":填报纳税人按照会计制度核算的销售(营业)费用、管理费用和财务费用。第25行=第26+27+28行。

① 第26行"销售(营业)费用":填报纳税人按照会计制度核算的销售(营业)费用,并据以填入主表第4行。

② 第27行"管理费用":填报纳税人按照会计制度核算的管理费用,并据以填入主表第5行。

③ 第28行"财务费用":填报纳税人按照会计制度核算的财务费用,并据以填入主表第6行。

表6-8 纳税调整项目明细表

填报时间: 年 月 日

金额单位:元(列至角分)

	行次	项目	账载金额 1	税收金额 2	调增金额 3	调减金额 4
	1	一、收入类调整项目	*	*		
	2	1. 视同销售收入(填写表6-6)	*	*		*
#	3	2. 接受捐赠收入	*			*
	4	3. 不符合税收规定的销售折扣和折让				*
*	5	4. 未按权责发生制原则确认的收入				
*	6	5. 按权益法核算长期股权投资对初始投资成本调整确认收益	*	*	*	
	7	6. 按权益法核算的长期股权投资持有期间的投资损益	*	*		
*	8	7. 特殊重组				
*	9	8. 一般重组				
*	10	9. 公允价值变动净收益(填写附表七)	*	*		
	11	10. 确认为递延收益的政府补助				
	12	11. 境外应税所得(填写附表六)	*	*	*	
	13	12. 不允许扣除的境外投资损失	*	*		*
	14	13. 不征税收入(填附表一[3])	*	*	*	
	15	14. 免税收入(填表6-9)	*	*	*	
	16	15. 减计收入(填表6-9)	*	*	*	
	17	16. 减、免税项目所得(填表6-9)	*	*	*	
	18	17. 抵扣应纳税所得额(填表6-9)	*	*	*	
	19	18. 其他				
	20	二、扣除类调整项目	*	*		
	21	1. 视同销售成本(填写表6-7)	*	*	*	
	22	2. 工资薪金支出				
	23	3. 职工福利费支出				
	24	4. 职工教育经费支出				
	25	5. 工会经费支出				
	26	6. 业务招待费支出				*
	27	7. 广告费和业务宣传费支出(填写附表八)	*	*		
	28	8. 捐赠支出				*
	29	9. 利息支出				
	30	10. 住房公积金				*
	31	11. 罚金、罚款和被没收财物的损失			*	*
	32	12. 税收滞纳金			*	*
	33	13. 赞助支出			*	*
	34	14. 各类基本社会保障性缴款				

续表

行次	项目	账载金额 1	税收金额 2	调增金额 3	调减金额 4
35	15. 补充养老保险、补充医疗保险				
36	16. 与未实现融资收益相关在当期确认的财务费用				
37	17. 与取得收入无关的支出		*		*
38	18. 不征税收入用于支出所形成的费用		*		*
39	19. 加计扣除(填表6-9)	*	*	*	
40	20. 其他				
41	三、资产类调整项目	*	*		
42	1. 财产损失				
43	2. 固定资产折旧(填写附表九)	*	*		
44	3. 生产性生物资产折旧(填写附表九)	*	*		
45	4. 长期待摊费用的摊销(填写附表九)	*	*		
46	5. 无形资产摊销(填写附表九)	*	*		
47	6. 投资转让、处置所得(填写附表十一)	*	*		
48	7. 油气勘探投资(填写附表九)				
49	8. 油气开发投资(填写附表九)				
50	9. 其他				
51	四、准备金调整项目(填写附表十)	*	*		
52	五、房地产企业预售收入计算的预计利润	*	*		
53	六、特别纳税调整应税所得	*	*		*
54	七、其他	*	*		
55	合计	*	*		

注：1. 标有*的行次为执行新会计准则的企业填列，标有#的行次为除执行新会计准则以外的企业填列。

2. 没有标注的行次，无论执行何种会计核算办法，有差异就填报相应行次，填*号不可填列。

3. 有二级附表的项目只填调增、调减金额，帐载金额、税收金额不再填写。

经办人(签章)：　　　　　　　　　　　　法定代表人(签章)：

填报说明如下。

1. 适用范围

本表适用于实行查账征收的企业所得税居民纳税人填报。

2. 填报依据和内容

根据《企业所得税法》第二十一条规定："在计算应纳税所得额时，企业财务、会计处理办法与税收法律、行政法规的规定不一致的，应当依照税收法律、行政法规的规定计算。"填报纳税人按照会计制度核算与税收规定不一致的，应进行纳税调整增加、减少项目的金额。

3. 有关项目填报说明

本表纳税调整项目按照"收入类项目"、"扣除类项目"、"资产类调整项目"、"准备金调整项目"、"房地产企业预售收入计算的预计利润"、"其他"六个大项分类填报汇总，并计算出纳税"调增金额"和"调减金额"的合计数。

数据栏分别设置"账载金额"、"税收金额"、"调增金额"、"调减金额"4个栏次。"账载金额"是指纳税人在计算主表"利润总额"时，按照会计核算计入利润总额的项目金额。"税收金额"是指纳税人在计算主表"应纳税所得额"时，按照税收规定计入应纳税所得额的项目金额。

"收入类调整项目"："税收金额"扣减"账载金额"后的余额为正，填报在"调增金额"，余额如为负数，填报在"调减金额"。其中第4行"3.不符合税收规定的销售折扣和折让"除外，按"扣除类调整项目"的规则处理。

"扣除类调整项目"、"资产类调整项目"："账载金额"扣减"税收金额"后的余额为正，填报在"调增金额"，余额如为负数，将其绝对值填报在"调减金额"。

"其他"填报其他项目的"调增金额"、"调减金额"。

采用按分摊比例计算支出项目方式的事业单位、社会团体、民办非企业单位纳税人，"调增金额"、"调减金额"须按分摊比例后的金额填报。

本表打*号的栏次均不填报。

1）收入类调整项目

① 第1行"一、收入类调整项目"：填报收入类调整项目第2～19行的合计数。第1列"账载金额"、第2列"税收金额"不填报。

② 第2行"1.视同销售收入"：填报会计上不作为销售核算，而在税收上应作应税收入缴纳企业所得税的收入。

事业单位、社会团体、民办非企业单位分析填报第3列"调增金额"。

金融企业第3列"调增金额"取自附表一(2)《金融企业收入明细表》第38行。

其他企业第3列"调增金额"取自表6-6《收入明细表》第13行。

第1列"账载金额"、第2列"税收金额"和第4列"调减金额"不填。

③ 第3行"2．接受捐赠收入"：第2列"税收金额"填报执行企业会计制度的纳税人接受捐赠纳入资本公积核算应进行纳税调整的收入。第3列"调增金额"等于第2列"税收金额"。第1列"账载金额"和第4列"调减金额"不填。

④ 第4行"3．不符合税收规定的销售折扣和折让"：填报不符合税收规定的销售折扣和折让应进行纳税调整的金额。第1列"账载金额"填报纳税人销售货物给购货方的销售折扣和折让金额。第2列"税收金额"填报按照税收规定可以税前扣除的销售折扣和折让。第3列"调增金额"填报第1列与第2列的差额。第4列"调减金额"不填。

⑤ 第5行"4．未按权责发生制原则确认的收入"：填报会计上按照权责发生制原则确认收入，计税时按照收付实现制确认的收入，如分期收款销售商品销售收入的确认、税收规定按收付实现制确认的收入、持续时间超过12个月的收入的确认、利息收入的确认、租金收入的确认等企业财务会计处理办法与税收规定不一致应进行纳税调整产生的时间性差异的项目数据。

第1列"账载金额"填报会计核算确认的收入；第2列"税收金额"填报按税收规定确认的应纳税收入或可抵减收入；第3列"调增金额"填报按会计核算与税收规定确认的应纳税暂时性差异；第4列"调减金额"填报按会计核算与税收规定确认的可抵减暂时性差异。

⑥ 第6行"5．按权益法核算长期股权投资对初始投资成本调整确认收益"：第4列"调减金额"取自附表十一《股权投资所得(损失)明细表》第5列"权益法核算对初始投资成本调整产生的收益"的"合计"行的绝对值。第1列"账载金额"、第2列"税收金额"和第3列"调增金额"不填。

⑦ 第7行"6. 按权益法核算的长期股权投资持有期间的投资损益":第3列"调增金额"、第4列"调减金额"根据附表十一《股权投资所得(损失)明细表》分析填列。第1列"账载金额"和第2列"税收金额"不填。

⑧ 第8行"7. 特殊重组":填报非同一控制下的企业合并、免税改组产生的企业财务会计处理与税收规定不一致应进行纳税调整的金额。

第1列"账载金额"填报会计核算的账面金额;第2列"税收金额"填报税收规定的收入金额;第3列"调增金额"填报按照税收规定应纳税调整增加的金额;第4列"调减金额"填报按照税收规定应纳税调整减少的金额。

⑨ 第9行"8. 一般重组":填报同一控制下的企业合并产生的企业财务会计处理办法与税收规定不一致应进行纳税调整的数据。

第1列"账载金额"填报会计核算的账面金额;第2列"税收金额"填报税收规定的收入金额;第3列"调增金额"填报按照税收规定应纳税调整增加的金额;第4列"调减金额"填报按照税收规定应纳税调整减少的金额。

⑩ 第10行"9. 公允价值变动净收益":第3列"调增金额"或第4列"调减金额"取自附表七《以公允价值计量资产纳税调整表》第10行"合计"第5列"纳税调整额(纳税调减以"一"表示)"。附表七第5列"纳税调整额"第10行"合计"数为正数时,表6-8第10行"公允价值变动净收益"第3列"调增金额"取自附表七第10行第5列;为负数时,表6-8第10行第4列"调减金额"取自附表七第10行第5列的负数的绝对值。第1列"账载金额"、第2列"税收金额"不填。

⑪ 第11行"10. 确认为递延收益的政府补助":填报纳税人收到不属于税收规定的不征税收入、免税收入以外的其他政府补助,会计上计入递延收益,税收规定应计入应纳税所得额征收企业所得税而产生的差异应进行纳税调整的数据。

第1列"账载金额"填报会计核算的账面金额;第2列"税收金额"填报税收规定的收入金额;第3列"调增金额"填报按照税收规定应纳税调整增加的金额;第4列"调减金额"填报按照税收规定应纳税调整减少的金额。

⑫ 第12行"11. 境外应税所得":第4列"调减金额"取自附表六《境外所得税抵扣计算明细表》第2列"境外所得"合计行。第1列"账载金额"、第2列"税收金额"和第3列"调增金额"不填。

⑬ 第13行"12. 不允许扣除的境外投资损失":第3列"调增金额"填报境外投资除合并、撤销、依法清算外形成的损失。第1列"账载金额"、第2列"税收金额"和第4列"调减金额"不填。

⑭ 第14行"13. 不征税收入":第4列"调减金额"取自附表一(3)《事业单位、社会团体、民办非企业单位收入项目明细表》第12行"不征税收入总额"。第1列"账载金额"、第2列"税收金额"和第3列"调增金额"不填。

⑮ 第15行"14. 免税收入":第4列"调减金额"取自表6-9《税收优惠明细表》第1行"免税收入"金额栏数据。第1列"账载金额"、第2列"税收金额"和第3列"调增金额"不填。

⑯ 第16行"15. 减计收入":第4列"调减金额"取自表6-9《税收优惠明细表》第6行"减计收入"金额栏数据。第1列"账载金额"、第2列"税收金额"和第3列"调增金额"不填。

⑰ 第 17 行"16. 减、免税项目所得":第 4 列"调减金额"取自表 6-9《税收优惠明细表》第 14 行"减免所得额合计"金额栏数据。第 1 列"账载金额"、第 2 列"税收金额"和第 3 列"调增金额"不填。

⑱ 第 18 行"17. 抵扣应纳税所得额":第 4 列"调减金额"取自表 6-9《税收优惠明细表》第 39 行"创业投资企业抵扣应纳税所得额"金额栏数据。第 1 列"账载金额"、第 2 列"税收金额"和第 3 列"调增金额"不填。

⑲ 第 19 行"18. 其他"填报会计与税收有差异需要纳税调整的其他收入类项目金额。

2)扣除类调整项目

① 第 20 行"二、扣除类调整项目":填报扣除类调整项目第 21～40 行的合计数。第 1 列"账载金额"、第 2 列"税收金额"不填报。

② 第 21 行"1. 视同销售成本":第 2 列"税收金额"填报视同销售收入相对应的成本费用。

事业单位、社会团体、民办非企业单位分析填报第 4 列"调减金额"。

金融企业第 4 列"调减金额"取自附表二(2)《金融企业成本费用明细表》第 41 行。

一般企业第 4 列"调减金额"取自表 6-7《成本费用明细表》第 12 行。

第 1 列"账载金额"、第 2 列"税收金额"和第 3 列"调增金额"不填。

③ 第 22 行"2. 工资薪金支出":第 1 列"账载金额"填报企业计入"应付职工薪酬"和直接计入成本费用的职工工资、奖金、津贴和补贴;第 2 列"税收金额"填报税收允许扣除的工资薪金额,对工效挂钩企业需对当年实际发放的职工薪酬中应计入当年的部分予以填报,对非工效挂钩企业即为账载金额,本数据作为计算职工福利费、职工教育经费、工会经费的基数;第 3 列"调增金额"、第 4 列"调减金额"需分析填列。

④ 第 23 行"3. 职工福利费支出":第 1 列"账载金额"填报企业计入"应付职工薪酬"和直接计入成本费用的职工福利费;第 2 列"税收金额"填报税收规定允许扣除的职工福利费,金额小于等于第 22 行"工资薪金支出"第 2 列"税收金额"×14%;如本行第 1 列≥第 2 列,第 1 列减去第 2 列的差额填入本行第 3 列"调增金额",如本行第 1 列<第 2 列,则第 3 列不填;第 4 列"调减金额"填报继续执行"工效挂钩"的企业按规定应纳税调减的金额等。

⑤ 第 24 行"4. 职工教育经费支出":第 1 列"账载金额"填报企业计入"应付职工薪酬"和直接计入成本费用的职工教育经费;第 2 列"税收金额"填报税收规定允许扣除的职工教育经费,金额小于等于第 22 行"工资薪金支出"第 2 列"税收金额"×2.5%,或国务院财政、税务主管部门另有规定的金额;如本行第 1 列≥第 2 列,第 1 列减去第 2 列的差额填入本行第 3 列"调增金额",如本行第 1 列<第 2 列,则第 3 列不填;第 4 列"调减金额"填报继续执行"工效挂钩"的企业按规定应纳税调减的金额等。

⑥ 第 25 行"5. 工会经费支出":第 1 列"账载金额"填报企业计入"应付职工薪酬"和直接计入成本费用的工会经费;第 2 列"税收金额"填报税收规定允许扣除的工会经费,金额等于第 22 行"工资薪金支出"第 2 列"税收金额"×2%减去没有工会专用凭证列支的工会经费后的余额,如本行第 1 列≥第 2 列,第 1 列减去第 2 列的差额填入本行第 3 列"调增金额",如本行第 1 列<第 2 列,则第 3 列不填;第 4 列"调减金额"填报继续执行工效挂钩的企业按规定应纳税调减的金额等。

⑦ 第 26 行"6. 业务招待费支出":第 1 列"账载金额"填报企业发生的业务招待费;

第2列"税收金额"经比较后填列,即比较"本行第1列×60%"与"表6-6《收入明细表》第1行×5‰"或"附表一(2)《金融企业收入明细表》第(1+38)行×5‰"或"主表第1行×5‰"两数,小者填入本行第2列;如本行第1列≥第2列,本行第1列减去第2列的余额填入本行第3列"调增金额";第4列"调减金额"不填。

⑧ 第27行"7.广告费与业务宣传费支出":第3列"调增金额"取自附表八《广告费和业务宣传费跨年度纳税调整表》第7行"本年广告费和业务宣传费支出纳税调整额",第4列"调减金额"取自附表八《广告费和业务宣传费跨年度纳税调整表》第10行"本年扣除的以前年度结转额"。第1列"账载金额"和第2列"税收金额"不填。

⑨ 第28行"8.捐赠支出":第1列"账载金额"填报企业实际发生的所有捐赠。第2列"税收金额"填报按税收规定可以税前扣除的捐赠限额;如本行第1列≥第2列,第1列减去第2列的差额填入本行第3列"调增金额",如本行第1列＜第2列,则第3列不填;第4列"调减金额"不填。

⑩ 第29行"9.利息支出":第1列"账载金额"填报企业向非金融企业借款计入财务费用的利息支出;第2列"税收金额"填报企业向非金融企业借款按照金融企业同期同类贷款利率计算的数额的部分;其中,纳税人从关联方取得的借款,符合税收规定债权性投资和权益性投资比例的,再根据金融企业同期同类贷款利率计算填报;如本行第1列≥第2列,第1列减去第2列的差额填入本行第3列"调增金额",如本行第1列＜第2列,第2列减去第1列的差额填入本行第4列"调减金额"。

⑪ 第30行"10.住房公积金":第1列"账载金额"填报本纳税年度实际发生的住房公积金;第2列"税收金额"填报按税收规定允许税前扣除的住房公积金;如本行第1列≥第2列,第1列减去第2列的差额填入本行第3列"调增金额",如本行第1列＜第2列,则第3列不填;第4列"调减金额"不填。

⑫ 第31行"11.罚金、罚款和被没收财物的损失":第1列"账载金额"填报本纳税年度实际发生的罚金、罚款和被罚没财物的损失,不包括纳税人按照经济合同规定支付的违约金(包括银行罚息)、罚款和诉讼费;第3列"调增金额"等于第1列;第2列"税收金额"和第4列"调减金额"不填。

⑬ 第32行"12.税收滞纳金":第1列"账载金额"填报本纳税年度实际发生的税收滞纳金。第3列"调增金额"等于第1列;第2列"税收金额"和第4列"调减金额"不填。

⑭ 第33行"13.赞助支出":第1列"账载金额"填报本纳税年度实际发生,且不符合税收规定的公益性捐赠范围的捐赠,包括直接向受赠人的捐赠、各种赞助支出。第3列"调增金额"等于第1列;第2列"税收金额"和第4列"调减金额"不填。

广告性的赞助支出按广告费和业务宣传费的规定处理,在第27行"广告费与业务宣传费支出"中填报。

⑮ 第34行"14.各类基本社会保障性缴款":第1列"账载金额"填报本纳税年度实际发生的各类基本社会保障性缴款,包括基本医疗保险费、基本养老保险费、失业保险费、工伤保险费和生育保险费;第2列"税收金额"填报按税收规定允许扣除的金额;本行第1列≥第2列,第1列减去第2列的差额填入本行第3列"调增金额",如本行第1列＜第2列,则第3列不填;第4列"调减金额"填报会计核算中未列入当期费用,按税收规定允许当期扣除的金额。

⑯ 第35行"15.补充养老保险、补充医疗保险":第1列"账载金额"填报本纳税年度

实际发生的补充性质的社会保障性缴款；第2列"税收金额"填报按税收规定允许扣除的金额；如本行第1列≥第2列，第1列减去第2列的差额填入本行第3列"调增金额"，如本行第1列＜第2列，则第3列不填；第4列"调减金额"填报会计核算中未列入当期费用，按税收规定允许当期扣除的金额。

⑰ 第36行"16.与未实现融资收益相关在当期确认的财务费用"：第1列"账载金额"填报纳税人采取分期收款销售商品时，按会计准则规定应收的合同或协议价款与其公允价值之间的差额，分期摊销冲减财务费用的金额。第4列"调减金额"和第3列"调增金额"需分析填列。

⑱ 第37行"17.与取得收入无关的支出"：第1列"账载金额"填报本纳税年度实际发生与取得收入无关的支出；第3列"调增金额"等于第1列；第2列"税收金额"和第4列"调减金额"不填。

⑲ 第38行"18.不征税收入用于支出所形成的费用"：第1列"账载金额"填报本年度实际发生的与不征税收入相关的支出；第3列"调增金额"等于第1列；第2列"税收金额"和第4列"调减金额"不填。

⑳ 第39行"19.加计扣除"：第4列"调减金额"取自表6-9《税收优惠明细表》第9行"加计扣除额合计"金额栏数据。第1列"账载金额"、第2列"税收金额"和第3列"调增金额"不填。

㉑ 第40行"20.其他"填报会计与税收有差异需要纳税调整的其他扣除类项目金额，如分期收款销售方式下应结转的存货成本、一般重组和特殊重组的相关扣除项目调整。

3) 资产类调整项目

① 第41行"三、资产类调整项目"：填报资产类调整项目第42~48行的合计数。第1列"账载金额"、第2列"税收金额"不填报。

② 第42行"1.财产损失"：第1列"账载金额"填报本纳税年度实际发生的需报税务机关审批的财产损失金额，以及固定资产、无形资产转让、处置所得(损失)和金融资产转让、处置所得等损失金额；第2列"税收金额"填报税务机关审批的本纳税年度财产损失金额，以及按照税收规定计算的固定资产、无形资产转让、处置所得(损失)和金融资产转让、处置所得等损失金额，长期股权投资除外；如本行第1列≥第2列，第1列减去第2列的差额填入本行第3列"调增金额"；如本行第1列＜第2列，第1列减去第2列的差额的绝对值填入第4列"调减金额"。

③ 第43行"2.固定资产折旧"：第3列"调增金额"填报附表九《资产折旧、摊销纳税调整明细表》第1行"固定资产"第7列"纳税调整额"的正数，第4列"调减金额"填报附表九《资产折旧、摊销纳税调整明细表》第1行"固定资产"第7列"纳税调整额"负数的绝对值。第1列"账载金额"、第2列"税收金额"不填。

④ 第44行"3.生产性生物资产折旧"：第3列"调增金额"填报附表九《资产折旧、摊销纳税调整明细表》第7行"生产性生物资产"第7列"纳税调整额"的正数，第4列"调减金额"填报附表九《资产折旧、摊销纳税调整明细表》第7行"生产性生物资产"第7列"纳税调整额"的负数的绝对值。第1列"账载金额"、第2列"税收金额"不填。

⑤ 第45行"4.长期待摊费用"：第3列"调增金额"填报附表九《资产折旧、摊销纳税调整明细表》第10行"长期待摊费用"第7列"纳税调整额"的正数；第4列"调减金额"填报附表九《资产折旧、摊销纳税调整明细表》第10行"长期待摊费用"第7列"纳税调整

额"的负数的绝对值。第1列"账载金额"、第2列"税收金额"不填。

⑥ 第46行"5. 无形资产摊销":第3列"调增金额"填报附表九《资产折旧、摊销纳税调整明细表》第15行"无形资产"第7列"纳税调整额"的正数;第4列"调减金额"填报附表九《资产折旧、摊销纳税调整明细表》第15行"无形资产"第7列"纳税调整额"的负数的绝对值。第1列"账载金额"、第2列"税收金额"不填。

⑦ 第47行"6. 投资转让、处置所得":第3列"调增金额"和第4列"调减金额"需分析附表十一《股权投资所得(损失)明细表》后填列。第1列"账载金额"、第2列"税收金额"不填。

⑧ 第48行"7. 油气勘探投资":第3列填报附表九《资产折旧、摊销纳税调整明细表》第16行"油气勘探投资"第7列"纳税调整额"的正数;第4列"调减金额"填报附表九《资产折旧、摊销纳税调整明细表》第16行"油气勘探投资"第7列"纳税调整额"负数的绝对值。第1列"账载金额"、第2列"税收金额"不填。

⑨ 第49行"油气开发投资":第3列填报附表九《资产折旧、摊销纳税调整明细表》第17行"油气开发投资"第7列"纳税调整额"的正数;第4列"调减金额"填报附表九《资产折旧、摊销纳税调整明细表》第17行"油气开发投资"第7列"纳税调整额"负数的绝对值。第1列"账载金额"、第2列"税收金额"不填。

⑩ 第50行"7. 其他"填报会计与税收有差异需要纳税调整的其他资产类项目金额。

4) 准备金调整项目

第51行"四、准备金调整项目":第3列"调增金额"填报附表十《资产减值准备项目调整明细表》第16行"合计"第5列"纳税调整额"的正数;第4列"调减金额"填报附表十《资产减值准备项目调整明细表》第16行"合计"第5列"纳税调整额"的负数的绝对值。第1列"账载金额"、第2列"税收金额"不填。

5) 房地产企业预售收入计算的预计利润

第52行"五、房地产企业预售收入计算的预计利润":第3列"调增金额"填报从事房地产业务的纳税人本期取得的预售收入,按照税收规定的预计利润率计算的预计利润;第4列"调减金额"填报本期将预售收入转为销售收入,其结转的预售收入已按税收规定的预计利润率计算的预计利润转回数。第1列"账载金额"、第2列"税收金额"不填。

6) 特别纳税调整应税所得

第53行"六、特别纳税调整应税所得":第3列"调增金额"填报纳税人按特别纳税调整规定,自行调增的当年应税所得。第1列"账载金额"、第2列"税收金额"、第4列"调减金额"不填。

7) 其他

第54行"六、其他":其他会计与税收存在差异的项目,第1列"账载金额"、第2列"税收金额"不填报。

表6-9 税收优惠明细表

填报时间: 年   月   日   金额单位:元(列至角分)

行次	项目	金额
1	一、免税收入(2+3+4+5)	
2	1. 国债利息收入	
3	2. 符合条件的居民企业之间的股息、红利等权益性投资收益	
4	3. 符合条件的非营利组织的收入	
5	4. 其他	

续表

行次	项目	金额
6	二、减计收入(7+8)	
7	1．企业综合利用资源，生产符合国家产业政策规定的产品所取得的收入	
8	2．其他	
9	三、加计扣除额合计(10+11+12+13)	
10	1．开发新技术、新产品、新工艺发生的研究开发费用	
11	2．安置残疾人员所支付的工资	
12	3．国家鼓励安置的其他就业人员支付的工资	
13	4．其他	
14	四、减免所得额合计(15+25+29+30+31+32)	
15	（一）免税所得(16+17+…+24)	
16	1．蔬菜、谷物、薯类、油料、豆类、棉花、麻类、糖料、水果、坚果的种植	
17	2．农作物新品种的选育	
18	3．中药材的种植	
19	4．林木的培育和种植	
20	5．牲畜、家禽的饲养	
21	6．林产品的采集	
22	7．灌溉，农产品初加工，兽医，农技推广，农机作业和维修等农、林、牧、渔服务业项目	
23	8．远洋捕捞	
24	9．其他	
25	（二）减税所得(26+27+28)	
26	1．花卉、茶以及其他饮料作物和香料作物的种植	
27	2．海水养殖、内陆养殖	
28	3．其他	
29	（三）从事国家重点扶持的公共基础设施项目投资经营的所得	
30	（四）从事符合条件的环境保护、节能节水项目的所得	
31	（五）符合条件的技术转让所得	
32	（六）其他	
33	五、减免税合计(34+35+36+37+38)	
34	（一）符合条件的小型微利企业	
35	（二）国家需要重点扶持的高新技术企业	
36	（三）民族自治地方的企业应缴纳的企业所得税中属于地方分享的部分	
37	（四）过渡期税收优惠	
38	（五）其他	
39	六、创业投资企业抵扣的应纳税所得额	
40	七、抵免所得税额合计(41+42+43+44)	
41	（一）企业购置用于环境保护专用设备的投资额抵免的税额	
42	（二）企业购置用于节能节水专用设备的投资额抵免的税额	
43	（三）企业购置用于安全生产专用设备的投资额抵免的税额	
44	（四）其他	
45	企业从业人数(全年平均人数)	
46	资产总额(全年平均数)	
47	所属行业(工业企业　　其他企业　　)	

经办人(签章)：　　　　　　　　法定代表人(签章)：

填报说明如下。

1. 适用范围

本表适用于实行查账征收的企业所得税居民纳税人填报。

2. 填报依据和内容

根据《企业所得税法》及其实施条例，填报本纳税年度发生的免税收入、减计收入、加计扣除、减免所得额、减免税和抵免税额。

3. 有关项目填报说明

1) 免税收入

① 第 2 行"国债利息收入"：填报纳税人持有国务院财政部门发行的国债取得的利息收入。

② 第 3 行"符合条件的居民企业之间的股息、红利等权益性投资收益"：填报居民企业直接投资于另一居民企业所取得的投资收益，不包括连续持有居民企业公开发行并上市流通的股票不足 12 个月取得的投资收益。

③ 第 4 行"符合条件的非营利组织的收入"：填报符合条件的非营利组织的收入，不包括从事营利性活动所取得的收入。

④ 第 5 行"其他"：填报国务院根据税法授权制定的其他免税收入税收优惠政策。

2) 减计收入

① 第 7 行"企业综合利用资源，生产符合国家产业政策规定的产品所取得的收入"：填报纳税人以《资源综合利用企业所得税优惠目录》内的资源作为主要原材料，生产非国家限定并符合国家和行业相关标准的产品所取得的收入，减按 90% 计入收入总额。本行填报政策规定减计 10% 收入的部分。

② 第 8 行"其他"：填报国务院根据税法授权制定的其他减计收入税收优惠政策。

3) 加计扣除额合计

① 第 10 行"开发新技术、新产品、新工艺发生的研究开发费用"：填报纳税人为开发新技术、新产品、新工艺发生的研究开发费用，未形成无形资产计入当期损益的，在按规定实行 100% 扣除基础上，按研究开发费用的 50% 加计扣除的金额。

② 第 11 行"安置残疾人员所支付的工资"：填报纳税人安置残疾人员的，在支付给残疾职工工资据实扣除的基础上，按照支付给残疾职工工资的 100% 加计扣除额。

③ 第 12 行"国家鼓励安置的其他就业人员支付的工资"：填报国务院根据税法授权制定的其他就业人员支付工资优惠政策。

④ 第 13 行"其他"：填报国务院根据税法授权制定的其他加计扣除税收优惠政策。

4) 减免所得额合计

① 第 16 行"蔬菜、谷物、薯类、油料、豆类、棉花、麻类、糖料、水果、坚果的种植"：填报纳税人种植蔬菜、谷物、薯类、油料、豆类、棉花、麻类、糖料、水果、坚果取得的免征企业所得税项目的所得额。

② 第 17 行"农作物新品种的选育"：填报纳税人从事农作物新品种的选育免征企业所得税项目的所得额。

③ 第 18 行"中药材的种植"：填报纳税人从事中药材的种植免征企业所得税项目的所得额。

④ 第19行"林木的培育和种植":填报纳税人从事林木的培育和种植免征企业所得税项目的所得额。

⑤ 第20行"牲畜、家禽的饲养":填报纳税人从事牲畜、家禽的饲养免征企业所得税项目的所得额。

⑥ 第21行"林产品的采集":填报纳税人从事采集林产品免征企业所得税项目的所得额。

⑦ 第22行"灌溉、农产品初加工、兽医、农技推广、农机作业和维修等农、林、牧、渔服务业项目":填报纳税人从事灌溉、农产品初加工、兽医、农技推广、农机作业和维修等农、林、牧、渔服务业免征企业所得税项目的所得额。

⑧ 第23行"远洋捕捞":填报纳税人从事远洋捕捞免征企业所得税的所得额。

⑨ 第24行"其他":填报国务院根据税法授权制定的其他免税所得税收优惠政策。

⑩ 第26行"花卉、茶以及其他饮料作物和香料作物的种植":填报纳税人从事花卉、茶以及其他饮料作物和香料作物种植减半征收企业所得税项目的所得额。

⑪ 第27行"海水养殖、内陆养殖":填报纳税人从事海水养殖、内陆养殖减半征收企业所得税项目的所得额。

⑫ 第28行"其他":填报国务院根据税法授权制定的其他减税所得税收优惠政策。

⑬ 第29行"从事国家重点扶持的公共基础设施项目投资经营的所得":填报纳税人从事《公共基础设施项目企业所得税优惠目录》规定的港口码头、机场、铁路、公路、城市公共交通、电力、水利等项目的投资经营的所得。不包括企业承包经营、承包建设和内部自建自用该项目的所得。

⑭ 第30行"从事符合条件的环境保护、节能节水项目的所得":填报纳税人从事公共污水处理、公共垃圾处理、沼气综合开发利用、节能减排技术改造、海水淡化等项目所得。

⑮ 第31行"符合条件的技术转让所得":填报居民企业技术转让所得(技术转让所得不超过500万元的部分,免征企业所得税;超过500万元的部分,减半征收企业所得税)。

⑯ 第32行"其他":填报国务院根据税法授权制定的其他税收优惠政策。

5) 减免税合计

① 第34行"符合规定条件的小型微利企业":填报纳税人从事国家非限制和禁止行业并符合规定条件的小型微利企业享受优惠税率减征的企业所得税税额。

② 第35行"国家需要重点扶持的高新技术企业":填报纳税人从事国家需要重点扶持拥有核心自主知识产权等条件的高新技术企业享受减征企业所得税税额。

③ 第36行"民族自治地方的企业应缴纳的企业所得税中属于地方分享的部分":填报纳税人经民族自治地方所在省、自治区、直辖市人民政府批准,减征或者免征民族自治地方的企业缴纳的企业所得税中属于地方分享的企业所得税税额。

④ 第37行"过渡期税收优惠":填报纳税人符合国务院规定以及经国务院批准给予过渡期税收优惠政策。

⑤ 第38行"其他:填报国务院根据税法授权制定的其他税收优惠政策。

6) 第39行"创业投资企业抵扣的应纳税所得额"

填报创业投资企业采取股权投资方式投资于未上市的中小高新技术企业2年以上的,可以按照其投资额的70%在股权持有满2年的当年抵扣该创业投资企业的应纳税所得额;当年不足抵扣的,可以在以后纳税年度结转抵扣。

7) 抵免所得税额合计

① 第41~43行，填报纳税人购置并实际使用《环境保护专用设备企业所得税优惠目录》、《节能节水专用设备企业所得税优惠目录》和《安全生产专用设备企业所得税优惠目录》规定的环境保护、节能节水、安全生产等专用设备的，投资额的10%从企业当年的应纳税额中抵免的企业所得税税额。当年不足抵免的，可以在以后5个纳税年度结转抵免。

② 第44行"其他"：填报国务院根据税法授权制定的其他税收优惠政策。

8) 减免税附列资料

① 第45行"企业从业人数"项目，填报纳税人全年平均从业人员，按照纳税人年初和年末的从业人员平均计算，用于判断是否为税收规定的小型微利企业。

② 第46行"资产总额"项目，填报纳税人全年资产总额平均数，按照纳税人年初和年末的资产总额平均计算，用于判断是否为税收规定的小型微利企业。

③ 第47行"所属行业(工业企业其他企业)"项目，填报纳税人所属的行业，用于判断是否为税收规定的小型微利企业。

【例6-9】沪南公司2011年有关资料见表6-10。

表6-10　损益类账户资料

单位：元

行次	账户名称	累计借方发生额	累计贷方发生额
1	主营业务收入		5 000 000
2	其他业务收入		1 700 000
3	投资收益		400 000
4	营业外收入		250 000
5	公允价值变动损益		100 000
6	主营业务成本	2 500 000	
7	销售费用	1 500 000	
8	管理费用	800 000	
9	财务费用	200 000	
10	营业税金及附加	120 000	
11	资产减值损失	100 000	
12	营业外支出	150 000	
13	其他业务成本	900 000	
14	合计	6 270 000	7 450 000

需要调整的业务如下。

(1) 从银行取得短期借款100万元，年利率8%，从财务公司借入80万元，年利率为10%。

(2) 公司职工工资70万元，职工福利费10万元，工会经费5万元，职工教育经费4万元。

(3) 公司发生业务招待费34万元。

(4) 公司通过市政府向灾区捐赠15万元。

(5) 公司支付广告费用110万元。

(6) 本期取得国债利息收入10万元。

企业本年累计实际已预缴所得税24万元。

要求：根据以上资料进行公司2011年度所得税申报表填报，并进行纳税申报。

【解析】沪南公司2011年度所得税申报表填报见表6-11~表6-14。

表 6-11　中华人民共和国企业所得税年度纳税申报表(A 类)(沪南公司)

税款所属期间：2011 年 1 月 1 日至 2011 年 12 月 31 日
纳税人名称：江苏南京沪南机械有限责任公司
纳税人识别号：3201 2166 0000 ×××　　　　　　　　　　　　　金额单位：元(列至角分)

类别	行次	项目	金额
利润总额计算	1	一、营业收入(填表 6-6)	6 700 000
	2	减：营业成本(填表 6-7)	3 400 000
	3	营业税金及附加	120 000
	4	销售费用(填表 6-7)	1 500 000
	5	管理费用(填表 6-7)	800 000
	6	财务费用(填表 6-7)	200 000
	7	资产减值损失	100 000
	8	加：公允价值变动收益	100 000
	9	投资收益	400 000
	10	二、营业利润	1 080 000
	11	加：营业外收入(填表 6-6)	250 000
	12	减：营业外支出(填表 6-7)	150 000
	13	三、利润总额(10＋11－12)	1 180 000
应纳税所得额计算	14	加：纳税调整增加额(填表 6-8)	486 400
	15	减：纳税调整减少额(填表 6-8)	100 000
	16	其中：不征税收入	
	17	免税收入	
	18	减计收入	
	19	减、免税项目所得	
	20	加计扣除	
	21	抵扣应纳税所得额	
	22	加：境外应税所得弥补境内亏损	
	23	纳税调整后所得(13＋14－15＋22)	1 566 400
	24	减：弥补以前年度亏损(填附表四)	
	25	应纳税所得额(23－24)	1 566 400
应纳税额计算	26	税率(25%)	
	27	应纳所得税额(25×26)	391 600
	28	减：减免所得税额(填表 6-9)	
	29	减：抵免所得税额(填表 6-9)	
	30	应纳税额(27－28－29)	391 600
	31	加：境外所得应纳所得税额(填附表六)	
	32	减：境外所得抵免所得税额(填附表六)	
	33	实际应纳所得税额(30＋31－32)	391 600
	34	减：本年累计实际已预缴的所得税额	240 000
	35	其中：汇总纳税的总机构分摊预缴的税额	
	36	汇总纳税的总机构财政调库预缴的税额	
	37	汇总纳税的总机构所属分支机构分摊的预缴税额	
	38	合并纳税(母子体制)成员企业就地预缴比例	
	39	合并纳税企业就地预缴的所得税额	
	40	本年应补(退)的所得税额(33－34)	151 600

续表

类别	行次	项目	金额
附列资料		以前年度多缴的所得税额在本年抵减额	
	42	以前年度应缴未缴在本年入库所得税额	
纳税人公章：		代理申报中介机构公章：	主管税务机关受理专用章：
		经办人及执业证件号码：	受理人：
经办人：刘×			
申报日期：2012年1月6日		代理申报日期： 年 月 日	受理日期： 年 月 日

项目6 企业所得税申报与筹划

表6-12 收入明细表(沪南公司)

填报时间：2012年1月6日　　　　　　　　　　　　　　金额单位：元(列至角分)

行次	项　　目	金　　额
1	一、销售(营业)收入合计(2＋13)	6 700 000
2	（一）营业收入合计(3＋8)	6 700 000
3	1．主营业务收入(4＋5＋6＋7)	5 000 000
4	(1) 销售货物	
5	(2) 提供劳务	
6	(3) 让渡资产使用权	
7	(4) 建造合同	
8	2．其他业务收入(9＋10＋11＋12)	1 700 000
9	(1) 材料销售收入	
10	(2) 代购代销手续费收入	
11	(3) 包装物出租收入	
12	(4) 其他	
13	（二）视同销售收入(14＋15＋16)	
14	(1) 非货币性交易视同销售收入	
15	(2) 货物、财产、劳务视同销售收入	
16	(3) 其他视同销售收入	
17	二、营业外收入(18＋19＋20＋21＋22＋23＋24＋25＋26)	250 000
18	1．固定资产盘盈	
19	2．处置固定资产净收益	
20	3．非货币性资产交易收益	
21	4．出售无形资产收益	
22	5．罚款净收入	
23	6．债务重组收益	
24	7．政府补助收入	
25	8．捐赠收入	
26	9．其他	

经办人(签章)：刘×　　　　　　　　法定代表人(签章)：江×

表 6-13　成本费用明细表(沪南公司)

填报时间：2012 年 1 月 6 日　　　　　　　　　　　　　　　　　　金额单位：元(列至角分)

行次	项目	金额
1	一、销售(营业)成本合计(2+7+12)	3 400 000
2	（一）主营业务成本(3+4+5+6)	2 500 000
3	（1）销售货物成本	
4	（2）提供劳务成本	
5	（3）让渡资产使用权成本	
6	（4）建造合同成本	
7	（二）其他业务成本(8+9+10+11)	900 000
8	（1）材料销售成本	
9	（2）代购代销费用	
10	（3）包装物出租成本	
11	（4）其他	
12	（三）视同销售成本(13+14+15)	
13	（1）非货币性交易视同销售成本	
14	（2）货物、财产、劳务视同销售成本	
15	（3）其他视同销售成本	
16	二、营业外支出(17+18+…+24)	150 000
17	1. 固定资产盘亏	
18	2. 处置固定资产净损失	
19	3. 出售无形资产损失	
20	4. 债务重组损失	
21	5. 罚款支出	
22	6. 非常损失	
23	7. 捐赠支出	150 000
24	8. 其他	
25	三、期间费用(26+27+28)	2 500 000
26	1. 销售(营业)费用	1 500 000
27	2. 管理费用	800 000
28	3. 财务费用	200 000

经办人(签章)：刘×　　　　　　法定代表人(签章)：江×

表 6-14　纳税调整项目明细表(沪南公司)

填报时间：2012 年 1 月 6 日　　　　　　　　　　　　　　　　　　金额单位：元(列至角分)

	行次	项目	账载金额	税收金额	调增金额	调减金额
			1	2	3	4
	1	一、收入类调整项目	*	*		
	2	1. 视同销售收入(填写表 6-6)	*	*		*
#	3	2. 接受捐赠收入	*			*
	4	3. 不符合税收规定的销售折扣和折让				*

续表

行次	项目	账载金额 1	税收金额 2	调增金额 3	调减金额 4
5	4. 未按权责发生制原则确认的收入	*	*		
6	5. 按权益法核算长期股权投资对初始投资成本调整确认收益	*	*	*	
7	6. 按权益法核算的长期股权投资持有期间的投资损益	*	*		
8	7. 特殊重组				
9	8. 一般重组				
10	9. 公允价值变动净收益(填写附表七)	*	*		
11	10. 确认为递延收益的政府补助				
12	11. 境外应税所得(填写附表六)	*	*	*	
13	12. 不允许扣除的境外投资损失	*	*		*
14	13. 不征税收入(填附表一[3])	*	*	*	
15	14. 免税收入(填表6-9)	*	*	*	100 000
16	15. 减计收入(填表6-9)	*	*	*	
17	16. 减、免税项目所得(填表6-9)	*	*	*	
18	17. 抵扣应纳税所得额(填表6-9)	*	*	*	
19	18. 其他				
20	二、扣除类调整项目	*	*		
21	1. 视同销售成本(填写表6-7)	*	*	*	
22	2. 工资薪金支出				
23	3. 职工福利费支出			2 000	
24	4. 职工教育经费支出			22 500	
25	5. 工会经费支出			36 000	
26	6. 业务招待费支出			306 500	*
27	7. 广告费和业务宣传费支出(填写附表八)	*	*	95 000	
28	8. 捐赠支出			8 400	*
29	9. 利息支出			16 000	
30	10. 住房公积金				*
31	11. 罚金、罚款和被没收财物的损失		*		*
32	12. 税收滞纳金		*		*
33	13. 赞助支出		*		*
34	14. 各类基本社会保障性缴款				
35	15. 补充养老保险、补充医疗保险				
36	16. 与未实现融资收益相关在当期确认的财务费用				
37	17. 与取得收入无关的支出		*		*
38	18. 不征税收入用于支出所形成的费用		*		*
39	19. 加计扣除(填表6-9)	*	*	*	
40	20. 其他				
41	三、资产类调整项目	*	*		

续表

行次	项目	账载金额 1	税收金额 2	调增金额 3	调减金额 4
42	1. 财产损失				
43	2. 固定资产折旧(填写附表九)	*	*		
44	3. 生产性生物资产折旧(填写附表九)	*	*		
45	4. 长期待摊费用的摊销(填写附表九)	*	*		
46	5. 无形资产摊销(填写附表九)	*	*		
47	6. 投资转让、处置所得(填写附表十一)	*	*		
48	7.油气勘探投资(填写附表九)				
49	8.油气开发投资(填写附表九)				
50	9. 其他				
51	四、准备金调整项目(填写附表十)	*	*		
52	五、房地产企业预售收入计算的预计利润	*	*		
53	六、特别纳税调整应税所得	*	*		*
54	七、其他	*	*		
55	合计	*	*		

经办人(签章): 刘×   法定代表人(签章): 江×

▶▶ 学中做

南京伟达实业有限责任公司(该企业相关资料参见项目5)为居民企业,2011年经营业务如下: ①取得销售收入4 600万元。②销售成本2 300万元。③发生销售费用760万元(其中广告费420万元)、管理费用480万元(其中业务招待费25万元、新技术的研究开发费用20万元)、财务费用60万元。④销售税金140万元(不含增值税)。⑤营业外收入60万元,营业外支出64万元(含通过公益性社会团体向贫困山区捐款36.24万元,支付税收滞纳金6万元)。⑥连续12个月以上的权益性投资收益34万元(已在投资方所在地按15%的税率缴纳了所得税)。⑦已经计入成本、费用中的实发工资总额150万元,拨缴职工工会经费3万元、支出职工福利费23万元、职工教育经费6万元。

该公司2011年已预缴了企业所得税50万元。该公司在A、B两国设有分支机构,在A国机构的税后所得为28万元,A国所得税税率为30%;在B国机构的税后所得为24万元,B国所得税税率为20%。在A、B两国已分别缴纳所得税12万元、6万元。假设在A、B两国应税所得额与我国税法相同。

要求: 根据以上资料填报南京伟达实业有限责任公司所得税年度纳税申报及其相关附表。

任务6.3 企业所得税税务筹划

学习目标 Learning Objectives

- 知识目标: 明确企业所得税法及相关法规的规范。
- 技能目标: 能够设计企业所得税税务筹划方案。
- 素质目标: 树立节约税务成本的意识; 加强统筹规划、解决问题的能力。

知识要点

一、企业所得税计税依据的筹划

企业所得税法规定,企业所得税的计税依据为企业应纳税所得额,那么从计税依据入手进行税务筹划,则要考虑如何降低应纳税所得额。

【例6-10】沪南公司是一般纳税人,由于产品产销两旺,积累了大批闲置资金,约500万元。公司决定进行债券投资,有两种选择:一是购买国债,利率为3%;二是购买其他企业的公司债券,利率为3.5%。

请决策:公司应进行何种债券投资?

【解析】企业所得税法规定企业的国债利息收入为免税收入。

方案一:如果购买国债,年利息为500×3%=15(万元),实际收益为15万元。

方案二:如果购买债券,年利息为500×3.5%=17.5(万元),实际收益为17.5−17.5×25%=13.125万元。

从税后利息来看,虽然购买公司债券的名义利率高于购买国债,但购买国债的实际收益反而更高,因此,企业进行间接投资时,不能只关注税前收益,还必须考虑税后收益。

比较方案一与方案二,可以得出方案一比方案二实际收益高1.875万元,所以该公司应选择购买国债。

二、企业所得税税率的筹划

企业所得税法规定的基本税率为25%,但同时对符合条件的小型微利企业与国家重点扶持的高新技术企业也规定了两档优惠税率(小型微利企业20%与高新技术企业15%),在进行企业所得税筹划时可以加以考虑运用。

【例6-11】沪南公司子公司沪南摩托车厂是一般纳税人,拥有员工190人,资产总额为5 000万元,适用所得税率为25%,2011年企业应纳税所得额为50万元,该企业内有两个车间,一个生产半成品,另一个生产产成品,其中半成品除了供应本企业生产原材料之外,还有少量外销。该企业的产成品和半产品的价格及市场稳定。

请为沪南摩托车厂进行企业所得税税务筹划。

【解析】企业所得税法规定的小型微利企业的条件如下。

(1) 工业企业,年度应纳税所得额不超过30万元,从业人数不超过100人,资产总额不超过3 000万元。

(2) 其他企业,年度应纳税所得额不超过30万元,从业人数不超过80人,资产总额不超过1 000万元。

对照以上条件,将沪南摩托车厂的两个车间分立为两个独立核算的生产企业,则符合微利企业的认定条件,即可享受20%优惠税率,减少所得税支出2.5万元(50×5%)。

三、企业所得税税收优惠运用的筹划

企业所得税法在很多方面规范了税收优惠政策,企业在进行税务筹划时用好用足各项税收优惠政策,则能取得很大的节税空间。

【例6-12】沪南公司计划对现有设备进行更新换代,现有两种方案可供选择:一是购买一套普通设备,价款2 000万元;二是购买一种节能设备,价款2 300万元,并比普通设备相比每年可节能 20 万元,该项设备的预计使用年限为 10 年(暂不考虑货币的时间价值,该企业适用所得税税率为 25%)。请根据企业所得税相关规范为该公司做出购买决策。

【解析】企业所得税法规定,企业购置用于环境保护、节能节水、安全生产等专用设备的投资额的 10% 可以从企业当年的应纳税额中抵免,当年不足抵免的,可以在以后 5 个纳税年度结转抵免。

购买普通设备

支出 2 000 万元,折旧抵税 2 000×25%=500(万元),购买普通设备净支出:2 000−500=1 500(万元)。

购买节能设备

支出 2 300 万元,折旧抵税 2 300×25%=575(万元),投资额抵税 2 300×10%=230(万元)。

每年节能 20 万元,10 年共计节能 200 万元。

节能净收益 200×(1−25%)=150(万元)。

购买节能设备的净支出

$$2\ 300-575-230-150=1\ 345(万元)$$

购买节能设备比购买普通设备节约支出

$$1\ 500-1\ 345=155(万元)$$

因此企业选择购买节能设备,充分享受购买节能设备的税收优惠政策。

▶▶ 上岗一试

资料:江苏南京沪南卷烟厂 2011 年度预计可实现会计利润(假设等于应纳税所得额)1 000 万元。企业所得税税率为 25%。企业为提高其产品知名度及市场竞争力,树立良好的社会形象,决定向有关单位捐赠 200 万元。企业提出方案,通过我国境内的非营利的社会团体、国家机关进行公益性捐赠,并且在当年全部捐赠。

要求:请根据以上资料为沪南卷烟厂做出捐赠业务节税方案。

项 目 小 结

本项目主要包括 3 方面的内容:企业所得税的核算——理论知识运用;企业所得税的申报——技能知识运用;企业所得税的筹划——知识融合应用。

3 方面知识层层递进,层层深入。企业所得税税务筹划是最高境界:将所有有关企业所得税的原理、法规、政策等进行融合,在实践中应用,为企业做税务筹划,减少企业的税务成本,争取企业经济利益的最大化。

自 我 测 试

一、单项选择题

1. 下列不是我国企业所得税的纳税人义务人的是(   )。

    A. 国有企业　　　　　　　　　B. 中外合资企业

    C. 集体企业　　　　　　　　　D. 合伙人为个人的合伙企业

2. 根据企业所得税法的规定，以下适用25%税率的是(　　)。
   A. 所有的非居民企业
   B. 在我国境内虽设立机构、场所但取得所得与其机构、场所没有实际联系的非居民企业
   C. 在我国境内设立机构、场所且取得所得与其机构、场所有实际联系的非居民企业
   D. 在我国境内未设立机构、场所的非居民企业
3. 下列符合企业所得税所得来源确定的有(　　)。
   A. 提供劳务，按照劳务发生地确定
   B. 销售货物，按照企业所在地确定
   C. 动产转让所得，按照购买动产的企业或者机构、场所所在地确定
   D. 权益性投资资产转让所得，按照投资企业所在地确定
4. 根据企业所得税法的规定，下列收入中属于不征税收入的是(　　)。
   A. 财产转让收入　　　　　　B. 金融债券的利息收入
   C. 国债利息收入　　　　　　D. 财政拨款
5. 企业缴纳的税金在计算应纳税所得额时不得从收入总额中扣除的是(　　)。
   A. 营业税　　B. 消费税　　C. 增值税　　D. 城建税及教育费附加
6. 沪南酒厂因扩大生产规模新建厂房，由于自有资金不足2011年1月1日向银行借入长期借款2 400万元，贷款年利率是5.3%，2011年7月1日该厂房开始建设，2012年12月31日房屋交付使用，则2011年度该企业可以在税前直接扣除的该项借款费用是(　　)万元。
   A. 86.6　　B. 127.2　　C. 63.6　　D. 70.5
7. 2011年某公司当年实现自产货物销售收入1500万元，当年发生计入销售费用中的广告费90万元，企业上年还有55万元的广告费没有在税前扣除，企业当年可以税前扣除的广告费是(　　)万元。
   A. 90　　B. 55　　C. 45　　D. 145
8. 下列收入中不得计入企业所得税应纳税所得额中的是(　　)。
   A. 企业债券利息收入　　　　B. 外单位欠款利息收入
   C. 国库券的利息收入　　　　D. 银行存款利息收入
9. 企业所得税法中所称的小型微利工业企业，必须符合年度应纳税所得额不超过(　　)万元，从业人数不超过100人，资产总额不超过3 000万元。
   A. 10　　B. 20　　C. 30　　D. 40
10. 纳税人通过国内非营利的社会团体进行的公益救济性捐赠，在年度(　　)12%以内的部分准予扣除。
    A. 收入总额　　B. 费用总额　　C. 会计利润　　D. 应纳税所得额

二、多项选择题

1. 企业所得税的纳税人义务人有(　　)。
   A. 中外合资企业　　　　　　B. 个人独资企业
   C. 股份有限公司　　　　　　D. 外商投资企业

2. 下列项目中，在会计利润的基础上应调整增加应纳税所得额的有( )。
   A. 职工教育经费支出未超标准　　　B. 公益救济性捐赠支出超标准
   C. 利息费用支出超标准　　　　　　D. 广告费支出超标准
3. 下列是非居民企业征税对象的有( )。
   A. 机构、场所取得的来源于我国境内的所得
   B. 与机构、场所有实际联系的我国境外所得
   C. 没有设立机构、场所，但是来源于我国境内所得
   D. 机构、场所取得的来源于我国境外的所得
4. 根据企业所得税法的规定，下列收入的确认正确的是( )。
   A. 权益性投资收益，按照被投资方做出利润分配决定的日期确认收入的实现
   B. 利息收入，按照实际收到利息收入的日期确认收入的实现
   C. 租金收入，按照合同约定的承租人应付租金的日期确认收入的实现
   D. 特许权使用费收入，按照合同约定的特许权使用人应付特许权使用费的日期确认收入的实现
5. 在资产负债表债务法下应设置的账户有( )。
   A. 所得税费用　　　　　　　　　　B. 应交税费——应交所得税
   C. 应交所得税　　　　　　　　　　D. 递延所得税资产
6. 根据企业所得税法的规定，企业的下列各项支出，在计算应纳税所得额时，准予从收入总额中直接扣除的是( )。
   A. 公益性捐赠支出　　　　　　　　B. 营业税
   C. 固定资产的减值准备　　　　　　D. 主营业务成本
7. 下列项目中，不可以从应纳税所得额中扣除的有( )。
   A. 企业支付的违约金　　　　　　　B. 企业之间支付的管理费
   C. 企业内营业机构之间支付的租金　D. 非银行企业内营业机构之间支付的利息
8. 根据企业所得税法的规定，下列项目需要按规定比例在税前扣除的有( )。
   A. 广告费　　B. 业务招待费　　C. 公益救济性捐赠　　D. 主营业务成本
9. 下列各项中，在计算应纳税所得额时有加计扣除规定的包括( )。
   A. 企业开发新技术、新产品、新工艺发生的研究开发费用
   B. 创业投资企业从事国家需要重点扶持和鼓励的创业投资项目
   C. 企业综合利用资源，生产符合国家产业政策规定的产品
   D. 企业安置残疾人员及国家鼓励安置的其他就业人员所支付的工资
10. 根据企业所得税的规定，下列表述正确的有( )。
    A. 纳税人从事国家非限制和禁止行业并符合规定条件的小型微利企业享受20%的优惠税率
    B. 纳税人从事国家需要重点扶持的高新技术企业，减按15%的税率征收企业所得税
    C. 企业所得税实行按年计算，按月或季预缴，年终汇算清缴，多退少补的征收办法
    D. 企业所得税按年计征，分月或者分季预缴，年终汇算清缴，多不退少不补

三、计算题

资料：某汽车制造厂，2011年资产总额是5 000万元，在职职工人数280人，全年经营业务如下。

(1) 取得销售收入 5 200 万元。
(2) 销售成本 3 143 万元。
(3) 发生销售费用 760 万元(其中广告费 400 万元),管理费用 350 万元(其中业务招待费 25 万元);财务费用 60 万元。
(4) 销售税金 200 万元(含增值税 150 万元)。
(5) 营业外支出 50 万元(含通过公益性社会团体向贫困山区捐款 8 万元)。
(6) 已计入成本、费用中的实发工资总额 245 万元、拨缴职工工会经费 6 万元、支出职工福利费和职工教育经费 52 万元。

要求:根据上述资料计算该企业 2011 年应纳企业所得税。

 驿站小憩

企业所得税法四大变化

2008 年 1 月 1 日起施行的《中华人民共和国企业所得税法实施条例》最大变化是"四个统一"。

第一,统一适用,内资企业和外资企业适用统一的企业所得税法。

第二,统一税率,将新税率统一为 25%,并对符合规定的小型微利企业实行 20% 的照顾性税率。

第三,统一税前扣除办法和标准,对工资、捐赠、研发费用、广告费等费用的扣除进行了统一。

第四,统一税收优惠,实行"产业优惠为主、区域优惠为辅"的新税收优惠体系。

(资料来源:http://wenku.baidu.com/view/b847062eed630b1c59eeb5aa.html。)

项目 7 个人所得税申报与筹划

导入案例

王萍两个月来一直跟随公司的会计李玉进行涉税业务核算、申报及税务筹划的实习。两个月的工资单上均有公司代扣个人所得税，王萍一直想着要弄清楚这个代扣税额是怎样计算出来的。这一天她终于有机会问李会计这个问题，李会计对她说："你先将有关个人所得税计算的法律规范复习一下，再结合我们公司的实际状况就能计算出来了。"王萍说："好的。我现在就来复习一下这方面的规范。"

讨论：
1. 如何计算个人所得税应纳税额？
2. 个人应纳所得税如何进行申报？
3. 如何进行个人所得税涉税业务筹划？

任务 7.1 个人所得税业务核算

学习目标 Learning Objectives

- 知识目标：明确个人所得税纳税范围；能准确计算应纳个人所得税税额。
- 技能目标：能正确进行企业个人所得税涉税业务核算。
- 素质目标：树立自觉纳税意识；提高独立完成任务的能力。

【任务 7.1 分解】

任务7.1.1 个人所得税税制要素

任务7.1.2 个人所得税应纳税额计算

任务7.1.3 个人所得税涉税业务核算

任务 7.1.1 个人所得税税制要素

一、个人所得税的概念和特点

1. 个人所得税的概念

个人所得税是以个人(自然人)取得的各类应税所得为征税对象所征收的一种税。它最早于 1799 年在英国创立，目前世界上已有 140 多个国家开征了这一税种。我国于 1980 年 9 月 10 日经第五届全国人民代表大会第三次会议审议通过并公布实施了《中华人民共和国个人所得税法》(以下简称《个人所得税法》)。现行的个人所得税法已经过 1993 年、1999 年、2005 年、2007 年、2011 年共 6 次修订。我国从 2011 年 9 月 1 日起施行 2011 年第 6 次修订的《个人所得税法》。

2. 我国《个人所得税法》的特点

我国《个人所得税法》具有以下 5 个方面的特点。

1) 实行分类所得税制

世界各国的个人所得税制根据计税方法的不同，大体可分为 3 种：分类所得税制、综合所得税制和混合所得税制，这 3 种税制各有所长。分类所得税制是将个人所得根据不同来源，设计不同税率和费用扣除标准，分别计算征收所得税，其优点是可对不同来源的所得实行差别待遇，宜采用源泉课征方法控制税源，防止税款偷漏；综合所得税制是将个人全年各种不同性质的所得，不问其来源渠道与收入形式，全部收入汇总，统一扣除，按统一累进税率计算征收所得税，其优点是能较好地体现纳税人的纳税能力；混合所得税制，是将分类所得税制与综合所得税制的优点兼收并蓄，实行分项课征和综合计税相结合的办法，既坚持了按纳税能力课税的原则，又实行了区别对待的原则。我国现行个人所得税采取分类所得税制，即将个人取得的各项所得划分为 11 类，分项确定费用减除标准，分项规定税率，分项计税。实行分类课征制度，可以对不同来源的所得实行差别待遇，体现国家的政策，宜采取源泉课征方法控制税源，防止税款偷逃，方便征纳双方。

2) 实行定额定率相结合、内外有别的费用扣除方法

世界各国的个人所得税均有费用扣除的规定，只是扣除的方法及额度不尽相同。我国本着费用扣除从宽从简的原则，采取定额扣除和定率扣除相结合的费用扣除方法。

3) 累进税率与比例税率并用

根据各类个人所得的不同性质和特点，我国现行个人所得税采用累进税率与比例税率两种税率形式。对工资、薪金所得，个体工商户的生产经营所得，对企事业单位的承包经营、承租经营所得，采用累进税率，实行量能负担，体现税负公平，合理调节收入分配；对劳务报酬、稿酬等其他所得，采用透明度较高的比例税率，实行等比负担，便于源泉扣缴税款。这与一般实行分类所得税制的国家通常采用比例税率的做法有所区别。

4) 计算简便

我国个人所得税的费用扣除采取了确定总额进行扣除的方法，免去了对个人实际生活费用支出逐项计算的麻烦。而且各种所得项目实行分项扣除，分项定率，分项计税的方式，其费用扣除项目及方法易于掌握，计算简便，符合个人所得税税制从简的原则。

5) 采取源泉扣缴和自行申报的征收方法

个人所得税的征收方法有支付单位源泉扣缴和纳税人自行申报两种方法。根据税法规定，凡是可以在应税所得的支付环节扣缴个人所得税的，均由扣缴义务人履行代扣代缴义务。对于没有扣缴义务人的以及个人在两处以上取得工资、薪金所得的，由纳税人自行申报纳税。此外，对其他不便于扣缴税款的，亦规定由纳税人自行申报纳税。

二、个人所得税纳税义务人

1. 纳税义务人

个人所得税以取得应税所得的个人为纳税人，以支付应税所得的单位或者个人为扣缴义务人。

纳税人是指在我国境内有住所，或者无住所但在境内居住满一年的个人，以及无住所又不居住或者居住不满一年但从我国境内取得所得的个人。包括我国公民、外籍个人、无国籍人员，以及香港、澳门、台湾同胞等。

《个人所得税法》第一条规定："在中国境内有住所，或者无住所而在境内居住满一年的个人，从中国境内和境外取得的所得，依照本法规定缴纳个人所得税。"

在我国个人所得税纳税义务人依据其住所居住时间两个标准，区分为居民纳税义务人和非居民纳税义务人，分别承担不同的纳税义务。

居民纳税人是指在我国境内有住所，或者无住所而在我国境内居住满一年的个人，应就其来源于我国境内和境外的所得，依法缴纳个人所得税。

非居民纳税人是指在我国境内无住所又不居住，或者无住所而在境内居住不满一年的个人，只就其来源于我中国境内的所得依法缴纳个人所得税。

2. 境内境外所得来源的确定

一般说来，居民纳税人应就其来源于我国境内、境外的所得缴纳个人所得税；非居民纳税人仅就其来源于我国境内的所得缴纳个人所得税。

《个人所得税法》规定下列所得不论支付地点是否在我国境内，均为来源于我国境内的所得：①因任职、受雇、履约等而在我国境内提供劳务取得的所得；②将财产出租给承租人在我国境内使用而取得的所得；③转让我国境内的建筑物、土地使用权等财产或者在我国境内转让其他财产取得的所得；④许可各种特许权在我国境内使用而取得的所得；⑤从我国境内的公司、企业以及其他经济组织或者个人取得的利息、股息、红利所得。

3. 个人所得税扣缴义务人

《个人所得税法》规定，个人所得税以取得应税所得的个人为纳税义务人，以支付所得的单位或者个人为扣缴义务人。扣缴义务人包括企业(公司)、事业单位、机关、社会团体、军队、驻华机构(不包括外国驻华使领馆和联合国及其他依法享有外交特权和豁免的国际组织驻华机构)、个体户等单位或个人。扣缴义务人在向纳税人支付各项应税所得(个体工商户的生产经营所得除外)时，不论纳税人是否属于本单位人员，均应代扣代缴其应纳的个人所得税税款。

三、个人所得税的征税对象

个人所得税的征税对象是个人取得的应税所得，税法列举征税的个人所得共有11项，其具体范围如下。

(1) 工资、薪金所得，是指个人因任职或者受雇而取得的工资、薪金、奖金、年终加薪、劳动分红、津贴、补贴，以及与任职或者受雇有关的其他所得。

(2) 个体工商户的生产、经营所得，是指：①个体工商户从事工业、手工业、建筑业、交通运输业、商业、饮食业、服务业、修理业以及其他行业生产、经营取得的所得；②个人经政府有关部门批准，取得执照，从事办学、医疗、咨询以及其他有偿服务活动取得的所得；③其他个人从事个体工商业生产、经营取得的所得；④上述个体工商户和个人取得的与生产、经营有关的各项应纳税所得。

(3) 对企事业单位的承包经营、承租经营所得，是指个人承包经营、承租经营，以及转包、转租取得的所得，包括个人按月或者按次取得的工资、薪金性质的所得。

(4) 劳务报酬所得，是指个人从事设计、装潢、安装、制图、化验、测试、医疗、法律、会计、咨询、讲学、新闻、广播、翻译、审稿、书画、雕刻、影视、录音、录像、演出、表演、广告、展览、技术服务、介绍服务、经纪服务、代办服务以及其他劳务取得的所得。

(5) 稿酬所得，是指个人因其作品以图书、报刊形式出版、发表而取得的所得。

(6) 特许权使用费所得，是指个人提供专利权、商标权、著作权、非专利技术以及其他特许权的使用权取得的所得；提供著作权的使用权取得的所得，不包括稿酬所得。

(7) 利息、股息、红利所得，是指个人拥有债权、股权而取得的利息、股息、红利所得。

(8) 财产租赁所得，是指个人出租建筑物、土地使用权、机器设备、车船以及其他财产取得的所得。对股票转让所得征收个人所得税的办法，由国务院财政部门另行制定，报国务院批准施行。

(9) 财产转让所得，是指个人转让有价证券、股权、建筑物、土地使用权、机器设备、车船以及其他财产取得的所得。

(10) 偶然所得，是指个人得奖、中奖、中彩以及其他偶然性质的所得。

(11) 国务院、财政部确定征税的其他所得。

四、税率

个人所得税本着"税负从轻、区别对待、分类调节"的原则，规定了超额累进税率和比例税率两种形式，分别不同个人所得项目确定了 3 种适用税率。

(1) 工资、薪金所得，适用 3%～45% 的 7 级超额累进税率，工资、薪金所得个人所得税税率见表 7-1。

表 7-1 工资、薪金所得个人所得税税率

级数	全月应纳税所得额(含税级距)	税率/%	速算扣除数/元
1	不超过 1 500 元的	3	0
2	超过 1 500 元至 4 500 元的部分	10	105
3	超过 4 500 元至 9 000 元的部分	20	555
4	超过 9 000 元至 35 000 元的部分	25	1 005
5	超过 35 000 元至 55 000 元的部分	30	2 755
6	超过 55 000 元至 80 000 元的部分	35	5 505
7	超过 80 000 元的部分	45	13 505

(2) 个体工商户的生产经营所得和对企事业单位的承包经营、承租经营所得适用 5%～35% 的 5 级超额累进税率，个体工商户、承包户的生产、经营所得个人所得税税率见表 7-2。

表 7-2 个体工商户、承包户的生产、经营所得个人所得税税率

级数	全年应纳税所得额(含税级距)	税率/%	速算扣除数/元
1	不超过 15 000 元的	5	0
2	超过 15 000 元至 30 000 元的部分	10	750
3	超过 3 000 元至 60 000 元的部分	20	1 750
4	超过 60 000 元至 100 000 元的部分	30	9 750
5	超过 100 000 元的部分	35	14 750

(3) 劳务报酬所得、稿酬所得、特许权使用费所得、财产租赁所得、财产转让所得、利息、股息、红利所得、偶然所得和其他所得，适用 20%的比例税率。

为了体现国家政策，有效调节收入，对有关所得项目，税法规定予以减征或加成征收。

① 减征规定。稿酬所得，适用 20%的比例税率，并按应纳税额减征 30%，即只征收 70%的税额。

从 2001 年 1 月 1 日起，对个人出租房屋取得的所得暂减按 10%的税率征收个人所得税。

② 加成征税规定。对劳务报酬所得一次收入畸高的，规定在适用 20%税率征税的基础上，实行加成征税办法。所谓"劳务报酬所得一次收入畸高的"，是指个人一次取得劳务报酬，其应纳税所得额超过 20 000 元。对应纳税所得额超过 20 000 元至 50 000 元的部分，依照税法规定计算应纳税额后，再按照应纳税额加征 5%，对超过 50 000 元的部分，按应纳税额加征 10%。劳务报酬税率具体见表 7-3。

表 7-3 劳务报酬所得个人所得税税率

级数	每次应纳税所得额(含税级距)	税率/%	速算扣除数/元
1	不超过 20 000 元的	20	0
2	超过 20 000 元至 50 000 元的部分	30	2 000
3	超过 50 000 元的部分	40	7 000

五、税收优惠的规定

1. 免征个人所得税的项目

《个人所得税法》规定，对下列各项个人所得，免征个人所得税。

(1) 省级人民政府、国务院部委和中国人民解放军军以上单位，以及外国组织和国际组织颁发的科学、教育、技术、文化、卫生、体育、环境保护等方面的奖金。

(2) 国债和国家发行的金融债券利息。其中，国债利息，是指个人持有的中华人民共和国财政部发行的债券而取得的利息；国家发行的金融债券利息，是指个人持有经国务院批准发行的金融债券而取得的利息所得。

(3) 按照国家统一规定发给的补贴、津贴，是指按照国务院规定发给的政府特殊津贴和国务院规定免纳个人所得税的补贴、津贴。

(4) 福利费、抚恤金、救济金。其中，福利费是指根据国家有关规定，从企业、事业单位、国家机关、社会团体提留的福利费或者从工会经费中支付给个人的生活补助费；救济金是指国家民政部门支付给个人的生活困难补助费。

(5) 保险赔款。

(6) 军人的转业安置费、复员费。

(7) 按照国家统一规定发给干部、职工的安家费、退职费、退休工资、离休工资、离休生活补助费。其中，退职费是指符合《国务院关于工人退休、退职的暂行办法》规定的退职条件，并按该办法规定的退职费标准所领取的退职费。

(8) 依照我国有关法律规定应予免税的各国驻华使馆、领事馆的外交代表、领事官员和其他人员的所得。

(9) 我国政府参加的国际公约、签订的协议中规定免税的所得。

(10) 经国务院财政部门批准免税的其他所得。

2. 减征个人所得税的项目

有下列情况之一的，经批准可以减征个人所得税：①残疾、孤老人员和烈属的所得。②因严重自然灾害造成重大损失的。③其他经国务院财政部门批准减税的。

上述减税项目的减征幅度和期限，由省、自治区、直辖市人民政府规定。

3. 暂时免征个人所得税的项目

根据《财政部、国家税务总局关于个人所得税若干政策问题的通知》的规定，对下列所得暂免征收个人所得税。

(1) 外籍个人以非现金形式或实报实销形式取得的住房补贴、伙食补贴、搬迁费、洗衣费。

(2) 外籍个人按合理标准取得的境内、境外出差补贴。

(3) 外籍个人取得的探亲费、语言训练费、子女教育费等，经当地税务机关审核批准为合理的部分。

(4) 外籍个人从外商投资企业取得的股息、红利所得。

(5) 符合条件的外籍专家取得的工资、薪金所得。

(6) 个人举报、协查各种违法、犯罪行为而获得的奖金。

(7) 个人办理代扣代缴手续，按规定取得的扣缴手续费。

(8) 个人转让自用达 5 年以上，并且是唯一的家庭生活用房取得的所得。

(9) 对个人购买福利彩票、体育彩票，一次中奖收入在 1 万元以下的(含 1 万元)暂免征收个人所得税，超过 1 万元的全额征收个人所得税。

(10) 达到离休、退休年龄，但确因工作需要，适当延长离休、退休年龄的高级专家(指享受国家发放的政府特殊津贴的专家、学者)，其在延长离休、退休期间的工资、薪金所得，视同离休、退休工资免征个人所得税。

(11) 对国有企业职工，因企业依照《中华人民共和国企业破产法(试行)》宣告破产，从破产企业取得的一次性安置费收入，免予征收个人所得税。

(12) 个人因与用人单位解除劳动关系而取得的一次性补偿收入，其收入在当地上年企业职工年平均工资 3 倍数额以内的部分，可免征个人所得税。超过该标准的一次性补偿收入，应按照财政部、国家税务总局发布的《关于个人与用人单位解除劳动关系取得一次性补偿收入免征个人所得税问题的通知》(财税字[2001]157 号)的有关规定，计征个人所得税。

(13) 城镇企业、事业单位及其职工个人按照《失业保险条例》规定的比例，实际缴付的失业保险费,不计入职工个人当期的工资、薪金收入,免予征收个人所得税。超过规定比例缴付失业保险费的,应将其超过规定比例缴付的部分计入职工个人当期的工资、薪金收入,依法计征个人所得税。

(14) 具备《失业保险条例》规定条件的失业人员,领取的失业保险金,免征个人所得税。

(15) 下岗职工从事社区居民服务业,对其取得的经营所得和劳务报酬所得,从事个体经营的自其领取税务登记证之日起,从事独立劳务服务的自其持下岗证明在当地主管税务机关备案之日起,3 年内免征个人所得税;但第一年免税期满后由县以上主管税务机关就免税主体及范围按规定逐年审核,符合条件的,可继续免征 1~2 年。

▶▶学中做

1.【单项选择题】工资、薪金适用( )个人所得税税率。
A. 9 级超额累进税率　　　　　　　B. 7 级超额累进税率
C. 5 级超额累进税率　　　　　　　D. 20%

2.【多项选择题】下列属于应征个人所得税的所得有( )。
A. 偶然所得　　B. 劳务报酬所得　　C. 财产租赁所得　　D. 利息所得

任务 7.1.2　个人所得税应纳税额计算

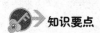
知识要点

一、工资、薪金应纳税额的计算

1. 应纳税所得额的确定

个人所得税应纳税所得额为个人各项所得减除税法允许扣除费用后的余额。个人工资、薪金所得的费用扣除规范如下。

1) 费用减除 3 500 元的适用范围

一般情况下,对工资、薪金所得以个人每月收入额固定减除 3 500 元费用后的余额作为应纳税所得额。其计算公式为

$$\text{应纳税所得额} = \text{每月收入额} - 3\,500\,\text{元} \tag{7-1}$$

2) 附加减除费用 1 300 元的适用范围

对在我国境内无住所,而在我国境内取得工资薪金所得的纳税人和在我国境内有住所而在我国境外取得工资、薪金所得的纳税人,税法根据其平均收入水平、生活水平以及汇率变化情况,确定其除减除 3 500 元费用外,再附加减除费用 1 300 元,即共减除费用 4 800 元。

附加减除费用适用的范围具体是指:①在我国境内的外商投资企业和外国企业中工作的外籍人员;②应聘在我国境内的企业、事业单位、社会团体、国家机关中工作的外籍专家;③在我国境内有住所而在我国境外任职或者受雇取得工资、薪金所得的个人;④国务院财政、税务主管部门确定的其他人员。其计算公式为

$$\text{应纳税所得额} = \text{每月收入额} - 4\,800\,\text{元} \tag{7-2}$$

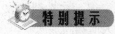
特别提示

附加减除费用也适用于华侨和香港、澳门、台湾同胞。

2. 应纳税额的计算

1) 应纳税额的计算公式

计算公式为

$$应纳税额 = 应纳税所得额 \times 适用税率 - 速算扣除数 \tag{7-3}$$

【例7-1】沪南公司职工刘×2012年10月应发工资5 600元,交纳社会统筹的养老保险200元,失业保险150元(超过规定比例15元),单位代缴水电费100元,计算其每月应纳个人所得税。

【解析】交纳的社会统筹养老保险、按规定标准缴纳的失业保险均可以税前扣除,但单位代缴的水电费不可以税前除。

$$应纳个人所得税 = (5\ 600 - 3\ 500 - 200 - 150 + 15) \times 3\% = 52.95(元)$$

2) 个人取得全年一次性奖金等应纳税额的计算

(1) 在境内有住所的个人取得的全年一次性奖金,可单独作为一个月的工资、薪金所得计算纳税,全额作为应纳税所得额。如果纳税人取得奖金当月的工资、薪金所得不足3 500元的,可将奖金收入减除"当月工资与3 500元的差额"后的余额作为应纳税所得额,然后将其除以12个月,按其商数确定适用税率和速算扣除数并据以计算应纳税额;在一个纳税年度该办法只能用一次,其他各种奖金及加薪一律并入当月工资计税;实行年薪制和绩效工资的单位,个人取得年终兑现的年薪和绩效工资按上述规定执行。

(2) 在我国境内无住所的个人取得全年一次性奖金以外的各种名目的奖金,根据有关规定,可单独作为一个月的工资、薪金所得计算纳税。由于对每月的工资、薪金所得计税时已按月扣除了费用,因此,计算时不再减除费用,全额作为应纳税所得额直接按适用税率计算应纳税款,并且不再按居住天数进行划分计算。

另外,有关文件又规定,对于在我国境内无住所的个人一次取得数月奖金中属于来华工作以前或离职离华后月份的奖金,不判定为来源于我国境内所得,因而不负有我国纳税义务。在我国境内无住所的个人在担任境外企业职务的同时,兼任该外国企业在华机构的职务,但并不实际或并不经常到华履行该在华机构职务,对其一次取得的数月奖金中属于全月未在华工作的月份奖金,依照劳务发生地原则,可不作为来源于我国境内的奖金收入计税;对其取得的有到华工作天数的各月份奖金,应全额作为应税所得额依率计税。其计算公式为

$$应纳税额 = 数月奖金额 \times 适用税率 - 速算扣除数 \tag{7-4}$$

【例7-2】沪南公司职工王×2012年12月取得全年一次性奖金24 000元,当月工资超过扣除标准,计算奖金收入应缴纳的个人所得税。

【解析】24 000÷12=2 000,适用税率为10%,速算扣除数为105,所以

$$应纳税额 = 24\ 000 \times 10\% - 105 = 2\ 295(元) \tag{7-5}$$

3) 个人取得不满一个月的工资、薪金所得应纳税额的计算

在我国境内无住所的个人,凡在我国境内居住不满一个月并仅就不满一个月期间的工资、薪金所得申报纳税的,均应按全月工资、薪金所得为依据计算实际应纳税额。其计算公式为

$$应纳税额 = (当月工资薪金应纳税所得额 \times 适用税率 - 速算扣除数) \times$$
$$(当月实际在我国境内的天数/当月天数)$$

如果属于上述情况的个人取得的是日工资、薪金,应将日工资、薪金以当月天数换算成

月工资和薪金后，再按上述公式计算应纳税额。

4) 雇佣单位和派遣单位分别支付工资薪金的应纳税额计算

在外商投资企业、外国企业和外国驻华机构工作的中方人员取得的工资、薪金收入，凡是由雇佣单位和派遣单位分别支付的，支付单位应扣缴应纳的个人所得税，以纳税人每月全部工资、薪金收入减除规定费用后的余额为应纳税所得额。为了有利于征管，采取由支付者一方减除费用的方法，即只有雇佣单位在支付工资、薪金时，按税法规定减除费用，计算扣缴税款；派遣单位支付的工资、薪金不再减除费用，以支付全额直接确定适用税率，计算扣缴税款。纳税人在取得税后工资、薪金时，按照"在两处或两处以上取得工资、薪金所得的"的申报规定，自行申报应税所得并补交所得税，其计算公式为

雇佣单位应代扣税额＝(月工资、薪金收入－费用扣除标准)×
适用税率－速算扣除数 (7-6)

派遣单位应代扣税额＝月工资薪金收入×适用税率－速算扣除数 (7-7)

个人申报应纳税额＝(雇佣单位支付的含税月工资薪金额＋派遣单位支付的含税月工资、薪金额－费用扣除标准)×适用税率－速算扣除数 (7-8)

个人应补税额＝个人申报应纳税额－已被代扣代缴的税额

【例7-3】陆×为一外商投资企业雇佣的中方人员，2012年11月，该外商投资企业支付给陆×的薪金为8 700元，同月，陆×还收到其所在的派遣单位发给的工资3 400元。请问：该外商投资企业、派遣单位应如何扣缴陆×个人所得税？陆×实际应交的个人所得税为多少？

【解析】

(1) 外商投资企业应为陆×扣缴的个人所得税为

扣缴税额＝(每月收入额－3 500)×适用税率－速算扣除数
＝(8 700－3 500)×20%－555＝485(元)

(2) 派遣单位应为陆×扣缴的个人所得税为

扣缴税额＝每月收入额×适用税率－速算扣除数
＝3 400×10%－105＝235(元)

(3) 陆×实际应交的个人所得税为

应纳税额＝(每月收入额－3 500)×适用税率－速算扣除数
＝(8 700＋3 400－3 500)×20%－555＝1 165(元)

因此，在陆×到所属税务机关申报时，还应补缴445(1 165－485－235)元。

5) 将雇佣单位发放的部分工资、薪金上缴派遣单位的应纳税额计算

对于外商投资企业、外国企业和外国驻华机构发放给中方工作人员的工资及薪金所得，应全额计税，但对于可以提供有效合同或有关凭证，能够证明其工资、薪金所得的一部分按有关规定上缴派遣(介绍)单位的，可以扣除其实际上缴的部分，按其余额计征个人所得税。则中方工作人员从雇佣单位取得的工资、薪金所得应纳税额的计算公式为

应纳税额＝(从雇佣单位取得的工资、薪金收入－上缴给派遣单位的费用－
费用扣除标准)×适用税率－速算扣除数 (7-9)

6) 特定行业职工取得的工资、薪金所得应纳税额的计算

为了照顾采掘业、远洋运输业、远洋捕捞业因季节和产量等因素的影响，职工的工资、薪金收入呈现较大幅度波动的实际情况，对这3个特定行业的职工取得的工资和薪金所得采

取按年计算、分月预缴的方式计征个人所得税。年度结束后 30 日内，合计其全年工资、薪金所得，再按 12 个月平均并计算实际应纳的税款，多退少补。用公式表示为

全年应纳所得税额＝[(全年工资薪金收入/12－费用扣除标准)×

适用税率－速算扣除数]×12　　　　　　　　　　　　　(7-10)

年终汇算应补(退)税额＝全年应纳所得税额－全年累计已预缴所得税额　(7-11)

7) 个人从企业取得实物福利所得应纳税额的计算

对于外商投资企业、外国企业为符合一定条件的雇员购买住房、汽车等个人消费品的，应按规定计税。按照《国家税务总局关于外商投资企业和外国企业以实物向雇员提供福利如何计征个人所得税问题的通知》(国税发[1995]第 115 号)的规定，外商投资企业、外国企业为符合一定条件的雇员购买住房和汽车等个人消费品，所购房屋产权证和车辆发票均填写雇员姓名，并商定该雇员在企业工作达到一定年限或满足其他条件后，该住房、汽车的所有权完全归雇员个人所有的，应在取得的当月，按照有关凭证上注明的价格或主管税务机关核定的价格并入其工资、薪金所得征税。考虑到个人取得的前述实物价值较高，且所有权是随着工作年限逐步取得的，所以可按企业规定取得该财产所有权需达到的工作年限内(高于 5 年的按 5 年计算)平均分月计入工资、薪金所得征收个人所得税。

8) 个人取得公务交通、通信补贴收入应纳税额的计算

个人因公务用车和通信制度改革而取得的公务用车、通信补贴收入，扣除一定标准的公务费用后，按照"工资、薪金"所得项目计征个人所得税；不按月发放的，分解到所属月份并与该月份"工资、薪金"所得合并后计征个人所得税。公务费用的扣除标准，由省级地方税务局根据纳税人公务、交通费用的实际发生情况调查测算，报经省级人民政府批准后确定，并报国家税务总局备案。

9) 我国公民从境外取得工资、薪金所得的应纳税额计算

在我国境内有住所而在我国境外任职或者受雇取得工资、薪金所得的个人，应按照从国外取得的月工资、薪金收入额，每月扣除 4 800 元以后，作为应纳税所得额计征个人所得税。

如果纳税人已在境外缴纳了个人所得税，允许在应纳税额中扣除，但扣除税额不得超过纳税人国外所得按我国个人所得税法规定计算的税额。

10) 个人取得非正常退职费收入应纳税额的计算

个人由于工伤、疾病等原因丧失工作能力，又没有达到退休条件，按照规定离开工作岗位的退职人员领取的退职费，不超过原工资、薪金 40% 的部分，可以免征个人所得税；超过上述标准的部分，应按照正常工资、薪金所得在领取所得的当月计算缴纳个人所得税。

除上述情况以外的人员领取的不符合《国务院关于工人退休、退职的暂行办法》规定的退职条件和退职费标准的退职费收入，应按照工资、薪金所得在领取所得的当月计算缴纳个人所得税。但是考虑到作为雇主给予退职人员经济补偿的退职费，通常一次性发给，数额较大，以及退职人员有可能在一段时间内没有固定收入等实际情况，依照税法有关工资、薪金所得计税的规定，对退职人员一次取得较高退职费收入的，可视为其一次取得数月的工资、薪金收入，并以原每月工资、薪金收入总额为标准，划分为若干月份的工资、薪金收入后，计算应纳税所得额和应纳税额。如果按照上述方法划分超过了 6 个月工资、薪金收入的，按 6 个月平均划分计算。其计算公式有两种。

(1) 按原每月工资、薪金收入总额划分的月份在 6 个月以内的，计算公式为

应纳税额＝[(原每月工资、薪金收入总额－费用扣除标准)×适用税率－

速算扣除数]×(退职费收入额/原每月工资薪金总额)　　　(7-12)

(2) 按原每月工资、薪金收入总额划分的月份超过了 6 个月的，计算公式为

应纳税额＝[(退职费收入/6－费用扣除标准)×适用税率－速算扣除数]×6　　(7-13)

个人取得全部退职费收入的应纳税额，应由其原雇主在支付退职费时负责代扣代缴。个人退职后 6 个月又再次任职、受雇的，对于个人已缴纳个人所得税的退职费收入，不再与再次任职、受雇取得的工资、薪金所得合并计算补缴个人所得税。

11) 个人因与用人单位解除劳动关系取得一次性补偿收入应纳税额的计算

依照有关税法的规定，个人因与用人单位解除劳动关系而取得的一次性补偿收入，其收入在当地上年企业职工年平均工资 3 倍数额以内的部分，免征个人所得税；超过该标准的部分可视为一次取得数月的工资、薪金收入，允许在一定期限内平均计算。方法是以个人取得的一次性补偿收入，除以个人在本企业的工作年限数(超过 12 年的按 12 年计算)，以其商数作为个人的月工资、薪金收入，按照税法规定计算缴纳个人所得税。个人在解除劳动合同后又再次任职受雇的，已纳税的一次性补偿收入不再与再次任职、受雇的工资薪金所得合并计算补缴个人所得税。个人领取一次性补偿收入时按照国家和地方政府规定的比例实际缴纳的住房公积金、医疗保险金、基本养老保险金、失业保险金，可以在计征其一次性补偿收入的个人所得税时予以扣除。

二、个体工商户生产、经营所得应纳税额的计算

实行查账征收的个体工商户，其生产、经营所得或应纳税所得额是每一纳税年度的收入总额，减除成本、费用以及损失后的余额。其计算公式为

应纳税所得额＝收入总额－(成本＋费用＋损失＋准予扣除的税金)

应纳所得税额＝应纳税所得额×适用税率－速算扣除数

个体工商户的收入总额是指个体户从事生产经营以及与生产经营有关的活动所取得的各项收入，包括商品(产品)销售收入、营运收入、劳务服务收入、工程价款收入、财产出租或转让收入、利息收入、其他业务收入和营业外收入。

个体工商户的成本、费用是指个体户从事生产经营所发生的各项直接支出和分配计入成本的间接费用以及销售费用、管理费用、财务费用；损失是指个体户在生产经营过程中发生的各项营业外支出。

根据《关于调整个体工商户业主、个人独资企业和合伙企业自然人投资者个人所得税费用扣除标准的通知》规定，个体户业主的费用扣除标准为 42 000 元/年(3 500 元/月)；个体户向其从业人员实际支付的合理的工资、薪金支出，允许在税前据实扣除。个体工商户用于个人和家庭的支出(每月领取的工资)不得税前扣除。

【例 7-4】李×为一个体工商户，2012 年取得收入总额 170 万元，发生的成本、费用及相关支出合计 83 万元，其中包括李×每月领取的工资 4 000 元、允许个体户业主扣除的费用 4.2 万元。李×2012 年应缴纳个人所得税多少元？

【解析】应纳税所得额＝1 700 000－830 000＋4 000×12＝918 000(万元)

应纳税额＝918 000×35％－14 750＝306 550(元)

三、承包、承租经营所得应纳税额的计算

1. 应纳税所得额的计算

企事业单位的承包经营、承租经营应纳税所得额是以每一纳税年度的收入总额减除必要费用后的余额，其中，"收入总额"是指纳税人按照承包经营、承租经营合同规定分得的经营

利润和工资、薪金性质的所得;"减除必要费用"是指按月减除 3 500 元,实际减除的是相当于个人的生计及其他费用。其计算公式为

$$应纳税所得额＝个人承包、承租经营收入总额－42\,000(3\,500)$$

2. 应纳税额的计算

对企事业单位承包经营、承租经营所得适用 5 级超额累进税率,以其应纳税所得额按适用税率计算应纳税额。计算公式为

$$应纳税额＝应纳税所得额×适用税率－速算扣除数$$

实际工作中,纳税人有按年取得承包、承租经营所得的,有一年中分次取得承包、承租经营所得的,还有经营期不足一年的。现分情况予以计税。

1) 按年取得承包、承租经营所得的税款计算

实行承包、承租经营的纳税人,应以每一纳税年度取得的承包、承租经营收入,减除每月 3 500 元的费用,按照适用税率,依公式计算其应纳的个人所得税。

2) 一个纳税年度内分次取得承包、承租经营所得的税款计算

实际工作中,纳税人可能会在一年内分次取得承包、承租经营所得。这种情况下,应在每次分得承包、承租经营所得后,先预缴税款,年终汇算清缴,多退少补。

3) 一个纳税年度内承包、承租不足 12 个月的税款计算

纳税人的承包、承租期不足一年的,在一个纳税年度内,承包、承租经营不足 12 个月的,以其实际承包、承租经营的期限为一个纳税年度计算纳税。其计算公式为

$$应纳税所得额＝该年度承包、承租经营收入额－$$
$$(3\,500×该年度实际承包、承租经营月份数)$$
$$应纳税额＝应纳税所得额×适用税率－速算扣除数$$

四、劳务报酬、稿酬、特许权使用费等所得应纳税额的计算

1. 应纳税所得额的计算

1) 减除费用的标准

劳务报酬所得、稿酬所得、特许权使用费所得、财产租赁所得,均以个人每次取得的收入,定额或定率减除规定的费用后的余额为应纳税所得额。每次收入不超过 4 000 元的,定额减除费用 800 元,每次收入在 4 000 元以上的,定率减除 20%的费用。其计算公式为如下。

(1) 每次收入不超过 4 000 元的,计算公式为

$$应纳税所得额＝每次收入额－800 \qquad (7\text{-}14)$$

(2) 每次收入在 4 000 元以上的,计算公式为

$$应纳税所得额＝每次收入额×(1－20\%) \qquad (7\text{-}15)$$

2) 每次收入的概念

(1) 劳务报酬所得"每次收入"是指属于一次性收入的,以取得该项收入为一次;凡属于同一项目连续性取得收入的,以一个月内取得的收入为一次。

(2) 稿酬所得"每次收入"是指以每次出版、发表作品取得的收入为一次,据以确定应纳税所得额。具体情况如下。

① 同一作品再版取得的所得,应视为另一次稿酬计征个人所得税。

② 同一作品先在报刊上连载，然后再出版；或先出版，再在报刊上连载的，应视为两次稿酬所得征税。

③ 同一作品在报刊上连载取得收入的，以连载完成后取得的所有收入合并为一次，计征个人所得税。

④ 同一作品在出版和发表时，以预付稿酬或分次支付稿酬等形式取得的稿酬收入，应合并计算为一次。

⑤ 同一作品出版发表后，因添加印数追加稿酬的，应与以前出版、发行时取得的稿酬合并计算为一次，计征个人所得税。

3) 财产租赁应纳税所得额的计算

财产租赁所得一般以个人每次取得的收入，定额或定率减除规定费用后的余额为应纳税所得额，纳税人在出租财产过程中缴纳的税金和教育费附加，持完税(缴款)凭证，从其财产租赁收入中扣除，此外，还准予扣除能够提供有效、准确凭证，证明由纳税人负担的该出租财产实际开支的修缮费用。允许扣除的修缮费用以每次 800 元为限，一次扣除不完的，准予在下一次继续扣除，直到扣完为止。

(1) 每次(月)收入不超过 4 000 元的，计算公式为

应纳税所得额＝每次(月)收入额－缴纳的税费－修缮费用(800 元为限)－800　　(7-16)

(2) 每次(月)收入超过 4 000 元的，计算公式为

应纳税所得额＝[每次(月)收入额－缴纳的税费－修缮费用(800 元为限)]
$$\times (1-20\%) \qquad (7\text{-}17)$$

【例 7-5】刘×于 2011 年 1 月将其自有的 2 间面积为 100 平方米的房屋出租给张×作经营场所，租期 1 年，刘×每月取得租金收入 2 500 元，全年租金收入 30 000 元，计算刘×全年租金收入应缴纳的个人所得税。

【解析】财产租赁收入以每月内取得的收入为一次，因此，刘×每月及全年应纳税额为

每月应纳税额＝(2 500－800)×10％＝170(元)

全年应纳税额＝170×12＝2 040(元)

2. 应纳税额的计算

劳务报酬所得、稿酬所得、特许权使用费所得、财产租赁所得依其应纳税所得额 20％的比例税率计算应纳税额。其计算公式为

应纳税额＝应纳税所得额×适用税率

【例 7-6】作者梁×2011 年 5 月初在杂志上发表一篇小说，取得稿酬 3 500 元，自 5 月 15 日起又将该小说在晚报上连载 3 个月，每月稿酬 6 000 元。梁×在 5 月需缴纳个人所得税是多少？

【解析】出版再连载视为两次稿酬，个人所得税为

(3 500－800)×20％×(1－30％)＋6 000×(1－20％)×20％×(1－30％)＝1 050(元)

【例 7-7】李×与同事杰克合作出版了一本书籍，共获得稿酬 16 000 元，李×与杰克事先约定按 6∶4 比例分配稿酬。计算李×应纳个人所得税。

【解析】应缴纳的个人所得税＝16 000×60％×(1－20％)×20％×(1－30％)＝1 075.2(元)

五、财产转让所得应纳税额的计算

1. 应纳税所得额的计算

财产转让所得，以一次转让财产的收入额减除财产的原值和合理费用后的余额为应纳税所得额。计算公式为

$$应纳税所得额 = 每次收入额 - 财产原值 - 合理费用 \qquad (7-18)$$

公式中财产原值是指：①有价证券，为买入价以及买入时按照规定交纳的有关费用；②建筑物，为建造费或者购进价格以及其他有关费用；③土地使用权，为取得土地使用权所支付的金额、开发土地的费用以及其他有关费用；④机器设备、车船，为购进价格、运输费、安装费以及其他有关费用；⑤其他财产，参照以上方法确定。

纳税义务人未提供完整、准确的财产原值凭证，不能正确计算财产原值的，由主管税务机关核定其财产原值。

公式中合理费用，是指卖出财产时按照规定支付的有关费用。

2. 应纳税额的计算

财产转让所得适用20%的比例税率。其应纳税额的计算公式为

$$应纳税额 = 应纳税所得额 \times 适用税率$$

【例7-8】王×2011年9月买入债券2 000份，每份买入价格8元，支付购进买入债券的税费共计200元。9月12日将买入的债券一次卖出1 200份，每份卖出价10元，支付卖出手续费共计180元，计算王×转让证券应纳个人所得税额。

【解析】应纳税所得额 = 每次收入额 - 财产原值 - 合理费用
$$= 1\,200 \times 10 - 1\,200 \times 8 - (200 \div 2\,000 \times 1\,200 + 180)$$
$$= 2\,100(元)$$

应纳所得税额 = 应纳税所得额 × 适用税率 = $2\,100 \times 20\% = 420(元)$

六、利息、股息、红利所得，偶然所得和其他所得应纳税额的计算

利息、股息、红利所得，偶然所得和其他所得，以每次收入额为应税所得额，不扣除任何费用。其应纳税额的计算公式为

$$应纳税额 = 应纳税所得额(每次收入额) \times 适用税率$$

七、个人所得税应纳税额的特殊计税方法

1. 扣除捐赠款的计税

1) 扣除捐赠款的法律规定

《个人所得税法》规定，个人将其所得通过我国境内的社会团体、国家机关，向教育和其他社会公益事业以及遭受严重自然灾害地区、贫困地区的捐赠，给予扣除。一般捐赠额的扣除以不超过纳税人申报应纳税所得额的30%为限；如果实际捐赠额大于捐赠限额时，只能按捐赠限额扣除。捐赠限额计算公式为

$$捐赠扣除限额 = 应纳税所得额 \times 30\% \qquad (7-19)$$

▶▶ 动脑想一想

个人和单位对外捐赠的税前扣除方法有何不同？

2) 应纳税额的计算

扣除捐赠款后计税的方法，就是将纳税人申报的应纳税所得额扣除允许扣除的捐赠额以后的余额作为计税依据来计税。其计算公式为

应纳税额＝(应纳税所得额－允许扣除的捐赠额)×适用税率－速算扣除数　　　(7-20)

2. 两人以上共同取得同一项目收入的计税

两人或两人以上共同取得同一项目收入的，应当对每个人取得的收入分别按照税法规定减除费用后计算纳税。即实行"先分、后扣、再税"的办法。

3. 单位或个人为纳税人负担税款的计税

1) 全额代负担税款的计算

雇主全额为雇员负担税款，应将雇员取得的不含税收入换算成应纳税所得额后，计算单位应当代扣代缴的税款。计算公式为

① 应纳税所得额＝(不含税收入额－费用扣除标准－速算扣除数)/(1－税率)。

② 应纳税额＝应纳税所得额×适用税率－速算扣除数。

在上式中，公式①中的税率，是指不含税所得按不含税级距对应的税率；公式②中的税率，是指应纳税所得额按含税级距对应的税率。对此，在计算过程中应特别注意，不能混淆。

2) 定额代负担部分税款的计算

雇主为其雇员定额负担部分税款的，应将雇员取得的工资、薪金所得换算成应纳税所得额后，计算单位应当代扣代缴的税款。计算公式为

① 应纳税所得额＝雇员取得的工资＋雇主代雇员负担的税款－费用扣除标准。

② 应纳税额＝应纳税所得额×适用税率－速算扣除数。

3) 负担一定比例税款的计算

雇主为其雇员负担一定比例税款，是指雇主为雇员负担一定比例的工资应纳的税款或负担一定比例的实际应纳税款。当发生这种情况时，计算公式为

① 应纳税所得额＝(未含雇主负担的税款的收入额－费用扣除标准－速算扣除数×负担比例)/(1－税率×负担比例)。

② 应纳税额＝应纳税所得额×适用税率－速算扣除数。

在上式中，公式①中的税率，是指不含税所得按不含税级距对应的税率；公式②中的税率，是指应纳税所得额按含税级距对应的税率。

工资、薪金所得个人所得税不含税税率见表 7-4。

表 7-4　工资、薪金所得个人所得税不含税税率

级数	全月应纳税所得额(不含税级距)	税率/%	速算扣除数/元
1	不超过 1 455 元的	3	0
2	超过 1 455 元至 4 155 元的部分	10	105
3	超过 4 155 元至 7 755 元的部分	20	555

项目7 个人所得税申报与筹划

续表

级数	全月应纳税所得额(不含税级距)	税率/%	速算扣除数/元
4	超过 7 755 元至 27 255 元的部分	25	1 005
5	超过 27 255 元至 41 255 元的部分	30	2 755
6	超过 41 255 元至 57 505 元的部分	35	5 505
7	超过 57 505 元的部分	45	13 505

4. 境外所得已纳税款的扣除

1) 境外所得已纳税款扣除的法律规范

《个人所得税法》第七条规定:"纳税义务人从中国境外取得的所得,准予其在应纳税额中扣除已在境外缴纳的个人所得税税额。但扣除额不得超过该纳税义务人境外所得依照本法规定计算的应纳税额。"

2) 境外所得已纳税款扣除限额的计算

采用分国又分项的方法进行计算,即纳税人从我国境外取得的所得,区别不同国家或地区和不同应税项目,依我国税法规定扣除标准和税率计算应纳税额。

3) 限额抵扣方法

纳税人在境外某国家或地区实际已纳个人所得税低于扣除限额,应在我国补缴差额部分的税款;超过扣除限额,其超过部分不得在该纳税年度的应纳税额中扣除,但可在以后纳税年度该国家或地区扣除限额的余额中补扣,补扣期最长不得超过 5 年。

【例 7-9】纳税人徐×在同一纳税年度,从 A、B 两国取得应税收入,其中:在 A 国一公司任职,取得工资、薪金收入 78 000 元(平均每月 6 500 元),因提供一项专利技术使用权,一次取得特许权使用费收入 30 000 元,该两项收入在 A 国缴纳个人所得税 5 200 元;因在 B 国出版著作获得稿酬收入 15 000 元,并在 B 国缴纳该项收入的个人所得税 1 720 元。

要求:计算徐×境外所得已纳税款的扣除限额,及需要在我国补缴的个税。

【解析】其抵扣计算方法如下。

(1) A 国所纳个人所得税的抵免限额。按照我国税法规定的费用减除标准和税率,计算徐彤从 A 国取得的应税所得应纳税额,该应纳税额即为抵免限额。

① 工资、薪金所得。徐×从 A 国取得的工资、薪金收入,应每月减除费用 4 800 元,其余额按 7 级超额累进税率表的适用税率计算应纳税额。

每月应纳税额=(6 500-4 800)×10%-105=65(元)

全年应纳税额=65×12(月份数)=780(元)

② 特许权使用费所得。徐×从 A 国取得的特许权使用费收入,应减除 20% 的费用,其余额按 20% 的比例税率计算应纳税额,应为

应纳税额=30 000×(1-20%)×20%=4 800(元)

因此,徐×从 A 国取得应税所得在 A 国缴纳的个人所得税额的抵免限额为 5 580(780+4 800)元。其在 A 国实际缴纳个人所得税 5 200 元,低于抵免限额可以全额抵扣,并需在我国补缴差额部分的税款,计 380(5 580-5 200)元。

(2) B 国所纳个人所得税的抵免限额。按照我国税法的规定,徐×从 B 国取得的稿酬收入,应减除 20% 的费用,就其余额按 20% 的税率计算应纳税额并减征 30%。

应纳税额=[15 000×(1-20%)×20%]×(1-30%)=1 680(元)

即其抵免限额为 1 680 元。徐×的稿酬所得在 B 国实际缴纳个人所得税 1 720 元，超出抵免限额 40 元，不能在本年度扣减，但可在以后 5 个纳税年度的该国扣除限额的余额中补扣。

▶▶学中做

资料：严先生为某外企公司的中方人员，2012 年 9—12 月收入情况如下。

(1) 每月取得的工资薪金 25 800 元。

(2) 利用休假时间为国内某单位进行工程设计取得收入 80 000 元。

(3) 为境外一企业提供一项专利技术的使用权，一次取得收入 150 000 元。已按来源国税法在该国缴纳了个人所得税 20 000 元。

(4) 个人出租住房，每月取得租金收入 3 000 元。

要求：计算严先生 2012 年在我国应缴纳的个人所得税(提示：假设严先生 2012 年只取得 4 个月的工资薪金)。

任务 7.1.3　个人所得税涉税业务核算

知识要点

一、工资、薪金所得税的会计核算

企业作为个人所得税的扣缴义务人，应按规定扣缴职工应缴纳的个人所得税。代扣个人所得税时，借记"应付职工薪酬"科目，贷记"应交税费—应交个人所得税"科目。

企业为职工代扣代缴个人所得税有两种情况：第一，职工自己承担个人所得税，企业只负有扣缴义务；第二，企业既承担税款，又负有扣缴义务。

【例 7-10】沪南公司为张×、李×每月各发工资 4 200 元。但合同约定，张×自己承担个人所得税；李×个人所得税由该企业承担，即李×收入 4 200 元为税后所得。月末发工资时，企业会计处理如下。

(1) 为张×扣缴个人所得税时，张×应纳个人所得税=(4 200-3 500)×3%=21(元)。

发放工资时作会计分录为

借：应付职工薪酬　　　　　　　　　　　　　　　　　　　　　　　　4 200
　　贷：库存现金　　　　　　　　　　　　　　　　　　　　　　　　　4 179
　　　　应交税费—应交个人所得税　　　　　　　　　　　　　　　　　　21

(2) 为李×承担税款时，由于李×工资为税后所得，则需要换算为税前所得，再计算个人所得税。其计算公式为

应纳税所得额=(不含税收入额-费用扣除标准-速算扣除数)÷(1-税率)

应纳个人所得税=应纳税所得额×适用税率-速算扣除数

企业应为李×承担税款为

应纳税所得额=(4 200-3 500)÷(1-3%)=721.65(元)

应纳个人所得税=721.65×3%=21.65(元)

发放工资时作会计分录为

借：应付职工薪酬　　　　　　　　　　　　　　　　　　　　　　　4 221.65
　　贷：库存现金　　　　　　　　　　　　　　　　　　　　　　　　　4 200
　　　　应交税费—应交个人所得税　　　　　　　　　　　　　　　　　21.65

二、其他各项所得所得税的会计核算

1. 支付劳务报酬、特许权使用费、稿费、财产租赁费代扣代缴所得税的会计核算

企业支付给个人的劳务报酬、特许权使用费、稿费、财产租赁费,一般由支付单位作为扣缴义务人向纳税人扣留税款,并计入该企业的有关期间费用科目。即企业在支付上述费用时,借记"无形资产"、"管理费用"、"财务费用"、"销售费用"等科目,贷记"应交税费——应交个人所得税"、"库存现金"等科目;实际缴纳时,借记"应交税费——应交个人所得税"科目,贷记"银行存款"科目。

【例7-11】工程师王×向一家公司提供一项专利使用权,一次取得收入50 000元。王工程师应缴纳的个人所得税为

$$应纳税额 = 50\,000 \times (1 - 20\%) \times 20\% = 8\,000(元)$$

该公司计提扣缴个人所得税时作会计分录为

借:无形资产　　　　　　　　　　　　　　　　　　　　　　50 000
　　贷:应交税费——应交个人所得税　　　　　　　　　　　　　8 000
　　　　库存现金　　　　　　　　　　　　　　　　　　　　　42 000

该公司实际上交扣缴的所得税时作会计分录为

借:应交税费——应交个人所得税　　　　　　　　　　　　　　8 000
　　贷:银行存款　　　　　　　　　　　　　　　　　　　　　　8 000

2. 向个人购买财产(财产转让)代扣代缴所得税的会计核算

一般情况下,企业向个人购买财产属于购建企业固定资产项目的,支付的税金应作为企业购建固定资产的价值组成部分。

购置固定资产时作会计分录为

借:固定资产
　　贷:库存现金
　　　　应交税费——应交个人所得税

实际上缴个人所得税时作会计分录为

借:应交税费——应交个人所得税
　　贷:银行存款

3. 向股东支付股利代扣代缴个人所得税的会计核算

企业向个人支付现金股利时,应代扣代缴个人所得税。公司按应支付给个人的现金股利金额,借记"利润分配"科目,贷记"应付股利"科目;当实际支付现金时,借记"应付股利"科目,贷记"库存现金"(或"银行存款")、"应交税费——应交个人所得税"科目。

企业以盈余公积对股东个人转增资本或派发股票股利时,应代扣代缴个人所得税,但为了不因征收个人所得税而改变股本权益结构,可由企业按增股金额计算的个人所得税,向个人收取现金以备代缴。有关会计处理如下。

(1) 以盈余公积转增资本或派发股票股利时

借:盈余公积、应付利润、利润分配

纳税申报与筹划

　　　　贷：实收资本或股本
(2) 扣缴所得税时
　　借：其他应收款
　　　　贷：应交税费——应交个人所得税
(3) 收到个人股东交来税款时
　　借：库存现金
　　　　贷：其他应收款
(4) 解缴税款时
　　借：应交税费——应交个人所得税
　　　　贷：银行存款

4. 承包、承租经营所得应缴所得税的会计核算

承包、承租经营有两种情况，个人所得税也分别涉及两个项目。

(1) 承包、承租人对企业经营成果不拥有所有权，仅是按合同(协议)规定取得一定所得的，其所得按工资、薪金所得项目征税，适用3%～45%的7级超额累进税率。

(2) 承包、承租人按合同(协议)的规定只向发包、出租方交付一定费用后，企业经营成果归其所有的，承包、承租人取得的所得，按对企事业单位的承包经营、承租经营所得项目，适用5%～35%的5级超额累进税率征税。

第一种情况的会计处理方法同工薪所得的扣缴所得税会计处理；第二种情况，应由承包、承租人自行申报缴纳个人所得税，发包、出租方不作扣缴所得税的会计处理。

【例7-12】2012年1月1日李×与事业单位签订承包合同经营招待所，合同规定承包期为一年，李×全年上交费用20 000元，年终招待所实现利润65 800元。李×应纳个人所得税如下

$$应纳税所得额＝承包经营利润－上交费用－每月费用扣减合计$$
$$＝66\,280－20\,000－3\,500×12＝4\,280(元)$$
$$应纳税额＝全年应纳税所得额×适用税率－速算扣除数$$
$$＝4\,280×5\%＝214(元)$$

应由李×自行申报缴纳个人所得税，事业单位不作扣缴所得税的会计处理。

任务7.2　个人所得税税款申报

学习目标 Learning Objectives

- 知识目标：明确个人所得税税款申报的方式、时间及地点。
- 技能目标：能熟练准确填报个人所得税纳税申报表。
- 素质目标：树立做自觉纳税人的意识；培养与人合作完成任务的能力。

项目7 个人所得税申报与筹划

一、个人所得税自行申报

1. 自行申报纳税的纳税义务人

(1) 年所得12万元以上的纳税人。
(2) 从两处或两处以上取得工资、薪金所得的。
(3) 从中国境外取得所得的。
(4) 没有扣缴义务人的。
(5) 国务院规定的其他情形。

2. 自行申报纳税的内容

年所得12万元以上的纳税人自行申报纳税的内容如下。

1) 构成12万元的所得

包括工资、薪金所得，个体工商户的生产、经营所得，对企事业单位的承包经营、承租经营所得，劳务报酬所得，稿酬所得，特许权使用费所得，利息、股息、红利所得，财产租赁所得，财产转让所得，偶然所得，经国务院财政部门确定征税的其他所得。

2) 不包含在12万元中的所得

(1) 免税所得。
(2) 暂免征税所得。
(3) 可以免税的来源于我国境外的所得。
(4) 按照国家规定单位为个人缴付和个人缴付的基本养老保险费、基本医疗保险费、失业保险费、住房公积金。

3) 各项所得的年所得的计算方法

(1) 工资、薪金所得，按照未减除费用及附加减除费用的收入额计算。
(2) 劳务报酬所得、特许权使用费所得。不得减除纳税人在提供劳务或让渡特许权使用权过程中缴纳的有关税费。
(3) 财产租赁所得。不得减除纳税人在出租财产过程中缴纳的有关税费；对于纳税人一次取得跨年度财产租赁所得的，全部视为实际取得所得年度的所得。
(4) 个人转让房屋所得。采取核定征收个人所得税的，按照实际征收率(1%、2%、3%)分别换算为应税所得率(5%、10%、15%)，据此计算年所得。
(5) 个人储蓄存款利息所得、企业债券利息所得。全部视为纳税人实际取得所得年度的所得。
(6) 对个体工商户、个人独资企业投资者，按照征收率核定个人所得税的，将征收率换算为应税所得率，据此计算应纳税所得额。合伙企业投资者按照上述方法确定应纳税所得额后，合伙人应根据合伙协议规定的分配比例确定其应纳税所得额，合伙协议未规定分配比例的，按合伙人数平均分配确定其应纳税所得额。对于同时参与两个以上企业投资的，合伙人应将其投资所有企业的应纳税所得额相加后的总额作为年所得。
(7) 股票转让所得。以一个纳税年度内，个人股票转让所得与损失盈亏相抵后的正数为申报所得数额，盈亏相抵为负数的，此项所得按"零"填写。

3. 自行申报纳税的纳税期限

(1) 年所得 12 万元以上的纳税人，在纳税年度结束后 3 个月内向主管税务机关办理纳税申报。

(2) 个体工商户和个人独资、合伙企业投资者取得的生产、经营所得应纳的税款，分月预缴的，纳税人在每月结束后 7 日内办理纳税申报；分季预缴的，纳税人在每个季度结束后 7 日内办理纳税申报；纳税年度结束后，纳税人在 3 个月内进行汇算清缴。

4. 自行申报纳税的申报方式

纳税人可以采取数据电文、邮寄等方式申报，也可以直接到主管税务机关申报，或者采取符合主管税务机关规定的其他方式申报。纳税人采取邮寄方式申报的，以邮政部门挂号信函收据作为申报凭据，以寄出的邮戳日期为实际申报日期。纳税人也可以委托有税务代理资质的中介机构或者他人代为办理纳税申报。

5. 自行申报的申报地点

(1) 在我国境内有任职、受雇单位的，向任职、受雇单位所在地主管税务机关申报。

(2) 在我国境内有两处或者两处以上任职、受雇单位的，选择并固定向其中一处单位所在地主管税务机关申报。

(3) 在我国境内无任职、受雇单位，年所得项目中有个体工商户的生产、经营所得或者对企事业单位的承包经营、承租经营所得(以下统称生产、经营所得)的，向其中一处实际经营所在地主管税务机关申报。

(4) 在我国境内无任职、受雇单位，年所得项目中无生产、经营所得的，向户籍所在地主管税务机关申报。在我国境内有户籍，但户籍所在地与我国境内经常居住地不一致的，选择并固定向其中一地主管税务机关申报。在我国境内没有户籍的，向我国境内经常居住地主管税务机关申报。

(5) 其他所得的纳税人，纳税申报地点分别如下。

① 从两处或者两处以上取得工资、薪金所得的，选择并固定向其中一处单位所在地主管税务机关申报。

② 从我国境外取得所得的，向我国境内户籍所在地主管税务机关申报。在我国境内有户籍，但户籍所在地与我国境内经常居住地不一致的，选择并固定向其中一地主管税务机关申报。在我国境内没有户籍的，向我国境内经常居住地主管税务机关申报。

③ 个体工商户向实际经营所在地主管税务机关申报。

④ 个人独资、合伙企业投资者兴办两个或两个以上企业的，区分不同情形确定纳税申报地点：兴办的企业全部是个人独资性质的，分别向各企业的实际经营管理所在地主管税务机关申报；兴办的企业中含有合伙性质的，向经常居住地主管税务机关申报；兴办的企业中含有合伙性质，个人投资者经常居住地与其兴办企业的经营管理所在地不一致的，选择并固定向其参与兴办的某一合伙企业的经营管理所在地主管税务机关申报；除以上情形外，纳税人应当向取得所得所在地主管税务机关申报。

二、代扣代缴纳税

代扣代缴，是指按照税法规定负有扣缴税款义务的单位或者个人，在向个人支付应纳税所得时，应计算应纳税额，从其所得中扣除并缴入国库，同时向税务机关报送扣缴个人所得税报告表。这种方法有利于控制税源、防止漏税和逃税。

1. 扣缴义务人和代扣代缴的范围

1) 扣缴义务人

凡支付个人应纳所得的企业(公司)、事业单位、机关、社团组织、军队、驻华机构、个体户等单位或者个人，为个人所得税的扣缴义务人。

2) 代扣代缴的范围

①工资、薪金所得；②对企(事)业单位的承包经营、承租经营所得；③劳务报酬所得；④稿酬所得；⑤特许权使用费所得；⑥利息、股息、红利所得；⑦财产租赁所得；⑧财产转让所得；⑨其他所得；⑩经国务院财政部门确定征税的其他所得。

扣缴义务人向个人支付应纳税所得时，不论纳税人是否属于本单位人员，均应代扣代缴其应纳的个人所得税税款。

2. 代扣代缴期限

扣缴义务人每月所扣的税款，应当在次月15日内缴入国库，并向主管税务机关报送《扣缴个人所得税报告表》。

三、对律师事务所从业人员个人所得税的征收管理

(1) 律师个人出资兴办的独资和合伙性质的律师事务所的年度生产经营所得，按照"个体工商户的生产、经营所得"缴纳个人所得税。出资律师本人的工资、薪金不得扣除。

(2) 合伙制律师事务所应将年度经营所得全额作为基数，按出资比例或者事先约定的比例计算各合伙人应分配的所得，据以征收个人所得税。

(3) 律师个人出资兴办的律师事务所，凡有《征管法》第二十三条所列情形之一的，主管税务机关有权核定出资律师个人的应纳税额。

(4) 律师事务所雇员所得，应按工资薪金所得项目征收个人所得税。

(5) 律师当月的分成收入按规定扣除办理案件支出的费用后，余额与律师事务所发给的工资合并，按"工资、薪金所得"应税项目计征个人所得税。

(6) 兼职律师从律师事务所取得工资、薪金性质的所得，律师事务所在代扣代缴其个人所得税时，不再减除个人所得税法规定的费用扣除标准，以收入全额(取得分成收入的为扣除办理案件支出费用后的余额)直接确定适用税率，计算扣缴个人所得税。

(7) 律师以个人名义再聘请其他人员为其工作而支付的报酬，应由该律师按"劳务报酬所得"应税项目负责代扣代缴个人所得税。

(8) 律师从接受法律事务服务的当事人处取得的法律顾问费或其他酬金，均按"劳务报酬所得"应税项目征收个人所得税，税款由支付报酬的单位或个人代扣代缴。

四、个人所得税申报表填报

1. 个人所得税纳税申报表

适用于年所得12万元以上的个人自行申报纳税的申报见表7-5。

表 7-5 个人所得税纳税申报表

（适用于年所得 12 万元以上的纳税人申报）

所得年份：　　年　　　　　　　填表日期：　　年　　月　　日　　　　　金额单位：人民币元（列至角分）

纳税人姓名		国籍（地区）		身份证照类型		身份证照号码	
任职、受雇单位		任职受雇单位税务代码		任职受雇单位所属行业		职务	
在华天数		境内有效联系地址				境内有效联系地址邮编	
此行由取得经营所得的纳税人填写	经营单位纳税人识别号					经营单位纳税人名称	联系电话

所得项目	年所得额			应纳税所得额	已缴(扣)税额	抵扣税额	减免税额	应补税额	应退税额	备注
	境内	境外	合计							
1. 工资、薪金所得										
2. 个体工商户的生产、经营所得										
3. 对企事业单位的承包经营、承租经营所得										
4. 劳务报酬所得										
5. 稿酬所得										
6. 特许权使用费所得										
7. 利息、股息、红利所得										
8. 财产租赁所得										
9. 财产转让所得					—	—	—			
其中：股票转让所得					—	—	—	—	—	
10. 偶然所得					—	—	—			
11. 其他所得					—	—	—			
合　　计										

我声明，此纳税申报表是根据《个人所得税法》及有关法律、法规的规定填报的，我保证它是真实的、可靠的、完整的。　纳税人（签字）：

代理人（签字）：　　　　　　　　　　　　　　　　　　　税务机关受理时间：　　年　　月　　日　　　　受理申报税务机关名称（盖章）：

税务机关受理人（签字）：　　　联系电话：

填表说明如下。

(1) 本表根据《个人所得税法》及其实施条例和《个人所得税自行纳税申报办法(试行)》制定，适用于年所得12万元以上纳税人的年度自行申报。

(2) 负有纳税义务的个人，可以由本人或者委托他人于纳税年度终了后3个月以内向主管税务机关报送本表。不能按照规定期限报送本表时，应当在规定的报送期限内提出申请，经当地税务机关批准，可以适当延期。

(3) 填写本表应当使用中文，也可以同时用中、外两种文字填写。

(4) 本表各栏的填写说明如下。

① 所得年份和填表日期：申报所得年份，填写纳税人实际取得所得的年度；填表日期，填写纳税人办理纳税申报的实际日期。

② 身份证照类型：填写纳税人的有效身份证照(居民身份证、军人身份证件、护照、回乡证等)名称。

③ 身份证照号码：填写我国居民纳税人的有效身份证照上的号码。

④ 任职、受雇单位：填写纳税人的任职、受雇单位名称。纳税人有多个任职、受雇单位时，填写受理申报的税务机关主管的任职、受雇单位。

⑤ 任职、受雇单位税务代码：填写受理申报的任职、受雇单位在税务机关办理税务登记或者扣缴登记的编码。

⑥ 任职、受雇单位所属行业：填写受理申报的任职、受雇单位所属的行业。其中，行业应按国民经济行业分类标准填写，一般填至大类。

⑦ 职务：填写纳税人在受理申报的任职、受雇单位所担任的职务。

⑧ 职业：填写纳税人的主要职业。

⑨ 在华天数：由我国境内无住所的纳税人填写在税款所属期内在华实际停留的总天数。

⑩ 我国境内有效联系地址：填写纳税人的住址或者有效联系地址。其中，我国有住所的纳税人应填写其经常居住地址。我国境内无住所居民住在公寓、宾馆、饭店的，应当填写公寓、宾馆、饭店名称和房间号码。经常居住地，是指纳税人离开户籍所在地最后连续居住一年以上的地方。

⑪ 经营单位纳税人识别码、纳税人名称：纳税人取得的年所得中含个体工商户的生产、经营所得，以及对企事业单位的承包经营、承租经营所得时填写本栏。纳税人识别码，填写税务登记证号码。纳税人名称，填写个体工商户、个人独资企业、合伙企业名称，或者承包承租经营的企事业单位名称。

⑫ 年所得额：填写在纳税年度内取得相应所得项目的收入总额。年所得额按《个人所得税自行纳税申报办法》的规定计算。

各项所得的计算，以人民币为单位。所得以非人民币计算的，按照税法实施条例第四十三条的规定折合成人民币。

⑬ 应纳税所得额：填写按照个人所得税有关规定计算的应当缴纳个人所得税的所得额。

⑭ 已缴(扣)税额：填写取得该项目所得在我国境内已经缴纳或者扣缴义务人已经扣缴的税款。

⑮ 抵扣税额：填写个人所得税法允许抵扣的在我国境外已经缴纳的个人所得税税额。

⑯ 减免税额：填写个人所得税法允许减征或免征的个人所得税税额。

⑰ 本表为A4横式，一式两联，第一联报税务机关，第二联纳税人留存。

2. 个人所得税扣缴报告表

适用于扣缴义务人代扣代缴的个人所得税扣缴报告表见表7-6。

表 7-6　扣缴个人所得税报告表

扣缴义务人编码：□□□□□□□□
扣缴义务人名称(公章)：　　　　　　　　金额单位：元(列至角分)　　　填表日期：　年　月　日

序号	纳税人姓名	身份证照类型	身份证照号码	国籍	所得项目	所得期间	收入额	免税收入额	允许扣除的税费	费用扣除标准	准予扣除的捐赠额	应纳税所得额	税率/%	速算扣除数	应扣税额	已扣税额	备注
1	2	3	4	5	6	7	8	9	10	11	12	13	14	15	16	17	18
合计													—	—	—		

扣缴义务人声明：　我声明：此扣缴报告表是根据国家税收法律、法规的规定填报的，我确定它是真实的、可靠的、完整的。

声明人签字：　　　　　　　　　　　　　　　　　　年　月　日

会计主管签字：	受理人签字：	扣缴单位(或法定代表人)(签章)：
受理人(签章)：	负责人签字：	受理税务机关(签章)：
	受理日期：	

本表一式二份，一份扣缴义务人留存，一份报主管税务机关。

填表说明如下。

(1) 本表根据《征管法》及其实施细则、《个人所得税法》及其实施条例制定。

(2) 本表适用于扣缴义务人申报扣缴的所得税额。扣缴义务人必须区分纳税人、所得项目逐人逐项明细填写本表。

(3) 扣缴义务人不能按规定期限报送本表时，应当在规定的报送期限内提出申请，经当地税务机关批准，可以适当延长期限。

(4) 扣缴义务人未按规定期限向税务机关报送本表的，依照《征管法》第六十二条的规定，予以处罚。

(5) 填写本表要用中文，也可用中、外两种文字填写。

(6) 表头项目的填写说明如下。

① 扣缴义务人编码：填写税务机关为扣缴义务人确定的税务识别号。

② 扣缴义务人名称：填写扣缴义务人单位名称全称并加盖公章，不得填写简称。

③ 填表日期：是指扣缴义务人填制本表的具体日期。

(7) 本表各栏的填写如下。

① 纳税人姓名：纳税义务人如在中国境内无住所，其姓名应当用中文和外文两种文字填写。

② 身份证照类型：填写纳税人的有效证件(身份证、户口簿、护照、回乡证等)名称。

③ 所得项目：按照税法规定项目填写。同一纳税义务人有多项所得时，应分别填写。

④ 所得期间：填写扣缴义务人支付所得的时间。

⑤ 收入额：如支付外币的，应折算成人民币。外币折合人民币时，如为美元、日元和港币，应当按照缴款上一月最后一日中国人民银行公布的人民币基准汇价折算；如为美元、日元和港币以外的其他外币的，应当按照缴款上一月最后一日中国人民银行公布的人民币外汇汇率中的现钞买入价折算。

⑥ 免税收入额：指按照国家规定，单位为个人缴付和个人缴付的基本养老保险费、基本医疗保险费、失业保险费、住房公积金，按照国务院规定发给的政府特殊津贴、院士津贴、资深院士津贴以及其他经国务院批准免税的补贴、津贴等按照税法及其实施条例和国家有关政策规定免于纳税的所得。

此栏只适用于工资薪金所得项目，其他所得项目不得填列。

⑦ 允许扣除的税费：只适用劳务报酬所得、特许权使用费所得、财产租赁所得和财产转让所得项目。劳务报酬所得允许扣除的税费是指劳务发生过程中实际缴纳的税费；特许权使用费允许扣除的税费是指提供特许权过程中发生的中介费和相关税费；适用财产租赁所得时，允许扣除的税费是指修缮费和出租财产过程中发生的相关税费；适用财产转让所得时，允许扣除的税费是指财产原值和转让财产过程中发生的合理税费。

⑧ 除法律法规另有规定的外，准予扣除的捐赠额不得超过应纳税所得额的30%。

⑨ 已扣税额：是指扣缴义务人当期实际扣缴的个人所得税税款及减免税额。

⑩ 扣缴非本单位职工的税款，须在备注栏反映。

⑪ 表间关系

$$应纳税额＝应纳税所得额×税率－速算扣除数$$

应纳税所得额＝收入额(人民币合计)－免税收入额－允许扣除的税费－费用扣除标准－
　　　　　　准予扣除的捐赠额(注：全年一次性奖金等特殊政策的应纳税所得额计算除外)
收入额(人民币合计)＝收入额(人民币)＋收入额(外币折合人民币)

⑫ 声明人：填写扣缴义务人名称。

【例 7-13】 财经学院毕业生王萍来到沪南公司(一般纳税人)实习，会计李玉带领王萍在对 2011 年公司职工个人所得税涉税经济业务进行核查后，指导王萍编制个人所得税扣缴报告表，并进行申报。公司销售部门职工 2011 年 9 月工资表见表 7-7。

表 7-7　沪南公司销售部门职工 2011 年 9 月工资表

单位：元

人员编号	姓名	基本工资	岗位工资	各种补贴	应发合计	医疗保险	养老保险	公积金	代扣税	扣款合计	实发合计	扣税基数
001	贺×	2 200	390	300	2 890	45	56	50				
002	张×	2 600	650	900	4 150	56	64	70				
003	李×	3 900	780	700	5 380	78	89	90				
合计												

要求：请根据以上资料将表格填列完成并填报个人所得税扣缴报告表。

【解析】 贺×扣税基数＝(2 200＋390＋300)－(45＋56＋50)＝2 739(元)，因小于 3 500 元，故不用纳个税。

张×扣税基数＝(2 600＋650＋900)－(56＋64＋70)＝3 960(元)。

代扣税＝(3 960－3 500)×3％＝13.8(元)。

李×扣税基数＝(3 900＋780＋700)－(78＋89＋90)＝5 123。

代扣税＝(5 123－3 500)×10％－105＝57.3(元)。

填列完成的沪南公司 2011 年 9 月公司销售部门职工工资表见表 7-8。

表 7-8　沪南公司销售部门职工 2011 年 9 月工资表

单位：元

人员编号	姓名	基本工资	岗位工资	各种补贴	应发合计	医疗保险	养老保险	公积金	代扣税	扣款合计	实发合计	扣税基数
001	贺×	2 200	390	300	2 890	45	56	50	0	151	2 739	2 739
002	张×	2 600	650	900	4 150	56	64	70	13.8	203.8	3 946.2	3 960
003	李×	3 900	780	700	5 380	78	89	90	57.3	314.3	4 808.7	5 123
合计		8 700	1 820	1 900	12 420	179	209	210	71.1	669.1	11 493.9	11 822

沪南公司 2011 年 9 月销售部门职工扣缴个人所得税报告表填报见表 7-9。

项目7 个人所得税申报与筹划

表7-9 扣缴个人所得税报告表(沪南公司)

扣缴义务人编码：3 1 2 1 6 0 0 × × × × ×
扣缴义务人名称(公章)：江苏省南京沪南机械有限公司

金额单位：元(列至角分)　　填表日期：2011年10月3日

序号	纳税人姓名	身份证照类型	身份证照号码	国籍	所得项目	所得期间	收入额	免税收入额	允许扣除的税费	费用扣除标准	准予扣除的捐赠额	应纳税所得额	税率/%	速算扣除数	应扣税额	已扣税额	备注
1	2	3	4	5	6	7	8	9	10	11	12	13	14	15	16	17	18
1	贺×		略		工资	9月	2 890	151		3 500		0	0		0	0	
2	张×		略		工资	9月	4 150	190		3 500		460	3	0	13.8	13.8	
3	李×		略		工资	9月	5 380	257		3 500		1 623	10	105	57.3	57.3	
合计							7 420	598		—		—	—	—	73.8	73.8	

扣缴义务人声明：我声明：此扣缴报告表是根据国家税收法律、法规的规定填报的，我确定它是真实的、可靠的、完整的。

会计主管签字：张×　　负责人签字：苏×　　声明人签字：江苏省南京沪南机械有限公司　　扣缴单位(或法定代表人)签章：辽×

受理人(签章)：　　受理日期：　　年　　月　　日　　受理税务机关：

本表一式二份，一份扣缴义务人留存，一份报主管税务机关。

211

▶▶ 学中做

资料：沪南纺织公司(一般纳税人)2011年10月公司销售部门职工工资表见表7-10。

表7-10 公司销售部门职工2011年10月工资表

人员编号	姓名	基本工资	岗位工资	各种补贴	应发合计	医疗保险	养老保险	公积金	代扣税	扣款合计	实发合计	扣税基数
001	李×	700	1 697	1 420.5	3 817.5	76.35	313.04	458.1				
002	张×	700	2 078	1 693	4 471	89.42	357.68	366.59				
合计												

要求：请根据以上资料将表格填列完成并填报个人所得税扣缴报告表。

任务7.3 个人所得税税务筹划

学习目标 Learning Objectives

■ 知识目标：明确个人所得税法及相关法规的规范。
■ 技能目标：能够设计个人所得税税务筹划方案。
■ 素质目标：树立节约税务成本的意识；加强统筹规划、解决问题的能力。

知识要点

一、合理确定所得项目的筹划

个人应税所得项目不同，计税方法及税率皆不同，如个人取得的工资、薪金是按照3%～45%7级超额累进税率计税；劳务报酬畸高时可适用加层征收的税率；而稿酬则适用30%的税收优惠。

【例7-14】张先生是一位资深经济领域的撰稿人，某杂志社欲聘请其为其杂志每月提供4篇经济评论稿，承诺其年可得收入在30万元。在合作方式上有以下3种方式可供选择：调入杂志社、兼职专栏作家、自由撰稿人。试为张先生筹划应以哪种方式与杂志社合作。

【解析】三种合作方式的税负比较如下。

第一，调入杂志社。在这种合作方式下，其收入属于工资、薪金所得，应适用3%～45%的7级超额累进税率。张先生的年收入预计为30万元，则月收入为2.5万元，则其应纳个人所得税为

年应纳个人所得税＝[(25000−3500)×25%−1005]×12＝52440(元)

第二，兼职专栏作家。在这种合作方式下，其收入属于劳务报酬所得，如果按月平均支付，每月应计劳务报酬为2.5万元，则其应纳个人所得税为

年应纳个人所得税＝[25 000×(1−20%)×30%−2000]×12＝48 000(元)

第三，自由撰稿人。在这种合作方式下，其收入属于稿酬所得，预计适用税率为20%，

并可享受减征30%的税收优惠,则其实际适用税率为14%。

年应纳个人所得税＝[25 000×(1－20%)×20%×(1－30%)]×12＝33 600(元)

如果仅从税负的角度考虑,则张先生采取自由撰稿人的身份其收入所适用的税率最低,应纳税额最少,税负最低。

二、合理安排捐赠时间的筹划

《个人所得税法》规定,个人将其所得通过我国境内的社会团体、国家机关,向教育和其他社会公益事业以及遭受严重自然灾害地区、贫困地区的捐赠,捐赠额未超过纳税人申报的应纳税所得额30%的部分,可以从应纳税所得额中扣除,超过部分不得扣除。

【例7-15】沪南公司是一般纳税人,其职工柳女士2011年9、10月每月取得"工资、薪金所得"7 500元,其欲通过非营利的社会团体向某灾区捐赠2 000元。

试为其筹划：如何捐赠才能合理地缴纳所得税？

【解析】(1) 若在9月份一次捐赠

捐赠扣除限额＝(7 500－3 500)×30%＝1 200元

9月份柳女士应缴纳个税＝(7 500－3 500－1 200)×10%－105＝175(元)

10月份应缴纳个税＝(7 500－3 500)×10%－105＝295(元)

因此,柳女士9、10月份共应缴纳个税470(175＋295)元。

(2) 若在9月份捐赠1 200元,剩余800元改在10月份捐赠

柳女士9月份应缴纳个税＝(7 500－3 500－1 200)×10%－105＝175(元)

10月份应缴纳个税＝(7 500－3 500－800)×10%－105＝215元

因此,柳女士9、10月共应缴纳个税390(175＋215)元。

综上所述,柳女士可在9月份捐赠1 200元,剩余800元改在10月份捐赠,可合理少缴纳个税80(470－390)元。

三、合理确定薪酬制度的筹划

《个人所得税法》规定,在境内有住所的个人取得的全年一次性奖金,可单独作为一个月的工资、薪金所得计算纳税,全额作为应纳税所得额。如果纳税人取得奖金当月的工资、薪金所得不足3 500元的,可将奖金收入减除"当月工资与3 500元的差额"后的余额作为应纳税所得额,然后将其除以12个月,按其商数确定适用税率和速算扣除数并据以计算应纳税额；在一个纳税年度该办法只能用一次,其他各种奖金及加薪一律并入当月工资计税；实行年薪制和绩效工资的单位,个人取得年终兑现的年薪和绩效工资按上述规定执行。

【例7-16】赵先生为一公司的营销人员,每月工资底薪2 000元。其2009年实现销售额600万元,按规定其可领取60万元的奖金。在营销过程中发生差旅费、业务招待费及其他费用共12万元。

请为赵先生筹划：是按60万元领取奖金还是按48万元领取奖金？

【解析】(1) 若领取60万元

底薪个税＝0(元)

营销奖金＝600 000×30%－3 375＝176 625(元)

税后净收益＝2 000×12＋600 000－120 000－176 625＝327 375(元)

(2) 若领取48万元

底薪个税＝0(元)

营销奖金个税＝480 000×25％－1 375＝118 625(元)

税后净收益＝2 000×12＋480 000－118 625＝385 375(元)

综上所述，赵先生应按 48 万元领取奖金。

四、合理确定申报时间的筹划

《个人所得税法》规定，劳务报酬畸高的应实行加层税率，因此在取得劳务报酬时，及时进行纳税申报，而不要将很多次的劳务报酬一起申报，那将会适用一个较高的税率。

【例 7-17】王教授 2011 年工资 10 万，除工资外还取得如下所得。

(1) 2011 年 2 月提供咨询取得报酬 5 000 元。

(2) 2011 年 4 月讲学取得报酬 20 000 元。

(3) 2011 年 8 月提供咨询获得报酬 20 000 元。

(4) 2011 年 10 月取得项目设计报酬 10 000 元。

(5) 2011 年 11 月获得讲学收入 15 000 元。

要求：请为王教授分析应将 2011 年所有劳务报酬一次申报纳税，还是分次纳税。

【解析】

(1) 若分期申报

应纳个税＝5 000×(1－20％)×20％＋20 000×(1－20％)×20％＋20 000×(1－20％)×20％＋10 000×(1－20％)×20％＋15 000×(1－20％)×20％＝11 200(元)

(2) 若一次申报

应纳个税＝(5 000＋20 000＋20 000＋10 000＋15 000)×(1－20％)×40％－7 000
＝15 400(元)

综上所述，刘教授可将各项所得分期进行申报。

项 目 小 结

本项目主要包括 3 方面的内容：个人所得税的核算——理论知识运用；个人所得税的申报——技能知识运用；个人所得税的筹划——知识融合应用。

3 方面知识层层递进，层层深入。个人所得税计算及申报是本章的重点内容。

自 我 测 试

一、单项选择题

1. 下列所得一次收入畸高可以实行加层征收的是(　　)。

   A. 偶然所得　　　　B. 劳务报酬所得　　　　C. 稿酬所得　　　　D. 股息所得

2. 居民王某 2011 年出租自有住房，租期二年，每年租金收入为 36 000 元，王某每年应纳个人所得税为(　　)元。

   A. 5 280　　　　　　B. 2 640　　　　　　　C. 2 460　　　　　　D. 4 630

3. 若同一劳务事项连续取得收入的,其"每一次收入"确定的方法是( )。
   A. 以所有收入的总额为一次收入　　B. 以一个月内取得的收入为一次收入
   C. 以半年内取得的收入为一次　　　D. 以一年结束时所取得的收入为一次

4. 大学教授刘某,当年在美国取得劳务报酬所得 15 000 元,在美国已纳税款 2 000 元;同时在美国取得特许权使用费收入 10 000 元,在美国已纳税额 1 700 元,在这两项所得在我国应补缴的税款是( )元。
   A. 400　　B. 200　　C. 300　　D. 100

5. 年所得 12 万以上的纳税人应( )纳税。
   A. 在纳税年度终了后 3 个月内向主管税务机关办理纳税申报
   B. 在纳税年度终了后 5 个月内向主管税务机关办理纳税申报
   C. 纳税人可选择自行申报,也可选择不自行申报
   D. 因取得收入时支付单位已代扣代缴,不用自行申报

6. 张某(我国公民)由一中方企业于 2012 年 10 月派往国内一外商投资企业工作,派遣单位和雇佣单位每月分别支付其工资 1 000 元和 8 000 元。则张某每月实际应当缴纳的个人所得税税额为( )元。
   A. 145　　B. 925　　C. 545　　D. 625

7. 稿酬所得每次收入确定的方法是( )。
   A. 出版与连载各为一次收入
   B. 出版与连载一起作为一次收入
   C. 预付稿酬与完结时支付的稿酬各为一次收入
   D. 加印的收入作为独立一次收入

8. 2011 年某作家的长篇小说由出版社出版,按合同约定,出版社向作家预付稿酬 5 000 元,作品出版后再付稿酬 15 000 元;当年该作家还授权某晚报连载该小说,每天支付稿酬 180 元,共获得稿酬 10 800 元。该作家应缴纳个人所得税( )元。
   A. 2 240　　B. 3 248　　C. 4 928　　D. 3 449.6

9. 我国公民王某 2011 年 5 月购入 1 000 份债券,每份买入价 10 元,购进过程中支付的税费共计 150 元。12 月以每份 12 元的价格卖出其中 600 份,支付卖出债券的税费共计 110 元。王某该转让行为应缴纳个人所得税( )元。
   A. 200　　B. 152　　C. 220　　D. 250

10. 某演员 2011 年每月参加俱乐部演出一次,每一次收入 2 800 元,每次均通过当地民政局捐给孤儿院 1 000 元,则全年演出收入应缴纳个人所得税是( )元。
    A. 4 320　　B. 4 048　　C. 3 360　　D. 280

二、多项选择题

1. 个人所得税是世界各国普遍征收的一个税种,但各国的个人所得税规定有所不同。下列表述中属于我国现行个人所得税特点的有( )。
   A. 累进税率和比例税率并用　　B. 累进税率和定额税率并用
   C. 实行的是分类所得税制　　　D. 费用扣除额较宽

2. 下列各项中,属于个人所得税的居民纳税人的有( )。
   A. 在我国境内无住所,但一个纳税年度中在我国境内居住满 1 年的个人

B．在我国境内无住所且不居住的个人

C．在我国境内无住所，而在境内居住超过90天(或183天)不满1年的个人

D．在我国境内有住所的个人

3．个人所得税应税项目中，同时采用费用定额扣除(800元)或定率扣除(20%)的项目有( )。

　　A．偶然所得　　　B．工资薪金所得　　　C．稿酬所得　　　D．劳务报酬所得

4．根据个人所得税法的有关规定，下列表述正确的有( )。

　　A．同一作品分次取得的稿酬应合并为一次纳税

　　B．同一作品再版取得的稿酬，应按两次所得纳税

　　C．同一作品出版后，加印取得的稿酬应按两次所得纳税

　　D．同一作品先在报刊上连载，然后再出版取得的稿酬所得应合并为一次纳税

5．以下各项所得适用5级超额累进税率的是( )。

　　A．对企事业单位的承包经营、承租经营所得

　　B．个体工商户生产经营所得

　　C．劳务报酬所得

　　D．工资、薪金所得

6．下列各项中，计征个人所得税的方法正确的有( )。

　　A．如果个人兼有不同的劳务报酬所得，应分别按不同项目所得定额或定率减除费用后计算纳税

　　B．在两处或两处以上出版、发表或再版同一作品取得的稿酬，应合并为一次征收所得税

　　C．个人的同一作品在报刊上连载，应合并其因连载而取得的所得为一次征税；连载以后又出书的，应视同再版稿酬征税

　　D．对企事业单位的承包、承租经营所得计税时，允许扣除的必要费用是指生产、经营过程中的成本、费用

7．下列各项中，以取得的收入为应纳税所得额直接计征个人所得税的有( )。

　　A．稿酬所得　　　B．偶然所得　　　C．其他所得　　　D．特许权使用费所得

8．下列劳务报酬所得中不适用加层征收的有( )。

　　A．设计费32 000元　　　　　　　B．咨询费5 500元

　　C．中介费22 000元　　　　　　　D．演出出场费26 000元

9．下列属于稿酬所得的项目是( )。

　　A．在杂志发表文章的报酬　　　　B．演员的出场费

　　C．受托翻译论文的报酬　　　　　D．正式出版著作的报酬

10．下列适用超额累进税率的有( )。

　　A．工资薪金所得　　　　　　　　B．对企事业单位承包承租经营所得

　　C．稿酬所得　　　　　　　　　　D．劳务报酬所得

三、计算题

1．资料：李×因其原任职的国有企业依法破产而成为一名自由职业者。2010年8月，取得以下所得。

(1) 将其所持有的一项专利的使用权分别转让给甲和乙两个厂商，分别取得转让收入4 000元和6 000元。

(2) 为 B 公司进行营销筹划，取得含税报酬 35 000 元。

要求：根据所给资料，计算李×2010 年 8 月应纳的个人所得税；

2. 纳税人刘×在 2012 年，从甲、乙两国取得应税收入，其中：在甲国一公司任职，取得工资、薪金收入 67 200 元(平均每月 5 600 元)，因提供一项专利技术使用权，一次取得特许权使用费收入 25 000 元，该两项收入在甲国缴纳个人所得税 4 800 元；因在乙国出版著作获得稿酬收入 25 000 元，并在乙国缴纳该项收入的个人所得税 1 420 元。

要求：计算刘×境外所得已纳税款的扣除限额，及需要在我国补交的个税。

一个简单的个人所得税的故事

又一个忙碌的星期结束了，高先生拖着疲惫的身体回到租住的单元房间时，门口的一张纸条引起了他的注意："请高先生本周六早上 9 点到楼下房东家来，有事情商量。如不方便要改时间，请电话提前通知。"会是什么事情呢？高先生没有多想，到时再说吧！

约定的时间到了，高先生准时来到了楼下房东的家里，一进门，房东王女士就说："高先生，我给你介绍个人，这是刘先生，他的公司买下了我的这套住房，以后他的公司就是新的房东了。"

高先生与刘先生坐在一起，寒暄了起来。男人的话题一般都会涉及工作，特别是海城这个贸易之城。

刘先生的家离海城比较远，他开始是个工程师，后来发明了一种环保产品，干脆辞职办了个小厂，主要利用网络来推销这种产品，这次买下海城的这个单元房就是打算把这里作为中转站，大力开展在海城的贸易活动。

当听说高先生的职业后，刘先生来了兴趣，问了几个关于税收的问题便心悦诚服，主动提出想请高先生做税务顾问："高先生，我现在厂子规模不大，所以付不了高薪，每月 1 000 元，请高先生作为一个兼职人员，利用业余时间指点一下就好了。"

"不敢不敢，让我们公司知道我在外面做兼职，收别人的钱不太好！"注意到刘先生有些失望的表情后，高先生话锋一转："当然，刘先生你是房东，有困难我也不好说不帮忙，变通的办法呢，还是有一个的，而且对刘先生你也是划算的，可以当做我送给刘先生的见面礼！"

"哦，还有这样的好事？"刘先生问。

"原来我跟王女士通过中介签订的租房合同是一个月 2 000 元，现在呢，刘先生你做主，我希望把合同的价格改成一个月 1 000 元，这样我就好交代了。"高先生笑着说。

"2 000－1 000＝1 000 元，也就是说一个月的顾问费是 1 000 元，这倒是个办法！"刘先生算了一下。

"不，没有 1 000 元。"高先生解释道，"你看，以前老合同房屋租金 2 000 元，出租人要缴纳的房产使用税是 2 000×12％＝240 元，现在新合同房屋租金是 1 000 元，出租人要缴纳的房产使用税是 1 000×12％＝120 元，后者比前者减少了 120 元！"

"哎呀，真是没想到，这样也能省钱，看来我真是没看错人！我一个月支付的顾问费实际上只有 1 000－120＝880 元。以后就拜托你了！"刘先生激动地说。

(资料来源：http://xxcui98.blog.163.com/blog/static/73672329201011473147270/.)

模块四

小税种申报与筹划

本模块主要阐述各小税种申报与筹划的理论知识及技能应用方法，分资源税申报与筹划、城镇土地使用税申报与筹划、印花税申报与筹划、车船税申报与筹划、土地增值税申报与筹划、房产税申报与筹划、契税申报与筹划等 7 个项目，每一个项目均按照业务核算、税款申报及税务筹划等任务体系进行阐述。

项目 8 资源税申报与筹划

导入案例

王萍一年来一直跟随公司的会计李玉进行涉税业务核算、申报及税务筹划的实习。2010年年初她被派到公司子公司沪南矿业公司工作。其任务是进行公司涉及的小税种的业务核算、申报及筹划。王萍首先要完成的是公司的资源税涉税业务的核算工作。

讨论：
1. 资源税的计税依据如何确定？
2. 资源税的纳税义务发生时间如何确定？
3. 资源税税务筹划的主要依据是什么？

任务 8.1 资源税业务核算

学习目标 Learning Objectives

- ■ 知识目标：明确资源税纳税义务人及纳税范围；能准确计算应纳资源税税额。
- ■ 技能目标：能正确进行资源税涉税业务核算。
- ■ 素质目标：树立自觉纳税的意识；培养独立思考的习惯。

知识要点

一、资源税的概念

资源税是对在中华人民共和国领域及管辖海域从事开采本条例规定的应税矿产品或者生产盐(以下称开采或者生产应税产品)的单位和个人所征收的一种税。

征收资源税的最重要理论依据是地租理论。任何单位和个人取得的是矿产资源开采权，实际上是国家对矿产资源所有权的部分让渡。

新《中华人民共和国资源税暂行条例》(以下简称《资源税暂行条例》)2011年11月1日施行。

二、资源税纳税义务人

资源税的纳税义务人是指在中华人民共和国领域及管辖海域开采应税矿产品或者生产盐的单位和个人。

《资源税暂行条例》第一条规定:"在中华人民共和国领域及管辖海域开采本条例规定的矿产品或者生产盐(以下称开采或者生产应税产品)的单位和个人,为资源税的纳税义务人,应当依照本条例缴纳资源税。"

对于资源税的纳税义务人有以下的特殊规定。

(1) 资源税是对在我国境内生产或开采应税资源的单位或个人征收,而对进口应税资源产品的单位或个人不征资源税。相应的对出口应税产品也不退(免)已纳的资源税。

(2) 资源税是对开采或生产应税资源进行销售或自用的单位和个人,在出厂销售或移作自用时一次性征收,而对已税产品批发、零售的单位和个人不再征收资源税。

(3) 资源税的纳税义务人不仅包括符合规定的我国企业和个人,还包括外商投资企业和外国企业(除国务院另有规定以外)。

(4) 中外合作开采石油、天然气,按照现行规定,只征收矿区使用费,暂不征收资源税。

(5) 独立矿山、联合企业和其他收购未税矿产品的单位为资源税的扣缴义务人。

▶▶学中做

1.【单项选择题】下列属于资源税扣缴义务人的是(　　)。
　　A. 收购未税矿产品的单位　　　　B. 收购未税矿产品的单位和个人
　　C. 收购已税矿产品的单位　　　　D. 收购已税矿产品的单位和个人

2.【多项选择题】下列各项中,属于资源税纳税人的有(　　)。
　　A. 开采原煤的国有企业　　　　　B. 进口铁矿石的私营企业
　　C. 开采石灰石的个体经营者　　　D. 开采天然原油的外商投资企业

三、资源税的税目及税率

我国资源税税目前只有如下七大类。

(1) 原油。是指开采的天然原油,不包括人造石油。

(2) 天然气。是指专门开采或与原油同时开采的天然气,煤矿生产的天然气暂不征税。

(3) 煤炭。是指原煤,不包括洗煤、选煤及其他煤炭制品。

(4) 其他非金属矿原矿。是指除上列产品和井矿盐以外的非金属矿原矿,如宝石、宝石级金刚石、石墨、石英、云母、石灰石、大理石、花岗石等。

(5) 黑色金属矿原矿,如铁矿石、锰矿石、铬矿石等。

(6) 有色金属矿原矿,如铜矿石、铅锌矿石、铝土矿石、钨矿石、镍矿石、黄金矿石等。

(7) 盐。包括固体盐、液体盐。固体盐,包括海盐、湖盐原盐和井矿盐。液体盐,是指卤水。以上各税目的税率幅度见表8-1。

表8-1　资源税税目税率

税　目	税　率
原油	销售额的5%~10%
天然气	销售额的5%~10%

续表

税　目		税　率
煤炭	焦煤	每吨 8～20 元
	其他煤炭	每吨 0.3～5 元
其他非金属矿原矿	普通非金属矿原矿	每吨或者每立方米 0.5～20 元
	贵重非金属矿原矿	每千克或者每克拉 0.5～20 元
黑色金属矿原矿		每吨 2～30 元
有色金属矿原矿	稀土矿	每吨 0.4～60 元
	其他有色金属矿原矿	每吨 0.4～30 元
盐	固体盐	每吨 10～60 元
	液体盐	每吨 2～10 元

四、资源税的课税数量

资源税的课税数量区分不同情况确定如下。

(1) 纳税人开采或生产应税产品销售的，以销售数量为课税数量。

(2) 纳税人开采或生产应税产品自用的，以自用数量为课税数量。

(3) 纳税人不能准确提供应税产品销售数量或移送使用数量的，以应税产品的产量或主管税务机关确定的折算比换算成的数量为课税数量。

(4) 原油中的稠油、高凝油与稀油划分不清或不易划分的，一律按原油的数量课税。

(5) 纳税人以自产的原煤连续加工成洗煤、选煤或用于炼焦、发电及生产生活等用煤，均以动用时的原煤量为课税数量；对于连续加工前无法正确计算原煤移送使用数量的，可按加工产品的综合回收率，将加工产品实际销售和自用量折算成原煤数量作为课税数量。

$$原矿数量＝加工量÷综合回收率 \quad (8-1)$$

(6) 金属和非金属矿产品原矿，因无法准确掌握纳税人移送使用数量的，可将其精矿按选矿比折算成原矿数量，作为课税数量。

$$原矿数量＝加工量÷选矿比 \quad (8-2)$$

(7) 纳税人以自产的液体盐加工成固体盐，按固体盐税额征税，以加工的固体盐数量为课税数量。纳税人以外购的液体盐加工成固体盐的，其加工固体盐所耗用的液体盐的已纳税额准予抵扣。

▶▶学中做

1. 【单项选择题】某纳税人本期以自产液体盐 20 000 吨和外购液体盐 20 000 吨(每吨已缴纳资源税 4 元)加工固体盐 15 000 吨对外销售，取得销售收入 700 万元。已知固体盐税额为每吨 35 元，该纳税人本期应缴纳(　　)资源税。

　　A. 36 万元　　　　B. 26 万元　　　　C. 42 万元　　　　D. 44.5 万元

2. 【多项选择题】某铜矿本月销售铜精矿 4 000 吨(选矿比为 20%)，每吨不含税售价 1 500 元，当地铜矿石资源税每吨 1.2 元，应纳资源税和增值税税额为(　　)

　　A. 资源税 1.68 万元　　　　　　　　B. 资源税 2.4 万元

　　C. 增值税 78 万元　　　　　　　　　D. 增值税 102 万元

五、资源税应纳税额的计算

资源税实行从价与从量计征,计税依据是应税产品的销售额或者销售数量。资源税的应纳税额,按照从价定率或者从量定额的办法,分别以应税产品的销售额乘以纳税人具体适用的比例税率或者以应税产品的销售数量乘以纳税人具体适用的定额税率计算。

纳税人的减税、免税项目,应当单独核算销售额或者销售数量;未单独核算或者不能准确提供销售额或者销售数量的,不予减税或者免税。具体计算公式如下

$$应纳税额 = 销售额 \times 适用税率(从价计税) \quad (8\text{-}3)$$

$$应纳税额 = 课税数量 \times 单位税额(从量计税) \quad (8\text{-}4)$$

$$代扣代缴的应纳税额 = 收购未税矿产品的数量 \times 适用的单位税额 \quad (8\text{-}5)$$

【例8-1】沪南油田2011年10月份销售原油50万吨,每吨9 577元,其适用的税率为5%,计算该油田本月应纳资源税税额。

【解析】应纳税额 = 50 × 9 577 × 5% = 23 942.5(万元)

六、资源税的税收优惠

(1) 开采原油过程中用于加热、修井的原油免税。

(2) 纳税人开采或者生产应税产品过程中,因意外事故、自然灾害等原因遭受重大损失的,由省、自治区、直辖市人民政府酌情决定减税或者免税。

(3) 自2007年2月1日起,北方海盐资源税暂减按每吨15元征收;南方海盐、湖盐、井矿盐资源税暂减按10元/吨;液体盐资源税暂减按2元/吨。

(4) 对地面抽采煤层气(煤矿瓦斯)暂不征收资源税。

(5) 纳税人开采或者生产应税产品,自用于连续生产应税产品的,不缴纳资源税;自用于其他方面的,视同销售,应缴纳资源税。

(6) 出口应税产品不退(免)资源税。

七、资源税业务核算

1. 科目设置

(1) "营业税金及附加"科目:损益类科目,核算应计入企业损益的应纳资源税税额。

(2) "应交税费——应交资源税"科目:负债类科目,核算企业应交未交的资源税税额。

2. 资源税业务核算

(1) 企业生产销售产品应交纳的资源税:
借:营业税金及附加
　　贷:应交税费——应交资源税

(2) 企业自产自用产品应交纳的资源税:
借:生产成本(或制造费用、管理费用)
　　贷:应交税费——应交资源税

(3) 企业收购未税矿产品代扣代缴资源税时:
借:材料采购
　　贷:应交税费——应交资源税

(4) 企业按规定上交资源税时：
借：应交税费—应交资源税
　　贷：银行存款

【例8-2】沪南油田2011年10月份销售原油50万吨，每吨9 577元，其适用的税率为5%，计算该油田本月应纳资源税税额并进行会计处理。

【解析】资源税应纳税额＝50×9 577×5%＝23 942.5(万元)

会计处理如下。

计提时：

借：营业税金及附加　　　　　　　　　　　　　　　　　　　　　239 425 000
　　贷：应交税费—应交资源税　　　　　　　　　　　　　　　　　239 425 000

上交时：

借：应交税费—应交资源税　　　　　　　　　　　　　　　　　　239 425 000
　　贷：银行存款　　　　　　　　　　　　　　　　　　　　　　　239 425 000

▶▶学中做

1. 沪南油田2011年2月生产原油4 600吨，当月销售1 600吨，自用5吨，另有10吨在采油过程中用于加热、修井。每吨9 465元，其适用的税率为7%，计算该油田当月应缴纳资源税。

2. 沪南矿业公司2011年10月销售铜精矿8 000吨(选矿比为20%)，每吨不含税售价1 500元，当地铜矿石资源税每吨4元，计算该矿本月应纳资源税和增值税税额并进行相关的会计处理。

任务8.2　资源税税款申报

学习目标 Learning Objectives

- 知识目标：明确资源税税款申报的方式、时间及地点。
- 技能目标：能熟练准确填报资源税纳税申报表。
- 素质目标：树立自觉纳税意识；培养与人合作完成任务的能力。

知识要点

一、资源税纳税地点

(1) 凡是缴纳资源税的纳税人，都应当向应税产品的开采或者生产所在地主管税务机关缴纳税款。

(2) 如果纳税人在同一省、自治区、直辖市范围内开采或生产应税产品，其纳税地点需要调整的由所在省、自治区、直辖市税务机关决定。

(3) 如果纳税人应纳资源税属于跨省开采的，其下属生产单位与核算单位不在同一省、自治区、直辖市的，对其开采的矿产品一律在开采地纳税，其应纳税款由独立核算、自负盈亏

纳税申报与筹划

的单位按照开采地的实际销售数量(或自用量)及适用的单位税额计算划拨。

(4) 扣缴义务人代扣代缴的资源税也应当向收购地主管税务机关缴纳。

二、资源税纳税义务发生的时间

(1) 纳税人采取分期收款结算方式的,其纳税义务发生时间为销售合同规定的收款日期的当天。

(2) 纳税人采取预收货款结算方式的,其纳税义务发生时间为发出应税产品的当天。

(3) 纳税人采取其他结算方式的,其纳税义务发生时间为收讫销售款或者取得索取销售凭据的当天。

(4) 纳税人自产自用应税产品的纳税义务发生时间为移送使用应税产品的当天。

(5) 扣缴义务人代扣代缴税款的纳税义务发生时间为支付首笔货款或者开具应支付货款凭据的当天。

三、资源税纳税期限

资源税的纳税期限为 1 日、3 日、5 日、10 日、15 日或者 1 个月,纳税人的纳税期限由主管税务机关根据实际情况具体核定。不能按固定期限计算缴纳的,可以按次计算缴纳。

四、纳税申报

纳税人以 1 个月为一期纳税的,自期满之日起 10 日内申报纳税;以 1 日、3 日、5 日、10 日或 15 日为一期纳税的,自期满之日起 5 日内预缴税款,于次月 1 日起 10 日内申报纳税并上月税款。资源税纳税申报表见表 8-2。

表 8-2 资源税纳税申报表

填表日期: 年 月 日

纳税人识别号: 金额单位:元(列至角分)

纳税人名称				税款所属时期				
产品名称	课税单位	课税数量	单位税额	应纳税款	已纳税款	应补(退)税款	备注
应纳税项目							
减免税项目							
如纳税人填报,由纳税人填写以下各栏			如委托代理人填报,由税务代理人填写以下各栏				备注
会计主管 (签章)		纳税人 (签章)		代理人名称		代理人 (公章)	
				代理人地址			
				经办人姓名		电话	
以下由税务机关填写							
收到申报表日期				接收人			

填表说明如下：

(1) 本表适用于申报缴纳资源税。

(2) 本表由纳税人填制，一式三份，经税务机关盖章后，税务机关征管部门、计财部门各一份，纳税人保留一份。

(3) 纳税人不能按规定期限报送本表时，应当在规定的报送期限内提交延期申报表，经税务机关批准，可以适当延长期限。

(4) 不按照规定期限报送本表及其他有关资料的，依照《征管法》第六十二条的规定予以处罚。

(5) 本表有关内容按以下要求填写。

① 纳税人识别号：填写办理税务登记时，由税务机关确定的税务登记号。

② 纳税人名称：填写企业全称或业户字号，无字号的填业主姓名，并要工商登记或主管部门批准的名称。

③ "课税单位"栏，填写课税数量的单位，如吨、千立方米等。

【例 8-3】资料：江苏沪南冶金有限公司的纳税人识别号为 3201 2166 0000 ×××，开户银行为中国××银行南京××支行，其账号为 6201 2121 0120 0001 179×××。其资源税纳税期限为 1 个月。2010 年 1 月销售锰矿石 25 000 吨，移送入选精矿，共选出精矿 2 500 吨，选矿比为 25%，该矿山属于三等，按规定适用 5 元/吨的单位税额。

要求：根据以上资料进行公司 2010 年 1 月资源税申报表填报，并进行纳税申报。

【解析】(1) 外销锰矿石原矿的应纳税额

原矿应纳税额＝课税数量×单位税额＝25 000×5＝125 000(元)

(2) 入选精矿的应纳税额

精矿应纳税额＝入选精矿数量÷选矿比×单位税额＝2 500÷25%×5＝50 000(元)

参见表 8-3。

表 8-3 资源税纳税申报表(沪南冶金公司)

填表日期：2010 年 2 月 8 日

纳税人识别号：3201 2166 0000 ×××　　　　　　　　　　　金额单位：元(列至角分)

纳税人名称	江苏沪南冶金有限公司			税款所属时期	2010 年 1 月 1 日至 1 月 31 日			
产品名称	课税单位		课税数量	单位税额	应纳税款	已纳税款	应补(退)税款	备注
应纳税项目	锰矿石原矿	吨	25 000	5.00	125 000.00	0	125 000.00	
	锰矿石精矿	吨	10 000	5.00	50 000.00	0	50 000.00	
	合计				175 000.00	0	175 000.00	
减免税项目								

如纳税人填报，由纳税人填写以下各栏		如委托代理人填报，由税务代理人填写以下各栏		备注
会计主管(签章) 张×	纳税人(签章) 江×	代理人名称	代理人(公章)	
		代理人地址		
		经办人姓名	电话	

以下由税务机关填写			
收到申报表日期		接收人	

任务 8.3 资源税税务筹划

学习目标 Learning Objectives

- 知识目标：明确资源税条例及相关法规的规范。
- 技能目标：能够设计企业资源税税务筹划方案。
- 素质目标：树立节约税务成本的意识；加强统筹规划、解决问题的能力。

知识要点

一、利用优惠政策筹划

《资源税暂行条例》规范了如下的资源税税收优惠政策，可以作为资源税税收筹划的主要依据。

(1) 纳税人开采的原油中的应税产品(指稠油、高凝油、稀油)划分不清或不易划分的，一律按原油的数量课税。

(2) 中外合作开采石油、天然气，按照现行规定只征收矿区使用费，暂不征收资源税。

(3) 税法规定，纳税人以自产的液体盐加工固体盐，按固体盐税额征税，以加工的固体盐数量为课税数量。纳税人以外购的液体盐加工固体盐，其加工固体盐所耗用液体盐的已纳税额准予抵扣。

在应用这些优惠政策时，一定要分别核算应纳项目与减免税项目，否则不能享受到这些优惠。《资源税暂行条例》第八条规定："纳税人的减税、免税项目，应当单独核算销售额或者销售数量；未单独核算或者不能准确提供销售额或者销售数量的，不予减税或者免税。"

二、利用"折算比"进行筹划

税法规定，纳税人不能准确提供应税产品销售数量或移送使用数量的，以应税产品的产量或主管税务机关确定的折算比换算成的数量为课税数量。

纳税人自产自用应税产品，因无法准确提供移送使用量而采取折算比换算课税数量办法的，具体规定如下。

(1) 煤炭。对于连续加工前无法正确计算原煤移送使用量的，可按加工产品的综合回收率，将加工产品实际销量和自用量折算成原煤数量作为课税数量。

(2) 金属和非金属矿产品原矿。因无法准确掌握纳税人移送使用原矿数量的，可将其精矿按选矿比折算成原矿数量作为课税数量。

税务机关确定折算比一般是按照同行业的平均水平确定的，而各个企业的实际综合回收率或选矿比总是在围绕这个平均折算比上下波动。

纳税人可预先测算自己企业综合回收率或选矿比，如果相对于同行业折算比较低，就无需准确核算提供应税产品的销售数量或移送使用数量，这样，税务机关在根据同行业企业的平均综合回收率或选矿比折算应税产品数量时，就减少算课税数量，从而节省税款。

【例 8-4】资料：沪南铜矿 2011 年 10 月份销售铜矿石原矿 10 000 吨，移送入选精

2 000 吨，选矿比为 20%，该矿山铜矿属于五等，按规定适用 1.2 元/吨，假定沪南铜矿不能提供入选精矿的原矿数量，则税务机关确定的选矿比为 25%。

要求：请根据所学的资源税知识确定沪南铜矿是否需准确核算并提供移送使用量。

【解析】(1) 如果要提供准确的移送使用量，则需按企业实际选矿比计算应纳资源税

应纳资源税＝10 000×1.2＋2 000÷20%×1.2＝24 000(元)

(2) 如果不提供准确的移送使用量，则可税务机关确定的选矿比计算应纳资源税

应纳资源税＝10 000×1.2＋2 000÷25%×1.2＝21 600(元)

由此可见，两种方法应纳税额相差：24 000－21 600＝2 400(元)。

因此，当企业的实际选矿比低于税务机关确定的选矿比时，可不提供移送使用量。

▶▶ 上岗一试

资料：沪南煤矿以生产煤炭、原煤为主，同时也小规模生产洗煤和选煤，2011 年 3 月该煤矿发生如下业务。

(1) 3 月 5 日，向上海外销原煤 5 000 吨，销售价为 600 元/吨。
(2) 3 月 7 日，向济南销售原煤 2 000 吨，售价为 550 元/吨。
(3) 3 月 15 日，向徐州销售本月生产的选煤 100 吨，选煤回收率为 60%，售价 1 200 元/吨。
(4) 3 月 17 日，移送加工煤制品用原煤 1 500 吨。
(5) 3 月 24 日，用本月生产的 80 吨选煤支付发电厂电费。

当月煤矿购进原材料及辅助材料准予抵扣的进项税额为 350 000 元。

该煤矿原煤资源税单位税额为 2 元/吨。

月底煤矿计算应纳的资源税和增值税的计算如下：

应纳资源税课税数量为 5 000＋2 000＋100＋1 500＋80＝8 680(吨)

应纳资源税税额＝8 680×2＝1 7360(元)

增值税销项额为

(5 000×600＋2 000×550＋100×1 200＋80×1 200＋1 500×550)×13%＝668 330(元)

应纳增值税＝668 330－350 000＝318 330(元)

问题：请根据资源税与增值税的税法知识，分析该煤矿关于资源税与增值税的计算是否正确？如不正确请为其重新计算。

项 目 小 结

本项目主要包括 3 方面的内容：企业资源税的核算——理论知识运用；企业资源税的申报——技能知识运用；企业资源税的筹划——知识融合应用。

3 方面知识层层递进，层层深入。企业资源税税务筹划是最高境界，将所有有关企业资源税的原理、法规、政策等进行融合，在实践中应用，为企业做税务筹划，减少企业的税务成本，争取企业经济利益的最大化。

自 我 测 试

一、单项选择题

1. 下列单位和个人的生产经营行为不缴纳资源税的是(   )。
   A. 个人开采锡矿石
   B. 某乡集体企业开采铁矿石
   C. 某国有汽油开采煤矿
   D. 境内单位和境外组织合作开采天然气
2. 下列单位出售的矿产品中,不缴纳资源税的有(   )。
   A. 采矿销售黑色金属原矿
   B. 油田出售的天然气
   C. 煤矿销售的天然气
   D. 盐场销售的湖盐原盐
3. 中外合资企业开采销售石油、天然气,按照现行规定征收(   )。
   A. 矿区使用费   B. 土地使用费   C. 资源税   D. 耕地占用税
4. 某盐场2011年9月以自产液体盐5 000吨和外购液体盐3 000吨(每吨已纳资源税4元),加工固体盐8 000吨对外出售,取得销售收入800万元。已知固体盐税额40元/吨,该盐场当月应缴纳资源税为(   )元。
   A. 125 000   B. 225 000   C. 280 000   D. 308 000
5. 沪南煤矿企业(增值税一般纳税人),本月采用分期收款方式向某供热公司销售优质原煤4 000吨,每吨不含税单价220元,价款880 000元,购销合同规定,本月收取4/1的价款,实际取得不含税价款220 000元。煤矿原煤资源税额为2.5元/吨。当月应纳资源税为(   )。
   A. 2 500元   B. 3 000元   C. 7 500元   D. 13 000元

二、多项选择题

1. 以下项目中,免征或不征资源税的有(   )。
   A. 中外合资企业开采的石油、天然气
   B. 开采原油过程中用于加热、修井的原油
   C. 外商投资企业境内开采的铁矿石
   D. 进口铁矿石
2. 关于资源税,下列说法正确的是(   )。
   A. 纳税人以自产的液体盐加工固体盐,按固体盐税额征税,以加工的固体盐数量为课税数量
   B. 根据现行规定,北方海盐和南方海盐的资源税税额不相同
   C. 纳税人以自产的液体盐加工成固体盐,其加工固体盐所耗用液体盐的已纳税额不准予抵扣
   D. 开采原煤过程中产生的天然气不征资源税
3. 下列资源税减免税规定正确的有(   )。
   A. 开采原油过程中用于加热、修井的原油,免税
   B. 纳税人开采或者生产应税产品过程中,发生意外事故或自然灾害者免税
   C. 对地面抽采煤层气暂不征收资源税
   D. 纳税人的减税、免税项目,应当单独核算课税数量

4. 从国外进口的原油,进口环节应缴纳的税费有( )。
   A. 资源税　　　B. 增值税　　　C. 城建税　　　D. 关税
5. 纳税人销售应纳资源税的产品,其资源税的纳税义务发生时间是( )。
   A. 纳税人采取分期收款结算方式的,其纳税义务发生时间,为销售合同规定的收款日期的当天
   B. 纳税人采取其他结算方式的,其纳税义务发生时间,为收讫销售款或者取得索取销售款凭据的当天
   C. 纳税人采取预收货款结算方式的,其纳税义务发生时间,为收到预收款的当天
   D. 纳税人自产自用应税产品的纳税义务发生时间为移送使用应税产品的当天

 驿站小憩

"天然气资源大省" 微薄的资源税

2007 年,来自"两会"(第十届全国人民代表大会第五次会议和中国人民政治协商会议第十届全国委员会第五次会议)四川代表团讲述的一个故事:该省有一个不足万人的乡,每天开掘、输送出去的资源价值 30 多万元,而当地百姓每人每天的收入不到 0.5 元。

2006 年 9 月以前,四川各地煤炭资源税为每吨 0.6 元,而石灰石税率为 2 元/吨;页岩税率为 1 元/吨;河沙也达到 1 元/吨。

资源的开发和当地的经济发展状况之间的反差,愈来愈为四川各界所关注。

在此次"两会"上,原全国政协委员、四川省政协主席秦玉琴作为第一提案人,提交了《支持四川省巴中市部分天然气资源就地转化,促进革命老区发展》等提案。而四川代表团此番有关建立相关资源的有偿使用制度和补偿机制,增加资源税征缴额度的议案、提案,则达到了 9 件之多。秦玉琴强调,资源输出地的经济发展缓慢,人民群众生活水平不高,这种现状应当尽快得到改善。

四川省政府政研室提供的一份资料说,按照国家"西电东送"和"川气东输"战略,未来 5~10 年,我国将大规模开发西部的水电、天然气等资源。作为资源消费地,东部地区将由此在经济发展、环保节能等方面受益。但是,在资源输出地,由于主导开发的均为中央直属大型企业,地方仅在建设期间得到少量地方税,对开发成果共享程度低。特别是一些纯粹外输的资源开发活动给地方创造的经济效益较少,而带来的生态恢复、环境治理、移民安置等压力却很大。

原四川省发改委副主任曲木史哈强调,2006 年,四川作为天然气资源大省,其天然气资源税收入仅 9 356 万元,不足地方税收收入的 0.5%,并呈现逐年下滑的趋势。他还指出,这与近年来天然气对经济发展贡献的增大现实不相符,企业缴纳的资源税占所缴各种税费的比重过低,使得资源税难以发挥调节资源级差收入的作用,与分税制改革后资源税作为地方税重要税种的职能不符,不利于资源的合理开发和有效利用,也不利于资源和生态环境的保护。

当时的很多全国人大代表和政协委员都建议,在四川试点建立天然气、水电资源的有偿使用制度和补偿机制。他们建议将天然气资源税额标准统一提高到 15 元/千立方米,水电按售电量收取每千瓦时 1~2 分钱的水电电源开发权价款,其中,外送电量按每千瓦时 3~5 分钱收取。他们还建议,天然气资源税应由原来的从量计征改为从价计征,并提高征税幅度达到销售收入的 10% 以上。

另外,就是财税政策向资源所在地倾斜,尽量满足当地资源项目的"落地"工作,并加大财政转移支付力度,大力推动本土化战略——资源开发公司在资源所在地注册、纳税。尽可能多地采用当地设备,多聘用当地人才。帮助、支持当地新农村建设和基础设施建设。

可喜的是，人大代表和政协委员们努力的一个方向正在实现——四川1 000万吨炼油和80万吨乙烯工程项目由中国石油天然气集团公司(简称中石油)和四川省合资建设，中石油所占股份比例为75%，四川省为25%——项目2010年年底建成投产后，预计可实现年均销售545亿元，利税100亿元。

(资料来源：http://bjyouth.ynet.com/view.jsp?oid=19395923.)

项目 9 城镇土地使用税申报与筹划

导入案例

王萍一年来一直跟随公司的会计李玉进行涉税业务核算、申报及税务筹划的实习。2010年年初她被派到公司子公司沪南矿业公司工作。其任务是进行公司所涉及的小税种业务的核算、申报及筹划。王萍目前要完成的是公司的城镇土地使用税涉税业务的核算工作。

讨论：
1. 城镇土地使用税涉税业务如何核算？
2. 城镇土地使用税如何进行申报计算？

任务 9.1 城镇土地使用税业务核算

学习目标 Learning Objectives

- 知识目标：明确城镇土地使用税纳税范围；准确计算应纳城镇土地使用税税额。
- 技能目标：能正确进行城镇土地使用税涉税业务核算。
- 素质目标：树立学生自觉纳税意识；加强珍惜资源的理念。

知识要点

一、城镇土地使用税的概念

城镇土地使用税是国家在城市、县城、建制镇和工矿区范围内，对拥有土地使用权的单位和个人征收的一种税。

城镇土地使用税征税范围广，实行差别幅度税额。

二、城镇土地使用税纳税义务人

城镇土地使用税的纳税义务人，是使用城市、县城、建制镇和工矿区土地的单位和个人。

《中华人民共和国城镇土地使用税暂行条例》(以下简称《城镇土地使用税暂行条例》)第二条规定:"在城市、县城、建制镇、工矿区范围内使用土地的单位和个人,为城镇土地使用税(以下简称土地使用税)的纳税人,应当依照本条例的规定缴纳土地使用税。"

上述所称单位,包括国有企业、集体企业、私营企业、股份制企业、外商投资企业、外国企业,以及其他企业和事业单位、社会团体、国家机关、军队和其他单位;所称个人,包括个体工商户以及其他个人。

具体来讲纳税人通常包括以下几类。

(1) 拥有土地使用权的单位和个人。

(2) 拥有土地使用权的单位和个人不在土地所在地的,其土地的实际使用人和代管人为纳税人。

(3) 土地使用权未确定或权属纠纷未解决的,其实际使用人为纳税人。

(4) 土地使用权共有的,共有各方都是纳税人,由共有各方分别纳税。

(5) 外商投资企业和外国企业是纳税人,征城镇土地使用税。

三、城镇土地使用税的征税范围及税率

1. 征税范围

城镇土地使用税的征税范围是城市、县城、建制镇和工矿区内属于国家所有和集体所有的土地,不包括农村集体所有的土地。

上述城市、县城、建制镇和工矿区分别按以下标准确认。

(1) 城市是指经国务院批准设立的市。

(2) 县城是指县人民政府所在地。

(3) 建制镇是指经省、自治区、直辖市人民政府批准设立的建制镇。

(4) 工矿区是指工商业比较发达,人口比较集中,符合国务院规定的建制镇标准,但尚未设立建制镇的大中型工矿企业所在地,工矿区须经省、自治区、直辖市人民政府批准。

上述城镇土地使用税的征税范围中,城市的土地包括市区和郊区的土地,县城的土地是指县人民政府所在地的城镇的土地,建制镇的土地是指镇人民政府所在地的土地。

建立在城市、县城、建制镇和工矿区以外的工矿企业则不需缴纳城镇土地使用税。

自 2009 年 1 月 1 日起,公园、名胜古迹内的索道公司经营用地,应按规定缴纳城镇土地使用税。

2. 税率

城镇土地使用税采用定额税率,即采用有幅度的差别税额,按大、中、小城市,以及县城、建制镇、工矿区分别规定每平方米土地使用税年应纳税额。具体标准如下:①大城市 1.5～30 元;②中等城市 1.2 元～24 元;③小城市 0.9 元～18 元;④县城、建制镇、工矿区 0.6～12 元。

城市规模结构的等级层次,一般是按照城市的人口数量划分的。各国的划分标准不同,我国的划分标准是:城市非农人口数大于 50 万的为大城市(其中大于 100 万的为特大城市),非农人口在 20 万～50 万的为中等城市,小于 20 万的为小城市。

城镇土地使用税税率见表 9-1。

表 9-1 城镇土地使用税税率表

级　别	人口/人	每平方米年税额/元
大城市	50 万以上	1.5～30
中等城市	20 万～50 万	1.2～24
小城市	20 万以下	0.9～18
县城、建制镇、工矿区	—	0.6～12

特别提示

(1) 城镇土地使用税单位税额有较大提高。最高与最低税额之间相差 50 倍，同一地区最高与最低税额之间相差 20 倍。

(2) 经济落后地区，税额可适当降低，但降低额不得超过税率表中规定的最低税额 30%。经济发达地区的适用税额可适当提高，但需报财政部批准。

四、城镇土地使用税的计税依据

城镇土地使用税以纳税人实际占用的土地面积为计税依据，土地面积计量单位为平方米。纳税人实际占用的土地面积按下列办法确定。

(1) 以测定面积为计税依据，适用于由省、自治区、直辖市人民政府确定的单位组织测定土地面积的纳税人。

(2) 以证书确认的土地面积为计税依据，适用尚未组织测量土地面积，但持有政府部门核发的土地使用证书的纳税人。

(3) 以申报的土地面积为计税依据，适用于尚未核发土地使用证书的纳税人。

五、城镇土地使用税应纳税额的计算

$$应纳税额(全年)＝实际占用应税土地面积(平方米)×适用税额$$

【例 9-1】沪南公司实际占地 35 000 平方米。由于经营规模扩大，年初该公司又受让了一块尚未办理土地使用证的土地 6 000 平方米，公司按其当年开发使用的 4 000 平方米土地面积进行申报纳税，以上土地均适用每平方米 6 元的城镇土地使用税税额。计算该公司当年应缴纳城镇土地使用税。

【解析】应纳税额＝(35 000＋4 000)×6＝234 000(元)

▶▶学中做

1.【多项选择题】下列可以成为城镇土地使用税的纳税人有(　　)。
　　A. 土地使用权人　　　　　　B. 土地实际使用人
　　C. 土地代管人　　　　　　　D. 共有土地使用权的各方

2. 沪南纱厂与政府机关共同使用一栋共有土地使用权的建筑物。该建筑物占用土地面积 2 000 平方米，建筑物面积 10 000 平方米(公司与机关的占用比例为 4∶1)，该厂所在城市的城镇土地使用税单位税额为每平方米 5 元。计算该公司应纳城镇土地使用税。

六、城镇土地使用税的税收优惠

1. 《城镇土地使用税暂行条例》或其他法规中规定的统一免税项目

(1) 国家机关、人民团体、军队自用的土地。

(2) 由国家财政部门拨付事业经费的单位自用的土地。

(3) 宗教寺庙、公园、名胜古迹自用的土地。

(4) 市政街道、广场、绿化地带等公共用地。

(5) 直接用于农、林、牧、渔业的生产用地。

(6) 经批准开山填海整治的土地和改造的废弃土地,从使用的月份起免缴土地使用税5~10年。

(7) 对非营利性医疗机构、疾病控制机构和妇幼保健机构等卫生机构自用的土地,免征城镇土地使用税。

(8) 企业办的学校、医院、托儿所、幼儿园,其用地能与企业其他用地明确区分的,免征城镇土地使用税。

(9) 免税单位无偿使用纳税单位的土地(如公安、海关等单位使用铁路、民航等单位的土地),免征城镇土地使用税。纳税单位无偿使用免税单位的土地,纳税单位应照章缴纳城镇土地使用税。纳税单位与免税单位共同使用、共有使用权土地上的多层建筑,对纳税单位可按其占用的建筑面积占建筑总面积的比例计征城镇土地使用税。

(10) 对行使国家行政管理职能的中国人民银行总行(含国家外汇管理局)所属分支机构自用的土地,免征城镇土地使用税。

(11) 为了体现国家的产业政策,支持重点产业的发展,对石油、电力、煤炭等能源用地,民用港口、铁路等交通用地和水利设施用地,三线调整企业、盐业、采石场、邮电等一些特殊用地划分了征免税界限和给予政策性减免税照顾。

(12) 对企业厂区以外的公共绿化用地和向社会开放的公园用地,暂免征收城镇土地使用税。

(13) 自2007年1月1日起,在城镇土地使用税征收范围内经营采摘、观光农业的单位和个人,其直接用于采摘、观光的种植、养殖、饲养的土地,根据《城镇土地使用税暂行条例》第六条中"直接用于农、林、牧、渔业的生产用地"规定,免征城镇土地使用税。

2. 由省、自治区、直辖市地方税务局确定的减免税项目

(1) 个人所有的居住房屋及院落用地。

(2) 房产管理部门在房租调整改革前经租的居民住房用地。

(3) 免税单位职工家属的宿舍用地。

(4) 民政部门举办的安置残疾人占一定比例的福利工厂用地。

(5) 集体和个人办的各类学校、医院、托儿所、幼儿园用地。

(6) 房地产开发公司建造商品房的用地,原则上应按规定计征城镇土地使用税。但在商品房出售之前纳税确有困难的,其用地是否给予缓征或减征、免征照顾,可由各省、自治区、直辖市地方税务局根据从严的原则结合具体情况确定。

(7) 向居民供热并向居民收取采暖费的供热企业暂免征收土地使用税。对既向居民供热,又向非居民供热的企业,可按向居民供热收取的收入占其总供热收入的比例划分征免税界限;对于兼营供热的企业,可按向居民供热收取的收入占其生产经营总收入的比例划分征免税界限。

七、城镇土地使用税业务核算

1. 科目设置

(1) "管理费用"科目：损益类科目，核算应计入企业损益的应纳城镇土地使用税税额。

(2) "应交税费——应交城镇土地使用税"科目：负债类科目，核算企业应交未交的城镇土地使用税税额。

2. 城镇土地使用税业务核算

(1) 企业按规定计提应交城镇土地使用税

借：管理费用
　　贷：应交税费——应交土地使用税

(2) 上交土地使用税时

借：应交税费——应交城镇土地使用税
　　贷：银行存款

▶▶ 学中做

1. 【多项选择题】下列可以成为城镇土地使用税的纳税人有( )。
　　A. 土地使用权人　　　　　B. 土地实际使用人
　　C. 土地代管人　　　　　　D. 共有土地使用权的各方

2. 沪南纱厂与政府机关共同使用一栋共有土地使用权的建筑物。该建筑物占用土地面积2 000平方米，建筑物面积10 000平方米(公司与机关的占用比例为4∶1)，该公司所在城市的城镇土地使用税单位税额为每平方米5元。计算该公司应纳城镇土地使用税。

3. 沪南公司2010年度与某企业共同使用面积为10 000平方米的土地，该土地上共有建筑物35 000平方米，沪南公司使用其中的2/5，某企业使用其中的3/5。除此之外，经有关部门批准，该企业在2010年1月底新征用非耕地4 000平方米。两企业共同使用土地所处地段的年税额为8元/平方米，该企业新征土地所处地段的年税额为12元/平方米。

要求：计算并核算2010年度两企业分别应缴纳城镇土地使用税(提示：纳税人新征用的非耕地，自批准征用次月起缴纳城镇土地使用税)。

任务9.2　城镇土地使用税税款申报

学习目标 Learning Objectives

- 知识目标：明确城镇土地使用税税款申报的方式、时间及地点。
- 技能目标：能熟练准确填报城镇土地使用税纳税申报表。
- 素质目标：树立自觉纳税意识；培养珍惜土地资源的理念。

知识要点

一、城镇土地使用税纳税地点

城镇土地使用税纳税地点为土地所在地，由土地所在地税务机关征税。

纳税人使用的土地不属于同一省、自治区、直辖市管辖的,纳税人应分别向土地所在地的税务机关申报纳税;在同一省、自治区、直辖市管辖范围内,纳税人跨地区使用的土地,纳税地点由各省、自治区、直辖市税务局确定。

二、城镇土地使用税纳税义务发生的时间

(1) 纳税人购置新建商品房,自房屋交付使用之次月起,缴纳城镇土地使用税。

(2) 纳税人购置存量房,自办理房屋权属转移、变更登记手续,房地产权属登记机关签发房屋权属证书之次月起,缴纳城镇土地使用税。

(3) 纳税人出租、出借房产,自交付出租、出借房产之次月起,缴纳城镇土地使用税。

(4) 以出让或转让方式有偿取得土地使用权的,应由受让方从合同约定交付土地时间的次月起缴纳城镇土地使用税;合同未约定交付时间的,由受让方从合同签订的次月起缴纳城镇土地使用税。

(5) 纳税人新征用的耕地,自批准征用之日起满1年时开始缴纳土地使用税。

(6) 纳税人新征用的非耕地,自批准征用次月起缴纳土地使用税。

三、城镇土地使用税纳税期限

城镇土地使用税按年计算,分期缴纳。具体纳税期限由省、自治区、直辖市人民政府确定。

四、城镇土地使用税纳税申报

纳税人缴纳城镇土地使用税时应按时填报《城镇土地使用税纳税申报表》,并在规定的期限内缴纳税款。纳税人应填报的《城镇土地使用税纳税申报表》见表9-2。

表9-2 城镇土地使用税纳税申报表

填表日期: 年 月 日

纳税人识别号: 金额单位:元(列至角分)

纳税人名称						税款所属时期			
房产坐落地点									

坐落地点	上期占地面积	本期增减	本期实际占地面积	法定免税面积	应税面积	土地等级 I / II	适用税额 I / II	年应缴税额	缴纳次数	本期 每次应纳税额 / 已纳税额 / 应补(退)税额
1	2	3	4=2+3	5	6=4-5	7 / 8	9 / 10	11=6×9+6×10	12	13=11÷12 / 14 / 15=13-14
合计										

如纳税人填报,由纳税人填写以下各栏		如委托代理人填报,由代理人填写以下各栏	
会计主管	纳税人	代理人名称	代理人 (公章)
		代理人地址	
(签章)	(公章)	经办人姓名	电话

以下由税务机关填写			
收到申报表日期		接收人	

填表说明如下：

(1) 本表适用于我国境内城镇土地使用税纳税人填报。
(2) 纳税人识别号是纳税人在办理税务登记证时由主管税务机关确定的税务编码。
(3) 坐落地点：土地管理部门已核发土地证的，应根据土地证填写。
(4) 土地等级按照纳税人占用的土地所在地、县、市人民政府划分的土地等级填列。
(5) 本期变动栏，增加用蓝笔填写，减少用红笔填写。
(6) 本期实际占用土地面积＝上期占地面积＋本期增减数。
(7) 本表一式三联，第一联纳税人保存，第二联由主管税务机关留存，第三联税务机关作税收会计原始凭证。

【例 9-2】资料：江苏沪南冶金有限公司的纳税人识别号为 3201 2166 0000 ×××，开户银行为中国××银行南京××支行，其账号为 6201 2121 0120 0001 179× ××。该公司生产经营用地面积 20 000 平方米，其中幼儿园占地 2 000 平方米，公司绿化占地 1 000 平方米，该土地为一级土地，城镇土地使用税的单位税额为每平方米 12 元。2010 年 1 月 1 日又受让面积 5 000 平方米的土地使用权(合同签订日期为 2009 年 12 月 17 日)，该土地为二级土地，城镇土地使用税的单位税额为每平方米 6 元。公司按年计算、按半年预缴城镇土地使用税。

要求：根据以上资料进行公司 2010 年城镇土地使用税申报表填报，并进行纳税申报。

【解析】该公司城镇土地使用税纳税申报表填报见表 9-3。

表 9-3 城镇土地使用税纳税申报表(沪南冶金公司)

填表日期：2010 年 7 月 9 日
纳税人识别号：3201 2166 0000 ×××　　　　　　　　　　　　　　　金额单位：元(列至角分)

纳税人名称	江苏沪南冶金有限公司				税款所属时期		2010 年 1 月 1 日至 6 月 30 日				
房产坐落地点	南京××区××大道××号										
坐落地点	上期占地面积	本期增减	本期实际占地面积	法定免税面积	应税面积	土地等级		适用税额		年应缴税额	缴纳次数	本期		
						Ⅰ	Ⅱ	Ⅰ	Ⅱ			每次应纳税额	已纳税额	应补(退)税额
1	2	3	4=2+3	5	6=4-5	7	8	9	10	11=6×9+6×10	12	13=11÷12	14	15=13-14
江宁	20 000		20 000	2 000	18 000	Ⅰ		12		216 000	2	108 000		108 000
江宁		5 000	5 000	0	5 000		Ⅱ		6	30 000	2	15 000		15 000
合计	20 000	5 000	25 000	2 000	23 000					246 000		123 000		123 000
如纳税人填报，由纳税人填写以下各栏					如委托代理人填报，由代理人填写以下各栏									
会计主管 (签章)张×		纳税人 (公章)			代理人名称			代理人 (公章)						
					代理人地址									
					经办人姓名			电话						
以下由税务机关填写														
收到申报表日期						接收人								

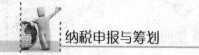

纳税申报与筹划

任务9.3 城镇土地使用税税务筹划

学习目标 Learning Objectives

- 知识目标：明确土地使用税条例及相关法规的规范。
- 技能目标：能够设计企业土地使用税税务筹划方案。
- 素质目标：树立节约税务成本的意识；加强统筹规划、解决问题的能力。

知识要点

一、利用税收优惠进行纳税筹划

《城镇土地使用税暂行条例》规范了如下的城镇土地使用税税收优惠政策，可以作为城镇土地使用税税收筹划的主要依据。

(1) 根据《国家税务局关于印发〈关于土地使用税若干具体问题的补充规定〉的通知》(国税地[1989]140号)中"对厂区以外的公共绿化和向社会开放的公园用地，暂免征城镇土地使用税"的规定，企业可以把原绿化地只对内专用改成对外公用即可享受免税的照顾。

(2) 根据《国家税务局关于水利设施用地征免土地使用税问题的规定》(国税地[1989]14号)中"对水利设施及其管护以及对兼有发电的水利设施用地，可免征土地使用税"的规定，企业可以考虑把这块土地的价值在账务核算上明确区分开来，以达到享受税收优惠的目的。

(3) 根据对煤炭、矿山和建材行业的特殊用地可以享受减免土地使用税的规定，企业既可以考虑按政策规定明确划分出采石(矿)厂、排土厂、炸药库等不同用途的用地，也可以把享受免征土地使用税的特定用地在不同的土地等级上进行合理布局，使征税的土地税额最低。

二、利用有幅度的差别税额进行纳税筹划

城镇土地使用税征税范围广泛，而我国各地经济发展不平衡，因此城镇土地使用税采用有幅度的差别税额，而且每个幅度的差距为20倍，这就为我们在建厂选址时进行税务筹划提供了空间。

在建厂选址时，可以在征税区与非征税区之间选择；可以在经济发达与经济欠发达的省份之间选择；也可以在同一省份内的大中小城市以及县城和矿区之间作出选择。即便是在同一省份内的大中小城市、县城和工矿区的土地使用税税额同样有差别。还可以在同一城市、县城和工矿区之内的不同等级的土地之间作出选择。例如，南京市的市区土地就划分了8个级别，最高一级与最低一级相关8元/平方米。

▶▶ 上岗一试

南京伟达实业有限责任公司(该企业相关资料参见项目5)坐落于南京市江宁区，该公司生产经营用地12 000平方米，其公司绿化占地2 000平方米，其中厂外绿化占地1 000平方米，该土地为一级土地，城镇土地使用税的单位税额为每平方米7元，2010年1月1日又受让面积为6 500平方米的土地使用权(合同签订日期为2009年12月20日)，该土地为一级土地，城镇土地使用税的单位税额为每平方米 7 元。企业按年计算，按半年预缴城镇土地使用税。

要求：根据以上资料填报南京伟达实业有限责任公司城镇土地使用税纳税申报表。

项目小结

本项目主要包括 3 方面的内容：城镇土地使用税的核算——理论知识运用；城镇土地使用税的申报——技能知识运用；城镇土地使用税的筹划——知识融合应用。

3 方面知识层层递进，层层深入。城镇土地使用税税务筹划是最高境界：将所有有关城镇土地使用税的原理、法规、政策等进行融合，在实践中应用，为企业做税务筹划，减少企业的税务成本，争取企业经济利益的最大化。

自 我 测 试

一、单项选择题

1. 下列情况中应当缴纳城镇土地使用税的是(　　)。
   A. 天安门广场用地　　　　　　　B. 某农村造纸厂用地
   C. 某工矿区的产品仓库用地　　　D. 某矿山的采矿厂用地

2. 2010 年度沪南公司与甲公司共同使用面积为 10 000 平方米的土地，该土地上共有建筑物 25 000 平方米，沪南公司使用其中的 4/5，甲公司使用其中的 1/5，两公司共同使用土地所处地段的年税额为 5 元/平方米。2010 年度缴纳城镇土地使用税的情况是(　　)。
   A. 沪南公司纳税 40 000 元，甲公司纳税 10 000 元
   B. 沪南公司纳税 10 000 元，甲公司纳税 40 000 元
   C. 沪南公司纳税 10 000 元，甲公司纳税 25 000 元
   D. 沪南公司纳税 25 000 元，甲公司纳税 10 000 元

3. 经有关部门批准，沪南运输公司在 2010 年 1 月底新征用非耕地 6 000 平方米。沪南运输公司新征土地所处地段的年税额为 2 元/平方米。2010 年度缴纳城镇土地使用税的情况是(　　)。
   A. 沪南运输公司应纳税一年的城镇土地使用税
   B. 沪南运输公司不用纳税
   C. 沪南运输公司应纳税 11 000 元
   D. 沪南运输公司应纳税 12 000 元

二、多项选择题

1. 下列可以成为城镇土地使用税的纳税人有(　　)。
   A. 拥有土地使用权的单位和个人　　B. 出租房屋的承租方
   C. 对外出租房屋的出租方　　　　　D. 共有土地使用权的各方

2. 下列用地免征城镇土地使用税的有( )。
   A．水利设施用地　　　　　　　　B．非营利性老年服务机构自用土地
   C．企业厂区以外的绿化用地　　　D．既生产军品又生产民品的军需工厂用地
3. 下列关于城镇土地使用税纳税义务发生时间相关论述中不正确的有( )。
   A．纳税人出租房产，自交付出租房产之次月起缴纳城镇土地使用税
   B．企业购置新建商品房，自房屋交付使用的当月起计征城镇土地使用税
   C．纳税人新征用的非耕地，自批准征用当月起缴纳土地使用税
   D．纳税人新征用的耕地，自批准征用之日起满1年时开始缴纳土地使用税

南京市市区城镇土地使用税税率见表9-4。

表9-4　南京市市区城镇土地使用税税率

地区		土地等级	单位税额	适用范围
南京	市区	市区一级	10元/平方米	山西路地区；鼓楼—新街口—大行宫地区；夫子庙地区
		市区二级	9元/平方米	鼓楼—新街口周围地区
		市区三级	8元/平方米	玄武湖以南—中华门—中山北路地区；中央门地区
		市区四级	7元/平方米	新庄广场—明故宫—中华门—莫愁路—草场门地区；热河南路地区
		市区五级	6元/平方米	安怀村—红山公园—锁金村—玄武湖地区；明城墙—秦淮河外围附近地区
		市区六级	5元/平方米	下关地区；宁栖路以东—东方城地区；东郊地区—雨花南路南侧地区—应天路和江东南路以西以南地区；江宁区、浦口区的所有街道
		市区七级	4元/平方米	六级地以外，定级估价范围界线以内地区；六合区雄州镇及六合经济开发区
		建制镇、工矿区、农场、林场土地	2元/平方米	建制镇

项目 10　印花税申报与筹划

导入案例

王萍一年来一直跟随公司的会计李玉进行涉税业务核算、申报及税务筹划的实习。2010年年初她被派到公司子公司沪南矿业公司工作。其任务是进行公司涉及的小税种的业务核算、申报及筹划。王萍现在要完成的是公司印花税业务核算的相关工作。

讨论：
1. 印花税的征税对象是什么？
2. 印花税的缴纳方式如何？
3. 印花税的筹划空间如何？

任务 10.1　印花税业务核算

学习目标 Learning Objectives

- 知识目标：明确印花税纳税义务人及纳税范围；能准确计算应纳印花税税额。
- 技能目标：能正确进行印花税涉税业务核算。
- 素质目标：树立自觉纳税意识；培养独立解决问题的能力。

知识要点

一、印花税的概念

印花税是以经济活动和经济交往中，书立、领受应税凭证的行为为征税对象征收的一种税。印花税因其采用在应税凭证上粘贴印花税票的方法缴纳税款而得名。印花税票样式如图10.1所示。

印花税的特点如下。
(1) 征税范围广。
(2) 税负轻。
(3) 自行贴花纳税。
(4) 多缴不退不抵。

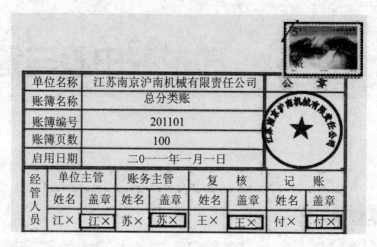

图 10.1 印花税票样式

二、印花税纳税义务人

印花税的纳税人,是在中国境内书立、使用、领受印花税法所列举的凭证,并应依法履行纳税义务的单位和个人。

《中华人民共和国印花税暂行条例》(以下简称《印花税暂行条例》)第一条规定:"在中华人民共和国境内书立、领受本条例所列举凭证的单位和个人,都是印花税的纳税义务人(以下简称纳税人),应当按照本条例规定缴纳印花税。"

上述规定所说的单位和个人,是指国内各类企业、事业、机关、团体、部队,以及中外合资企业、合作企业、外资企业、外国公司企业和其他经济组织及其在华机构等单位和个人。

印花税的纳税人,按照所书立、使用、领受的应税凭证不同,又可分为以下 6 类:立合同人、立据人、立账簿人、领受人、使用人、各类电子应税凭证的签订人。

(1) 立合同人。指合同的当事人。不包括合同的担保人、证人、鉴定人。
(2) 立据人。产权转移书据的纳税人是立据人。
(3) 立账簿人。营业账簿的纳税人是立账簿人。
(4) 领受人。权利、许可证照的纳税人是领受人。
(5) 使用人。在国外书立、领受,但在国内使用的应税凭证,其纳税人是使用人。
(6) 各类电子应税凭证的签订人。以电子形式签订各类应税凭证的签订人。

特别提示

对应税凭证,凡由两方或两方以上当事人共同书立应税凭证的,其当事人各方都是印花税的纳税人,应各就其所持凭证的计税金额履行纳税义务。

三、印花税税目与税率

1. 税目

目前《印花税暂行条例》列举了 4 大类共 13 个应纳印花税的税目。

1) 合同或具有合同性质的凭证

合同,是指根据《中华人民共和国合同法》和其他有关合同法规订立的合同,包括购销合同、加工承揽合同、建设工程勘察设计合同、建筑安装工程承包合同、财产租赁合同、货物运输合同、仓储保管合同、借款合同(包括融资租赁合同)、财产保险合同、技术合同。

具有合同性质的凭证，是指具有合同效力的协议、契约、合约、单据、确认书及其他各种名称的凭证。

2) 产权转移书据

产权转移书据是指单位和个人产权的买卖、继承、赠与、交换、分割等所立的书据，包括财产所有权和版权、商标专用权、专利权、专有技术使用权等转移书据，以及土地使用权出让合同、土地使用权转让合同、商品房销售合同等权力转移合同，包括个人无偿赠送不动产所签订的"个人无偿赠与不动产登记表"。

3) 营业账簿

营业账簿是指单位或者个人记载生产经营活动的财务会计核算账簿。营业账簿根据其反映内容的不同，可分为记载资金账簿和其他账簿。包括日记账簿和各明细分类账簿。

4) 权利、许可证照

权利、许可证照包括政府部门发给的房屋产权证，工商营业执照，商标注册证。专利证和土地使用证。

2. 税率

印花税的税率有两种形式，即比例税率和定额税率。

1) 比例税率

比例税率适用于记载有金额的应税凭证。

(1) 1‰：财产租赁合同、仓储保管合同、财产保险合同、股权转移书据(2008 年 9 月 19 日起)。

(2) 0.5‰：加工承揽合同、建设工程勘察设计合同、货物运输合同、产权转移书据、记载资金的营业账簿。

(3) 0.3‰：购销合同、建筑安装工程承包合同、技术合同。

(4) 0.05‰：借款合同。

2) 定额税率

定额税率适用于无法记载金额或虽载有金额，但作为计税依据明显不合理的应税凭证，固定税额为每件应税凭证 5 元。适用于其他营业账簿和权利许可证照。

13 个应纳印花税税目的税率见表 10-1。

表 10-1 印花税税目税率

税 目	范 围	税 率	纳税义务人	说 明
购销合同	包括供应、预购、采购、购销结合及协作、调剂、补偿、易货等合同	按购销金额 0.3‰贴花	立合同人	
加工承揽合同	包括加工、定做、修缮、修理、印刷、广告、测绘、测试等合同	按加工或承揽收入 0.5‰贴花	立合同人	
建设工程勘察设计合同	包括勘察、设计合同	按收取费用 0.5‰贴花	立合同人	

续表

税 目	范 围	税 率	纳税义务人	说 明
建筑安装工程承包合同	包括建筑、安装工程承包合同	按承包金额0.3‰贴花	立合同人	
财产租赁合同	包括租赁房屋、船舶、飞机、机动车辆、机械、器具、设备等	按租赁金额1‰贴花。税额不足1元的按1元贴花	立合同人	
货物运输合同	包括民用航空、铁路运输、海上运输、内河运输、公路运输和联运合同	按运输费用0.5‰贴花	立合同人	单据作为合同使用的,按合同贴花
仓储保管合同	包括仓储、保管合同	按仓储保管费用1‰贴花	立合同人	仓单或栈单作为合同使用的,按合同贴花
借款合同	银行及其他金融组织和借款人(不包括银行同业拆借)所签订的借款合同	按借款金额0.05‰贴花	立合同人	单据作为合同使用的,按合同贴花
财产保险合同	包括财产、责任、保证、信用等保险合同	按保险费收1‰贴花	立合同人	单据作为合同使用的,按合同贴花
技术合同	包括技术开发、转让、咨询、服务等合同	按所载金额0.3‰贴花	立合同人	
产权转移书据	包括财产所有权和版权、商标专用权、专利权、专有技术使用权等转移书据	按所载金额0.5‰贴花	立据人	
营业账簿	生产经营用账册	记载资金的账簿,按固定资产原值与自有流动资金总额0.5‰贴花。其他账簿按件贴花5元	立账簿人	
权利许可证照	包括政府部门发给的房屋产权证、工商营业执照、商标注册证、专利证、土地使用证	按件贴花5元	领受人	

四、印花税应纳税额的计算

适用比例税率的应税凭证,以凭证上所记载的金额为计税依据,计税公式为

应纳税额=计税金额×比例税率

适用定额税率的应税凭证,以凭证件数为计税依据,计税公式为

应纳税额=凭证件数×固定税额(5元)

1. 购销合同应纳印花税的计算

购销合同印花税计税依据为合同所记载的货物购销金额。如果是以物易物方式签订的购销合同,计税依据为合同所载的货物购、销金额合计数,适用税率0.3‰。

【例10-1】沪南公司于2010年8月与某公司签订了以货易货合同,以共计200 000元的G06商品换取生产所需原材料180 000元,沪南公司取得差价20 000元。计算沪南公司2010年8月应纳印花税。

【解析】以物易物方式签订的购销合同,计税金额为合同所载的购、销金额合计数,适用税率0.3‰。

沪南公司 8 月应缴纳的印花税＝(200 000＋180 000)×0.3‰＝114(元)

2. 加工承揽合同应纳印花税的计算

加工承揽合同印花税计税依据为加工或承揽收入。计税依据中是否应含有所加工的原材料价值，应视原材料由谁提供而定。

如果是由受托方提供原材料的加工、定作合同，凡在合同中分别记载加工费金额与原材料金额的，加工费金额按"加工承揽合同"计税，原材料金额按"购销合同"计税，两项税额相加数，即为合同应贴印花；若合同中未分别记载，则就全部金额依照加工承揽合同计税贴花。

如果由委托方提供原材料金额的，原材料不计税，计税依据为加工费和辅料，适用税率 0.5‰。

【例 10-2】沪南公司与某广告公司签订广告制作合同 1 份，分别记载加工费 8 万元，广告公司提供的原材料 10 万元；计算沪南公司应当缴纳的印花税。

【解析】应纳税额＝80 000×0.5‰＋100 000×0.3‰＝70(元)

3. 建设工程勘察设计合同应纳印花税的计算

建设工程勘察设计合同计税依据为勘察、设计收取的费用(即勘察、设计收入)。按收取费用万分之五贴花。

【例 10-3】沪南公司 2010 年为建设一新的生产车间，聘请某设计院为其进行生产车间的建造设计。签订的建设工程勘察设计合同标明设计费用 10 万元，计算沪南公司应当缴纳的印花税。

【解析】应纳税额＝100 000×0.5‰＝500(元)

4. 建筑安装工程承包合同应纳印花税的计算

建筑安装工程承包合同计税依据为承包金额，按承包金额 0.3‰贴花，不得剔除任何费用。施工单位将自己承包的建设项目分包或转包给其他施工单位所签订的分包合同或转包合同，应以新的分包合同或转包合同所载金额为依据计算应纳税额。

【例 10-4】沪南建筑公司与甲企业签订一份建筑承包合同，合同金额 6 000 万元。施工期间，该建筑公司又将其中价值 800 万元的安装工程转包给乙企业，并签订转包合同。计算沪南建筑公司此项业务应缴纳印花税。

【解析】应纳印花税＝(6 000＋800)×0.3‰＝2.04(万元)

5. 财产租赁合同应纳印花税的计算

财产租赁合同计税依据为租赁金额(即租金收入)，按租赁金额 1‰贴花。税额不足 1 元的按照 1 元贴花；财产租赁合同只是规定(月)天租金而不确定租期的，先定额 5 元贴花，然后在结算时按实际补贴印花。

【例 10-5】2010 年 1 月，沪南公司将闲置厂房出租给某公司，合同约定每月租金 5 000 元，租期未定。签订合同时，预收租金 10 000 元，双方已按定额贴花。5 月底合同解除，沪南公司收到某公司补交租金 15 000 元。沪南公司 5 月应补缴的印花税为多少元？

【解析】应补缴印花税＝(10 000＋15 000)×1‰－5＝20(元)

6. 货物运输合同应纳印花税的计算

货物运输合同计税依据为取得的运输费金额(即运费收入)，不包括所运货物的金额、装卸费和保险费等。按运输费用 0.5‰贴花。

【例 10-6】沪南公司与某货运公司签订运输合同，载明运输费用 8.5 万元(其中含装卸费 0.8 万元，保险费 0.3 万元)，沪南公司货运合同应纳印花税为多少？

【解析】应纳印花税＝(8.5－0.8－0.3)×0.5‰×10 000＝37(元)

7. 仓储保管合同应纳印花税的计算

仓储保管合同计税依据为仓储保管的费用(即保管费收入)，按仓储保管费用 1‰贴花。

【例 10-7】沪南公司与某货运公司签订仓储保管合同，合同注明仓储保管费为 5 万元，保管期为一个月，计算沪南公司应当缴纳的印花税。

【解析】应纳印花税＝50 000×1‰＝50(元)

8. 借款合同应纳印花税的计算

借款合同计税依据为借款金额(即借款本金)，按借款金额 0.05‰贴花。借款合同应纳印花税的计算时应注意以下 4 点。

(1) 凡是一项信贷业务既签订借款合同，又一次或分次填开借据的，只以借款合同所载金额为计税依据计税贴花；凡是只填开借据并作为合同使用的，应以借据所载金额为计税依据计税贴花。

(2) 借贷双方签订的流动周转性借款合同，一般按年(期)签订，规定最高限额，借款人在规定的期限和最高限额内随借随还，为避免加重借贷双方的负担，对这类合同只以其规定的最高限额为计税依据，在签订时贴花一次，在限额内随借随还不签订新合同的，不再贴花。

(3) 对借款方以财产作抵押，从贷款方取得一定数量抵押贷款的合同，应按借款合同贴花；在借款方因无力偿还借款而将抵押财产转移给贷款方时，应再就双方书立的产权书据，按产权转移书据的有关规定计税贴花。

(4) 对银行及其他金融组织的融资租赁业务签订的融资租赁合同，应按合同所载租金总额，暂按借款合同计税。

【例 10-8】沪南钢铁公司与机械进出口公司签订购销合同，合同注明所购设备价值 1 200 万元，为购买此设备与中国建设银行签订借款合同，借款 1 200 万元。后因故购销合同作废，改签融资租赁合同，租赁费 800 万元。根据上述情况，计算沪南钢铁公司一共应缴纳印花税为多少？

【解析】(1) 购销合同应纳税额＝1 200×0.3‰×10 000＝3 600(元)，产生纳税义务后合同作废不能免税。

(2) 借款合同应纳税额＝1 200×0.05‰×10 000＝600(元)。

(3) 融资租赁合同属于借款合同，应纳税额＝800×0.05‰×10 000＝400(元)。

沪南钢铁公司应纳税额＝3 600＋600＋400＝4 600(元)。

9. 财产保险合同应纳印花税的计算

财产保险合同计税依据为支付(收取)的保险费金额(不包括所保财产的金额)，按 1‰贴花。

【例 10-9】沪南公司与某保险公司签订财产保险合同，保险期一年，支付保险费 10 万元。根据上述情况，计算沪南公司一共应缴纳印花税为多少？

【解析】应纳印花税＝100 000×1‰＝100(元)

10. 技术合同应纳印花税的计算

技术合同计税依据为合同所载的价款、报酬或使用费。技术开发合同研究开发经费不作为计税依据。按所载金额0.3‰贴花。

【例10-10】沪南钢铁公司与某公司签订一份技术开发合同，记载金额共计500万元，其中研究开发费用为100万元。该合同双方各持一份，双方共应缴纳的印花税为多少？

【解析】应纳税额＝(500－100)×0.3‰×2＝0.24(万元)

11. 产权转移书据应纳印花税的计算

产权转移书据计税依据为书据中所载的金额，按所载金额0.5‰贴花。

购买、继承、赠予所书立的股权转让书据，均依书立时证券市场当日实际成交价格为依据，由立据双方当事人分别按1‰的税率缴纳印花税。对股票交易征收印花税均依书立时证券市场当日实际成交价格计算金额，由立据双方当事人分别按1‰的税率缴纳印花税。

12. 营业账簿应纳印花税的计算

记载资金的营业账簿以实收资本和资本公积的两项合计金额为计税依据。凡"资金账簿"在次年度的实收资本和资本公积未增加的，对其不再计算贴花。其他营业账簿，计税依据为应税凭证件数，每件5元。

13. 权利、许可证照应纳印花税的计算

权利、许可证照，计税依据为应税凭证件数，每件5元。

特别提示

(1) 上述凭证以"金额"、"收入"、"费用"作为计税依据的应当全额计税，不得作任何扣除。

(2) 同一凭证，载有两个或两个以上经济事项而适用不同税目税率，分别记载金额的，分别计算；未分别记载金额的，按税率高的计税贴花。

(3) 按金额比例贴花的应税凭证，未标明金额的，应按照凭证所载数量及国家牌价计算金额；没有国家牌价的，按市场价格计算金额，然后按规定税率计算应纳税额。

(4) 应税凭证所载金额为外国货币的，应按照凭证书立当日国家外汇管理局公布的外汇牌价折合成人民币，然后计算应纳税额。

(5) 有些合同，在签订时无法确定计税金额，可在签订时先按定额5元贴花，以后结算时再按实际金额计税，补贴印花。

(6) 应税合同在签订时纳税义务即已产生，应计算应纳税额并贴花。所以，不论合同是否兑现或是否按期兑现，均应贴花完税。对已履行并贴花的合同，所载金额与合同履行后实际结算金额不一致的，只要双方未修改合同金额，一般不再办理完税手续。

(7) 对有经营收入的事业单位，记载经营业务的账簿，按每件5元贴花。

(8) 对国内各种形式的货物联运，凡在起运地统一结算全程运费的，应以全程运费作为计税依据，由起运地运费结算双方缴纳印花税；凡分程结算运费的，应以分程的运费作为计税依据，分别由办理运费结算的各方缴纳印花税。

对国际货运，凡由我国运输企业运输的，不论在我国境内、境外起运或中转分程运输，

我国运输企业所持的一份运费结算凭证，均按本程运费计算应纳税额。

由外国运输企业运输进出口货物的，外国运输企业所持的一份运费结算凭证免纳印花税。

五、印花税的税收优惠

印花税的税收优惠政策主要有以下几个方面。

(1) 已缴纳印花税的凭证的副本或者抄本免税；但以副本或者抄本视同正本使用的，则应另贴印花。

(2) 财产所有人将财产赠给政府、社会福利单位、学校所立的书据免税。

(3) 国家指定的收购部门与村民委员会、农民个人书立的农副产品收购合同免税。

(4) 无息、贴息贷款合同免税。

(5) 外国政府或者国际金融组织向我国政府及国家金融机构提供优惠贷款所书立的合同免税。

(6) 房地产管理部门与个人签订的用于生活居住的租赁合同免税。

(7) 农牧业保险合同免税。

(8) 特殊货运合同凭证免税，包括军事物资、抢险救灾物资、新建铁路的工程临管线运输合同。

(9) 企业改制过程中有关印花税征免规定如下。

① 关于资金账簿的印花税。实行公司制改造的企业在改制过程中成立的新企业(重新办理法人登记的)，其新启用的资金账簿记载的资金或因企业建立资本纽带关系而增加的资金，凡原已贴花的部分可不再贴花，未贴花的部分和以后新增加的资金按规定贴花；以合并或分立方式成立的新企业，其新启用的资金账簿记载的资金，凡原已贴花的部分可不再贴花，未贴花的部分和以后新增加的资金按规定贴花；企业债权转股权新增加的资金按规定贴花；企业改制中经评估增加的资金按规定贴花；企业其他会计科目记载的资金转为实收资本或资本公积的资金按规定贴花。

② 各类应税合同的印花税。企业改制前签订但尚未履行完的各类应税合同，改制后需要变更执行主体的，对仅改变执行主体、其余条款未作变动且改制前已贴花的，不再贴花。

③ 产权转移书据的印花税。企业因改制签订的产权转移书据免予贴花。

④ 股权分置试点改革转让的印花税。股权分置改革过程中因非流通股股东向流通股股东支付对价而发生的股权转让，暂免征收印花税。

(10) 对个人销售或购买住房暂免征收印花税。

六、印花税业务核算

1. 科目设置

"管理费用"科目：损益类科目，核算应计入企业损益的应纳印花税税额。

2. 印花税业务核算

印花税属于一次性征收，不需要预提，因此不通过"应交税费"科目，企业按购买印花税票实际支付的款项。

借：管理费用
　　贷：银行存款

【例 10-11】 沪南公司与货运公司签订运输合同,载明运输费用 8.5 万元(其中含装卸费 0.8 万元,保险费 0.3 万元),沪南公司货运合同应纳印花税为多少?

【解析】 应纳印花税＝(8.5－0.8－0.3)×0.5‰×10 000＝37(元)

借：管理费用　　　　　　　　　　　　　　　　　　　　　37

　　贷：银行存款　　　　　　　　　　　　　　　　　　　37

▶▶ 学中做

1.【单项选择题】下列各项中,不属于印花各应税凭证的是(　　)。

　　A. 无息、贴息贷款合同

　　B. 发电厂与电网之间签订的电力购售合同

　　C. 财产所有人将财产赠与社会福利单位的书据

　　D. 银行因内部管理需要设置的现金收付登记簿

2.【多项选择题】下列各项中,免征或不征印花税的有(　　)。

　　A. 合同的副本或者抄本作正本使用　　B. 会计咨询合同

　　C. 财政贴息贷款合同　　　　　　　　D. 未列明金额的购销合同

3.【多项选择题】下列属于印花税的纳税人有(　　)。

　　A. 借款合同的担保人

　　B. 发放商标注册证的国家商标局

　　C. 在国外书立在国内使用技术合同的单位

　　D. 签订加工承揽合同的两家中外合资企业

任务 10.2　印花税税款申报

学习目标 Learning Objectives

■ 知识目标：明确印花税税款申报的方式、时间及地点。

■ 技能目标：能熟练准确填报印花税纳税申报表。

■ 素质目标：树立自觉纳税意识;培养与人合作完成任务的成力。

知识要点

一、印花税的纳税方法

印花税的纳税方法较其他税种不同,主要有以下 3 种纳税方法。

1. "三自"纳税办法

"三自"纳税办法是指由纳税人根据税法规定,自行计算应纳税额,自行向税务机关或指定的代售单位购买印花税票,自行贴花并注销。就税务机关来说,印花税票一经售出,国家即可取得印花税收入。但就纳税人来说,购买了印花税票,不等于履行了纳税义务。纳税人

必须将印花税票粘贴在应纳税凭证上,并在每枚税票的骑缝处盖戳注销或者画销,才算完成纳税义务。

2. 汇贴或汇缴的办法

汇贴:一份凭证应纳税额超过 500 元的,如资金账簿、大宗货物的购销合同、建筑工程承包合同等,贴用印花税票不方便的,应当向当地税务机关申请填写缴款书或者完税证,将其中一联粘贴在凭证上或者由税务机关在凭证上加注完税标记(如"印花税收讫专用章")代替贴花。

汇缴:同一种类应纳税凭证,需频繁贴花的,应当向当地税务机关申请按期汇总缴纳印花税。经税务机关核准发给许可证后,按税务机关确定的期限(最长不超过 1 个月)汇总计算缴纳印花税。在应纳税凭证上加注税务机关指定的汇缴戳记、编号并装订成册后,将缴款书的一联黏附册后,盖章注销,保存备查。

3. 代扣税款汇总缴纳的方法

税务机关为加强税源控制管理,委托某些代理填写凭证的单位(如代办运输、联运的单位)对凭证的当事人应纳的印花税予以代扣并按期汇总缴纳。

二、纳税义务发生时间与纳税期限

印花税应当于应税凭证书立或者领受时贴花。具体指合同的签订时、书据的立据时、账簿的启用时和证照的领受时。如果合同是在国外签订,并且不便在国外贴花的,应在将合同带入境时办理纳税手续。

由于印花税采取了不同的缴纳方式,因此纳税期限也不同,具体如下。

(1) 采取"三自"办法缴纳印花税的纳税义务发生时间:对于未实行印花税核定征收或汇总缴纳的纳税人,应于书立或领受应税凭证之日起 10 日内计算贴花。

(2) 采取汇总办法缴纳印花税的纳税义务发生的时间:以 1 个月为 1 个纳税期,纳税人自期满之日起 15 日内申报纳税。

(3) 采取核定征收的纳税期限为按月缴纳,具体期限为次月 15 日前。

(4) 在国外签订的合同,于带回国内时缴纳。

三、纳税地点

1. 总原则

印花税由机构所在地的税务机关征收。

2. 跨地区房产及总机构和分支机构不在一地时纳税地点的确认

跨地区经营的分支机构使用的营业账簿,应由各分支机构在其所在地缴纳印花税。对上级单位核拨资金的分支机构,其记载资金的账簿按核拨的账面资金数额计算缴纳印花税,其他账簿按件定额贴花。为避免对同一资金重复征税,上级单位记载资金的账簿,应当扣除拨给下属机构资金数额后的余额后计算缴纳。

四、纳税申报表

印花税的纳税人应按照条例的有关规定及时办理纳税申报,并如实填写印花税纳税申报表。印花税纳税申报见如表 10-2。

表 10-2 印花税纳税申报表

填表日期：　　年　　月　　日

纳税人识别号：　　　　　　　　　　　　　　　　　　　　　　　金额单位：元(列至角分)

纳税人名称					税款所属时期		购花贴花情况			
应税凭证名称	件数	计税金额	适用税率	应纳税额	已纳税额	应补(退)税额	上期结存	本期购进	本期贴花	本期结存
1	2	3	4	5=2×3 或 3×4	6	7=5-6	8	9	10	11=8+9-10
合计										

会计主管(签章)	纳税人(公章)	如委托代理人填报，由代理人填写以下各栏				备注
		代理人名称		代理人(签章)		
		代理人地址				
		经办人姓名		电话		
		以下由税务机关填写				
收到申报表日期			接收人			

【例 10-12】资料：沪南公司于 2011 年 4 月开业，纳税人识别号为 32010816857××××，开户行为中国××银行××支行。其印花税缴纳期限为 1 个月。该公司 4 月发生如下交易或事项：领受工商营业执照正副本各一件，税务登记证国税证、地税证正副本各 1 件，房屋产权证 2 件，专利权证 3 件；实收资本账户 1 000 000 元，资本公积账户 2 000 000 元，除记载资金的账簿外，还有 10 本营业账簿；签订借款合同一份，借款金额 1 200 000 元；签订货物买卖合同一份，所记载金额 1 000 000 元。

要求：填报沪南公司 4 月印花税纳税申报表。

【解析】领受权利许可证照应纳印花税税额=(1+2+3)×5=30 元

资金账簿应纳印花税税额=(1 000 000+2 000 000)×0.5‰=1 500 元

其他账簿应纳印花税税额=10×5=50 元

借款合同应纳印花税税额=1 200 000×0.05‰=60 元

购销合同应纳印花税税额=1 000 000×0.3‰=300 元

合计=1 940 元

沪南公司 4 月的印花税纳税申报表见表 10-3。

表 10-3 印花税纳税申报表(沪南公司)

填表日期：2011 年　5 月 12 日

纳税人识别号：32010816857××××　　　　　　　　　　　　　　　金额单位：元(列至角分)

纳税人名称			江苏沪南有限公司		税款所属时期		2011 年 4 月 1 日至 4 月 30 日			
应税凭证名称	件数	计税金额	适用税率	应纳税额	已纳税额	应补(退)税额	购花贴花情况			
							上期结存	本期购进	本期贴花	本期结存
1	2	3	4	5=2×3 或 3×4	6	7=5-6	8	9	10	11=8+9-10
营业执照	1		5	5	0	5	0	5	5	0
房屋产权证	2		5	10	0	10	0	10	10	0

续表

专利权证	3		5	15	0	15	0	15	15	0
资金账簿		3 000 000	0.000 05	1 500	0	1 500	0	1 500	1 500	0
其他账簿	10		5	50	0	50	0	50	50	0
借款合同		1 200 000	0.05‰	60	0	60	0	60	60	0
购销合同		1 000 000	0.3‰	300		300		300	300	
合 计	16	5 200 000		1 940	0	1 940	0	1 940	1 940	0

如纳税人填报，由纳税人填写以下各栏		如委托代理人填报，由代理人填写以下各栏			备注	
会计主管(签章) 张×	纳税人(公章)	代理人名称		代理人(签章)		
		代理人地址				
		经办人姓名		电话		
以下由税务机关填写						
收到申报表日期			接收人			

▶▶ 学中做

南京伟达实业有限责任公司(该企业相关资料参见项目 5)于 2011 年 6 月 21 日开业，当年发生以下有关业务事项：领受房屋产权证、工商营业执照、土地使用权证各 1 件；订立商品购销合同 1 份，合同金额为 100 万元；订立借款合同 1 份，所载金额为 100 万元；企业开设资金账簿，实收资本为 500 万元，资本公积为 100 万元；其他账簿 20 本。

要求：根据以上资料填报南京伟达实业有限责任公司印花税纳税申报表。

任务 10.3　印花税税务筹划

学习目标 Learning Objectives

- 知识目标：明确印花税条例及相关法规的规范。
- 技能目标：能够设计企业印花税税务筹划方案。
- 素质目标：树立节约税务成本的意识；加强统筹规划、解决问题的能力。

知识要点

一、利用订立合同内容进行筹划

我国印花税税法对加工承揽合同的计税依据有如下规定。

(1) 加工承揽合同的计税依据为加工或承揽收入。如有委托方提供原材料的金额，可不并入计税依据；但受托方提供辅助材料的金额，则应并入计税余额。

(2) 加工承揽合同规定由受托方提供原材料的，若合同中分别记载加工费金额和原材料金额，应分别计税：加工费金额按加工承揽合同适用 0.5‰税率计税；原材料金额按购销合同适用 0.3‰税率计税，并按两项税额相加的金额贴花；若合同中未分别记载两项金额，而只有混记的总金额，则从高适用税率，应按全部金额依照加工承揽合同，适用 0.5‰税率计税贴花。

【例 10-13】资料：某铝合金门窗厂与某建筑安装企业签立了一份加工承揽合同，合同规定如下。

(1) 该铝合金门窗厂受该建筑安装公司委托，负责加工铝合金门窗，加工所需原材料由铝合金门窗厂提供。该铝合金门窗厂共收取加工费及原材料费 30 万元。

(2) 该铝合金门窗厂提供零配件，价值 5 万元。该份合同该铝合金门窗厂交印花税(300 000 + 50 000)×0.5‰=175(元)。

要求：请你运用所学印花税知识为该铝合金门窗厂进行税务筹划。

【解析】在案例中，如果合同中将该铝合金门窗厂所提供的加工费金额与原材料金额分别核算，则能达到节税的目的。如加工费为 10 万元，原材料费为 20 万元所需贴花的金额为

$$200\ 000 \times 0.3‰ + 100\ 000 \times 0.5‰ + 50\ 000 \times 0.5‰ = 135(元)$$

二、利用合同的不确定金额进行筹划

企业在书立合同之时，其纳税义务便已经发生，应该根据税法规定缴纳应纳税额。

税法规定，有些合同在签订时无法确定计税金额，对这类合同，可在签订时先按定额 5 元贴花，以后结算时再按照实际的金额计税，补贴印花。

根据税法规定，无论合同是否兑现或是否按期兑现，均应贴花，而且对已履行并贴花的合同，所载金额与合同履行后实际结算金额不一致的，只要双方未修改合同金额，一般不再办理完税手续。

【例 10-14】沪南设备租赁公司欲和某企业签订租赁合同，由于租赁设备较多，而且设备本身比较昂贵，租金每年为 300 万元。这时如果在签订合同时明确规定年租金 300 万元，则两企业均应缴纳印花税 300 万元×1‰=0.3(万元)。

要求：根据所学的有关印花税的知识为其进行税务筹划。

【解析】按照不确定金额的筹划策略，如果两企业在签订合同时仅规定每天的租金数，而不具体确定租赁合同的执行时限，则根据上述规定，两企业只需各自先缴纳 5 元钱的印花税，余下部分等到最终结算时才缴纳，从而获得了这部分缓缴税款的货币时间价值，对企业来说就是节约税务成本，而且筹划操作极其简单，筹划成本很小。

三、利用分项核算进行筹划

按照税法规定，同一凭证，因载有两个或两个以上经济事项而适用不同税目税率，如分别记载金额的，应分别计算应纳税额，相加后按合计税额贴花；如未分别记载金额的，按税率高的计税贴花。

【例 10-15】沪南公司 2010 年 9 月与某运输公司签订运输合同，合同中所载运输费(250 万元)及保管费(150 万元)共计 400 万元，合同中未分别注明。其应纳税额为 400×1‰=0.4(万元)。

要求：运用所学印花税知识为沪南公司进行税务筹划。

【解析】纳税人应在合同上详细地注明各项费用及具体数额，按照上述规定，便可以分别适用税率，其印花税应纳税额为 250×0.5‰+150×1‰=0.275(万元)，订立合同的双方均可节省 1 250 元税款。

▶▶ 上岗一试

资料：某城建公司与某商城签订建筑合同，总计金额为1亿元，该城建公司因业务需要又分别与甲建筑公司和乙建筑公司签订分包合同，其合同记载金额分别为4 000万元和4 000万元，与甲建筑公司和乙建筑公司又分别将2 000万元转包给丙建筑公司和丁建筑公司。

要求：
1. 计算各方印花税应纳税额分别为多少？
2. 如何筹划才能使各方总的纳税额减少？

项目小结

本项目主要包括3方面的内容：企业印花税的核算——理论知识运用；企业印花税的申报——技能知识运用；企业印花税的筹划——知识融合应用。

3方面知识层层递进，层层深入。企业印花税税务筹划是最高境界：将所有有关企业印花税的原理、法规、政策等进行融合，在实践中应用，为企业做税务筹划，减少企业的税务成本，争取企业经济利益的最大化。

自 我 测 试

一、单项选择题

1. 以下不属于印花税的纳税义务人的是( )。
   A. 立账簿人   B. 代理人   C. 立据人   D. 领受人
2. 下列合同和凭证应纳印花税的是( )。
   A. 企业因改制签订的产权转移书据
   B. 广告合同
   C. 国际金融组织向我国国家金融机构提供优惠贷款所书立的合同
   D. 银行同业拆借合同
3. 下列关于印花税计税依据的表述中，符合印花税条例规定的是( )。
   A. 对采用易货方式进行商品交易签订的合同，应以易货差价为计税依据
   B. 货物运输合同的计税依据是运输费用总额，含装卸费和保险费
   C. 建筑安装工程承包合同的计税依据是承包金额
   D. 对于由委托方提供辅助材料的加工合同，无论加工费和辅助材料金额是否分开记载，均以其合计数为计税依据
4. 某金融机构2008年发生下列业务：与某商场签订一年期流动资金周转性借款合同，合同规定一个年度内的最高借款限额为每次100万元，当年实际发生借款业务5次，累计借款额400万元，但每次借款额均在限额以内；与某企业签订融资租赁合同，金额1 000万元。该金融机构2008年应缴纳印花税( )元。
   A. 550   B. 700   C. 2 050   D. 2 200

5. 下列凭证免征印花税的有(　　)。
   A. 作为正本使用的副本
   B. 企业因改制签订的产权转移书据
   C. 财产租赁合同
   D. 个人与房地产管理部门签订用于经营性活动的房屋租赁合同

二、多项选择题

1. 下列项目中，符合印花税相关规定的有(　　)。
   A. 加工承揽合同的计税依据为加工收入的金额
   B. 财产租赁合同的计税依据为租赁金额
   C. 仓储保管合同的计税依据为所保管货物的金额
   D. 货物运输合同的计税依据为取得的运输费金额
2. 下列应税凭证中，可以免纳印花税的有(　　)。
   A. 房地产管理部门与个人订立的用于生活居住的房租合同
   B. 合同的正本或作为正本使用的抄本
   C. 外国政府向我国企业提供的优惠贷款所书立的合同
   D. 农牧业保险合同
3. 下列各项中，属于印花税免税范围的有(　　)。
   A. 无息贷款合同
   B. 国际货运中，由外国运输企业运输进出口货物的，运输企业所持的运费结算凭证
   C. 技术合同
   D. 企业因改制签订的产权转移书据
4. 印花税应纳税凭证应于(　　)贴花。
   A. 合同签订时　　B. 书据立据时　　C. 账簿更换的年末　　D. 证照领受时
5. 以下属于印花税的纳税义务人的是(　　)。
   A. 立合同人　　B. 代理人　　C. 立据人　　D. 领受人

 驿站小憩

印花税的故事

印花税，是一个很古老的税种，它的起源鲜为人知，其历史仅比邮票晚14年。那粘贴在房地产契证上不同版本、五颜六色的印花税票，仿佛向人们诉说着各个历史时期的故事。

公元1624年，荷兰政府发生经济危机，财政困难。当时执掌政权的统治者摩里斯(Maurs)了解到人们日常生活中使用契约、借贷凭证之类的单据很多，一旦征税，税源很大。为了解决财政上的需要，摩里斯提出用增加税收的办法来解决财政支出的困难，至于用什么方式去增加税收，众议院想不出好的点子来，政府只好采用公开招标的办法，以重赏来寻求新税设计方案，谋求征税之妙策。印花税票就是从千万个应征者设计的方案中精选出来的"杰作"。可见印花税的产生较其他税种更具有传奇色彩。

由于印花税"取微用宏"、简便易行，欧美各国竞相效仿荷兰。丹麦在1660年、法国在1665年、美国在1671年、奥地利在1686年、英国在1694年先后开征了印花税。此后，印花税逐渐成为世界上普遍采用的一个税种。

我国自清代光绪年间开始征收印花税，并延续至今。

(资料来源：http://www.p1878.com/info/?axtion-viewthread-tid-10438.)

项目 11 车船税申报与筹划

导入案例

王萍一年来一直跟随公司的会计李玉进行涉税业务核算、申报及税务筹划的实习。2010年年初她被派到公司子公司沪南矿业公司工作。其任务是进行公司涉及的小税种的业务核算、申报及筹划。王萍知道要完成公司的车船税涉税业务的相关工作,自己首先要把下面的问题弄清楚。

讨论:
1. 如何进行车船税涉税业务核算?
2. 车船税的申报有哪些要求?
3. 车船税的筹划有哪些空间?

任务 11.1 车船税业务核算

学习目标 Learning Objectives

- 知识目标:明确车船税纳税义务人及纳税范围。
- 技能目标:能准确计算应纳车船税税额。
- 素质目标:树立学生自觉纳税意识;养成文明驾驶的行为。

知识要点

一、车船税的概念

车船税是以车船为征税对象,向拥有车船的单位和个人征收的一种税。

现行的《中华人民共和国车船税法》(以下简称《车船税法》)是由中华人民共和国第十一届全国人民代表大会常务委员会第十九次会议于2011年2月25日通过,并自2012年1月1日施行。

《中华人民共和国车船税法实施条例》已经由2011年11月23日国务院第182次常务会议通过,并自2012年1月1日起施行。

二、车船税纳税义务人

在中华人民共和国境内,车辆、船舶(以下简称车船)的所有人或者管理人为车船税的纳税人。

《车船税法》第一条规定:"在中华人民共和国境内属于本法所附《车船税税目税额表》规定的车辆、船舶(以下简称车船)的所有人或者管理人,为车船税的纳税人,应当依照本法缴纳车船税。"

所有人是指在我国境内拥有车船的单位和个人,管理人是指对车船具有管理使用权但没有所有权的单位。

三、车船税的征税对象

车船税的征税对象是依法应当在车船登记管理部门登记的机动车辆和船舶,或依法不需要在车船登记管理部门登记的、在单位内部场所行驶或者作业的机动车辆和船舶。

1. 机动车辆

机动车辆是依靠燃油、电力等能源作为动力运行的车辆,包括以下几项。

① 乘用车,是指在设计和技术特性上主要用于载运乘客及随身行李,核定载客人数包括驾驶员在内不超过9人的汽车。

② 商用车,是指除乘用车外,在设计和技术特性上用于载运乘客、货物的汽车,划分为客车和货车。

③ 半挂牵引车,是指装备有特殊装置用于牵引半挂车的商用车。

④ 三轮汽车,是指最高设计车速不超过每小时50千米,具有3个车轮的货车。

⑤ 低速载货汽车,是指以柴油机为动力,最高设计车速不超过每小时70千米,具有4个车轮的货车。

⑥ 挂车,是指就其设计和技术特性需由汽车或者拖拉机牵引,才能正常使用的一种无动力的道路车辆。

⑦ 专用作业车,是指在其设计和技术特性上用于特殊工作的车辆。

⑧ 轮式专用机械车,是指有特殊结构和专门功能,装有橡胶车轮可以自行行驶,最高设计车速大于每小时20千米的轮式工程机械车。

⑨ 摩托车,是指无论采用何种驱动方式,最高设计车速大于每小时50千米,或者使用内燃机,其排量大于50毫升的两轮或者三轮车辆。

2. 船舶

船舶,是指各类机动、非机动船舶以及其他水上移动装置,但是船舶上装备的救生艇筏和长度小于5米的艇筏除外。

(1) 机动船舶是指用机器推进的船舶。

(2) 拖船是指专门用于拖(推)动运输船舶的专业作业船舶。

(3) 非机动驳船,是指在船舶登记管理部门登记为驳船的非机动船舶。

(4) 游艇是指具备内置机械推进动力装置,长度在90米以下,主要用于游览观光、休闲娱乐、水上体育运动等活动,并应当具有船舶检验证书和适航证书的船舶。

四、车船税的税目税率

车船税实行定额税率,具体税额见表11-1。

表 11-1　车船税税目税率表

税目		计税单位	每年税额	备注
乘用车	按发动机汽缸容量(排气量)分档	每辆	60 元～5 400 元	核定载客人数 9 人(含)以下
商用车	客车	每辆	480 元～1 440 元	核定载客人数 9 人以上，包括电车
	货车	整备质量每吨	16 元～120 元	包括半挂牵引车、三轮汽车和低速载货汽车等
其他车辆	专用作业车	整备质量每吨	16 元～120 元	不包括拖拉机
	轮式专用机械车	整备质量每吨	16 元～120 元	不包括拖拉机
挂车		整备质量每吨	按照货车税额的 50%计算	
摩托车		每辆	36 元～180 元	
船舶	机动船舶	净吨位每吨	3 元～6 元	拖船、非机动驳船分别按照机动船舶税额的 50%计算
	游艇	艇身长度每米	600 元～2 000 元	

其中乘用车：
(1) 1.0 升以下(含，发动机汽缸容量)，每辆 60 元～360 元。
(2) 1.0～1.6 升(含)，每辆 300 元～540 元。
(3) 1.6～2.0 升(含)，每辆 360 元～660 元。
(4) 2.0～2.5 升(含)，每辆 660 元～1 200 元。
(5) 2.5～3.0 升(含)，每辆 1 200 元～2 400 元。
(6) 3.0～4.0 升(含)，每辆 2 400 元～3 600 元。
(7) 4.0 升以上的，每辆 3 600 元～5 400 元。

其中船舶：
(1) 净吨位不超过 200 吨的，每吨 3 元。
(2) 净吨位超过 200 吨但不超过 2 000 吨的，每吨 4 元。
(3) 净吨位超过 2 000 吨但不超过 10 000 吨的，每吨 5 元。
(4) 净吨位超过 10 000 吨的，每吨 6 元。

五、应纳税额的计算

1. 计税依据

车船税以征税对象的计量标准为计税依据，从量计征。
(1) 乘用车、商用客车、摩托车以辆数为计税依据。
(2) 商用货车、挂车、专用作业车、轮式专用机械车以整备质量吨位为计税依据。
(3) 机动船以净吨位为计税依据；拖船按照发动机功率每 1 千瓦折合净吨位 0.67 吨计算征收车船税。
(4) 游艇以艇身长度为计税依据。

2. 应纳税额计算

应纳税额＝计税依据(车辆数、净吨位数、整备质量吨位、艇身长度)×适用的单位税额

【例 11-1】沪南运输公司 2012 年拥有载客汽车 10 辆，年税额 400 元；商用货车一辆，整备质量 200 吨，年每吨税额 60 元。要求：计算沪南运输公司 2012 年车船税税额。

【解析】年应纳车船税＝10×400＋200×60＝16 000(元)

> **特别提示**

(1) 从事机动车第三者责任强制保险业务的保险机构为机动车车船税的扣缴义务人,应当在收取保险费时依法代收车船税,并出具代收税款凭证。

(2) 车辆整备质量尾数在 0.5 吨以下(含 0.5 吨)的,按照 0.5 吨计算;超过 0.5 吨的,按照 1 吨计算。船舶净吨位尾数在 0.5 吨以下(含 0.5 吨)的不予计算,超过 0.5 吨的按照 1 吨计算。1 吨以下的小型车船,一律按照 1 吨计算。

(3) 购置的新车船,购置当年的应纳税额自纳税义务发生的当月起按月计算。计算公式为

$$应纳税额 = 年应纳税额 \div 12 \times 应纳税月份数 \qquad (11\text{-}1)$$

六、车船税的税收优惠

1. 法定减免

① 捕捞、养殖渔船免征车船税:是指在渔业船舶管理部门登记为捕捞船或者养殖船的渔业船舶。

② 军队、武装警察部队专用的车船免征车船税:是指按照规定在军队、武装警察部队车船管理部门登记,并领取军用牌照、武警牌照的车船。

③ 警用车船免征车船税:是指公安机关、国家安全机关、监狱、劳动教养管理机关和人民法院、人民检察院领取警用牌照的车辆和执行警务的专用船舶。

④ 依照法律规定应当予以免税的外国驻华使馆、领事馆和国际组织驻华机构及其有关人员的车船。

⑤ 对节约能源、使用新能源的车船可以减征或者免征车船税。

⑥ 对受严重自然灾害影响、纳税困难,以及其他特殊原因确实需要减税、免税的,可以减征或者免征车船税。

⑦ 省、自治区、直辖市人民政府可以根据当地实际情况,对公共交通车船和农村居民拥有并主要在农村地区使用的摩托车、三轮汽车和低速载货汽车定期减税与免税。

2. 特定减免

① 经批准临时入境的外国车船和香港特别行政区、澳门特别行政区、台湾地区的车船,不征收车船税。

② 按照规定缴纳船舶吨税的机动船舶,自《车船税法》实施之日起 5 年内免征车船税。

③ 依法不需要在车船登记管理部门登记的机场、港口内部行驶或者作业的车船,自《车船税法》实施之日起 5 年内免征车船税。

七、车船税业务核算

1. 科目设置

"管理费用"科目:损益类科目,核算应计入企业损益的应纳车船税税额。

2. 车船税业务核算

企业计提应交车船税:

借:管理费用
　　贷:应交税费——应交车船税

上交车船税：

借：应交税费——应交车船税

　　贷：银行存款

【例 11-2】沪南运输公司 2012 年拥有商用客车 10 辆，年税额 400 元；商用货车一辆，整备质量 200 吨，年每吨税额 60 元。按年申报缴纳。

要求：计算沪南运输公司 2012 年车船税税额并进行核算。

【解析】年应纳车船税＝10×400＋200×60＝16 000(元)

核算：

预提税金时：

借：管理费用　　　　　　　　　　　　　　　　　　　　　　　　16 000

　　贷：应交税费——应交车船税　　　　　　　　　　　　　　　　　16 000

缴纳税金时：

借：应交税费——应交车船税　　　　　　　　　　　　　　　　　16 000

　　贷：银行存款　　　　　　　　　　　　　　　　　　　　　　　16 000

▶▶学中做

1.【单项选择题】某航运公司 2012 年拥有机动船 4 艘，每艘净吨位为 3 000 吨；拖船 1 艘，发动机功率为 1 000 千瓦(1 千瓦=净吨位 0.67 吨)。其所在省车船税计税标准为净吨位 2 000 吨以下的，每吨 4 元；2 000~10 000 吨的，每吨 5 元。该航运公司 2012 年应缴纳车船税(　　)。

　　　A. 60 000 元　　　B. 61 800 元　　　C. 63 600 元　　　D. 61 340 元

2.【单项选择题】某小型运输公司拥有以下车辆：①农业机械部门登记的拖拉机 5 辆，整备质量为 2 吨；②整备质量为 5 吨的载货汽车 10 辆；③整备质量为 4 吨的汽车挂车 5 辆。当地政府规定，载货汽车的车辆税额为 60 元/吨，该公司当年应纳车船税为(　　)。

　　　A. 3 600 元　　　B. 4 020 元　　　C. 4 200 元　　　D. 4 260 元

3.【计算题】沪南运输第二公司 2012 年拥有船舶 2 艘，净吨位分别为 201.6 吨、190.8 吨。200 千瓦的拖船 1 艘；该地船舶车船税税额为净吨位每吨年税额 5 元。公司有载客汽车 7 辆，载货汽车 4 辆，整备质量分别为 20 吨、19.3 吨、14.8 吨、26.5 吨，当地省政府规定，载客汽车年税额为 500 元/辆，载货汽车为 60 元/吨。

要求：计算该公司 2012 年应缴纳的车船税，并进行按季预提并缴纳的业务核算。

任务 11.2　车船税税款申报

学习目标 Learning Objectives

- ■ 知识目标：明确车船税税款申报的方式、时间及地点。
- ■ 技能目标：能熟练准确填报车船税纳税申报表。
- ■ 素质目标：树立学生自觉纳税意识；提高与人沟通交流的能力。

知识要点

一、纳税义务发生时间

车船税纳税义务发生时间为取得车船所有权或者管理权的当月。取得车船所有权或者管理权的当月应当以购买车船的发票或者其他证明文件所载日期的当月为准。

购置的新车船,购置当年的应纳税额自纳税义务发生的当月起按月计算。

在一个纳税年度内,已完税的车船被盗抢、报废、灭失的,纳税人可以凭有关管理机关出具的证明和完税凭证,向纳税所在地的主管税务机关申请退还自被盗抢、报废、灭失月份起至该纳税年度结束期间的税款。

已办理退税的被盗抢车船失而复得的,纳税人应当从公安机关出具相关证明的当月起计算缴纳车船税。

已缴纳车船税的车船在同一纳税年度内办理转让过户的,不另纳税,也不退税。

二、纳税地点

车船税由地方税务机关负责征收。车船税的纳税地点为车船的登记地或者车船税扣缴义务人所在地。依法不需要办理登记的车船,车船税的纳税地点为车船的所有人或者管理人所在地。

三、纳税期限

车船税按年申报,分月计算,一次性缴纳。纳税年度为公历1月1日至12月31日。具体申报纳税期限由省、自治区、直辖市人民政府规定。

纳税人没有按照规定期限缴纳车船税的,扣缴义务人在代收代缴税款时,可以一并代收代缴欠缴税款的滞纳金。

四、车船税缴纳

1. 保险机构代收代缴车船税

从事机动车交通事故责任强制保险业务的保险机构为机动车车船税的扣缴义务人,应当依法代收代缴车船税,并开具注明代收车船税金额的保险业务发票,以作为纳税人的完税凭证。注明代收车船税金额的保险业务发票如表11-2。

表11-2 保险业专用发票(注明代收车船税)

2. 纳税人自行申报缴纳车船税

如果保险机构没有代为扣缴的，车船税的纳税人应按照条例的有关规定及时办理纳税申报，并如实填写车船税纳税申报表 11-3。

表 11-3　车船税纳税申报表(车辆/船舶)

填表日期：　　年　　月　　日　　税款所属年度：　　　　　　　　　单位：元(列至角分)

纳税人名称(单位盖章)				纳税人识别号				电话		
序号	车牌号或船名	车主或船舶所有人	机动车号牌种类代码或船舶登记号	证件种类	证件号码	应纳税额	批准减免税额	实际缴纳税额	欠缴税额	备注

申报车辆合计：	应纳税额合计：	减免税额合计：
实际缴纳税款合计：	欠缴税额合计：	滞纳金合计：

纳税人声明	上述申报内容是真实的，如有虚假，愿承担法律责任。纳税人(法定代表人)签名(盖章)：　年　月　日	授权人声明	本单位(本人)现授权＿＿＿＿为本纳税人的代理申报人，其电话为＿＿＿＿。任何与申报有关的往来文件，都可寄此代理机构。授权人签名(盖章)：　年　月　日	代理人声明	本纳税申报表按照国家税法和税务机关有关规定填报，我确信是真实的、合法的。如有不实，我愿承担法律责任。代理人(法定代表人)签名：　年　月　日	特别声明	本单位(本人)同意按照税务机关登记的本单位(本人)车辆信息申报纳税。纳税人(法定代表人)签名：　年　月　日

填表人：　　　受理税务机关(盖章)：　　　受理录入日期：　　　受理录入人：

填表说明如下。

(1) 本表适用于自行申报纳税人填报。

(2) 纳税人所有或管理的车船若有新增、过户、报废、丢失等情况，应先办理相应的登记(包括变更和注销登记)手续后，再办理纳税申报。在办理上述手续前，若存在欠缴税款，则首先应清缴相应的欠税，再办理登记、申报手续。

【例 11-3】江苏沪南运输公司于 2009 年 8 月开业，纳税人识别号为 32010851687××××，开户行为中国××银行××支行。2012 年公司拥有载客汽车 4 辆，载货汽车 4 辆，整备质量分别为 20 吨、15.4 吨、15.6 吨、30.5 吨，当地省政府规定，载客汽车年税额为 500 元/辆，载货汽车为 60 元/吨。该公司车船税由保险机构代收代缴。

要求：根据上述资料计算江苏沪南运输公司 2012 年应纳车船税，并在办理交强险时缴纳。

【解析】江苏沪南运输公司 2012 年应纳车船税＝4×500＋(20＋15.5＋16＋30.5)×60＝6 920(元)

注明保险业专用发票，见表 11-4。

项目 11　车船税申报与筹划

表 11-4　保险业专用发票(沪南运输公司)

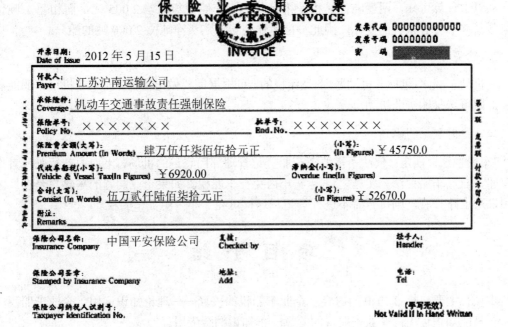

任务 11.3　车船税税务筹划

学习目标 Learning Objectives

- 知识目标：明确车船税条例及相关法规的规范。
- 技能目标：能够设计企业车船税税务筹划方案。
- 素质目标：树立节约税务成本的意识；加强统筹规划、解决问题的能力。

知识要点

一、购买时的筹划

1. 购买车船吨位的筹划

由于《车船税法》规范的载客汽车和船舶都有幅度税额，这就为进行车船税筹划提供了一定的空间。

【例 11-4】资料：沪南运输公司欲购买船只，一艘船的净吨位是 2 000 吨，而另一艘船的净吨位是 2 001 吨，沪南运输公司应该购买哪一个吨位的船只呢？

要求：请你运用所学车船税知识为沪南运输公司进行税务筹划。

【解析】经查税额表可知净吨位 2 000 吨的船只适用税额为 4 元/吨，其每年应缴纳车船使用税税额的计算如下

应纳税额＝2 000×4＝8 000 元

265

纳税申报与筹划

而净吨位是 2 001 吨的船只适用税额为 5 元/吨,则每年应缴纳车船使用税税额的计算如下

$$应纳税额 = 2\ 001 \times 5 = 10\ 005(元)$$

从以上计算可知,两船吨位只相差 1 吨位,但车船税却相差 2 005 元,而相差 1 吨位的船只效益并不会有太大的变化,因此沪南运输公司应购买净吨位 2 000 吨的船只。

2. 购买对象的筹划

非机动车船(不包括非机动驳船)是免税的,可根据需要做出抉择。如果非机动车船能满足需要,则可选择购买非机动车船。

二、适时登记的筹划

《车船税法》规定:依法不需要在车船登记管理部门登记的机场、港口内部行驶或者作业的车船,自《车船税法》实施之日起 5 年内免征车船税。如果企业购置的车辆只是在厂区内使用,不上路行驶,则可暂时不进行登记,这样可在 5 年内免征车船税。

项 目 小 结

本项目主要包括 3 方面的内容:企业车船税的核算——理论知识运用;企业车船税的申报——技能知识运用;企业车船税的筹划——知识融合应用。

3 方面知识层层递进,层层深入。企业车船税税务筹划是最高境界:将所有有关企业车船税的原理、法规、政策等进行融合,在实践中应用,为企业做税务筹划,减少企业的税务成本,争取企业经济效益的最大化。

自 我 测 试

一、单项选择题

1. 下列表述符合车船税征税现行规定的有( )。
   A. 拖船按照船舶税额的 50% 计税　　B. 半挂牵引车不需缴纳车船税
   C. 挂车不需缴纳车船税　　　　　　D. 电车不需缴纳车船税
2. 沪南运输公司拥有船舶 2 艘,净吨位分别为 200.5 吨、180.7 吨。200 千瓦的拖船 2 艘;该地船舶车船税税额为净吨位每吨年税额 5 元,该公司应缴纳的车船税为( )元。
   A. 2 575 元　　　B. 2 030 元　　　C. 2 500 元　　　D. 2 250 元
3. 沪南进出口公司有载客汽车 4 辆,载货汽车 2 辆,整备质量分别为 20 吨、15.4 吨,当地省政府规定,载客汽车年税额为 600 元/辆,载货汽车为 60 元/吨,则该公司应缴纳的车船税为( )元。
   A. 3 190　　　　B. 2 130　　　　C. 4 530　　　　D. 2 400
4. 下列各项中,可以免征车船税的有( )。
   A. 警用车辆　　B. 拖拉机　　C. 拖船　　　D. 养殖渔船
5. 下列项目中以"整备质量每吨"为计税单位的是( )。
   A. 载客汽车　　B. 载货汽车　　C. 摩托车　　D. 船舶

二、多项选择题

1. 车船税征税过程中,以"辆"为计税依据的有(　　)。
   A. 电车　　　　　B. 载货汽车　　　C. 专项作业车　　D. 中型客车

2. 下列对车辆税额的特殊规定中不正确的是(　　)。
   A. 对车辆整备质量尾数未超过 0.5 吨者,按 1 吨计算
   B. 船舶净吨位尾数在 0.5 吨以下者,按 0.5 吨计算;超过 0.5 吨者,按 1 吨计算
   C. 对车辆整备质量尾数超过半吨者,按 1 吨计算
   D. 船舶净吨位尾数在 0.5 吨以下者,免算;超过 0.5 吨者,按 1 吨计算

3. 下列表述符合车船税征税现行规定的有(　　)。
   A. 外商投资企业不缴纳车船税
   B. 对车辆整备质量尾数在半吨以下的,按半吨计算车辆的税额
   C. 拖船按照发动机功率每 1 千瓦折合净吨位 0.67 吨计算征收车船税
   D. 依法不应当在车船管理部门登记的车船不征车船税

4. 下列关于车船税表述正确的有(　　)。
   A. 属于行为税类
   B. 实行从量定额征收
   C. 适用于在我国境内拥有或管理车船的所有单位和个人,但不包括外商投资企业
   D. 按年申报缴纳

5. 下列车辆中应纳车船税的是(　　)。
   A. 出租汽车　　　　　　　　　B. 行政单位办公车辆
   C. 自行车　　　　　　　　　　D. 外商投资企业经营用车

新《车船税法》完全解读

与暂行条例相比,《车船税法》主要在以下 5 个方面进行了调整。

(1) 扩大征税范围。暂行条例规定,车船税的征税范围是依法应当在车船管理部门登记的车船,不需登记的单位内部作业车船不征税。《车船税法》除对依法应当在车船登记管理部门登记的车船继续征税外,将在机场、港口以及其他企业内部场所行驶或者作业且依法不需在车船登记管理部门登记的车船也纳入征收范围。

(2) 改革乘用车计税依据。暂行条例对乘用车(微型、小型客车)按辆征收。《车船税法》采用与车辆在价值上存在着正相关关系的"排气量"作为计税依据,对乘用车按"排气量"划分为 7 个档次征收。

(3) 调整税负结构和税率。一是为更好地发挥车船税的调节功能,体现引导汽车消费和促进节能减排的政策导向,《车船税法》对乘用车税负,按发动机排气量大小分别作了降低、不变和提高的结构性调整。其中,对占现有乘用车总量 87%左右、排气量在 2.0 升及以下的乘用车,税额幅度适当降低或维持不变;对占现有乘用车总量 10%左右、排气量为 2.0 升以上至 2.5 升(含)的中等排量乘用车,税额幅度适当调高;对占现有乘用车总量 3%左右、排气量为 2.5 升以上的较大和大排量乘用车,税额幅度有较大提高。二是为支持交通运输业发展,《车船税法》对货车、摩托车以及船舶(游艇除外)仍维持原税额幅度不变;对客车(载客 9 人以上的),税额幅度略作提高;对挂车由原来与货车适用相同税额改为减按货车税额的 50%征收。三是将船舶中的游艇单列出来,按长度征税,并将税额幅度确定为每米 600 元至 2 000 元。

(4) 完善税收优惠。《车船税法》及其实施条例除了保留省、自治区、直辖市人民政府可以对公共交

通车船给予定期减免税优惠外,还增加了对节约能源和使用新能源的车船,对受严重自然灾害影响纳税困难以及有其他特殊原因确需减免税的车船,可以减征或者免征车船税等税收优惠。

(5) 强化部门配合。由于机动车数量庞大、税源分散,仅靠税务机关征管难度较大,需要与车船管理部门建立征收管理的协作机制,以提高征收绩效,防止税源流失。为此,《车船税法》规定,公安、交通运输、农业、渔业等车船登记管理部门,船舶检验机构和车船税扣缴义务人的行业主管部门应当在提供车船有关信息等方面,协助税务机关加强车船税的征收管理。同时,实施条例规定公安机关交通管理部门在办理车辆相关登记和定期检验手续时,经核查,对没有提供依法纳税或者免税证明的,不予办理相关手续。

(资料来源: news.idoican.com.cn/chsrb/html/2011-12/30.)

项目 12 土地增值税申报与筹划

导入案例

王萍一年来一直跟随公司的会计李玉进行涉税业务核算、申报及税务筹划的实习。2010年年初她被派到公司子公司沪南矿业公司工作。其任务是进行公司涉及的小税种的业务核算、申报及筹划。王萍目前要完成的是公司土地增值税业务核算的相关工作。

讨论：
1. 土地增值税的应纳税额如何计算？
2. 土地增值税纳税义务时间与期限是如何规定的？
3. 土地增值税涉税业务如何筹划？

任务 12.1 土地增值税业务核算

学习目标 Learning Objectives

- 知识目标：明确土地增值税纳税范围；准确计算应纳土地增值税税额。
- 技能目标：能正确进行土地增值税涉税业务核算。
- 素质目标：树立自觉纳税意识；培养独立解决问题的能力。

知识要点

一、土地增值税的概念

土地增值税是对有偿转让国有土地使用权及地上建筑物和其他附着物产权，取得增值收入的单位和个人征收的一种税。

土地增值税以转让房地产的增值额为计税依据，征税面比较广，实行超率累进税率，并且按次征收。

二、土地增值税纳税义务人

土地增值税的纳税义务人是转让国有土地使用权、地上建筑物及其附着物并取得收入的单位和个人。

《中华人民共和国土地增值税暂行条例》(以下简称《土地增值税暂行条例》)第二条规定：

"转让国有土地使用权、地上的建筑物及其附着物(以下简称转让房地产)并取得收入的单位和个人,为土地增值税的纳税义务人(以下简称纳税人),应依照本条例缴纳土地增值税。"

三、土地增值税的征税范围

土地增值税的征税范围包括以下两个方面。

(1) 转让国有土地使用权并取得收入。

(2) 地上的建筑物及其附着物连同国有土地使用权一并转让并取得收入。

对于转让的土地使用权等是否属于土地增值税的征税范围,可以用以下3个标准来判定。

(1) 标准之一:转让的土地使用权是否为国家所有。按照《中华人民共和国宪法》和《中华人民共和国土地管理法》的规定,城市的土地属于国家所有。农村和城市郊区的土地除法律规定国家所有外,属于集体所有。国家为了公共利益,可以依照法律规定对集体土地实行征用,依法被征用后的土地属于国家所有。集体土地只有根据有关法律规定,由国家征用以后变为国家所有,才能进行转让。

(2) 标准之二:土地使用权、地上建筑物及其附着物是否发生产权转让。①土地增值税的征税范围不包括国有土地使用权出让所取得的收入。②土地增值税的征税范围不包括未转让土地使用权、房产产权的行为(如出租)。

(3) 标准之三:转让房地产是否取得收入。土地增值税的征税范围不包括房地产的权属虽转让,但未取得收入的行为。

对一些具体事项的土地增值税的征税情况见表12-1。

表12-1 土地增值税征税范围

有 关 事 项	是否属于征税范围
房地产出售	应征土地增值税。具体包括3种情况:①出售国有土地使用权;②取得国有土地使用权后进行房屋开发建造后出售;③存量房地产买卖
房地产的继承、赠与	继承不征土地增值税(因无收入)。赠与中公益性赠与、赠与直系亲属或承担直接赡养义务人,不征土地增值税;非公益性赠与,征土地增值税
房地产出租	不征土地增值税,因无权属转移
房地产抵押	抵押期不征土地增值税;抵押期满偿还债务本息也不征土地增值税;抵押期满,不能偿还债务,而以房地产抵债,则征土地增值税
房地产交换	单位之间换房有收入的,征土地增值税;个人之间互换自有住房,免征土地增值税
以房地产投资、联营	房地产(房地产企业除外)转让到投资联营企业,暂免征土地增值税;将投资联营房地产再转让,则征土地增值税
合作建房	建成后自用暂免土地增值税;建成后转让则征土地增值税
企业兼并转让房地产	暂免土地增值税
代建房	不征土地增值税,因无权属转移
房地产重新评估	不征土地增值税,因无收入

四、土地增值税的税率

土地增值税实行四级超率累进税率,土地增值税税率见表12-2。

表 12-2　土地增值税税率表

级次 项目	增值额占扣除项目金额比例	税率	速算扣除系数
1	50%以下(含50%)	30%	0
2	50%~100%(含100%)	40%	5%
3	100%~200%(含200%)	50%	15%
4	200%以上	60%	35%

五、土地增值税应纳税额的计算

1. 应税收入的确定

纳税人转让房地产取得的收入，包括转让房地产的全部价款及有关的经济利益。具体内容如下。

1) 货币收入

货币收入是指纳税人转让房地产而取得的现金、银行存款、支票、银行本票、汇票等各种信用票据，以及国库券、金融债券、企业债券、股票等有价证券。

2) 实物收入

实物收入是指纳税人转让房地产所取得的各种实物形态的收入，如机械设备、建筑材料、房屋等。一般要对这些实物形态的财产进行估价。

3) 其他收入

其他收入指纳税人转让房地产所取得的无形资产收入或具有财产价值的权利，如专利权、商标权、著作权、专有技术使用权、土地使用权等，这种类型的收入也要进行估价。

2. 扣除项目的确定

计算土地增值税的增值额可以从应税收入中扣除以下项目。

1) 取得土地使用权所支付的金额

具体包括①纳税人为取得土地使用权所支付的地价款；②纳税人在取得土地使用权时按国家统一规定缴纳的有关费用，如登记过户手续费。

2) 房地产开发成本

房地产开发成本是指纳税人房地产开发项目实际发生的成本，包括土地征用及拆迁补偿费、前期工程费、建筑安装工程费、基础设施费、公共配套设施费和开发间接费用。

3) 房地产开发费用

房地产开发费用是指与房地产开发项目有关的销售费用、管理费用、财务费用。开发费用在从转让收入中减除时不是按实际发生额而是按规定的标准扣除。具体扣除标准如下。

(1) 纳税人能够按转让房地产项目计算分摊利息支出，并能提供金融机构的贷款证明的

$$房地产开发费用 = 利息 + (取得土地使用权所支付的金额 + 房地产开发成本) \times 5\%以内 \quad (12\text{-}1)$$

(2) 纳税人不能按转让房地产项目计算分摊利息支出，或不能提供金融机构贷款证明的

$$房地产开发费用 = (取得土地使用权所支付的金额 + 房地产开发成本) \times 10\%以内 \quad (12\text{-}2)$$

4) 与转让房地产有关的税金

要扣除的与转让房地产有关的税金有营业税、印花税、城建税、教育费附加，房地产开发企业不扣除印花税。

5) 财政部规定的其他扣除项目

从事房地产开发的纳税人可加计20%的扣除

$$\text{加计扣除费用} = (\text{取得土地使用权支付的金额} + \text{房地产开发成本}) \times 20\% \qquad (12\text{-}3)$$

特别提示

对于存量房地产转让，可扣除以下项目。

(1) 房屋及建筑物的评估价格。旧房及建筑的评估价格是指在转让已使用的房屋及建筑时，由政府批准设立的房地产评估机构评定的重置成本价乘以成新度折扣率后的价格。

重置成本的含义是对旧房及建筑物，按转让时的建材价格及人工费用计算，建造同样面积、同样层次、同样结构、同样建设标准的新房及建筑物所需花费的成本费用。

$$\text{评估价格} = \text{重置成本价} \times \text{成新度折扣率} \qquad (12\text{-}4)$$

(2) 取得土地使用权所支付的地价款和按国家统一规定交纳的有关费用。

(3) 转让环节缴纳的税金。

3. 应纳税额的计算

土地增值税的计税依据为土地增值额，具体步骤如下。

(1) 确定转让房地产取得的收入额。
(2) 计算可扣除项目的合计金额。
(3) 计算增值额。

$$\text{增值额} = \text{应税收入合计} - \text{扣除项目合计} \qquad (12\text{-}5)$$

(4) 计算增值率，确定适用税率，根据增值率确定适用土地增值税税率

$$\text{增值率} = \text{增值额} \div \text{扣除项目合计}$$

(5) 计算土地增值税税额。

$$\text{土地增值税税额} = \text{增值额} \times \text{税率} - \text{扣除项目合计} \times \text{扣除系数} \qquad (12\text{-}6)$$

【例12-1】2011年江苏沪南房地产开发公司销售其新建商品房一幢，取得销售收入1.4亿元，已知该公司支付与商品房相关的土地使用权费及开发成本合计为4 800万元；该公司没有按房地产项目计算分摊银行借款利息；该商品房所在地的省政府规定计征土地增值税时房地产开发费用扣除比例为10%；销售商品房缴纳的有关税金770万元。

要求：根据上述资料计算该公司销售该商品房应缴纳的土地增值税。

【解析】根据土地增值税法计算方法与步骤，计算过程如下。

应税收入＝14 000万元

计算扣除金额＝4 800＋4 800×10%＋770＋4 800×20%＝7 010(万元)

计算土地增值额＝14 000－7 010＝6 990(万元)

计算增值率＝6 990÷7 010×100%＝99.7%，适用税率为第二档，税率40%、扣除系数5%

应纳土地增值税＝6 990×40%－7 010×5%＝2 445.5(万元)

六、土地增值税的税收优惠

1. 建造普通标准住宅的税收优惠

纳税人建造普通标准住宅出售，增值额未超过扣除项目金额20%的，免征土地增值税。如果超过20%的，应就其全部增值额按规定计税(20%是起征点，19.99%都不纳税，21%应就其全部增值额按规定计税)。

2. 国家征用收回的房地产的税收优惠

因城市实施规划、国家建设的需要而搬迁，由纳税人自行转让原房地产的，比照有关规定免征土地增值税。

3. 个人转让房地产的税收优惠

个人因工作调动或改善居住条件而转让原自用住房，经向税务机关申报核准，土地增值税减免税优惠如下。

(1) 居住满5年或5年以上的，免征。
(2) 居住满3年未满5年的，减半征税。
(3) 居住未满3年的，按规定计征土地增值税。

七、土地增值税业务核算

1. 科目设置

(1) "营业税金及附加"科目：损益类科目，核算主营房地产企业应计入企业损益的应纳土地增值税税额。

(2) "其他业务成本"科目：损益类科目，核算兼营房地产企业和其他企业销售房地产应计入企业损益的应纳土地增值税税额。

2. 土地增值税业务核算

土地增值税业务核算分以下3种类型企业分别进行核算。

1) 房地产企业主营房地产业务土地增值税的会计核算

(1) 现房销售的业务核算如下。

收款时
借：银行存款
　　贷：主营业务收入
计提相关税费时
借：营业税金及附加
　　贷：应交税费——应交土地增值税
　　　　　　　——应交营业税
　　　　　　　——应交城建税
　　　　　　　——应交教育费附加

(2) 期房销售的业务核算如下。

收款时
借：银行存款
　　贷：预收账款

计提营业税费时
借：营业税金及附加
　　贷：应交税费—应交营业税
　　　　　　—应交城建税
　　　　　　—应交教育费附加
预缴土地增值税时
借：应交税费—应交土地增值税
　　贷：银行存款
待商品房交付使用后
借：预收账款
　　贷：主营业务收入
同时
借：营业税金及附加
　　贷：应交税费—应交土地增值税

【例12-2】2011年江苏沪南房地产开发公司销售其新建商品房一幢，取得销售收入1.4亿元，已知该公司支付与商品房相关的土地使用权费及开发成本合计为4 800万元；该公司没有按房地产项目计算分摊银行借款利息；该商品房所在地的省政府规定计征土地增值税时房地产开发费用扣除比例为10%；销售商品房缴纳的有关税金770万元(其中营业税700万元，城建税49万元，教育费附加21万元)。

要求：根据上述资料计算该公司销售该商品房应缴纳的土地增值税并进行相关的税务核算。

【解析】相关土地增值税计算参见例12-1。

业务核算如下。

收款时
借：银行存款　　　　　　　　　　　　　　　　　　　140 000 000
　　贷：主营业务收入　　　　　　　　　　　　　　　　　140 000 000
计提相关税费时
借：营业税金及附加　　　　　　　　　　　　　　　　　32 155 000
　　贷：应交税费—应交土地增值税　　　　　　　　　　　24 455 000
　　　　　　—应交营业税　　　　　　　　　　　　　　　7 000 000
　　　　　　—应交城建税　　　　　　　　　　　　　　　　490 000
　　　　　　—应交教育费附加　　　　　　　　　　　　　　210 000

2) 房地产企业兼营房地产业务土地增值税的会计核算

兼营房地产业务核算收入时用"其他业务收入"科目，计提税金时用"其他业务成本"科目。

收款时
借：银行存款
　　贷：其他业务收入
计提税金时
借：其他业务成本
　　贷：应交税费—应交土地增值税

3) 其他企业(非房地产企业)土地增值税的会计核算
(1) 转让国有土地使用权，应交的土地增值税核算如下。
借：其他业务成本
　　贷：应交税费——应交土地增值税
(2) 转让的房地产属于企业固定资产的土地增值税的核算如下。
借：固定资产清理
　　贷：应交税费——应交土地增值税

▶▶ 学中做

1. 江苏沪南建筑公司2011年开始兼营房地产业务，按5 000元/平方米的价格买入一栋两层楼房，共计200平方米，经过开发改造后，以9 000元/平方米的价格售出，缴纳营业税等流转税99 000元。该公司不能按房地产开发项目计算分摊利息。

要求：计算该公司应纳的土地增值税并作出计提并交纳土地增值税的会计业务。

2. 2011年江苏沪南房地产开发公司转让一栋写字楼，收入4 600万元。该房地产开发公司为取得该块土地使用权支付地价款及相关费用1 000万元，该写字楼开发成本为2 000万元，该房地产开发项目的利息支出为200万元，其中包括延期还款利息及罚息20万元，该房地产开发公司提供了金融机构的证明。

要求：计算该房地产开发公司应纳土地增值税。

3. 某房地产公司2011年5月转让高级公寓一栋，获得货币收入8 025万元。该公司为取得土地使用权支付1 450万元，开发土地、建房及配套设施等支出2 100万元，支付开发费用480万元(其中利息支出295万元，未超过同期同类商业银行贷款利息)，支付转让房地产有关的税费47万元。2010年7月销售商品房(期房)，取得预收款200万元，预缴土地增值税20万元；项目竣工后，工程全部收入500万元，应纳土地增值税80万元。

要求：计算该房地产公司应纳土地增值税并进相关的税务处理。

任务12.2　土地增值税税款申报

学习目标 Learning Objectives

- 知识目标：明确土地增值税税款申报的方式、时间及地点。
- 技能目标：能熟练准确填报土地增值税纳税申报表。
- 素质目标：树立自觉纳税意识；培养与人合作完成任务的能力。

知识要点

一、土地增值税纳税地点

土地增值税由房地产所在地主管税务机关负责征收。所谓房地产所在地是指房地产的坐落地。纳税人转让房地产的坐落地在两个或两个以上地区的，应按房地产所在地分别申报纳税。在实际工作中，纳税地点的确定又可以分为以下两种情况。

1. 纳税人是法人的

当转让的房地产坐落地与其机构所在地或经营所在地一致时，则在办理税务登记的原管辖税务机关申报纳税即可；如果转让的房地产坐落地与其机构所在地或经营所在地不一致时，则在房地产坐落地所管辖的税务机关申报纳税。

2. 纳税人是自然人的

当转让的房地产坐落地与其居住所在地一致时，则在住所所在地税务机关申报纳税；当转让的房地产坐落地与其居住所在地不一致时，在办理过户手续所在地的税务机关申报纳税。

二、土地增值税纳税期限

1. 以一次交割、付清价款方式转让房地产的

纳税人应在房地产合同签订后的 7 日内到房地产所在地主管税务机关办理纳税申报。

2. 以分期收款方式转让房地产的

对于这种情况，主管税务机关可根据合同规定的收款日期来确定具体的纳税期限。

3. 项目全部竣工结算前转让房地产的

纳税人在项目全部竣工结算前转让房地产取得的收入，由于涉及成本确定或其他原因，无法据实计算土地增值税的，可以预征土地增值税，待该项目全部竣工、办理结算后再进行清算，多退少补。

三、纳税申报表

纳税人应当自转让房地产合同签订之日起 7 日内向房地产所在地主管税务机关办理纳税申报，并在税务机关核定的期限内缴纳土地增值税。

纳税人在项目全部竣工结算前转让房地产取得的收入，由于涉及成本确定或其他原因，而无法据以计算土地增值税的，可以预征土地增值税，待该项目全部竣工、办理结算后再进行清算，多退少补。土地增值税纳税申报表见表 12-3(从事房地产开发的纳税人适用)和表 12-4(非从事房地产开发的纳税人适用)。

表 12-3　土地增值税纳税申报表(一)
(从事房地产开发的纳税人适用)

填表日期：　　年　　月　　日
纳税人识别号：　　　　　　　金额单位：元(列至角分)　　　　　　　面积单位：平方米

纳税人名称		税款所属时期	
项目		行次	金额
一、转让房地产收入总额 1＝2＋3		1	
其中	货币收入	2	
	实物收入及其他收入	3	
二、扣除项目金额合计 4＝5＋6＋13＋16＋20		4	
1. 取得土地使用权所支付的金额		5	
2. 房地产开发成本 6＝7＋8＋9＋10＋11＋12		6	

续表

其中	土地征用及拆迁补偿费	7	
	前期工程费	8	
	建筑安装工程费	9	
	基础设施费	10	
	公共配套设施费	11	
	开发间接费用	12	
3．房地产开发费用 13＝14＋15		13	
其中	利息支出	14	
	其他房地产开发费用	15	
4．与转让房地产有关的税金 16＝17＋18＋19		16	
其中	营业税	17	
	城市维护建设税	18	
	教育费附加	19	
5．财政部规定的其他扣除项目		20	
三、增值额 21＝1－4		21	
四、增值额与扣除项目金额之比/%22＝21÷4		22	
五、适用税率/%		23	
六、速算扣除系数/%		24	
七、应缴土地增值税税额 25＝21×23－4×24		25	
八、已缴土地增值税税额		26	
九、应补(退)土地增值税税额 27＝25－26		27	

如纳税人填报，由纳税人填写以下各栏			如委托代理人填报，由代理人填写以下各栏			备注
会计主管 (签章)	经办人 (签章)	纳税人 (签章)	代理人名称		代 理 人 (签章)	
			代理人地址			
			经办人	电话		
以下由税务机关填写						
收到申报表日期			接收人			

填表说明如下。

1. 适用范围

《土地增值税纳税申报表(一)》适用从事房地产开发并转让的土地增值税纳税人。其转让已经完成开发的房地产并取得转让收入，或者是预售正在开发的房地产并取得预售收入的，应按照税法和本表要求，根据税务机关确定的申报时间，定期向主管税务机关填报《土地增值税纳税申报表(一)》，进行纳税申报。

2.《土地增值税纳税申报表(一)》主要项目填表说明

《土地增值税纳税申报表(一)》中各主要项目内容，应根据土地增值税的基本计税单位作为填报对象。纳税人如果在规定的申报期内转让两个或两个以上计税单位的房地产，对每个计税单位应分别填写一份申报表。

纳税人如果既从事普通标准住宅开发，又从事其他房地产开发的，应分别填写《土地增值税纳税申报表(一)》。

(1) 表第 1 栏"转让房地产收入总额",按纳税人在转让房地产开发项目所取得的全部收入额填写。

(2) 表第 2 栏"货币收入",按纳税人转让房地产开发项目所取得的货币形态的收入额填写。

(3) 表第 3 栏"实物收入及其他收入",按纳税人转让房地产开发项目所取得的实物形态的收入和无形资产等其他形式的收入额填写。

(4) 表第 5 栏"取得土地使用权所支付的金额",按纳税人为取得该房地产开发项目所需要的土地使用权而实际支付(补交)的土地出让金(地价款)及按国家统一规定交纳的有关费用的数额填写。

(5) 表第 7~12 栏,应根据《中华人民共和国土地增值税暂行条例实施细则》(以下简称《细则》)规定的从事地产开发所实际发生的各项开发成本的具体数额填写。要注意,如果有些房地产开发成本是属于整个房地产项目的,而该项目同时包含了两个或两个以上的计税单位的,要对该成本在各计税项目之间按一定比例进行分摊。

(6) 表第 14 栏"利息支出",按纳税人进行房地产开发实际发生的利息支出中符合《细则》第七条"(三)"规定的数额填写。如果不单独计算利息支出的,则本栏数额填写为"0"。

(7) 表第 15 栏"其他房地产开发费用",应根据《细则》第七条"(三)"的规定填写。

(8) 表第 17~19 栏,按纳税人转让房地产时所实际缴纳的税金数额填写。

(9) 表第 20 栏"财政部、省政府规定的其他扣除项目",是指根据《土地增值税暂行条例》和《细则》等有关规定所确定的财政部及省政府规定的扣除项目的合计数,如地方教育附加。

(10) 表第 28 栏"适用税率",应根据《土地增值税暂行条例》规定的四级超率累进税率,按所适用的最高一级税率填写;如果纳税人建造普通标准住宅出售,增值额未超过扣除项目金额 20%的,本栏填写"0"。

(11) 表第 29 栏"速算扣除系数",应根据《细则》第十条的规定找出相关速算扣除系数来填写。

(12) 表第 31 栏"已缴(预缴)土地增值税税额",按纳税人已经缴纳的土地增值税的数额填写。

3. 关于电子表格

纳税人在填报《土地增值税纳税申报表(一)》及其相关附表 Excel 格式的电子报表时,请注意不要更改有关栏、行次,以便于统计。

表 12-4 土地增值税纳税申报表(二)
(非从事房地产开发的纳税人适用)

填表日期:　　年　　月　　日

纳税人识别号:　　　　　　　金额单位:元(列至角分)　　　　　　面积单位:平方米

纳税人名称		税款所属时期	
项目		行次	金额
一、转让房地产收入总额 1=2+3		1	
其中	货币收入	2	
	实物收入及其他收入	3	
二、扣除项目金额合计 4=5+6+9		4	
1. 取得土地使用权所支付的金额		5	

续表

2．旧房及建筑物的评估价格 6＝7×8		6	
其中	旧房及建筑物的重置成本价	7	
	成新度折扣率	8	
3．与转让房地产有关的税金 9＝10＋11＋12＋13		9	
其中	营业税	10	
	城市维护建设税	11	
	印花税	12	
	教育费附加	13	
三、增值额 14＝1－4		14	
四、增值额与扣除项目金额之比/% 15＝14÷4		15	
五、适用税率/%		16	
六、速算扣除系数/%		17	
七、应缴土地增值税税额 18＝14×16－4×17		18	
八、已缴土地增值税税额		19	
九、应补(退)土地增值税税额 20＝18－29		20	

如纳税人填报，由纳税人填写以下各栏			如委托代理人填报，由代理人填写以下各栏			备注
会计主管 (签章)	经办人 (签章)	纳税人 (签章)	代理人名称		代理人 (签章)	
			代理人地址			
			经办人	电话		
以下由税务机关填写						
收到申报表日期			接收人			

填表说明如下。

1．适用范围

《土地增值税纳税申报表(二)》适用于非从事房地产开发的纳税人。该纳税人应在签订房地产转让合同后的7日内，向房地产所在地主管税务机关填报《土地增值税纳税申报表(二)》。

2．本表主要项目填表说明

1) 表头项目

(1) 纳税人识别号：填写微机编码或纳税人税务登记证号码。

(2) 项目名称：填写纳税人所开发并转让的房地产项目全称。

(3) 经济类型：国有、集体、私营、个体、联营、股份制、外商投资、港澳台投资和其他经济。

(4) 行业：按税收会计统计确定的行业分类填列。

(5) 主管部门：按纳税人隶属的管理部门或总机构填写。外商投资企业不填。

2) 表中项目

本表中各主要项目内容，应根据纳税人转让的房地产项目作为填报对象。纳税人如果同时转让两个或两个以上房地产的，应分别填报。

(1) 表第1栏"转让房地产收入总额"，填写纳税人转让房地产所取得的全部收入额。

(2) 表第 2 栏"货币收入",填写纳税人转让房地产所取得的货币形态的收入额。

(3) 表第 3 栏"实物收入及其他收入",填写纳税人转让房地产所取得的实物形态的收入和无形资产等其他形式的收入额。

(4) 表第 5 栏"取得土地使用权所支付的金额",填写纳税人为取得该转让房地产项目的土地使用权而实际支付(补交)的土地出让金(地价款)数额及按国家统一规定交纳的有关费用。

(5) 表第 6 栏"旧房及建筑物的评估价格",是指根据《土地增值税暂行条例》和《细则》等有关规定,按重置成本法评估旧房及建筑物并经当地税务机关确认的评估价格的数额。本栏由第 7 栏与第 8 栏相乘得出。如果本栏数额能够直接根据评估报告填报,则本表第 7、8 栏可以不必再填报。

(6) 表第 7 栏"旧房及建筑物的重置成本价",是指按照《土地增值税暂行条例》和《细则》规定,由政府批准设立的房地产评估机构评定的重置成本价。

(7) 表第 8 栏"成新度折扣率",是指按照《土地增值税暂行条例》和《细则》规定,由政府批准设立的房地产评估机构评定的旧房及建筑物的新旧程度折扣率。

(8) 表第 10~13 栏,按纳税人转让房地产时实际缴纳的有关税金的数额填写。

(9) 表第 16 栏"适用税率",应根据《土地增值税暂行条例》规定的四级超率累进税率,按所适用的最高一级税率填写。

(10) 表第 17 栏"速算扣除系数",应根据《细则》第十条的规定找出相关速算扣除系数填写。

3. 本表一式三联,第一联(黑色)纳税人留存,第二联(红色)用于税务会计核算,第三联(蓝色)主管地税机关存档

4. 纳税人不能按规定期限报送本表时,应当在规定的报送期限内提交延期申报申请审批表,经税务机关批准,可以适当延长期限

5. 不按照规定期限报送本表及其他有关资料的,依照税收《征管法》第三十九条的规定予以处罚

【例 12-3】资料:江苏沪南房地产开发有限公司于 2011 年 8 月开业,地处南京市江××牡丹园,其纳税人识别号为 32010859723××××,开户银行为中国××银行××支行。2009 年 3 月起开始在××区牡丹园建造金鼎大厦。2011 年 8 月转让房地产取得货币收入 9 800 万元,取得土地使用权支付 2 000 万元;房地产开发成本 3 600 万元,其中土地征用及拆迁补偿费 1 000 万元,前期工程费 800 万元,建筑安装工程费 1 000 万元,基础设施费 400 万元,公共配套设施费 300 万元,开发间接费用 100 万元;向银行借款利息 400 万元,均能按转让房地产项目分摊利息;其他房地产开发费用(包括印花税)300 万元。除利息外允许扣除的其他房地产开发费用,为按取得土地使用权所支付的金额与房地产开发成本计算的金额之和的 5%。

要求:根据以上资料为该公司填报土地增值税申报表。

【解析】江苏沪南房地产开发有限公司土地增值税申报表填报见表 12-5。

表 12-5　沪南公司土地增值税纳税申报表(一)
(从事房地产开发的纳税人适用)

填表日期：2011 年 9 月 9 日

纳税人识别号：320108393×××× 　　金额单位：元(列至角分)　　　　面积单位：平方米

纳税人名称	江苏沪南房地产开发有限公司	税款所属时期		2011 年 8 月 1 日至 8 月 31 日
项目：金鼎大厦		行次		金额
一、转让房地产收入总额 1=2+3		1		98 000 000.00
其中	货币收入	2		98 000 000.00
	实物收入及其他收入	3		0.00
二、扣除项目金额合计 4=5+6+13+16+20		4		79 390 000.00
1．取得土地使用权所支付的金额		5		20 000 000.00
2．房地产开发成本 6=7+8+9+10+11+12		6		36 000 000.00
其中	土地征用及拆迁补偿费	7		10 000 000.00
	前期工程费	8		8 000 000.00
	建筑安装工程费	9		10 000 000.00
	基础设施费	10		4 000 000.00
	公共配套设施费	11		3 000 000.00
	开发间接费用	12		1 000 000.00
3．房地产开发费用 13=14+15		13		6 800 000.00
其中	利息支出	14		4 000 000.00
	其他房地产开发费用	15		2 800 000.00
4．与转让房地产有关的税金 16=17+18+19		16		5 390 000.00
其中	营业税	17		4 900 000.00
	城市维护建设税	18		343 000.00
	教育费附加	19		147 000.00
5．财政部规定的其他扣除项目		20		11 200 000.00
三、增值额 21=1－4		21		18 610 000.00
四、增值额与扣除项目金额之比/%22=21÷4		22		23.44
五、适用税率/%		23		30.00
六、速算扣除系数/%		24		0.00
七、应缴土地增值税税额 25=21×23－4×24		25		4 362 184.00
八、已缴土地增值税税额		26		0.00
九、应补(退)土地增值税税额 27=25－26		27		4 362 184.00
如纳税人填报，由纳税人填写以下各栏			如委托代理人填报，由代理人填写以下各栏	备注
会计主管 (签章)张×	经办人 (签章)刘×	纳税人 (签章)	代理人名称	代 理 人 (签章)
			代理人地址	
			经办人　　　电话	
以下由税务机关填写				
收到申报表日期			接收人	

任务 12.3 土地增值税税务筹划

学习目标 Learning Objectives

- 知识目标：明确土地增值税条例及相关法规的规范。
- 技能目标：能够设计企业土地增值税税务筹划方案。
- 素质目标：树立节约税务成本的意识；加强统筹规划、解决问题的能力。

知识要点

一、利用加计扣除项目进行筹划

房地产公司如果投入建设费用对土地进行平整，开发建设房屋并销售，则可以得到开发成本加计20%扣除的优惠。

【例12-4】资料：江苏沪南房地产开发公司有一块土地，原土地购入价款6 000万元，现该地块市价10 000万元，公司欲将土地转让，有两种方案：一是将土地以10 000万元转让；二是投入建设费用30万元进行土地平整对土地进行开发后以10 000万元转让。

要求：请你运用所学土地增值税的知识为江苏沪南房地产开发公司进行决策，选择方案。

【解析】

1）方案一

应缴纳转让土地使用权营业税＝(10 000－6 000)×5%＝200(万元)

应缴纳城市维护建设税及教育费附加＝200×(7%＋3%)＝20(万元)

扣除项目金额合计＝6 000＋200＋20＝6 220(万元)

土地增值额＝10 000－6 220＝3 780(万元)

土地增值率＝3 780÷6 220＝60.77%

应缴纳土地增值税＝3 780×40%－6 220×5%＝1 201(万元)

应缴纳企业所得税＝(10 000－6 220－1 201)×25%＝644.75(万元)

企业税后利润＝10 000－6 220－1 201－644.75＝1 934.25(万元)

2）方案二

如沪南公司投入建设费用30万元进行土地平整，将生地变为熟地后转让，可以得到开发成本加计20%扣除的优惠。

应缴纳转让土地使用权营业税＝(10 000－6 000)×5%＝200(万元)

应缴纳城市维护建设税及教育费附加＝200×(7%＋3%)＝20(万元)

扣除项目金额合计＝(6 000＋30)×(1＋20%)＋200＋20＝7 456(万元)

土地增值额＝10 000－7 456＝2 544(万元)

土地增值率＝2 544÷7 456＝34.12%

应缴纳土地增值税＝2 544×30%＝763.20(万元)

应缴纳企业所得税＝(10 000－6 030－220－763.20)×25%＝746.70(万元)

企业税后利润＝10 000－6 030－220－763.20－746.70＝2 240.10(万元)

从上述分析可看出，方案二较方案一使企业税后利润增加305.85万元，应选择方案二。

二、利用税收优惠进行筹划

根据《细则》第十一条规定：纳税人建造普通标准住宅出售，增值额未超过扣除项目金额之和20%的，免征土地增值税。

按这一规定，纳税人建造普通标准住宅出售时，应考虑增值额带来的收益和放弃起征点的税收优惠所增加的税收负担两者的关系，避免增值额略高于起征点而造成税负大幅度增加，因此，企业可计算享受起征点税收优惠的转让收入的临界值，进行起征点的定价筹划。

三、利用开发费用的扣除标准进行筹划

房地产开发费用在从转让收入中减除时不是按实际发生额而是按规定的标准扣除，具体规定如下。

(1) 纳税人能够按转让房地产项目计算分摊利息支出，并能提供金融机构的贷款证明的，计算公式为

$$房地产开发费用＝利息＋(取得土地使用权所支付的金额＋房地产开发成本)×5\%以内 \qquad (12\text{-}7)$$

(2) 纳税人不能按转让房地产项目计算分摊利息支出，或不能提供金融机构贷款证明的，计算公式为

$$房地产开发费用＝(取得土地使用权所支付的金额＋房地产开发成本)×10\%以内 \qquad (12\text{-}8)$$

例如，某房地产开发企业转让一幢住宅，取得土地使用权支付金额和房地产开发成本为1 000万元。采用第一种方式可扣除比率为5%，第二种方式可扣除比率为10%，则利息支出平衡点＝(10%－5%)×1 000＝50(万元)。

如预计利息支出为80万元，按第一种方式计算允许扣除的房地产开发费用，房地产开发费用＝80＋1 000×5%＝130(万元)，按第二种方式计算可扣除房地产开发费用为1 000×10%＝100万元，故应采取第一种方式；如预计利息支出为40万元，按第一种方式计算允许扣除的房地产开发费用＝40＋1 000×5%＝90(万元)，按第二种方式计算可扣除房地产开发费用为1 000×10%＝100(万元)，故应采取第二种方式；当预计利息支出等于50万元时，两种方式计算可扣除房地产开发费用相等。

通常情况下，企业判断是否提供金融机构证明，关键看所发生的能够扣除的利息支出占税法规定的开发成本的比例，如果超过5%，则提供金融机构证明比较有利；如未超过5%，则不提供金融机构证明比较有利。

▶▶ 上岗一试

南京伟达实业有限责任公司(该企业相关资料参见项目5)非从事房地产开发的纳税企业，其土地增值税纳税期限为1个月。2009年8月将已用写字楼转让，取得货币收入50 000 000元；取得土地使用权所支付的金额为6 000 000元；该写字楼的重置成本价4 000 000元，成新度折扣率为60%。

要求：根据以上资料填报南京伟达实业有限责任公司土地增值税纳税申报。

项 目 小 结

本项目主要包括3方面的内容：企业土地增值税的核算——理论知识运用；企业土地增值税的申报——技能知识运用；企业土地增值税的筹划——知识融合应用。

3方面知识层层递进，层层深入。企业土地增值税税务筹划是最高境界：将所有有关企业土地增值税的原理、法规、政策等进行融合，在实践中应用，为企业做税务筹划，减少企业的税务成本，争取企业经济利益的最大化。

自 我 测 试

一、单项选择题

1. 房地产开发企业转让房地产的，其已缴纳的税金不得单独扣除的是( )。
   A. 营业税   B. 城市维护建设税   C. 印花税   D. 教育费附加
2. 土地增值税的税率是( )。
   A. 四级超额累进税率   B. 四级超率累进税率
   C. 定额税率   D. 幅度税率
3. 取得土地使用权所支付的金额是指( )。
   A. 销售费用、管理费用及财务费用
   B. 取得土地使用权所支付的地价款
   C. 取得土地使用权时按国家统一规定缴纳的有关费用
   D. 取得土地使用权时所支付的地价款与按国家统一规定缴纳的有关费用之和
4. 下列关于房地产抵押的土地增值税表述不正确的有( )。
   A. 在抵押期间征收土地增值税
   B. 在抵押期间不征收土地增值税
   C. 待抵押期满后视该房地产是否转移占用面确定是否征收土地增值税
   D. 对于以房地和抵债而发生房地产权属转让的，应征土地增值税
5. 土地增值税的纳税人转让的房地产坐落在两个或两个以上地区的，应( )主管税务机关申报纳税。
   A. 向房地产坐落地的一方   B. 向房地产坐落地的各方
   C. 事先选择一至两方的   D. 向房地产坐落地各方的共同上级

二、多项选择题

1. 计算土地增值税时，下列项目准予从收入总额中扣除的有( )。
   A. 取得土地使用权所支付的金额   B. 房地产开发成本
   C. 房地产开发费用   D. 与转让房地产有关的税金
2. 下列项目中，免征土地增值税的有( )。
   A. 以房地产抵债而发生房地产产权转移的

B. 被兼并企业将房地产转让到兼并企业中的
C. 非房地产开发企业以土地(房地产)作价入股对房地产开发企业进行投资
D. 房地产开发企业以土地(房地产)作价入股对企业进行投资

3. 下列各项中，符合土地增值税征收管理有关规定的有(　　)。
   A. 纳税人建造普通标准住宅出售，增值额未超过扣除项目金额20%的，减半征收土地增值税
   B. 纳税人建造普通标准住宅出售，增值额未超过扣除项目金额20%的，免征土地增值税
   C. 纳税人建造普通标准住宅出售，增值额超过扣除项目金额20%的，应对其超过部分的增值额按规定征收土地增值税
   D. 纳税人建造普通标准住宅出售，增值额超过扣除项目金额20%的，应就其全部增值额按规定征收土地增值税

4. 下列关于土地增值税说法正确的有(　　)。
   A. 土地增值税的纳税人应在转让房地产合同签订的次月1～15日内办理纳税申报
   B. 土地增值税的纳税人应在转让房地产合同签订的7日内办理纳税申报
   C. 土地增值税的纳税人应向房地产所在地主管税务机关办理纳税申报
   D. 土地增值税的纳税人应向企业管理机构所在地主管税务机关办理纳税申报

5. 按照土地增值税征收管理的有关规定，下列关于房地产交换的说法正确的有(　　)。
   A. 纳税人之间进行房地产交换应纳土地增值税
   B. 纳税人之间进行房地产交换不纳土地增值税
   C. 对个人之间互换自有居住用房地产的，经当地税务机关核实，可以免征土地增值税
   D. 对个人之间互换自有居住用房地产的，也应纳土地增值税

三、计算题

资料：南京市2011年东华房地产开发公司销售其新建商品房一幢，取得销售收入3 600万元，已知该公司取得土地所支付的金额1 200万元，房地产开发成本为800万元；该公司此房地产项目的银行借款利息为40万元；该商品房所在地的省政府规定计征土地增值税时房地产开发费用扣除比例为5%；销售商品房缴纳的有关税金143万元。

要求：根据上述资料计算该公司销售该商品房应缴纳的土地增值税。

项目 13 房产税申报与筹划

导入案例

王萍一年来一直跟随公司的会计李玉进行涉税业务核算、申报及税务筹划的实习。2010年年初她被派到公司子公司沪南矿业公司工作。其任务是进行公司涉及的小税种的业务核算、申报及筹划。王萍知道要完成公司的房产税涉税业务的相关工作,要把下面的问题弄清楚。

讨论:
1. 如何进行房产税涉税业务核算?
2. 房产税纳税义务发生时间、纳税期限及地点是如何规定的?

任务 13.1 房产税业务核算

学习目标 Learning Objectives

- 知识目标:明确房产税纳税义务人及纳税范围;能准确计算应纳房产税税额。
- 技能目标:能正确进行房产税涉税业务核算。
- 素质目标:树立自觉纳税意识;提高分析问题解决问题的能力。

知识要点

一、房产税的概念及特点

1. 房产税概念

房产税是以房屋为征税对象,按照房屋的计税余值或租金收入,向产权所有人征收的一种财产税。

2. 房产税特点

房产税的主要特点有以下3点。

1) 房产税属于财产税中的个别财产税

按征税对象的范围不同,财产税可以分为一般财产税与个别财产税。一般财产税也称"综合财产税",是对纳税人拥有的各类财产实行综合课征的税收。个别财产税也称"单项财产税",

是对纳税人拥有的土地、房屋、资本和其他财产分别课征的税收。房产税属于个别财产税，其征税对象只是房屋。

2) 征税范围限于城镇的经营性房屋

房产税在城市、县城、建制镇和工矿区范围内征收，不涉及农村。农村的房屋，大部分是农民居住用房，为了不增加农民负担，对农村的房屋没有纳入征税范围。另外，对某些拥有房屋，但自身没有纳税能力的单位，如国家拨付行政经费、事业经费和国防经费的单位自用的房产，税法也通过免税的方式将这类房屋排除在征税范围之外。

2011 年 1 月 27 日，上海市和重庆市宣布次日开始试点征收居民住房房产税，上海市征收对象为本市居民新购房且属于第二套及以上住房和非本市居民新购房，税率暂定 0.6%；重庆市征收对象是独栋别墅高档公寓，以及无工作户口、无投资人员所购二套房，税率为 0.5%～1.2%。

3) 区别房屋的经营使用方式规定征税办法

拥有房屋的单位和个人，既可以将房屋用于经营自用，又可以把房屋用于出租、出典。房产税根据纳税人经营形式不同，对前一类房屋按房产计税余值征收，对后一类房屋按租金收入计税，使征税办法符合纳税人的经营特点，便于平衡税收负担和征收管理。

二、房产税纳税义务人

房产税的纳税义务人是征税范围内的房屋的产权所有人。

(1) 产权属国家所有的，由经营管理单位纳税；产权属集体和个人所有的，由集体单位和个人纳税。

(2) 产权出典的，由承典人纳税。

(3) 产权所有人、承典人不在房屋所在地的，由房产代管人或者使用人纳税。

(4) 产权未确定及租典纠纷未解决的，亦由房产代管人或者使用人纳税。

(5) 无租使用其他房产的，由房产使用人纳税。

特别提示

自 2009 年 1 月 1 日起，外商投资企业、外国企业和组织以及外籍个人，依照《中华人民共和国房产税暂行条例》(以下简称《房产税暂行条例》)缴纳房产税。

▶▶学中做

【多项选择题】下列选项中，(   )属于房产税的纳税义务人。

A. 在我国境内拥有房屋产权的国有企业

B. 在我国境内拥有房屋产权的集体企业

C. 在我国境内拥有经营性房屋产权的个人

D. 在我国境内拥有房屋产权的外商投资企业

三、房产税的征税对象与征税范围

1. 房产税征税对象

房产税的征税对象是房产，这里所说房产是有屋面和围护结构，能遮风避雨，可供人们生产、学习、工作、生活的场所。与房屋不可分割的各种附属设施或不单独计价的配套设施，也属于房屋,应一并征收房产税;但独立于房屋之外的建筑物(如水塔、围墙等)不属于房屋,不征房产税。

房地产开发企业建造的商品房,在出售前,不征收房产税;但对出售前房地产开发企业已使用或出租、出借的商品房应按规定征收房产税。

2. 房产税征税范围

房产税城市、县城、建制镇和工矿区征收,房产税的征税范围不包括农村。中国人民银行总行的房产不征房产税。

四、房产税的计税依据与税率

(1) 从价计征。计税依据是房产原值一次减除 10%～30%的扣除比例后的余值。各地扣除比例由当地省、自治区、直辖市人民政府确定,税率为每年 1.2%。

(2) 从租计征。计税依据为房产租金收入,税率为每年 12%。

(3) 个人按市场价格出租的居民住房,暂按 4%税率征收房产税。

(4) 以房产联营投资,共担经营风险的,以房产余值为计税依据计征房产税;以房产联营投资,收取固定收入,不承担经营风险,只收取固定收入的,实际是以联营名义取得房产租金,因此应由出租方按租金收入计征房产税。

(5) 融资租赁房屋的,以房产余值为计税依据计征房产税。

(6) 自 2009 年 1 月 1 日起,对依照房产原值计税的房产,不论是否记载在会计账簿固定资产科目中,均应按照房屋原价计算缴纳房产税。房屋原价应根据国家有关会计制度规定进行核算。

五、房产税应纳税额的计算

1. 从价计征房产税的计算

从价计征房产税以房产计税余值为依据,以 1.2%为年税率进行计算应纳税额。

$$全年应纳税额=房产计税余值\times 1.2\%$$
$$=应税房产原值\times(1-扣除比例)\times 1.2\% \tag{13-1}$$

2. 从租计征房产税的计算

从租计征房产税以房产租金为依据,以 12%(或 4%)为年税率进行计算应纳税额。

$$全年应纳税额=租金收入\times 12\%(个人为 4\%) \tag{13-2}$$

【例 13-1】沪南公司 2010 年 1 月 1 日的房产原值为 10 000 万元,3 月 1 日将其中原值为 1 500 万元的临街房出租给某连锁商店,月租金 6 万元。当地政府规定允许按房产原值减除 30%后的余值计税。根据以上资料计算沪南公司 2010 年应缴纳的房产税。

【解析】自身经营用房的房产税按房产余值从价计征,临街房 3 月 1 日才出租,1—2 月仍从价计征。

自身经营用房应纳房产税=(10 000－1 500)×(1－30%)×1.2%+1 500×(1－30%)×1.2%÷12×2=73.5(万元)

出租的房产按本年租金从租计征=6×10×12%=7.2(万元)

企业当年应纳房产税=73.5+7.2=80.7(万元)

▶▶学中做

张某拥有两处房产，一处原值114万元的房产供自家居住，另一处原值60万元的房产于2011年2月1日出租给他人居住，按市场价每月取得租金收入1 200元。根据以上资料计算张某2010年应缴纳的房产税。

六、房产税的税收优惠

(1) 国家机关、人民团体、军队自用的房产免征房产税。但上述免税单位的出租房产以及非自身业务使用的生产、营业用房，不属于免税范围。

(2) 由国家财政部门拨付经费的单位，如学校、医疗卫生单位、幼儿园、福利院等实行全额或差额预算管理的事业单位所有的，本身业务范围内使用的房产免征房产税。

(3) 宗教寺庙、公园、名胜古迹自用的房产免征房产税。

(4) 个人所有非营业用的房产免征房产税。

个人所有的非营业用房，主要是指居民住房，不分面积多少，一律免征房产税。

对个人拥有的营业用房或者出租的房产，不属于免税房产，应照章纳税。

(5) 对行使国家行政管理职能的中国人民银行总行(含国家外汇管理局)所属分支机构自用的房产，免征房产税。

七、房产税业务核算

1. 科目设置

"管理费用"科目：损益类科目，核算应计入企业损益的应纳房产税税额。

2. 房产税业务核算

企业计算应交房税核算如下。

借：管理费用
　　贷：应交税费—应交房产税

上交房产税核算如下。

借：应交税费—应交房产税
　　贷：银行存款

【例13-2】沪南公司2010年1月1日的房产原值为10 000万元，3月1日将其中原值为1 500万元的临街房出租给华联连锁商店，月租金6万元。当地政府规定允许按房产原值减除30%后的余值计税。根据以上资料计算沪南公司2010年应缴纳的房产税并进行核算。

沪南公司2010年应缴纳的房产税80.7万元，其计算过程参见例13-1。

核算如下。

借：管理费用　　　　　　　　　　　　　　　　　　　　　　　807 000
　　贷：应交税费—应交房产税　　　　　　　　　　　　　　　　　807 000
借：应交税费—应交房产税　　　　　　　　　　　　　　　　　807 000
　　贷：银行存款　　　　　　　　　　　　　　　　　　　　　　807 000

任务 13.2 房产税税款申报

学习目标 Learning Objectives

- 知识目标：明确房产税税款申报的方式、时间及地点。
- 技能目标：能熟练准确填报房产税纳税申报表。
- 素质目标：树立自觉纳税意识，培养与人合作完成任务的能力。

知识要点

一、房产税纳税义务发生时间

房产税纳税义务发生时间因房产用途不同而有所不同，具体归纳详见表 13-1。

表 13-1　房产税纳税义务发生时间

房 产 用 途	纳税义务发生时间
纳税人将原有房产用于生产经营	从生产经营之月起缴纳房产税
纳税人自行新建房屋用于生产经营	从建成之次月起缴纳房产税
委托施工企业建设的房屋	从办理验收手续之次月起(此前已使用或出租、出借的新建房屋，应从使用或出租、出借的当月起)缴纳房产税
纳税人购置新建商品房	自房屋交付使用之次月起缴纳房产税
购置存量房	自办理房屋权属转移、变更登记手续，房地产权属登记机关签发房屋权属证书之次月起缴纳房产税
纳税人出租、出借房产	自交付出租、出借房产之次月起缴纳房产税
房地产开发企业自用、出租、出借自建商品房	自房屋使用或交付之次月起缴纳房产税

二、房产税纳税地点

房产税在房产所在地缴纳。房产不在同一地方的纳税人，应按房产的坐落地点分别向房产所在地的税务机关纳税。

三、房产税纳税期限

房产税实行按年计算、分期缴纳的征收方法，具体纳税期限由省、自治区、直辖市人民政府确定。

四、房产税纳税申报表

纳税人缴纳房产税时应按时填报《房产税纳税申报表》，并在规定的期限内缴纳税款。纳税人应填报的《房产税纳税申报表》见表 13-2。

项目 13　房产税申报与筹划

表 13-2　房产税纳税申报表

填表日期：　　年　　月　　日

纳税人识别号：　　　　　　　金额单位：元(列至角分)　　　　　　　面积单位：平方米

纳税人名称																
房产坐落地点																
上期申报房产原值(评估值)	本期增减	本期实际房产原值	其中		扣除率%	以房产余值计征房产税			税款所属时期					房屋结构	本期	
			从价计税的房产原值	税法规定的免税房产原值					建筑面积	以租金收入计征房产税						
						房产余值	税率	应纳税额		租金收入	税率	应纳税额	全年应纳税额	缴纳次数	应纳税额	已纳税额	应补(退)税额
		0														
		0														
合计																

如纳税人填报，由纳税人填写以下各栏

纳税人 (公章)	如委托代理人填报，由代理人填写以下各栏	备注
	代理人名称	
	代理人地址	
会计主管 (签章)	经办人姓名	代理人 (公章)
	电话	

纳税申报与筹划

【例13-3】资料：江苏沪南运输公司纳税人识别号为32010883205××××。2011年年初共有房产原值30 000 000元，1月1日起公司将原值3 000 000元的一车库出租给某小区做小区停车场，租期1年，每月取得租金收入50 000元。3月1日对委托施工单位建设的车库办理验收手续，由在建工程转入固定资产原值2 000 000元。已知该地区规定计算房产余值时的扣除比例为20%。房屋建筑面积10 000平方米，房产为砖混结构。企业按年计算、按半年预缴房产税。

要求：根据以上资料填报江苏沪南运输公司2011年上半年房产税申报表。

【解析】公司将原值3 000 000元的一车库出租给某小区做小区停车场，应按租金收入按年税率12%计算房产税，则上期申报房产原值(评估值)30 000 000元中只有27 000 000元按房产余值计税；3月1日对委托施工单位建设的车库办理验收手续，由在建工程转入固定资产原值2 000 000元，其应从办理验收手续次月起缴纳房产税。

江苏沪南运输公司2011年上半年房产税申报表具体填报见表13-3。

任务13.3　房产税税务筹划

学习目标 Learning Objectives

- **知识目标**：明确房产税条例及相关法规的规范。
- **技能目标**：能够设计企业房产税税务筹划方案。
- **素质目标**：树立节约税务成本的意识；加强统筹规划、解决问题的能力。

知识要点

一、降低房产原值的税务筹划

根据《房产税暂行条例》规定，与房屋不可分割的各种附属设施或不单独计价的配套设施，也属于房屋，应一并征收房产税；但独立于房屋之外的建筑物(如水塔、围墙等)不属于房屋，不征房产税。因此，企业应合理划分房产和其他固定资产，以降低房产税税务成本。

【例13-4】资料：江苏沪南机械有限公司欲新建一生产车间并安装一条生产线设备。生产车间价值3 000万元，生产线设备价值1 500万元，总价值4 500万元。当地房产允许扣除比例为20%。在形成固定资产价值时两种方案可供选择。

(1) 方案一：将生产车间及生产线设备共形成一项固定资产。

(2) 方案二：将生产车间及生产线设备分别形成固定资产。

要求：请你运用所学房产税知识为该公司进行税务筹划。

【解析】

(1) 方案一：江苏沪南机械有限公司如果将生产车间及生产线设备共形成一项固定资产，则

$$年纳房产税 = 4\,500 \times (1-20\%) \times 1.2\% = 43.20(万元)$$

(2) 方案二：江苏沪南机械有限公司如果将生产车间及生产线设备分别形成固定资产，则

$$年纳房产税 = 3\,000 \times (1-20\%) \times 1.2\% = 28.80(万元)$$

两种方案比较可看出第二种方案年可节约房产税为43.20－28.80=14.40(万元)。

因此该公司应采用方案二，即将生产车间及生产线设备分别形成固定资产。

项目 13 房产税申报与筹划

表 13-3 沪南公司房产税纳税申报表

纳税人识别号：32010883205××××
填表日期：2011 年 07 月 09 日
金额单位：元(列至角分)
面积单位：平方米

纳税人名称	江苏沪南运输公司				税款所属时期	2011 年 01 月 01 日至 2011 年 06 月 30 日		
房产坐落地点	南京市××区							

	本实际房产原值	其中			以房产余值计征房产税				以租金收入计征房产税				房屋结构	砖混		
		从价计税的房产原值	从租计税的房产原值	税法规定的免税房产原值	扣除率%	房产余值	税率	应纳税额	建筑面积 10000	租金收入	税率	应纳税额	全年应纳税额	本期		
														应纳税额	已纳税额	应补(退)税额
上期申报房产原值(评估值)	30 000 000	30 000 000	0	0	20	24 000 000	1.2%	288 000	0	0	12%	0	288 000	144 000	0	144 000
本期增减	0	−3 000 000	0	0	20	−2 400 000	1.2%	−28 800		600 000	12%	72 000	43 200	21 600	0	21 600
	2 000 000	2 000 000	0	0	20	1 600 000	0.3%	4 800		0	12%	0	4 800	2 400	0	2 400
合计	32 000 000	29 000 000	3 000 000	0	—	23 200 000	—	264 000		600 000	—	72 000	336 000	168 000	0	168 000

如纳税人填报，由纳税人填写以下各栏

纳税人 江苏沪南运输公司(公章)

会计主管 张×(签章)

如委托代理人填报，由代理人填写以下各栏

代理人名称
代理人地址
经办人姓名
电话

代理人 (公章)

以下由税务机关填写

接收人　　收到申报表日期　　备注

293

二、准确确定租金收入的筹划

根据《房产税暂行条例》规定，房产对外出租应按租金收入的12%缴纳房产税，因此在出租时应区分房屋和非房屋，准确确定租金收入。

【例13-5】江苏沪南纺织厂将一分厂对外出租，如果将分厂整体出租，年租金为300万元。如果将厂房与所占用的土地分开出租，则厂房租金为240万元，场地租金为60万元。请从房产税节税角度为企业做出出租分厂的筹划。

【解析】整体出租则年纳房产税＝300×12%＝36(万元)

如分开出租，则房产年租金为240万元，场地年租金为60万元，则
$$年纳房产税＝240×12\%＝28.8(万元)$$

而场地租金不用纳房产税，年可节房产税＝36－28.8＝7.2(万元)。

建议企业分别按厂房与场地出租。

三、合理选择建厂地址的筹划

根据《房产税暂行条例》的规定，房产税在城市、县城、建制镇和工矿区征收；可以看出，农村不属于征收范围，企业在组建选址时考虑到这一点，就会给企业带来巨大的效益。

【例13-6】江苏沪南纺织厂拟投资建一分厂，房产原值为3 200万元。假设无论建在城市还是农村均不影响企业产品的销售及市场占有率，当地房产的扣除比例为25%。请从房产税节税角度为企业做出厂址的筹划。

【解析】若建在城市，则需纳房产税＝3 200(1－25%)×1.2%＝28.8(万元)

若建在农村，则不需纳房产税。建议企业在不影响销售等情形下在农村建厂。

▶▶ 上岗一试

南京伟达实业有限责任公司(该公司相关资料参见项目5)2010年度上半年共有房产原值60 000 000元，7月1日起企业将原值3 000 000元的一栋仓库出租给某商场存放货物，租期1年，每月取得租金收入15 000元。8月1日对委托施工单位建设的生产车间办理验收手续，由在建工程转入固定资产原值6 000 000元。已知该地区规定计算房产余值时的扣除比例为30%。房屋建筑面积20 000平方米，房产为砖混结构。企业按年计算、按半年预缴房产税。

要求：根据以上资料填报南京伟达公司的房产税纳税申报表。

项 目 小 结

本项目主要包括3方面的内容：企业房产税的核算——理论知识运用；企业房产税的申报——技能知识运用；企业房产税的筹划——知识融合应用。

3方面知识层层递进，层层深入。企业房产税税务筹划是最高境界：将所有有关企业房产税的原理、法规、政策等进行融合，在实践中应用，为企业做税务筹划，减少企业的税务成本，争取企业经济利益的最大化。

项目 13　房产税申报与筹划

自 我 测 试

一、单项选择题

1. 下列关于房产税纳税人说法不正确的有(　　)。
   A. 产权属于国家所有的不纳税
   B. 产权属于集体和个人所有的由集体单位和个人纳税
   C. 产权出典的由承典人纳税
   D. 纳税单位和个人无租使用其他纳税单位的房产由使用人纳税
2. 按照房产租金收入计算房产税所适用的税率是(　　)。
   A. 12%　　　　　B. 1.2%　　　　　C. 10%　　　　　D. 4%
3. 下列各项中,符合房产税纳税义务人规定的是(　　)。
   A. 产权属于集体的由使用人缴纳
   B. 房屋产权出典的由出典人缴纳
   C. 产权纠纷未解决的由代管人或使用人缴纳
   D. 产权属于国家所有的不缴纳
4. 下列选项中,(　　)不属于房产税的纳税义务人。
   A. 在中国境内拥有房屋产权的国有企业
   B. 在中国境内拥有房屋产权的集体企业
   C. 在中国境内拥有经营性房屋产权的个人
   D. 在中国境外拥有房屋产权的外商投资企业
5. 我国不征收房产税的地方是(　　)。
   A. 城市的市区　　　B. 农村　　　C. 县城　　　D. 建制镇

二、多项选择题

1. 以下项目免征房产税的是(　　)。
   A. 国家机关自用的房产　　　　　B. 故宫博物院的馆藏用房
   C. 军队附设的招待所用房　　　　D. 中小学对外出租的房屋
2. 房产税的计税依据有(　　)。
   A. 房产原值　　　　　　　　　　B. 房产净值
   C. 房产的租金收入　　　　　　　D. 房产的计税价值
3. 下列各项中,应当计入房产税计税原值的有(　　)。
   A. 与房屋不可分割的附属设施
   B. 以房屋为载体,不可随意搬动的附属设备和配套设施
   C. 需要经常更换的附属设备零配件
   D. 对原有房产进行改建,增加房产的部分
4. 下列关于房产税纳税人说法正确的有(　　)。
   A. 产权属于国家所有的经营管理单位纳税
   B. 产权属于集体和个人所有的由集体单位和个人纳税
   C. 产权出典的由出典人纳税
   D. 纳税单位和个人无租使用其他纳税单位的房产由使用人纳税

5. 下列关于房产税的说法正确的有( )。
   A. 房产税实行按年计算，分期缴纳的征收方法，具体纳税期限由省、自治区、直辖市人民政府确定
   B. 房产税在企业机构所在地缴纳
   C. 房产税在房产所在地缴纳
   D. 房产不在同一地方的纳税人，应按房产的坐落地点分别向房产所在地的税务机关纳税

三、计算题

甲公司 2011 年 1 月 1 日的房产原值为 8 000 万元，7 月 1 日将其中原值为 2 000 万元的厂房出租给乙公司，月租金 4 万元。当地政府规定允许按房产原值减除 30% 后的余值计税。根据以上资料计算甲公司 2011 年应缴纳的房产税。

项目 14 契税申报与筹划

导入案例

王萍一年来一直跟随公司的会计李玉进行涉税业务核算、申报及税务筹划的实习。2010年年初她被派到公司子公司沪南矿业公司工作。其任务是进行公司涉及的小税种的业务核算、申报及筹划。会计李玉告诉王萍要完成公司的契税涉税业务的相关工作，首先要把下面的问题弄清楚。

讨论：
1. 如何进行契税经济业务的核算。
2. 契税申报的时间及纳税地点是如何规定的。

任务 14.1 契税业务核算

学习目标 Learning Objectives

- 知识目标：明确契税纳税义务人及纳税范围；能准确计算应纳契税税额。
- 技能目标：能正确进行契税涉税业务核算。
- 素质目标：树立自觉纳税意识；提高分析与解决问题的能力。

知识要点

一、契税的概念

契税是指在中华人民共和国境内转移土地、房屋权属，向承受的单位和个人征收的一种税。

二、契税纳税义务人

契税的纳税义务人是境内转移土地、房屋权属，承受的单位和个人。

《中华人民共和国契税暂行条例》(以下简称《条例》)第一条规定："在中华人民共和国境内转移土地、房屋权属，承受的单位和个人为契税的纳税人，应当依照本条例的规定缴纳契税。"

《条例》所称土地、房屋权属，是指土地使用权、房屋所有权。

《条例》所称承受，是指以受让、购买、受赠、交换等方式取得土地和房屋权属的行为。

《条例》所称单位，是指企业单位、事业单位、国家机关、军事单位和社会团体，以及其他组织。

《条例》所称个人，是指个体经营者及其他个人。

三、契税的征税对象

契税的征税对象是境内转移土地、房屋权属。具体包括以下内容。

(1) 国有土地使用权出让：是指土地使用者向国家交付土地使用权出让费用，国家将国有土地使用权在一定年限内让予土地使用者的行为。

(2) 土地使用权转让(包括出售、赠与和交换)：是指土地使用者以出售、赠与、交换或者其他方式，将土地使用权转移给其他单位和个人的行为(不包括农村集体土地承包经营权的转移)。

(3) 房屋买卖：是指房屋所有者将其房屋出售，由承受者交付货币、实物、无形资产或者其他经济利益的行为。

(4) 房屋赠与：是指房屋所有者将其房屋无偿转让给受赠者的行为。

(5) 房屋交换：是指房屋所有者之间相互交换房屋的行为。

四、契税的计税依据与税率

契税的计税依据为不动产的价格。具体规定如下。

(1) 国有土地使用权出让、土地使用权出售、房屋买卖，为成交价格。

(2) 土地使用权赠与、房屋赠与，由征收机关参照土地使用权出售、房屋买卖的市场价格核定。

(3) 土地使用权交换、房屋交换，为所交换的土地使用权、房屋的价格的差额。

若上述成交价格明显低于市场价格并且无正当理由的，或者所交换土地使用权、房屋的价格的差额明显不合理并且无正当理由的，由征收机关参照市场价格核定。

契税实行 3%～5%的幅度税率。各省、自治区、直辖市人民政府可按照本地区的实际情况确定本地区的适用税率。

五、契税应纳税额的计算

契税采用比例税率，计算应缴契税的公式为

$$应缴税额 = 计税依据 \times 税率 \tag{14-1}$$

▶▶学中做

【单项选择题】居民刘某共有 3 套房产，2010 年将第一套市价为 100 万元的房产与王某交换，并收到王某15 万元；将第二套市价为 90 万元的房产折价给张某抵偿 80 万元的债务；将第三套市价为 50 万元的房产作股投入本人独资经营的企业。若当地确定的契税税率为 3%，刘某应缴纳契税(　　)。

A. 0 万元　　　B. 1.95 万元　　　C. 2.25 万元　　　D. 2.85 万元

六、契税的税收优惠

(1) 国家机关、事业单位、社会团体军事单位承受土地和房屋，用于办公、教学、医疗、科研和军事设施的，免征契税。

(2) 城镇职工按规定第一次购买公有住房，免征契税。

(3) 因不可抗力灭失住房而重新购买住房的，酌情减免。

(4) 土地、房屋被县级以上人民政府征用、占用后，重新承受土地、房屋权属的，由省级人民政府确定是否减免。

(5) 承受荒山、荒沟、荒丘、荒滩土地使用权，并用于农、林、牧、渔业生产的，免征契税。

(6) 经外交部确认，依照我国有关法律规定以及我国缔结或参加的双边和多边条约或协定，应当予以免税的外国驻华使馆、领事馆、联合国驻华机构及其外交代表、领事官员和其他外交人员承受土地、房屋权属。

(7) 契税优惠的特殊规定。

① 企业公司制改造。非公司制企业，整体改建为有限责任公司或股份有限公司，或者有限责任公司整体改建为股份有限公司的，对改建后的公司承受原企业土地、房屋权属，免征契税。

非公司制国有独资企业或国有独资有限责任公司，以其部分资产与他人组建新公司，且该国有独资企业(公司)在新设公司中所占股份超过 50%的，对新设公司承受该国有独资企业(公司)的土地房屋权属，免征契税。

② 企业股权重组。对国有控股公司以部分资产投资组建新公司，且该国有控股公司占新公司股份 85%以上的，对新公司承受该国有控股公司土地、房屋权属免征契税。上述所称国有控股公司，是指国家出资额占有限责任公司资本总额 50%以上，或国有股份占股份有限公司股本总额 50%以上的国有控股公司。

以出让方式承受原国有控股公司土地使用权的，不属于上述规定的范围。

③ 企业分立。企业依照法律规定、合同约定分设为两个或两个以上投资主体相同的企业，对派生方和新设方承受原企业土地、房屋权属，不征收契税。

④ 企业出售。国有、集体企业出售，被出售企业法人予以注销，并且买受人按照《中华人民共和国劳动法》(以下简称《劳动法》)等国家有关法律法规政策妥善安置原企业全部职工，其中与原企业 30%以上职工签订服务年限不少于 3 年的劳动用工合同的，对其承受所购企业的土地、房屋权属，减半征收契税；与原企业全部职工签订服务年限不少于 3 年的劳动用工合同的，免征契税。

⑤ 企业注销、破产。企业依照有关法律、法规的规定实施注销、破产后，债权人(包括注销、破产企业职工)承受注销、破产企业土地、房屋权属以抵偿债务的，免征契税；对非债权人承受注销、破产企业土地、房屋权属，凡按照《劳动法》等国家有关法律法规政策妥善安置原企业全部职工，其中与原企业 30%以上职工签订服务年限不少于 3 年的劳动合同的，对其承受所购企业的土地、房屋权属，减半征收契税；与原企业全部职工签订服务年限不少于 3 年的劳动合同的，免征契税。

⑥ 房屋的附属设施。对于承受与房屋相关的附属设施(包括停车位、汽车库、自行车库、顶层阁楼以及储藏室，下同)所有权或土地使用权的行为，征收契税；对于不涉及土地使用权和房屋所有权转移变动的，不征收契税。

采取分期付款方式购买房屋附属设施土地使用权、房屋所有权的，应按合同规定的总价款计征契税。

承受的房屋附属设施权属如为单独计价的，按照当地确定的适用税率征收契税；如与房屋统一计价的，适用与房屋相同的契税税率。

⑦ 继承土地、房屋权属。法定继承人(包括配偶、子女、父母、兄弟姐妹、祖父母、外祖父母)继承土地、房屋权属，不征收契税。

非法定继承人根据遗嘱承受死者生前的土地、房屋权属，属于赠与行为，应征收契税。

⑧ 其他。对拆迁居民因拆迁重新购置住房的，对购房成交价格中相当于拆迁补偿款的部分免征契税，成交价格超过拆迁补偿款的，对超过部分征收契税。

七、契税业务核算

契税是在土地、房屋权属转移中承受单位取得土地使用权及房屋所有权的一种支出，因此该项支出应计入不动产的成本中。企业取得土地使用权、房屋按规定交纳的契税核算如下。

借：无形资产(固定资产等科目)
　　贷：银行存款

【例14-1】沪南运输公司2010年以980万元购得一块土地使用权，当地规定契税税率为3%。

要求：计算该公司应纳契税税额并进行核算。

【解析】企业应纳契税＝980×3%＝29.4(万元)

业务核算如下。

借：无形资产　　　　　　　　　　　　　　　　　　　　　　　　　294 000
　　贷：银行存款　　　　　　　　　　　　　　　　　　　　　　　　294 000

▶▶学中做

资料：沪南运输第二公司以一栋房屋换取某公司一栋房屋，房屋契约写明沪南运输第二公司房屋价值1 800万元，某公司房屋价值3 200万元。契税税率5%。

要求：根据上述资料判明在此项房屋交换中契税的纳税人，并计算其应纳的契税。

任务14.2　契税税款申报

学习目标 Learning Objectives

- 知识目标：明确契税税款申报的方式、时间及地点。
- 技能目标：能熟练准确填报契税纳税申报表。
- 素质目标：树立自觉纳税意识，培养与人合作、进行交流的能力。

知识要点

一、纳税义务发生时间与纳税期限

契税的纳税义务发生时间，为纳税人在签订土地、房屋权属转移合同的当天，或者取得其他具有土地、房屋权属转移合同性质的凭证的当天。

其他具有土地、房屋权属转移合同性质凭证，是指具有合同效力的契约、协议、合约、单据、确认书，以及由省、自治区、直辖市人民政府确定的其他凭证。

纳税人应当自纳税义务发生之日起的 10 日内向土地、房屋所在地的契税征收机关办理纳税申报,并在契税征收机关核定的期限内缴纳税款。

二、纳税地点

契税征收机关为土地、房屋所在地的财政机关或者地方税务机关。具体征收机关由省、自治区、直辖市人民政府确定。

土地管理部门、房产管理部门应当向契税征收机关提供有关资料,并协助契税征收机关依法征收契税。

三、纳税申报表

纳税人缴纳契税时应按时填报《契税纳税申报表》,并在规定的期限内缴纳税款。纳税人应填报的《契税纳税申报表》见表 14-1。

表 14-1 契税纳税申报表

填表日期:　　年　　月　　日　　　　金额单位:元(列至角分)　　　　面积单位:平方米

承受方	名称		识别号	
	地址		联系电话	
转让方	名称		识别号	
	地址		联系电话	
土地、房屋权属转移	合同签订时间			
	土地、房屋地址			
	权属转移类别			
	权属转移面积			平方米
	成交价格			元
适用税率				元
计征税额				元
减免税额				元
应纳税额				元
纳税人员签章			经办人员签章	
(以下部分由征收机关负责填写)				
征收机关收到日期		接收人	审核日期	
审核记录				
审核人员签章			征收机关签章	

(本表 A4 竖式,一式两份:第一联为纳税人保存;第二联由主管征收机关留存。)

填表说明如下。

(1) 本表依据《征管法》、《条例》设计制定。

(2) 本表适用于在中国境内承受土地、房屋权属的单位和个人。纳税人应当在签订土地、房屋权属转移合同或者取得其他具有土地、房屋权属转移合同性质凭证后 10 日内,向土地、房屋所在地契税征收机关填报契税纳税申报表,申报纳税。

(3) 本表各栏的填写说明如下。

① 承受方及转让方名称：承受方、转让方是单位的，应按照人事部门批准或者工商部门注册登记的全称填写；承受方、转让方是个人的，则填写本人姓名。

② 承受方、转让方识别号：承受方、转让方是单位的，填写税务登记号；没有税务登记号的，填写组织机构代码。承受方、转让方是个人的，填写个人身份证号或护照号。

③ 合同签订时间：指承受方签订土地、房屋转移合同的当日，或其取得其他具有土地、房屋转移合同性质凭证的当日。

④ 权属转移类别：(土地)出让、买卖、赠与、交换、作价入股等行为。

⑤ 成交价格：土地、房屋权属转移合同确定的价格(包括承受者应交付的货币、实物、无形资产或者其他经济利益，折算成人民币金额)填写。计税价格，是指由征收机关按照《条例》第四条确定的成交价格、差价或者核定价格。

⑥ 计征税额＝计税价格×税率，应纳税额＝计征税额－减免税额。

【例14-2】资料：江苏沪南运输公司纳税人识别号为32010883205××××。2010年7月1日与××公司互相交换经营性用房屋，江苏沪南运输公司的房屋面积为480平方米，价格为500万元，××公司的房屋面积为520平方米，价格为550万元，房屋价格不足部分由江苏沪南运输公司用自产产品补足，当地政府规定的契税税率为3%。

要求：根据以上资料填报该公司的契税纳税申报表。

【解析】江苏沪南运输公司契税纳税申报表见表14-2。

表14-2　沪南运输公司契税纳税申报表

填表日期：2010年7月8日　　　　金额单位：元(列至角分)　　　　面积单位：平方米

承受方	名称	江苏沪南运输公司	识别号	32010883205××××
	地址	南京市××区	联系电话	025-2513××××
转让方	名称	××公司	识别号	32010883206××××
	地址	南京市××区	联系电话	025-7587××××
土地、房屋权属转移	合同签订时间	2010年7月1日		
	土地、房屋地址	南京市××区		
	权属转移类别	交换		
	权属转移面积	40平方米		
	成交价格	500 000元		
适用税率	3%			
计征税额	15 000元			
减免税额	元			
应纳税额	15 000元			
纳税人员签章	江苏沪南运输公司		经办人员签章	刘×
(以下部分由征收机关负责填写)				
征收机关收到日期		接收人		审核日期
审核记录				
审核人员签章			征收机关签章	

任务 14.3 契税税务筹划

学习目标 Learning Objectives

- 知识目标：明确契税条例及相关法规的规范。
- 技能目标：能够设计企业契税税务筹划方案。
- 素质目标：树立节约税务成本的意识；加强统筹规划、解决问题的能力。

知识要点

一、签订等价交换合同的筹划

根据《条例》及《中华人民共和国契税暂行条例细则》规定："土地使用权、房屋交换，契税的计税依据为所交换的土地使用权、房屋的价格差额，由多交付货币、实物、无形资产或其他经济利益的一方缴纳税款，交换价格相等的，免征契税。"

【例 14-3】资料：沪南公司有一栋价值 2 500 万元的厂房拟出售给南方公司，然后从××公司购买其一块价值 2 500 万元的土地。双方签订厂房土地销售与购买合同后，沪南公司应缴纳契税＝2 500×4%＝100(万元)，××公司应缴纳契税＝2 500×4%＝100(万元)。

要求：请你运用所学契税知识为沪南公司进行税务筹划。

【解析】根据签订等价交换合同，享受免征契税政策的规定，提出纳税筹划方案如下：沪南公司与××公司改变合同订立方式，签订厂房与土地使用权交换合同，约定以 2 500 万元的价格等价交换双方厂房与土地。根据契税的规定，沪南公司和××公司各自免征契税 100 万元。

二、签订分立合同的筹划

根据《财政部、国家税务总局关于房屋附属设施有关契税政策的批复》(财税[2004]126号)规定如下。

(1) 对于承受与房屋相关的附属设施(包括停车位、汽车库、自行车库、顶层阁楼以及储藏室，下同)所有权或土地使用权的行为，按照契税法律、法规的规定征收契税；对于不涉及土地使用权和房屋所有权转移变动的，不征收契税。

(2) 采取分期付款方式购买房屋附属设施土地使用权、房屋所有权的，应按合同规定的总价款计征契税。

(3) 承受的房屋附属设施权属如为单独计价的，按照当地确定的适用税率征收契税；如与房屋统一计价的，适用与房屋相同的契税税率。

【例 14-4】××公司有一铸铁配件生产车间拟出售给沪南公司，该铸铁配件车间有一幢生产厂房及其他生产厂房附属物，附属物主要为围墙、烟囱、水塔、变电塔、挡土墙等，铸铁配件生产车间总占地面积 1 500 平方米，整体评估价为 350 万元(其中生产厂房评估价为 160 万元，1 500 平方米土地评估价为 120 万元，其他生产厂房附属物评估价为 70(万元)，沪南公司按整体评估价 350 万元购买，当地政府规定契税率为 3.5%。则沪南公司应缴纳契税＝350×3.5%＝12.25(万元)。

要求：请你运用所学契税知识为沪南公司进行税务筹划。

【解析】根据《财政部、国家税务总局关于房屋附属设施有关契税政策的批复》(财税[2004]126号)文件对于免征契税的规定，在支付独立于房屋之外的建筑物、构筑物以及地面附着物价款时不征收契税，由此提出纳税筹划方案如下：××公司公司与沪南公司签订两份销售合同，第一份合同为销售生产厂房及占地 1 500 平方米土地使用权的合同，销售合同价款为 280 万元，第二份合同为销售独立于房屋之外的建筑物、构筑物以及地面附着物销售合同价款为 70 万元。

经上述筹划，沪南公司只就第一份销售合同缴纳契税，应缴纳契税＝280×3.5%＝9.8(万元)，节约契税支出 2.45 万元。

▶▶ 上岗一试

南京伟达实业有限责任公司(该企业相关资料参见项目 5)2010 年 8 月 7 日与××公司互相交换经营性用房屋，南京伟达实业有限责任公司的房屋价格为 2 000 万元，面积为 2 000 平方米；××公司的房屋价格为 2 550 万元，面积为 3 000 平方米。房屋价格不足部分由北京××实业有限责任公司用自产产品补足，当地政府规定的契税税率为 3%。

要求：根据以上资料填报南京伟达实业有限责任公司的契税纳税申报表。

项 目 小 结

本项目主要包括 3 方面的内容：企业契税的核算——理论知识运用；企业契税的申报——技能知识运用；企业契税的筹划——综合知识应用。

3 方面知识层层递进，层层深入。企业契税税务筹划是最高境界：将所有有关企业房产税的原理、法规、政策等进行融合，在实践中应用，为企业做税务筹划，减少企业的税务成本，争取企业经济利益的最大化。

自 我 测 试

一、单项选择题

1. 契税征税对象是境内转移土地、房屋权属，下列项目不用纳契税的有(　　)。
   A. 国有土地使用权出让　　　　　　B. 土地使用权转让
   C. 房屋买卖　　　　　　　　　　　D. 房屋等价交换
2. 发生下列活动的单位和个人中，应缴纳契税的有(　　)。
   A. 将房产用于偿债的王先生
   B. 购买房产用于翻建新房的张太太
   C. 将房产投资于本人经营企业的刘先生
   D. 以房屋权属作价投资的沪南运输公司

3. 根据契税现行政策的规定，下列表述不正确的是( )。
   A. 不动产成交价格明显低于市场价格且无正当理由的，税务机关可参照市场价格核定契税的计税依据
   B. 企业将一处房产转让给某社会团体用于办公，该社会团体属事业单位，但此转让行为应纳契税
   C. 企业改制重组过程中，同一投资主体内部所属企业之间土地、房屋权属的无偿划转，不需要征收契税
   D. 国有控股公司以部分资产投资组建新的公司，持股比例为90%，则新建的公司承受国有控股公司的土地时，免征契税
4. 下列关于契税的说法正确的是( )。
   A. 外商投资企业和外国企业不征收契税
   B. 农民个人购买房屋不征收契税
   C. 因他人欠债抵偿而获得的房屋不征契税
   D. 契税的税率全国不统一
5. 下列各项中，根据契税的相关规定不正确的是( )。
   A. 契税由财产的承受方缴纳
   B. 城镇职工按规定第一次购买公有住房的，免征契税
   C. 房屋产权等价交换，免征契税
   D. 纳税人应当自纳税义务发生之日起20日内，向土地、房屋所在地的契税征收机关办理纳税申报，并在契税征收机关核定的期限内缴纳税款

二、多项选择题
1. 在我国境内转移土地、房屋权属，承受的单位和个人为契税的纳税人，下列各项中属于契税的纳税人的有( )。
   A. 购买房屋的个体工商户   B. 转让土地使用权的农村居民
   C. 接受对方捐赠房屋的外商投资企业   D. 出租房屋的国有经济单位
2. 沪南公司销售一栋办公楼时应缴纳的税金有( )。
   A. 营业税   B. 土地增值税   C. 契税   D. 印花税
3. 下列需要征收契税的包括( )。
   A. 以获奖方式取得房屋产权   B. 买房拆料
   C. 以实物交换房屋   D. 等价交换的房屋
4. 关于契税的计税依据，下列说法正确的是( )。
   A. 以协议方式出让土地使用权的，以成交价格作为计税依据
   B. 土地使用权出售，其计税依据为成交价格
   C. 土地使用权相交换的，以交换的土地使用权的价格作为计税依据
   D. 承受的房屋附属设施权属如为单独计价的，适用与房屋相同的契税税率
5. 下列关于契税的陈述正确的有( )。
   A. 境内转移土地、房屋权属，承受的单位和个人为契税的纳税人
   B. 契税的适用税率，各省、自治区、直辖市人民政府可以在3%～5%的幅度税率规定范围内，按照本地区的实际情况决定

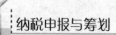

C. 对拆迁居民因拆迁重新购置住房的，对支付的购房成交价格全部免征契税
D. 土地使用权交换、房屋交换，契税的计税依据为所交换的土地使用权、房屋的价格的差额

 驿站小憩

契税的历史沿革

我国契税起源于东晋时期的"估税"，至今已有约 1 600 年的历史。当时规定，凡买卖田宅、奴婢、牛马，立有契据者，每一万钱交易额官府征收四百钱即税率为 4%，其中卖方缴纳 3%，买方缴纳 1%。北宋开宝二年(公元 969 年)，开始征收印契钱(性质上是税，只是名称为钱)。这时不再由买卖双方分摊，而是由买方缴纳，并规定缴纳期限为两个月。从此，开始以保障产权为由征收契税。以后历代封建王朝对土地、房屋的买卖、典当等产权变动都征收契税，但税率和征收范围不完全相同。如清初顺治四年(公元 1648 年)规定，民间买卖、典押土地和房屋登录于官时，由买主依买卖价格，每一两银纳 3 分(即 3%的税值)。到清朝末年，土地、房屋的买卖契税税率提高到 9%，典当契税税率提高到 6%。

民国政府执政期间，于 1914 年颁布契税条例，规定税率为买契 9%，典契 6%。1927 年，民国政府公布验契暂行条例及章程，将契税划归地方收入。新中国成立后，政务院(原)于 1950 年发布《契税暂行条例》，规定对土地、房屋的买卖、典当、赠与和交换征收契税。1997 年 7 月 7 日，时任总理李鹏签署国务院第 224 号令，发布了《中华人民共和国契税暂行条例》，并于同年 10 月 1 日起开始实施。

(资料来源：http://baike.baidu.com/view/30882.htm。)

参 考 文 献

[1] 吴佩江. 税法教程新编[M]. 3版. 北京：科学出版社，2010.
[2] 中国注册会计师协会. 税法[M]. 北京：经济科学出版社，2011.
[3] 全国注册税务师执业资格考试教材编写组. 税法（Ⅰ）[M]. 北京：中国税务出版社，2010.
[4] 全国注册税务师执业资格考试教材编写组. 税法（Ⅱ）[M]. 北京：中国税务出版社，2011.
[5] 裴淑红. 纳税申报实务[M]. 北京：化学工业出版社，2010.
[6] 赵秀云. 纳税会计与申报[M]. 西安：西安交通大学出版社，2010.
[7] 盖地. 税务会计与纳税筹划[M]. 2版. 大连：东北财经大学出版社，2011.
[8] 宗淑娟. 税法实务[M]. 北京：北京交通大学出版社，2009.
[9] 刘秀荣，李志. 纳税会计实务[M]. 上海：立信会计出版社，2008.
[10] 凌辉贤. 增值税纳税筹划36计[M]. 大连：东北财经大学出版社，2009.
[11] 苏春林. 税法与纳税操作[M]. 2版. 北京：中国人民大学出版社，2008.
[12] 财政部会计资格评价中心. 中级会计实务[M]. 北京：经济科学出版社，2007.

北京大学出版社第六事业部高职高专经管教材书目

本系列教材的特色:

1. 能力本位。以学生为主体,让学生看了就能会,学了就能用;以教师为主导,授人以渔;以项目为载体,将技能与知识充分结合。

2. 内容创新。内容选取机动、灵活,适当融入新技术、新规范、新理念;既体现自我教改成果,又吸收他人先进经验;保持一定前瞻性,又避免盲目超前。

3. 精编案例。案例短小精悍,能佐证知识内容;案例内容新颖,表达当前信息;案例以国内中小企业典型事实为主,适合高职学生阅读。

4. 巧设实训。实训环节真实可行,实训任务明确,实训目标清晰,实训内容详细,实训考核全面,切实提高能力。

5. 注重立体化。既强调教材内在的立体化,从方便学生学习的角度考虑,搭建易学易教的优质的纸质平台,又强调教材外在的立体化,以立体化精品教材为构建目标,网上提供完备的教学资源。

专业基础课系列

序号	书名	书号	版次	定价	出版时间	主编
1	财经法规	978-7-81117-885-2	1-2	35	2012年2月	李萍,亓文会
2	财经英语阅读	978-7-81117-952-1	1-3	29	2013年1月	朱琳
3	经济学基础	978-7-301-21034-5	1-2	34	2014年7月	陈守强
4	经济学基础	978-7-301-22536-3	1-1	32	2013年5月	王平
5	管理学基础	978-7-81117-974-3	1-3	34	2012年5月	李蔚田
6	管理学原理	978-7-5038-4841-4	1-3	26	2010年7月	季辉,冯开红
7	管理学实务教程	978-7-301-21324-7	1-2	33	2014年8月	杨清华
8	管理学原理与应用	978-7-5655-0065-7	1-2	27	2012年8月	秦虹
9	管理心理学	978-7-301-23314-6	1-1	31	2013年10月	蒋爱先,杨元利
10	人力资源管理实务	978-7-301-19096-8	1-2	30	2013年7月	赵国忻,钱程
11	公共关系实务	978-7-301-20096-4	1-1	32	2012年3月	李东,王伟东
12	现代公共关系原理与实务	978-7-5038-4835-3	1-2	25	2010年3月	张美清
13	经济法实用教程	978-7-81117-675-9	1-3	39	2011年11月	胡卫东,吕玮
14	经济法原理与实务	978-7-5038-4846-9	1-3	38	2009年7月	孙晓平,邓敬才

财务会计系列

序号	书名	书号	版次	定价	出版时间	主编
1	财务活动管理	978-7-5655-0162-3	1-2	26	2013年1月	石兰东
2	财务管理	978-7-301-17843-0	1-2	35	2013年1月	林琳,蔡伟新
3	财务管理	978-7-5655-0328-3	1-2	29	2013年7月	翟其红
4	财务管理教程与实训	978-7-5038-4837-7	1-3	37	2009年11月	张红,景云霞
5	财务管理实务教程	978-7-301-21945-4	1-1	30	2013年2月	包忠明,何彦
6	中小企业财务管理教程	978-7-301-19936-7	1-1	28	2012年1月	周兵
7	财务会计(第2版)	978-7-81117-975-6	2-1	32	2010年3月	李哲
8	财务会计	978-7-5655-0117-3	1-1	40	2011年1月	张双兰,李桂梅
9	财务会计	978-7-301-20951-6	1-1	32	2012年7月	张严心,金敬辉
10	财务会计实务	978-7-301-22005-4	1-1	36	2013年1月	管玲芳
11	Excel财务管理应用	978-7-5655-0358-0	1-2	33	2013年5月	陈立稳
12	Excel在财务和管理中的应用	978-7-301-22264-5	1-2	33	2014年6月	陈跃安,张建成,袁淑清,刘啸尘
13	会计基本技能	978-7-5655-0067-1	1-3	26	2012年9月	高东升,王立新
14	会计基础实务	978-7-301-21145-8	1-1	27	2012年8月	刘素菊,潘素琼
15	会计基础实训	978-7-301-19964-0	1-1	29	2012年1月	刘春才
16	会计英语	978-7-5038-5012-7	1-2	28	2009年8月	杨洪
17	企业会计基础	978-7-301-20460-3	1-1	33	2012年4月	徐炳炎
18	初级会计实务	978-7-301-23586-7	1-1	40	2014年1月	史新浩,张建峰
19	初级会计实务学习指南	978-7-301-23511-9	1-1	30	2014年1月	史新浩,朱云萍
20	基础会计实务	978-7-301-23843-1	1-1	30	2014年2月	郭武燕
21	基础会计	978-7-5655-0062-6	1-1	28	2010年8月	常美
22	基础会计教程	978-7-81117-753-4	1-1	30	2009年7月	侯颖

序号	书名	书号	版次	定价	出版时间	主编
23	基础会计教程与实训（第2版）	978-7-301-16075-6	2-3	30	2014年5月	李洁，付强
24	基础会计实训教程	978-7-5038-5017-2	1-3	20	2011年6月	王桂梅
25	基础会计原理与实务	978-7-5038-4849-0	1-3	28	2009年8月	侯旭华
26	成本费用核算	978-7-5655-0165-4	1-2	27	2012年9月	王磊
27	成本会计	978-7-5655-0130-2	1-1	25	2010年12月	陈东领
28	成本会计	978-7-301-21561-6	1-1	27	2012年11月	潘素琼
29	成本会计	978-7-301-19409-6	1-2	24	2012年11月	徐亚明，吴雯雯
30	成本会计	978-7-81117-592-9	1-3	28	2012年7月	李桂梅
31	成本会计实务	978-7-301-19308-2	1-1	36	2011年8月	王书果，李凤英
32	成本会计实训教程	978-7-81117-542-4	1-4	23	2013年1月	贺英莲
33	会计电算化实用教程	978-7-5038-4853-7	1-1	28	2008年2月	张耀武，卢云峰
34	会计电算化实用教程（第2版）	978-7-301-09400-6	2-1	20	2008年6月	刘东辉
35	会计电算化项目教程	978-7-301-22104-4	1-2	34	2014年1月	亓文会，亓凤华
36	会计电算化技能实训	978-7-301-23966-7	1-1	40	2014年2月	李焱
37	电算会计综合实习	978-7-301-21096-3	1-1	38	2012年8月	陈立稳，陈健
38	审计学原理与实务	978-7-5038-4843-8	1-2	32	2010年7月	马西牛，杨印山
39	审计业务操作	978-7-5655-0171-5	1-2	30	2013年1月	涂申清
40	审计业务操作全程实训教程	978-7-5655-0259-0	1-2	26	2012年4月	涂申清
41	实用统计基础与案例	978-7-301-20409-2	1-2	35	2013年7月	黄彬红
42	统计基础理论与实务	978-7-301-22862-3	1-2	34	2014年7月	康燕燕，刘红英
43	统计学基础	978-7-81117-756-5	1-2	30	2011年1月	阮红伟
44	统计学原理	978-7-301-21924-9	1-1	36	2013年1月	吴思莹，刑小博
45	统计学原理	978-7-81117-825-8	1-3	25	2011年11月	廖江平，刘登辉
46	统计学原理与实务	978-7-5038-4836-0	1-5	26	2010年7月	姜长文
47	管理会计	978-7-301-22822-7	1-1	34	2013年7月	王红珠，邵敬浩
48	预算会计	978-7-301-20440-5	1-1	39	2012年5月	冯萍
49	行业特殊业务核算	978-7-301-18204-8	1-1	30	2010年12月	余浩，肖秋莲

财政金融系列

序号	书名	书号	版次	定价	出版时间	主编
1	财政基础与实务	978-7-5038-4840-7	1-2	34	2010年1月	才凤玲
2	财政与金融	978-7-5038-4856-8	1-2	37	2008年8月	谢利人
3	涉税业务核算	978-7-301-18287-1	1-1	29	2011年1月	周常青
4	税务代理实务	978-7-301-22848-7	1-1	34	2013年7月	侯荣新，赵晶
5	新编纳税筹划	978-7-301-22770-1	1-1	30	2013年7月	李丹
6	纳税申报与筹划	978-7-301-20921-9	1-3	38	2015年4月	李英艳，黄体允
7	企业纳税计算与申报	978-7-301-21327-8	1-1	30	2012年10月	傅凤阳
8	企业纳税实务	978-7-5655-0188-3	1-1	25	2011年1月	王建辉，司宇佳
9	企业纳税与筹划实务	978-7-301-20193-0	1-1	38	2012年3月	郭武燕
10	税务会计实用教程	978-7-5038-4848-3	1-2	37	2007年8月	李克桥
11	资产评估	978-7-81117-645-2	1-3	40	2013年8月	董亚红
12	货币银行学	978-7-301-21181-6	1-1	37	2012年9月	王菲，李松华
13	货币银行学	978-7-5038-4838-4	1-4	28	2012年6月	曹艺，卞桂英
14	金融英语	978-7-81117-537-0	1-3	24	2010年9月	刘娣
15	国际金融	978-7-301-21097-0	1-1	26	2012年8月	张艳清
16	国际金融实务	978-7-301-21813-6	1-1	36	2013年1月	付玉丹
17	国际金融基础与实务	978-7-5038-4839-1	1-2	33	2007年8月	冷丽莲
18	国际投资	978-7-301-21041-3	1-1	33	2012年8月	高田歌
19	保险实务	978-7-301-20952-3	1-1	30	2012年7月	朱丽莎
20	商业银行会计实务	978-7-301-21132-8	1-1	35	2012年8月	王启姣
21	商业银行经营管理	978-7-301-21294-3	1-1	27	2012年9月	胡良琼，李远慧
22	商业银行综合柜台业务	978-7-301-23146-3	1-1	30	2013年9月	曹俊勇，杨天平

经济贸易系列

序号	书名	书号	版次	定价	出版时间	主编
1	国际贸易概论	978-7-81117-841-8	1-4	28	2012年4月	黎国英
2	国际贸易理论与实务	978-7-5038-4852-0	1-2	40	2007年8月	程敏然
3	国际结算	978-7-5038-4844-5	1-2	32	2009年7月	徐新伟
4	国际结算	978-7-81117-842-5	1-2	25	2012年7月	黎国英
5	国际贸易结算	978-7-301-20980-6	1-1	31	2012年7月	罗俊勤

序号	书名	书号	版次	定价	出版时间	主编
6	国际贸易实务	978-7-301-20929-5	1-1	30	2012年8月	夏新燕
7	国际贸易实务	978-7-301-16838-7	1-1	26	2012年8月	尚洁，肖新梅
8	国际贸易实务	978-7-301-22739-8	1-1	33	2013年7月	刘笑诵
9	国际贸易实务	978-7-301-19393-8	1-2	34	2013年1月	李湘溟，刘亚玲
10	国际贸易实务	978-7-301-20192-3	1-2	25	2013年5月	刘慧，吕春燕
11	国际贸易实务操作	978-7-301-19962-6	1-2	37	2014年1月	王言炉，刘颖君
12	国际贸易与国际金融教程	978-7-301-22738-1	1-1	31	2013年7月	蒋晶，石如璧
13	报关实务	978-7-301-21987-4	1-1	35	2013年1月	董章清，李慧娟
14	报关与报检实务	978-7-301-16612-3	1-2	37	2014年6月	农晓丹
15	报检报关业务：认知与实操	978-7-301-21886-0	1-1	38	2013年1月	姜维
16	进出口商品通关	978-7-301-23079-4	1-1	25	2013年8月	王巾，佘雪锋
17	进出口贸易实务	978-7-5038-4842-1	1-2	30	2008年5月	周学明
18	国际海上货运代理实务	978-7-301-22629-2	1-1	27	2013年6月	肖旭
19	国际货运代理实务	978-7-301-21968-3	1-1	38	2013年1月	张建奇
20	国际商务单证	978-7-301-20974-5	1-1	29	2012年7月	刘慧，杨志学
21	外贸单证	978-7-301-17417-3	1-1	28	2011年9月	程文吉，张帆
22	新编外贸单证实务	978-7-301-21048-2	1-1	30	2012年8月	柳国华
23	商务谈判	978-7-301-20543-3	1-1	26	2012年5月	尤凤翔，祝拥军
24	商务谈判	978-7-5038-4850-6	1-2	32	2009年8月	范银萍
25	商务谈判实训	978-7-301-22628-5	1-1	23	2013年6月	夏美英，徐姗姗
26	国际商务谈判（第2版）	978-7-301-19705-9	2-2	35	2014年1月	刘金波，王葳
27	国际商务谈判	978-7-81117-532-5	1-3	33	2010年1月	卞桂英，刘金波
28	商务英语学习情境教程	978-7-301-18626-8	1-1	27	2011年8月	孙晓娟
29	外贸英语函电	978-7-301-21847-1	1-1	28	2012年12月	倪华
30	国际商法实用教程	978-7-5655-0060-2	1-2	35	2012年4月	聂红梅，史亚洲
31	国际市场营销项目教程	978-7-301-21724-5	1-1	38	2012年12月	李湘溟
32	互联网贸易实务	978-7-301-23297-2	1-1	37	2013年10月	符静波
33	外贸综合业务项目教程	978-7-301-24070-0	1-1	38	2014年4月	李浩妍

工商管理系列

序号	书名	书号	版次	定价	出版时间	主编
1	企业管理	978-7-5038-4858-2	1-3	34	2010年7月	张亚，周巧英
2	企业管理实务	978-7-301-20657-7	1-1	28	2012年5月	关善勇
3	企业经营ERP沙盘实训教程	978-7-301-21723-8	1-1	29	2013年1月	葛颖波，张海燕
4	企业经营管理模拟训练（含记录手册）	978-7-301-21033-8	1-1	29	2012年8月	叶萍，宫恩田
5	ERP沙盘模拟实训教程	978-7-301-22697-1	1-1	25	2013年6月	钮立新
6	现代企业管理	978-7-81117-806-7	1-1	38	2009年8月	于翠华，贾志林
7	企业行政管理	978-7-301-23056-5	1-1	25	2013年9月	张秋埜
8	企业行政工作实训	978-7-301-23105-0	1-1	32	2013年9月	楼淑君
9	现代物流管理	978-7-5038-4854-4	1-4	37	2011年7月	沈默，李承霖
10	管理信息系统	978-7-81117-802-9	1-1	30	2009年7月	刘宇
11	通用管理实务	978-7-81117-829-6	1-2	39	2011年1月	叶萍
12	中小企业管理（第2版）	978-7-301-21124-3	2-2	39	2013年5月	吕宏程，董仕华
13	中小企业管理	978-7-81117-529-5	1-4	35	2011年8月	吕宏程
14	连锁经营与管理	978-7-5655-0019-0	1-4	37	2013年8月	宋之苓
15	秘书与人力资源管理	978-7-301-21298-1	1-2	25	2013年8月	肖云林，周君明
16	秘书理论与实务	978-7-81117-590-5	1-1	26	2008年12月	赵志强
17	商务沟通实务	978-7-301-18312-0	1-4	31	2013年7月	郑兰先
18	职场沟通实务	978-7-301-16175-3	1-2	30	2012年8月	吕宏程，程淑华
19	商务礼仪	978-7-5655-0176-0	1-2	29	2012年7月	金丽娟
20	商务礼仪	978-7-81117-831-9	1-4	33	2014年7月	李巍
21	现代商务礼仪	978-7-81117-855-5	1-3	24	2012年6月	覃常员，张幸花
22	商务统计实务	978-7-301-21293-6	1-1	29	2012年9月	陈晔武
23	连锁门店管理实务	978-7-301-23347-4	1-1	36	2014年1月	庞德义
24	连锁门店开发与设计	978-7-301-23770-0	1-1	34	2014年3月	马凤棋
25	现代企业管理（第2版）	978-7-301-24054-0	2-1	35	2014年4月	刘磊

市场营销系列

序号	书　名	书　号	版次	定价	出版时间	主　编
1	市场营销	978-7-81117-957-6	1-2	33	2012年6月	钟立群
2	市场营销学	978-7-301-22046-7	1-2	33	2014年6月	饶国霞，徐红梅，朱付金
3	市场营销学	978-7-5038-4859-9	1-2	28	2008年8月	李世宗
4	市场营销理论与实训	978-7-5655-0316-0	1-1	27	2011年6月	路娟
5	市场营销项目驱动教程	978-7-301-20750-5	1-1	34	2012年6月	肖飞
6	市场调查与统计	978-7-301-22890-6	1-1	26	2013年7月	陈惠源
7	市场调查与预测	978-7-5655-0252-1	1-1	27	2011年5月	徐林，王自豪
8	市场调查与预测	978-7-301-19904-6	1-1	31	2011年12月	熊衍红
9	市场调查与预测	978-7-301-23505-8	1-1	34	2014年1月	王水清
10	市场调查与预测情景教程	978-7-301-21510-4	1-1	36	2012年11月	王生云
11	市场调研案例教程	978-7-81117-570-7	1-3	25	2011年1月	周宏敏
12	市场营销策划	978-7-301-22384-0	1-1	36	2013年4月	冯志强
13	营销策划	978-7-301-20608-9	1-1	37	2012年5月	许建民
14	营销策划技术	978-7-81117-541-7	1-2	26	2010年12月	方志坚
15	营销渠道开发与管理	978-7-301-21214-1	1-2	34	2013年8月	王水清
16	推销与洽谈	978-7-301-21278-3	1-1	25	2012年9月	岳贤平
17	现代推销技术	978-7-301-20088-9	1-1	32	2012年1月	尤凤翔，屠立峰
18	消费心理学	978-7-81117-661-2	1-5	31	2012年5月	臧良运
19	消费心理与行为分析	978-7-301-19887-2	1-2	30	2013年5月	王水清，杨扬
20	零售学	978-7-81117-759-6	1-2	33	2011年11月	陈文汉
21	商品学概论	978-7-5038-4855-1	1-3	20	2010年7月	方凤玲，杨丽
22	广告实务	978-7-301-21207-3	1-1	29	2012年9月	夏美英
23	广告原理与实务	978-7-5038-4847-6	1-2	32	2010年7月	郑小兰，谢璐
24	电子商务实用教程	978-7-301-18513-1	1-2	33	2012年11月	卢忠敏，胡继承
25	电子商务项目式教程	978-7-301-20976-9	1-1	25	2012年8月	胡雷
26	电子商务英语	978-7-301-17603-0	1-3	22	2014年2月	陈晓鸣，叶海鹏
27	网络营销理论与实务	978-7-5655-0039-8	1-2	32	2011年12月	范军环，宋沛军，柳西波

相关教学资源如电子课件、电子教材、习题答案等可以登录 www.pup6.cn 下载或在线阅读。

扑六知识网（www.pup6.com）有海量的相关教学资源和电子教材供阅读及下载（包括北京大学出版社第六事业部的相关资源），同时欢迎您将教学课件、视频、教案、素材、习题、试卷、辅导材料、课改成果、设计作品、论文等教学资源上传到 pup6.com，与全国高校师生分享您的教学成就与经验，并可自由设定价格，知识也能创造财富。具体情况请登录网站查询。

如您需要免费纸质样书用于教学，欢迎登录第六事业部门户网（www.pup6.com.cn）填表申请，并欢迎在线登记选题以到北京大学出版社来出版您的大作，也可下载相关表格填写后发到我们的邮箱，我们将及时与您取得联系并做好全方位的服务。

扑六知识网将打造成全国最大的教育资源共享平台，欢迎您的加入——让知识有价值，让教学无界限，让学习更轻松。

联系方式：010-62750667，sywat716@126.com，36021738@qq.com，欢迎来电来信咨询。